UN SEUL
DIEU
UN SEUL MESSAGE

DÉCOUVREZ LE MYSTÈRE
ENTREPRENEZ LE VOYAGE

P. D. Bramsen

UN SEUL
DIEU
UN SEUL MESSAGE

ÉDITIONS IMPACT

230, rue Lupien
Trois-Rivières (Québec)
G8T 6W4 Canada

Édition originale en anglais :
One God One Message by P. D. Bramsen

© 2008 : ROCK International
P.O. Box 4766
Greenville, SC 29608
resources@rockintl.org

Traduction par Stéphane Jacquemain et Ivy Pilon et publié avec permission

© 2011 : Publications chrétiennes inc.
230, rue Lupien
Trois-Rivières (Québec) G8T 6W4
CANADA

Tous droits réservés / Dépôt légal – 2ᵉ trimestre 2011

ISBN : 978-2-89082-137-8

Dépôt légal :   Bibliothèque nationale du Québec
Bibliothèque nationale du Canada

Conception graphique des illustrations et de la couverture par Dave Bramsen

Imprimé au Canada

« Ainsi est une bonne nouvelle venant d'une terre lointaine. »

— LE PROPHÈTE SALOMON
(PROVERBES 25.25)

TABLE DES MATIÈRES

PARTIE III
LA FIN DU VOYAGE
La malédiction annulée

PROLOGUE

« **P**our tes bonnes œuvres, tu mérites le paradis, mais pour le message que tu prêches, tu mérites l'enfer »**, dit l'ancien du village à mon ami.

Mon ami et sa femme avaient vécu dix ans dans le village de cet homme au bord du Sahara. Ils avaient mis sur pied un système d'irrigation et une infirmerie. Ils avaient également expliqué le message des prophètes à tous ceux qui daignaient l'entendre.

Selon l'ancien du village, mon ami « méritait le paradis » pour ses bonnes œuvres. Et qu'avait-il fait pour « mériter l'enfer » ? Il enseignait le message des prophètes tel qu'il est écrit dans la Bible.

Cet ancien avait-il raison en jugeant les œuvres et le message de mon ami ? Avait-il partiellement raison ? Ou avait-il entièrement tort ?

Si vous n'en êtes pas sûr, ce livre est fait pour vous.

OÙ CE LIVRE EST NÉ

L'endroit : Je suis né aux États-Unis, mais ce livre est né dans la région du Sahel[1], au nord du Sénégal, en Afrique de l'Ouest.

La scène : L'appel à la prière matinale vient de se terminer. Les premiers minces rayons roses et orange du soleil révèlent la silhouette d'un horizon de sable parsemé d'arbres épineux. La température est délicieusement fraîche, mais cela ne durera pas longtemps. Je suis assis devant mon ordinateur portable sous la véranda de notre maison villageoise. Un morceau de plastique transparent fixé sur le clavier protège l'appareil de la poussière du Sahara en suspension dans l'air. Mis à part le braiment occasionnel d'un âne ou le chant d'un coq, le village est silencieux. À présent, le seul bruit que j'entends est celui de mes doigts sur le clavier tandis que mes pensées se transforment en mots, et ces mots en texte.

POURQUOI CE LIVRE

J'écris parce que celui qui m'a béni en m'accordant la vie, la joie, la paix et un but dans l'existence m'a donné une raison d'écrire.

J'écris par respect et par amour pour mes amis musulmans, surtout ceux du Sénégal où ma femme et moi avons élevé nos trois enfants et passé la majeure partie de notre vie adulte.

J'écris parce que, durant ces dernières années, j'ai reçu plus de mille courriers électroniques de musulmans à travers le monde. Leurs commentaires et leurs questions stimulantes méritent qu'on y apporte une réponse.

J'écris parce que je compatis avec ceux qui sont las d'entendre les clichés de leaders religieux, tels que : « La Bible est vraie parce qu'elle le dit » ou « Le Coran est vrai car nul individu au monde ne pourrait rédiger un tel livre. »

J'écris parce que je suis frappé par la tendance du cœur humain à croire à tout sauf au message du seul vrai Dieu.

QUEL EST CE LIVRE ?

Un seul Dieu – Un seul message offre au lecteur l'occasion par excellence de participer à un voyage à travers le best-seller mondial et d'y découvrir le message des prophètes qui l'ont rédigé. Ceux qui prendront part à ce pèlerinage se verront donner la possibilité de surmonter d'innombrables obstacles (Partie I), de s'aventurer ensuite dans des contrées mystérieuses (Partie II), et de pénétrer enfin dans un royaume glorieux composé de paysages splendides et de vérités qui réjouissent l'âme (Partie III).

À QUI CE LIVRE S'ADRESSE-T-IL ?

Ce voyage est **avant tout** destiné aux monothéistes[2] – à ceux qui croient en un seul Dieu. Toutefois, les polythéistes, les panthéistes, les athées et les humanistes sont également les bienvenus s'ils veulent y prendre part. Cette expérience est pour quiconque croit que sa destinée éternelle vaut bien la peine d'y investir une douzaine d'heures – environ la durée requise pour lire ce livre à haute voix.

Quels que soient votre arrière-plan et vos croyances, vous êtes invité à vous joindre à ce voyage à travers le Livre saint, ce livre que tant de gens disent révérer, mais que très peu prennent le temps de lire et de méditer.

Il y a trois mille ans, un prophète a offert cette prière au créateur et maître de l'univers : *« Ouvre mes yeux, pour que je contemple les merveilles de ta loi »* (Psaume 119.18).

S'il n'est pas garanti que nous *allons aimer* tout ce que nous allons voir, gardons néanmoins les yeux grands ouverts.

Votre compagnon de route,

P. D. Bramsen

PARTIE I
PRÉPARATIFS
DU VOYAGE

FAIRE FACE AUX OBSTACLES

1

ACQUIERS LA VÉRITÉ

> « *Acquiers la vérité, et ne la vends pas...*»
> — le prophète Salomon (Proverbes 23.23[3])

maginez que vous entriez dans un marché rempli d'une immense foule de gens, de milliards de gens.

Vous avez bien lu : *des milliards.*

Dix mille boutiques et stands s'étendent à perte de vue. À chaque carrefour, des vendeurs zélés vous interpellent, scandant, persuadant, suppliant, criant, priant – certains à voix basse, d'autres au moyen de haut-parleurs, chacun déclarant posséder exactement ce que vous cherchez :

la vérité !

Ne riez pas. Oxford University Press a publié une encyclopédie qui recense *dix mille* religions distinctes à travers le monde, sans compter les milliers de sectes et de confessions au sein de ces religions[4].

Que devons-nous donc avaler ? Qui devons-nous croire ? S'il y a un seul vrai Dieu et s'il a révélé la vérité à son sujet et son plan pour l'humanité, comment pouvons-nous les reconnaître ?

Il y a quatre mille ans, le prophète Job a posé une question semblable :

« *Mais la sagesse, où se trouve-t-elle ? Où est la demeure de l'intelligence ?* L'homme n'en connaît point le prix [...] Elle ne peut s'échanger pour un vase d'or fin. Le corail et le cristal ne sont rien auprès d'elle ; la sagesse vaut plus que les perles. » (Job 28.12-13, 17-18).

Sommes-nous destinés à tâtonner tout au long de notre vie, perplexes et incertains, ou bien est-il possible de connaître la sagesse et la vérité venant du seul vrai Dieu ?

Nous découvrirons la réponse à cette question sous peu.

LE LIVRE DES LIVRES

Le mot *Bible* trouve ses origines dans le terme grec *biblia*, signifiant « *livre des livres* » ou « *bibliothèque* ». Après avoir communiqué

oralement durant plus de 2 000 ans par l'intermédiaire d'hommes tels qu'Adam, Noé et Abraham, Dieu s'est servi d'environ 40 hommes, sur une période de plus de 15 siècles, pour mettre par écrit son message. Ces écrivains étaient appelés *prophètes* ou *apôtres*. Le terme *prophète* signifie « celui qui déclare » et *apôtre* veut dire « messager ». Aujourd'hui, leurs écrits sont réunis dans un seul volume, la Bible. D'autres termes, tels que l'*Écriture*, les *Écrits des prophètes* et la *Parole de Dieu* sont également utilisés pour désigner la Bible. La *Torah*¸ les *Psaumes* et les *Évangiles* se rapportent à des sections particulières de la Parole de Dieu. En arabe, ces Écritures sont appelées *al-Kitab-al-Muqadas,* ce qui signifie le « *Livre saint* ».

Siècle après siècle, année après année, la Bible est le livre le plus vendu au monde. Aujourd'hui, la Bible est traduite, en tout ou en partie, en 2 377 langues, et 1 640 traductions supplémentaires sont en cours de rédaction[5]. Aucun autre livre ne connaît une telle diffusion.

Pourtant, malgré sa popularité inégalée, la Bible est le livre le plus méprisé et le plus redouté de toute l'histoire. Au cours des siècles, des gouvernements et des leaders mondiaux, aussi bien séculiers que religieux, ont déclaré illégal le best-seller de tous les temps, persécutant et allant jusqu'à mettre à mort les citoyens qui l'avaient en leur possession[6]. Aujourd'hui encore, certaines nations appliquent une telle politique. Même dans des nations soi-disant « chrétiennes[7] », la lecture de la Bible est interdite dans les salles de classes et les institutions publiques.

PERSÉCUTÉ

Lorsque j'étais enfant, mon père avait un ami, Richard, qui avait passé 14 ans de sa vie dans des prisons communistes en Europe de l'Est, où il avait régulièrement été privé de sommeil et de nourriture, accroché à l'envers et battu, enfermé dans une cellule réfrigérée, brûlé avec des fers chauffés à rouge et coupé avec des couteaux. J'ai vu de mes propres yeux quelques-unes des horribles cicatrices que portait son corps. La femme de Richard a elle aussi été arrêtée et condamnée aux travaux forcés dans un camp de prisonniers pour avoir participé au même type « d'activité criminelle » que son mari[8].

Quel était leur crime contre l'État athée ?

Ils avaient enseigné la Bible à d'autres.

BANNI

Mon ami Ali se trouvait dans une mauvaise passe. Son père avait convoqué une réunion des membres masculins de sa famille. L'oncle aîné était présent. Les frères les plus jeunes avaient été appelés pour y assister. Ensuite, on a fait asseoir Ali, le fils aîné, au centre.

Le père d'Ali a prononcé un discours passionné, sur le thème suivant : « Tu as déshonoré notre famille ! Tu as trahi notre religion ! Tu dois quitter cette maison et ne plus jamais y revenir. Je ne dois plus jamais voir ton visage. »

L'oncle a ajouté : « Oui, et si tu n'es pas parti avant demain, je jetterai tous tes effets dans la rue ! »

Pourquoi cette colère ?

C'est qu'après avoir lu la Bible pendant près d'un an, Ali avait choisi d'y croire.

LA PAROLE VIVANTE

Pourquoi la Bible est-elle si controversée ? Pourquoi tant de gouvernements l'interdisent-ils ? Pourquoi des parents sont-ils prêts à renier leurs enfants pour y avoir cru ? Qu'est-ce qui pousse des millions de monothéistes à éprouver le même dédain que des athées pour ces écrits anciens ?

Se peut-il que la raison se trouve dans l'affirmation par la Bible qu'elle est la Parole vivante, efficace, pénétrante et révélatrice de Dieu ?

> « Car la parole de Dieu est **vivante** et **efficace**, plus tranchante qu'une épée quelconque à deux tranchants, **pénétrante** jusqu'à partager âme et esprit, jointures et moelle ; elle **juge** les sentiments et les pensées du cœur » (Hébreux 4.12).

TENIR FERME AU LIVRE

Ma femme et moi, ainsi que nos enfants maintenant adultes, avons passé la majeure partie des 25 dernières années au Sénégal (Afrique de l'Ouest). La majorité de nos voisins adhèrent à la religion islamique. Le terme *islam* signifie *soumission,* et *musulman* signifie « personne *soumise* ». Le livre révéré par les musulmans est le *Coran*. Le texte que j'écris découle des milliers de conversations personnelles que j'ai eues avec des connaissances et des amis musulmans du Sénégal et d'ailleurs.

Même si j'ai consacré beaucoup de temps à étudier la Bible et le Coran, c'est sur la Bible qu'*Un seul Dieu – Un seul message* met l'accent. Il y a plusieurs années, un ami wolof et moi avons produit une série radiophonique de 100 émissions en wolof, une langue du Sénégal. Chaque émission incluait une narration et un message des prophètes[9]. Quelques auditeurs wolofs m'ont demandé : « Pourquoi n'inclus-tu pas aussi le Coran dans ton enseignement ? » Voici ma réponse :

> « Dans votre pays, les enfants commencent à réciter le Coran dès l'âge de trois ou quatre ans. Il y a des écoles et des enseignants coraniques dans chaque voisinage. Mais qui est capable et désireux d'enseigner les récits et le message qu'on trouve dans la Torah, les Psaumes et les Évangiles ? Comme vous le savez, le Coran dit que ces livres de la Bible ont été

donnés par Dieu à toute l'humanité comme « **lumière** » et comme « **direction** » (Sourate 5.46[50])[10]. Le Coran déclare aussi : « Si tu es dans le doute sur ce qui t'a été envoyé d'en haut, *interroge ceux qui lisent l'Écriture* [la Bible] *envoyée avant toi* » (Sourate 10.94). Et à ceux qui croient à la Bible, le Coran dit : « ***Dis aux hommes de l'Écriture*** : Vous ne vous appuierez sur rien de solide tant que ***vous n'observerez pas le Pentateuque, l'Évangile et ce que Dieu a fait descendre d'en haut*** » (Sourate 5.68[72]). En tant qu'« homme de l'Écriture » lisant le Livre et « l'observant » depuis plus de trois décennies, j'ai le privilège de faire connaître les récits et le message des prophètes que vous n'entendez que rarement. Ces Écritures, dont certaines datent de plus de 2 000 ans avant le Coran, contiennent des vérités qui ne se trouvent nulle part ailleurs.

SON HISTOIRE

Vos parents vous ont-ils déjà dit : « Ne parle pas aux étrangers » ? Ils savaient toute l'importance de connaître un peu l'histoire d'un individu avant de lui faire confiance.

Pensez à quelques personnes dignes de votre confiance. Pourquoi leur accordez-vous la vôtre ? C'est parce qu'avec le temps vous avez appris qu'elles en étaient dignes. Elles vous ont fait du bien et non du mal. Si elles vous ont dit qu'elles feraient telle ou telle chose, elles l'ont faite. Si elles vous ont promis de vous donner quelque chose, elles vous l'ont donné. Vous savez qu'elles sont dignes de confiance parce que vous connaissez leur *histoire*.

La Bible contient des centaines de récits historiques rapportant des interactions de Dieu avec des hommes, des femmes et des enfants. Chaque histoire est pour nous une occasion exceptionnelle de rencontrer le créateur des cieux et de la terre, d'entendre ses paroles et d'observer ses œuvres dans le contexte de milliers d'années d'Histoire. Quelle est la nature de Dieu ? Certes, il est grand, mais de quelle manière ? Est-il constant ? Lui arrive-t-il d'enfreindre ses propres lois ? Tient-il ses promesses ? Se pourrait-il qu'il nous trompe ? Pouvons-nous lui faire confiance ?

Son histoire répond à toutes ces questions et à des milliers d'autres.

La Bible est le livre d'Histoire de Dieu, qui révèle non seulement une vue d'ensemble de *l'histoire de l'humanité*, mais aussi son **Histoire à lui.**

LE SCÉNARIO PAR EXCELLENCE

Tout le monde aime entendre une bonne histoire.

La Bible renferme des centaines de récits qui ensemble forment une seule histoire – l'histoire la plus captivante jamais racontée. Le récit biblique des rapports de Dieu avec l'homme est l'intrigue à rebondissements par excellence – une histoire d'amour et de guerre, de bien et de mal, de conflits et de triomphes. Elle fournit des réponses satisfaisantes et logiques à toutes les grandes questions de la vie, de celles concernant les origines à celles concernant la fin. Son point culminant et sa conclusion sont sans pareils.

Il y a quelques années, lorsque j'ai eu terminé de raconter l'histoire de Dieu à un groupe d'hommes et de femmes réunis dans notre maison au Sénégal, l'une des femmes, les larmes aux yeux, a dit : « Quelle histoire ! Même si on ne croit pas en Dieu, on doit au moins reconnaître qu'il est le meilleur scénariste qui soit. » Cette femme avait eu un aperçu de la manière dont toutes les parties de l'Écriture s'imbriquent entre elles pour former le scénario par excellence dont Dieu lui-même est à la fois l'auteur et le héros.

LE MESSAGE LE PLUS IMPORTANT

Non seulement la Bible recèle *l'histoire la plus captivante qui soit*, mais dans ses récits se trouve *un message* venant de *Dieu – le message le plus puissant jamais communiqué.*

Au fil des ans, je me suis entretenu avec des milliers de musulmans au sujet de la Bible. Beaucoup étaient ou sont des amis personnels, tandis que je ne connais les autres que par courriel (courrier électronique, *email*). Dans les deux cas, la plupart de nos discussions peuvent se résumer en une seule question :

Quel est le message du seul vrai Dieu ?

COMMENTAIRES REÇUS PAR COURRIEL

Cette question se présente sous diverses formes.

Un homme que nous appellerons Ahmed[11] m'a envoyé le courriel suivant depuis le Moyen-Orient.

✉ Envoyer Objet: Retour sur votre courriel

Salut à vous.

Jésus est venu comme Messie, et je crois à cela, mais il n'a jamais dit qu'il était Dieu. Il était le chemin pour aller vers Dieu avant la venue de Mahomet (psl[12]), mais après cela, tous les chrétiens auraient dû devenir musulmans, car quand Christ reviendra à la fin des temps, il gouvernera selon le Coran et non pas selon votre Nouveau Testament.

Christ n'a jamais été crucifié. Si vous voulez être raisonnable, même si Jésus avait été crucifié, cela ne voudrait pas dire que les péchés des humains aient ainsi été effacés. C'est pour moi pure absurdité. De toute façon, si vous me dites que Dieu a sacrifié son cher fils unique, alors je vous répondrai : Dieu n'est-il pas assez grand pour pouvoir dire aux gens ce qu'il attend d'eux et pour effacer leurs péchés sans être obligé de sacrifier son « cher fils » en le torturant ???! Toute cette histoire de pécheurs n'a aucun sens pour moi.

L'islam est la seule religion parfaite envoyée sur la terre, et c'est ce qui me porte à croire qu'elle est véritable et que c'est la dernière religion envoyée par Dieu. C'est la seule religion qui propose une solution pour chaque aspect de la vie. On n'est pas laissé dans l'ignorance quant à l'opinion de Dieu sur telle et telle chose.

Le Coran est le plus grand miracle envoyé à un prophète. Tiens, produisez donc un verset comparable à l'un des versets du Coran, ou même qui s'en approche. Vous ne pourriez jamais le faire même si vous parliez l'arabe le plus courant et le plus pur...

D'ailleurs, il y a des prédictions dans votre Bible, la Bible originale, au sujet de la venue de Mahomet...

Ce que je crois et que je sais c'est que la Bible est presque entièrement fausse aujourd'hui et qu'elle est corrompue puisque tous ses livres ont été trafiqués...

Sachez-le, mon ami, j'ai lu le Nouveau Testament, non pas pour chercher la vérité, mais par intérêt personnel, et non pas une seule fois, mais bien deux, et je vois qu'il n'y a rien dans le monde

> qui s'approche de la grandeur du Coran, qui est véritablement la parole de Dieu envoyée par son ange à Mahomet ; et si vous pouvez prouver le contraire, alors faites-le (sic[13])
> La paix,
> Ahmed

Les commentaires et le défi d'Ahmed méritent une réponse. Notre créateur ne prend pas de telles questions à la légère et nous ne devons pas le faire non plus. Dans les Écritures des prophètes, Dieu a fourni des réponses claires et satisfaisantes à chaque question soulevée par mon correspondant, car chacune d'elles se rapporte à la question d'une importance éternelle :

***Quel** est le message du seul vrai Dieu ?*

Le prophète Job a posé deux questions semblables :

« *Mais la sagesse, **où** se trouve-t-elle ?* » (Job 28.12).
« ***Comment** l'homme serait-il juste devant Dieu ?* » (Job 9.2).

LE VOYAGE

Dans un monde confus comme le nôtre, où l'on peut trouver des milliers de réponses contradictoires à ses questions légitimes, mon objectif ici n'est pas d'apporter mes propres idées ou mes réponses. Je vous invite plutôt à vous joindre à moi, en esprit, pour un voyage à travers le livre des livres, afin d'y découvrir les réponses aux questions de la vie les plus importantes. Chemin faisant, nous verrons ce qui est vrai selon l'Écriture et méditerons les réponses des prophètes aux défis lancés par Ahmed et par d'autres.

Après une séance d'orientation (Partie I : chapitres 1 à 7), nous entamerons officiellement notre voyage là où la Bible commence : à l'aube de l'histoire du monde. De là, nous voyagerons dans le temps jusque dans l'éternité (Parties II et III : chapitres 8 à 30).

Le voyage se terminera par une visite au paradis même.

OPTIONS DE VOYAGE

Un seul Dieu – Un seul message équivaut à trois livres en un seul. La *Partie I* traite des obstacles qui empêchent la majorité des gens d'explorer la Bible. La *Partie II* dévoile le message central de la plus belle histoire au monde. La *Partie III* jette un regard sur les merveilleux desseins de Dieu à l'égard de l'humanité.

La majorité des pèlerins trouveront la première partie du livre extrêmement utile pour les préparer au voyage. Toutefois, si vous êtes déjà convaincu de la fiabilité des Écritures des prophètes ou si vous avez tout simplement hâte d'entendre l'histoire de Dieu et de comprendre son message, sentez-vous libre de commencer immédiatement par la *Partie II*. Une fois le voyage terminé, vous pourrez revenir à la *Partie I*.

Ceux qui préfèrent cheminer à une allure plus lente pourront étaler la lecture des 30 chapitres sur une période d'un mois, en méditant un chapitre par jour.

Si vous êtes musulman(e), vous aimerez peut-être faire ce pèlerinage au cours des 30 jours du ramadan. Vous pouvez le faire sans hésitation puisque le Coran lui-même dit : « *Point de violence en matière de religion* » et « *Dites : Nous croyons en Dieu et à ce qui a été envoyé d'en haut à nous, à Abraham et à Ismaël, à Isaac, à Jacob, aux douze tribus, aux livres qui ont été donnés à Moïse et à Jésus, aux livres accordés aux prophètes par le Seigneur ; nous ne mettons point de différence entre eux, et nous sommes résignés à la volonté de Dieu* » (Sourate 2.256[257], 136[130]).

Quelle que soit l'option que vous choisissiez, voici un conseil pressant : *une fois que vous aurez entrepris le voyage, ne brûlez pas d'étapes.*

Chaque nouvelle étape se fonde sur une des précédentes. Même si vous ne comprenez pas immédiatement tout ce que vous lisez, continuez à lire et à méditer votre lecture jusqu'à la dernière page. Certaines parties du voyage vous sembleront étranges et difficiles, mais il y aura, le long du chemin, des oasis rafraîchissantes. Quel que soit le nombre d'obstacles que vous rencontriez, n'abandonnez pas.

LA VÉRITÉ

Une multitude de gens estiment qu'il est impossible de démêler le vrai du faux quant aux grandes questions de la vie telles que : *D'où venons-nous ? Pourquoi suis-je sur terre ? Où vais-je ? Qu'est-ce que le bien et le mal ?* Dans le monde occidental d'aujourd'hui, il est courant d'affirmer que tout est relatif ou qu'il est faux de penser qu'on puisse connaître la vérité absolue. Nul besoin d'avoir un doctorat en logique pour reconnaître la nature contradictoire de telles déclarations. Si la vérité absolue n'existe pas, comment peut-on affirmer quoi que ce soit au sujet de « tout » ou affirmer que quelque chose soit faux ?

Heureusement, le Créateur de l'univers, qui a révélé sa vérité puissante pour transformer les vies, ne partage pas l'opinion populaire. À tous ceux qui le cherchent sincèrement, il dit :

> « *Vous **connaîtrez la vérité,** et la vérité vous affranchira* » (Jean 8.32).

LE BON CHOIX

Il y a quelques années, Moussa, un voisin malade âgé de 79 ans, m'a demandé de lui rendre visite trois jours par semaine pour lui lire la Bible. Moussa avait étudié le Coran pendant toute sa vie, mais il n'avait jamais pris le temps d'examiner la Torah de Moïse, les Psaumes de David ni l'Évangile qui traite de Jésus – des livres que le Coran exhorte tout musulman à recevoir et à croire[14].

Moussa a écouté attentivement pendant que nous examinions les récits clés par ordre chronologique et que nous apprenions comment des pécheurs souillés pouvaient être déclarés justes par leur créateur et juge. Plus d'une fois, Moussa m'a dit : « Après chaque séance, je ne me limite pas simplement à *penser* à ce que nous avons étudié, je *médite* là-dessus. »

Un jour, après avoir encore appris une vérité importante de l'Écriture, Moussa, évidemment très frustré, a déclaré à sa femme et à sa fille assises tout près de nous : « Pourquoi nos chefs religieux ne nous ont-ils jamais enseigné ces choses ? »

Plus tard, lorsque les voisins de Moussa ont appris qu'il « étudiait la Bible avec un étranger », les rumeurs ont commencé à courir.

La pression est devenue si intense que mon ami âgé m'a demandé d'arrêter de venir le voir pendant quelque temps, en expliquant : « Je ne rejette pas la vérité, mais la pression exercée sur ma famille est trop forte. »

Nous avons attendu environ six semaines (afin de permettre aux rumeurs de se dissiper) et ensuite ma femme et moi-même avons rendu visite à Moussa et à sa famille. Il nous a accueillis chaleureusement et a posé quelques questions bien réfléchies. Avant que nous le quittions, il a dit : « Ce qui importe, c'est que je fasse le bon choix avant de mourir. »

Moussa avait compris l'importance « *d'acquérir la vérité et de ne pas la vendre*[15] ». Quatre mois plus tard, notre cher ami est décédé.

Je n'oublierai jamais sa réponse à ma question, posée lors de moments passés ensemble : « Moussa, si tu meurs ce soir, où passeras-tu l'éternité ? »

Après quelques secondes d'hésitation, il a répondu : « J'irai au paradis. »

« Comment le sais-tu ? » lui ai-je demandé.

Prenant dans ses mains l'Écriture, il a dit : « Parce que je crois à ceci. »

LA PROMESSE

Ce voyage de découverte est dédié à ceux qui, comme Moussa, veulent faire le *bon choix avant de mourir*. Que le seul vrai Dieu vous prenne par la main, vous aide à surmonter tous les obstacles et vous conduise vers une compréhension claire et véritable de qui Il est et de ce qu'il a fait pour vous.

« *Vous me chercherez et vous me trouverez, si vous me cherchez de tout votre cœur* » (Jérémie 29.13).

Voilà la promesse certaine que Dieu vous fait.

2

SURMONTER LES OBSTACLES

*« Avant que tu ne t'en rendes compte, **l'ignorance** t'aura tué. »*
— proverbe wolof

I l y a presque 3 000 ans, Dieu a déclaré : « *Mon peuple est détruit, parce qu'il lui **manque la connaissance*** » (Osée 4.6). Même de nos jours, la plupart des gens, y compris des diplômés universitaires, vivent et meurent sans connaître les écrits des prophètes de la Bible.

Étant donné l'ancienneté et l'influence de la Bible, est-il possible de se dire véritablement « érudit » si l'on ne connaît pas l'enseignement de base de ce livre ?

De même que la société a inventé des *milliers de religions*, elle a aussi inventé des *milliers de raisons* de négliger l'Écriture. Dans le présent chapitre et le suivant, nous examinerons dix de ces raisons. Plus loin, une fois notre voyage entamé, nous en rencontrerons plusieurs autres et y répondrons.

DIX « RAISONS » POUR LESQUELLES ON REJETTE LA BIBLE :

1. « DES MYTHES »

Nombreux sont ceux dans les nations sécularisées d'Occident qui affirment que la Bible n'est qu'un recueil de mythes touchants et de beaux proverbes façonnés par des hommes. La plupart adoptent cette opinion sans jamais avoir pris la peine d'examiner objectivement l'Écriture.

Dans un ouvrage classique de fiction par Arthur Conan Doyle, le collègue du détective Sherlock Holmes, le Dr Watson, interroge Holmes au sujet d'un certain crime :

« Qu'en déduisez-vous ? »

« Je n'ai pas encore de données », répondit Holmes. « C'est une erreur grave que d'émettre des hypothèses avant d'avoir des données. Sottement, on commence à tordre les faits pour appuyer ses hypothèses au lieu de formuler les hypothèses à partir des faits[16]. »

Beaucoup de gens commettent cette « erreur grave » relativement à l'Écriture. Ils tirent des conclusions sans avoir suffisamment de données et déforment les faits pour les faire correspondre à des hypothèses qui n'ébranleront pas leur perspective du monde et ne changeront pas leur manière de vivre.

2. « TROP D'INTERPRÉTATIONS »

D'autres ne lisent pas l'Écriture parce qu'ils entendent un groupe qui affirme : « la Bible dit ceci » et un autre qui objecte : « Non, elle dit cela. » Il n'est guère surprenant que certains estiment impossible de comprendre l'Écriture.

Pourtant, même si la Bible permet des points de vue différents sur certaines questions de la vie[17], elle ne laisse aucune place à des interprétations diverses eu égard à celles d'une importance éternelle. Le Livre de Dieu peut être compris si nous voulons bien observer ce qu'il dit.

Le célèbre Sherlock Holmes a aussi dit à Watson : « Vous voyez, mais vous n'observez pas. La distinction est claire. Par exemple, vous avez souvent vu l'escalier qui mène du corridor à cette pièce. »

« Fréquemment. »

« Combien de fois ? », interrogea Holmes.

« Eh bien, des centaines de fois », répondit Watson.

« Combien de marches comporte-t-il ? »

« Combien ? Je ne sais pas. »

« En effet ! Vous n'avez pas observé. Et pourtant, vous avez vu. C'est précisément ce que j'essaie de vous dire. Moi, je sais qu'il y en a dix-sept, parce que j'ai vu et observé[18]. »

De la même manière, beaucoup sont ceux qui *perçoivent* certaines des déclarations que fait la Bible, mais rares sont ceux qui *prennent en considération* ce qu'elle dit réellement. Par conséquent, comment s'étonner qu'on en arrive à une grande diversité d'interprétations ?

Voici une question qui clarifiera les choses pour vous, si vous vous la posez : *Est-ce que je désire vraiment* comprendre le message de Dieu ? Suis-je prêt(e) à rechercher sa vérité avec la même passion et la même minutie que si je cherchais un trésor caché ? Le roi Salomon a écrit : « *Oui, si tu appelles la sagesse, et si tu élèves ta voix vers la raison, si tu la cherches comme l'argent, si tu la poursuis comme un trésor,* **alors tu [...] trouveras la connaissance de Dieu** » (Proverbes 2.3-5).

3. « LES CHRÉTIENS »

Beaucoup de gens rejettent la Bible à cause du mal perpétré par des hommes et des femmes prétendant suivre ses principes. Ces gens demandent : « Que dire des croisades, au cours desquelles des "infidèles" ont été massacrés au nom de la croix ? » « Que dire de l'Inquisition ? » « Que dire des injustices commises de nos jours par ceux qui prétendent adhérer aux principes bibliques ? » À vrai dire, quiconque porte le nom de *chrétien* (terme signifiant *disciple de Christ*) et ne reflète pas l'amour et la *compassion* du Christ *vit en contradiction avec ce que Jésus-Christ a pratiqué et enseigné à ses disciples* : « *Vous avez appris qu'il a été dit : Tu aimeras ton prochain, et tu haïras ton ennemi. Mais moi, je vous dis :* **aimez vos ennemis**, *bénissez ceux qui vous maudissent, faites du bien à ceux qui vous haïssent, et priez* **pour ceux qui vous maltraitent** *et qui vous persécutent* » (Matthieu 5.43-44).

D'autres demandent : « Que dire des chrétiens qui mènent des vies que caractérisent la malhonnêteté, l'ivrognerie et l'immoralité ? » Une fois de plus, de telles personnes vivent dans une transgression flagrante de l'Écriture qui affirme : « *Ne savez-vous pas que les injustes n'hériteront point le royaume de Dieu ? Ne vous y trompez pas : ni les impudiques, ni les idolâtres, ni les adultères,* *ni les efféminés, ni les infâmes, ni les voleurs, ni les cupides, ni les ivrognes, ni les outrageux, ni les ravisseurs, n'hériteront le royaume de Dieu. Et c'est là ce que vous **étiez**, quelques-uns de vous. Mais vous avez été lavés, mais vous avez été sanctifiés, mais vous avez été **justifiés** au nom du Seigneur Jésus-Christ, et par l'Esprit de notre Dieu »* (1 Corinthiens 6.9-11). Être « *justifié* » signifie être *déclaré juste*. Plus loin dans notre voyage à travers l'Écriture, nous découvrirons comment les pécheurs peuvent se voir pardonner et déclarer justes par Dieu.

D'autres encore demandent : « Que dire des chrétiens qui se prosternent devant des statues et qui prient Marie et les saints ? » Pour donner une réponse brève, quiconque s'adonne à de telles pratiques suit les traditions de son Église plutôt que les enseignements de la Parole de Dieu, qui déclare : « *Vous ne vous ferez point d'idoles, vous ne vous élèverez ni image taillée ni statue, et vous ne placerez dans votre pays aucune pierre ornée de figures, pour vous prosterner devant elle* » (Lévitique 26.1). Se prosterner devant des statues, exalter l'autorité des hommes au-dessus de l'autorité de Dieu, prier machinalement sans connaître le seul vrai Dieu, c'est une forme d'idolâtrie. La confusion vient du fait que beaucoup de gens croient que les termes *chrétien* et *catholique* sont synonymes. Ils ne le sont pas. Il en va de même pour les termes *chrétien* et *protestant*. Entrer et sortir d'un bâtiment d'église ne fait pas d'une personne un chrétien, pas plus qu'entrer et sortir d'une étable ne fait d'une personne un cheval.

4. « DES HYPOCRITES »

Une autre excuse donnée par certains pour ne pas lire la Bible c'est « qu'il y a tant d'hypocrites ». Malheureusement, beaucoup sont ceux qui déclarent croire à la Bible sans pratiquer ce qu'ils prêchent. Ils tordent le message de la Bible et se servent du nom de Dieu pour atteindre leurs buts égoïstes. De nombreux prédicateurs ont été dénoncés comme ne cherchant qu'à satisfaire leurs propres passions et vivant dans l'immoralité. Certains déclarent que si vous leur envoyez de l'argent, vous serez bénis et vous jouirez d'une bonne santé physique comme de la prospérité matérielle ! La Bible démasque de tels charlatans comme étant des « *hommes corrompus d'entendement, privés de la vérité, et croyant que la piété est une source de gain* » (1 Timothée 6.5).

Aux chefs religieux de son temps, égoïstes et superficiels, Jésus a dit ceci :

> « **Hypocrites**, *Ésaïe a bien prophétisé sur vous, quand il a dit : Ce peuple m'honore des **lèvres**, mais **son cœur est éloigné de moi**. C'est en vain qu'ils m'honorent, en enseignant des préceptes qui sont des commandements d'hommes* » *(Matthieu 15.7-9). Et à ses disciples, Jésus a dit :* « *Lorsque vous priez, ne soyez pas comme les **hypocrites**, qui aiment à prier debout dans les synagogues et aux coins des rues, pour être vus des hommes* » (Matthieu 6.5).

Étant donné que chacun de nous, à un moment donné, s'est déjà rendu coupable d'hypocrisie (c'est-à-dire du fait de prétendre être ce que nous ne sommes pas), devons-nous laisser l'hypocrisie d'autrui nous empêcher de connaître notre créateur et de permettre à sa Parole authentique de nous transformer en ceux et celles qu'il veut que nous soyons ?

5. « LE RACISME »

Quelques-uns rejettent la Bible parce qu'ils croient qu'elle fait preuve de favoritisme à l'égard de certains peuples. La majorité des gens doivent reconnaître chez eux un certain degré de racisme ou d'ethnocentrisme (une préférence pour son propre groupe ethnique), mais la Bible dit clairement que : « *Dieu ne fait point acception de personnes* » (Actes 10.34).

Savez-vous, par exemple, que le prophète Moïse a épousé une Éthiopienne[19] ? Avez-vous lu comment Dieu, par le prophète Élisée, a purifié de sa lèpre le chef de l'armée syrienne lorsqu'il s'est humilié devant Dieu[20] ? Savez-vous que Dieu a ordonné au prophète juif Jonas de proclamer son message de repentance et de salut à la ville de Ninive (en Irak actuel) ? Jonas détestait les Ninivites et voulait que Dieu les extermine, mais Dieu les aimait et voulait leur faire miséricorde[21]. Comprenez-vous le rôle important que la Perse (l'Iran) a joué dans le plan de Dieu pour apporter le salut au monde[22] ? Avez-vous lu le récit surprenant de Jésus annonçant le message de la vie éternelle à une pécheresse samaritaine – alors que les Juifs évitaient la Samarie et tenaient pour « impurs » les Samaritains[23] ?

Le monde est rempli de racisme, mais il n'en est pas ainsi du créateur. À ses yeux, il n'y a qu'une seule race – la race humaine.

> *« Le Dieu qui a fait le monde et tout ce qui s'y trouve, étant le Seigneur du ciel et de la terre, n'habite point dans des temples faits de main d'homme ; il n'est point servi par des mains humaines, comme s'il avait besoin de quoi que ce soit, lui qui donne à tous la vie, la respiration, et toutes choses. Il a fait que **tous les hommes, sortis d'un seul sang**, habitassent sur toute la surface de la terre, ayant déterminé la durée des temps et les bornes de leur demeure ; **il a voulu qu'ils cherchassent le Seigneur**, et qu'ils s'efforçassent de le trouver en tâtonnant, **bien qu'il ne soit pas loin de chacun de nous**, car en lui nous avons la vie, le mouvement, et l'être. C'est ce qu'ont dit aussi quelques-uns de vos poètes : De lui nous sommes la race… »*
> (Actes 17.24-28).

Cette déclaration biblique selon laquelle Dieu a fait que toutes les nations soient *issues d'un seul homme* est confirmée par la science moderne qui dit que : « le code génétique humain, ou génome, est identique pour tous à 99,9 %, partout dans le monde. Le reste de l'ADN détermine nos différences individuelles, telles que la couleur des yeux ou le potentiel de développement d'une maladie, par exemple[24]. »

Le créateur et possesseur « *du ciel et de la terre* », qui n'est pas « *loin de de nous* », se soucie de vous et moi et désire que nous le « *cherchions* » et que nous comprenions son message. Il a planifié chaque détail entourant notre naissance. Il aime les gens de toutes nations, langues, cultures et couleurs, et il les invite à invoquer son nom dans leur propre langue.

6. « LE DIEU DE LA BIBLE APPROUVE LE MEURTRE »

Nous avons reçu le courriel suivant d'un athée (ou d'un *humaniste séculier* comme il préfère se définir) :

 Objet: Retour sur votre courriel

La Bible dit : « Moi, le Seigneur, je suis un Dieu plein de compassion et de miséricorde, lent à la colère, riche en bonté et en fidélité. » De belles paroles de louange à son intention, mais il n'y en a aucune qui puisse se réconcilier avec ses actes. Dieu n'est pas apparu plein d'amour en décembre 2004 lorsqu'il a permis la mort de près d'un quart de million de gens dans le raz-de-marée en Asie du Sud-Est... Lors de la soi-disant entrée en Canaan, le dieu biblique a approuvé le massacre d'hommes, de femmes, d'enfants et de nourrissons innocents et pacifiques... Comment se fait-il que moi, un simple humain, j'aie plus de compassion que mon soi-disant « créateur » ? Je ne permettrais jamais tous les conflits, la haine, les guerres, les tueries, les désastres, la pauvreté, la faim, la maladie, la douleur, le chagrin et la misère qui existent sur cette planète s'il était en mon pouvoir de les empêcher. Je m'en débarrasserais immédiatement d'un claquement de doigts.

Beaucoup de gens demandent : « Si Dieu est à la fois bon et tout-puissant, *pourquoi n'élimine-t-il pas le mal ?* » Il est cependant intéressant de noter que très peu de gens demandent : « Si Dieu est bon et tout-puissant, *pourquoi ne **m'élimine**-t-il pas moi* quand **moi**, je fais le mal ? » Nous voulons que Dieu juge le mal, mais ne voulons pas qu'il nous juge, nous.

Cette incohérence mise à part, il faut admettre que notre ami humaniste soulève quelques interrogations. Même s'il n'y a pas de réponses simplistes à ses questions, il en existe toutefois de satisfaisantes. Plus loin dans notre voyage à travers l'Écriture, nous examinerons le caractère de Dieu et la grande portée des conséquences du péché, et alors les réponses de Dieu deviendront claires. Entre-temps, voici *trois principes qui* nous aideront à ne pas juger notre créateur lorsqu'il permet et même ordonne des catastrophes qui enlèvent la vie à des hommes, à des femmes, à des enfants et à des nourrissons :

1) L'homme ne voit qu'une partie du tableau, mais Dieu le voit dans son entier.

Ce que les gens considèrent comme des tragédies « injustes » dans lesquelles des victimes « innocentes » meurent « avant leur temps », Dieu le voit dans la perspective de l'éternité. Il déclare que l'existence éphémère d'une personne n'est que le prélude à l'événement principal[25]. La vie ne se limite pas à ce que l'on en voit. Imaginons par exemple un fœtus dans le sein de sa mère. S'il pouvait raisonner en fonction de sa vision limitée du monde, il pourrait dire à Dieu : « Qu'ai-je fait pour mériter d'être enfermé dans ce sac embryonnaire ? J'entends des enfants rire et jouer à l'extérieur, et me voici pris dans cette poche aquatique obscure. Ce n'est pas juste. Comment se fait-il que moi, un simple fœtus, j'aie plus de compassion que mon créateur ? » Sans doute, les bébés qui sont dans le sein de leur mère ne défient pas leur créateur de cette façon, mais les adultes le font. « *Ô homme, toi plutôt, qui es-tu pour contester avec Dieu ? Le vase d'argile dira-t-il à celui qui l'a formé : Pourquoi m'as-tu fait ainsi ?* » (Romains 9.20.)

2) Ce que l'homme considère être mal ne l'est pas nécessairement aux yeux de Dieu.

Étant la source et le soutien de la vie, Dieu, et lui seul, a le droit d'y mettre un terme. Le prophète Job, qui avait perdu toutes ses possessions et ses dix enfants dans une série de catastrophes naturelles, a déclaré : « *Je suis sorti nu du sein de ma mère, et nu je retournerai dans le sein de la terre. L'Éternel a donné, et l'Éternel a ôté ; que le nom de l'Éternel soit béni.* » La Bible nous dit qu'« *en tout cela, Job ne pécha point et n'attribua rien d'injuste à Dieu* » (Job 1.21-22).

Le voyage que nous sommes sur le point d'entreprendre nous éclairera sur quelques-uns des étranges, mais sages desseins de Dieu[26]. Nous ferons connaissance avec le souverain maître de l'univers qui ne contraint pas les êtres humains à l'aimer ni à lui obéir. Nous découvrirons également la cause de l'actuelle condition lamentable de ce monde.

3) *Un jour, Dieu rendra justice à tous.*

Tandis que nous nous efforçons de comprendre les événements passés et présents, il est utile de nous rappeler que, contrairement à nous, le créateur de l'humanité possède toutes les données au sujet de chaque âme. Dieu n'opère pas selon nos critères de moralité, mais selon les siens. Ce n'est pas à nous qu'il revient de lui dicter ce qui est bien ou mal ; c'est à lui de nous le dire. Même si Dieu nous permet de faire de mauvais choix qui ont un effet nuisible sur d'autres, il n'est pas indifférent au mal. Le jour de jugement vient où Dieu jugera chaque homme, femme et enfant en fonction des critères de justice *du créateur*. Son amour et sa justice sont infinis[27]. « *Car l'Éternel est un Dieu juste : heureux tous ceux qui espèrent en lui* » (Ésaïe 30.18).

Si, tout comme l'auteur du courriel cité plus haut, vous considérez que vous avez « *plus de compassion que* [*votre*] *créateur* », alors continuez à lire. Dieu révèle ses secrets à ceux qui sont assez humbles et patients pour l'écouter jusqu'au bout.

> « Les choses cachées sont à l'Éternel, notre Dieu ; les choses révélées sont à nous et à nos enfants, à perpétuité » (Deutéronome 29.28).

7. « LE LIVRE DE DIEU NE CONTIENDRAIT PAS… »

Certains justifient leur désintérêt pour l'Écriture en disant : « Si la Bible était inspirée de Dieu, elle ne contiendrait pas les histoires répugnantes d'individus s'adonnant à l'adultère, à l'inceste, au génocide, à la traîtrise, à l'idolâtrie et autres. » Selon leur conception de l'inspiration et de la révélation, le Livre de Dieu devrait se limiter à des citations directes de Dieu.

Cependant, puisque le but de l'Écriture est de permettre aux humains de faire connaissance avec leur créateur dans le cadre de l'histoire, devons-nous nous étonner que la Bible rapporte non seulement les paroles et les œuvres de Dieu, mais aussi les péchés et les fautes de l'humanité ? Supposons que Dieu veuille révéler sa gloire, sa pureté, sa justice, sa miséricorde et sa fidélité en les mettant en contraste avec la sombre réalité de la faillite humaine. Oserions-nous dicter au Tout-Puissant comment il doit ou ne doit pas nous révéler sa personne et son message ?

« Quelle perversité est la vôtre ! Le potier doit-il être considéré comme de l'argile, pour que l'ouvrage dise de l'ouvrier : Il ne m'a point fait ? Pour que le vase dise du potier : Il n'a point d'intelligence ? » (Ésaïe 29.16.)

La Bible rapporte de nombreux événements historiques que Dieu a permis, sans les approuver. Le Dieu vivant et vrai est celui qui prend plaisir à transformer une situation mauvaise en une bonne. Par exemple, vous avez peut-être lu l'histoire captivante de Joseph, le onzième fils de Jacob (Genèse 37-50). Ses dix frères aînés l'ont haï, maltraité et vendu comme esclave aux Ismaélites. Joseph a été injustement emprisonné, mais c'est grâce à cette même adversité qu'il a pu accéder au trône égyptien et sauver de la famine ses frères, les Égyptiens et les nations environnantes. Plus tard, lorsque ses frères se sont repentis, Joseph leur a dit : « *Vous aviez* **médité de me faire du mal** *: Dieu* ***l'a changé en bien****, pour accomplir ce qui arrive aujourd'hui,* ***pour sauver la vie à un peuple nombreux*** » (Genèse 50.20).

8. « PLEINE DE CONTRADICTIONS »

Beaucoup de gens persistent à dire que la Bible est pleine de contradictions, et pourtant très peu prennent le temps de l'étudier objectivement. *Est-il juste de condamner l'Écriture en se basant sur les dires d'autrui ?* Est-il possible de comprendre quelque livre que ce soit en ne lisant qu'une phrase ici et là ? Doit-on lire un livre renommé à seule fin d'y chercher une erreur typographique ou une contradiction ? Espérons que non. Et pourtant, c'est de cette manière que beaucoup abordent la Bible.

Il y a plusieurs années, j'ai reçu un courriel contenant une longue liste de présumées erreurs et contradictions dans la Bible, que le correspondant avait recopiée d'un site Web.

En voici un extrait :

 Objet: Retour sur votre courriel

Votre Bible se contredit. Par exemple :
• le premier jour, Dieu créa la lumière et sépara ensuite la lumière d'avec les ténèbres (Genèse 1.3-5). Le soleil, qui sépare la nuit et le jour, ne fut créé qu'au quatrième jour (Genèse 1.14-19).

- Adam devait mourir le jour même où il mangerait du fruit défendu (Genèse 2.17). Adam a vécu 930 ans (Genèse 5.5).
- Jésus ne juge pas (Jean 3.17 ; 8.15 ; 12.47). Jésus juge (Jean 5.22, 27-30 ; 9.39 ; Actes 10.42 ; 2 Corinthiens 5.10).
- Etc.

À présent, j'aimerais vous poser une question : votre religion me permet-elle de me poser des questions et de me servir de mon cerveau avant de l'accepter, ou me demande-t-elle de fermer les yeux et d'empêcher mon cerveau de produire des interrogations ? C'est que je me demande s'il est possible que Dieu ait pu commettre tant d'erreurs dans son livre, et naturellement, ma réponse est NON !

Bien entendu, le Dieu qui dit : « *Venez donc et **discutons ensemble**...* » (Ésaïe 1.18, *Bible du Semeur*) désire que je « pose des questions » et que je « me serve de mon cerveau ». Dieu nous invite à examiner nous-mêmes sa Parole. Copier et coller la liste de « contradictions » d'autrui n'est pas acceptable. Salomon a dit : « *L'homme simple croit tout ce qu'on dit, mais l'homme prudent est attentif à ses pas* » (Proverbes 14.15).

Nous résoudrons ces « contradictions » au fur et à mesure que nous progresserons dans notre étude de l'Écriture[28]. Pour le moment, il importe de comprendre que la vie est trop courte et l'éternité trop longue pour ne pas faire avec honnêteté nos propres recherches. Si vous avez déjà goûté une délicieuse mangue bien juteuse, vous savez qu'en décrire le goût à autrui ne saurait suffire. Il faut en avoir fait l'expérience par soi-même. De la même façon, accepter les dires d'autrui quant à la Parole de Dieu ne suffit pas. Il vous faut la goûter vous-même.

« *Goûtez et constatez* que l'Éternel est bon »
(Psaume 34.9).

Il est dans l'intérêt éternel de chacun de nous d'étudier consciencieusement l'Écriture – d'être quelqu'un « qui *n'a point à rougir, qui dispense droitement la parole de la vérité* » (2 Timothée 2.15). Ne pas tenir compte du contexte (la section entière dans laquelle se trouve une prétendue contradiction) n'est pas une bonne manière d'aborder la Parole de la vérité. Par exemple, il y a des déclarations bibliques qui nous disent de *ne **pas** juger*, tandis qu'il y en a d'autres qui nous ordonnent de le *faire*[29]. Est-ce que l'Écriture se *contredit* ? Non, elle se **complète.** D'une part, parce que je suis une créature ayant une connaissance limitée, le Livre de Dieu m'exhorte à ne pas juger (condamner) les motifs ou les gestes d'autrui de manière arrogante et suscitant la polémique. D'autre part, on me dit de juger (discerner) entre le bien et le mal et de distinguer la vérité de l'erreur en m'appuyant sur l'Écriture.

Alors, qu'en est-il de ces soi-disant contradictions dans la Bible ? J'ai personnellement trouvé des réponses satisfaisantes à chacune d'elles. J'ai également découvert que si l'on ne *désirait* pas comprendre l'Écriture, l'on trouverait toujours une nouvelle « contradiction » dès qu'une réponse serait apportée à la précédente[30].

Désirez-vous vraiment comprendre le message de Dieu ? Si oui, ne vous approchez pas du Livre de Dieu en y recherchant vos propres idées ; cherchez-y plutôt les *siennes*. Étudiez la Bible livre par livre. N'essayez pas d'interpréter ce que vous lisez. L'Écriture, rédigée par de nombreux prophètes et apôtres sur plusieurs siècles, est elle-même son meilleur commentaire[31].

> « Il révèle ce qui est profond et caché, il connaît ce qui est dans les ténèbres, et la lumière demeure avec lui »
> (Daniel 2.22).

9. « JE NE CROIS PAS AU NOUVEAU TESTAMENT »

Il y a quelque temps, j'ai reçu d'une dame le courriel suivant :

Objet: Retour sur votre courriel

Je ne crois pas au Nouveau Testament. Je crois seulement dans le testament originel. Je ne crois pas que les paroles de Dieu puissent être révisées et réécrites pour les temps modernes.

Comme tant d'autres, cette dame n'avait pas encore compris pourquoi le Livre de Dieu contenait un Ancien et un Nouveau

Testament. L'existence de ces deux sections principales de l'Écriture ne signifie pas que la Parole de Dieu a été « *révisée et réécrite* » mais plutôt que le plan pour l'humanité *prédit* antérieurement par Dieu *s'est réalisé* et que sa réalisation se poursuit.

Les événements de l'histoire sont répertoriés selon la date où ils ont eu lieu. Par exemple, la naissance d'Abraham est datée d'environ 2 000 ans **avant Jésus-Christ**, tandis que la destruction des tours du World Trade Center à New York est datée de 2001 **après Jésus-Christ**[32]. Tout comme l'histoire du monde est divisée en deux parties, il en est ainsi du Livre de Dieu.

La Bible a un Ancien et un Nouveau Testament. « Testament » est un autre terme pour *document légal, contrat* ou *alliance – un accord entre deux parties*[33]. À présent, considérons brièvement ces deux parties de l'Écriture. Leur importante raison d'être deviendra claire au fur et à mesure que nous voyagerons à travers ces deux Testaments.

Première partie : l'Ancien Testament. Écrites en hébreu et en araméen, les Écritures de l'Ancien Testament contiennent « *la loi de Moïse* [appelée aussi la Torah] *et [...] les prophètes et [...] les psaumes...* » (Luc 24.44). Ces Écritures, transmises par Dieu à plus de trente prophètes sur une période de plus de mille ans, fournissent un compte-rendu de l'intervention de Dieu dans l'histoire de l'humanité – depuis la création d'Adam jusqu'à l'époque de l'Empire perse (env. 400 av. J.-C.). Toutefois, prophétiquement, l'Ancien Testament explore l'histoire jusqu'à la fin du monde, annonçant des centaines d'événements historiques avant qu'ils ne se produisent[34].

L'Ancien Testament décrit l'alliance que Dieu a offerte au monde *avant* la naissance de Jésus-Christ. *Christ* est le terme grec traduisant le mot *hébreu* « *Messie* », ce qui signifie l'*Oint* ou l'*Élu*. En prédisant des événements-clés, les Écritures annonçaient ce qui arriverait dans l'avenir : la venue du Messie qui viendrait délivrer l'humanité du péché et de ses conséquences. L'ancienne alliance renfermait également cette promesse importante :

> « *Voici que les jours viennent – Oracle de l'Éternel –, où je conclurai [...] une **alliance nouvelle*** » (Jérémie 31.31).

Deuxième partie : le Nouveau Testament. Écrit en grec, le Nouveau Testament est aussi appelé l'*Évangile* (ou *Indjil*, mot arabe signifiant *Bonne Nouvelle*). Le Nouveau Testament, rédigé par un minimum de huit hommes au cours du premier siècle après Jésus-Christ, raconte la venue initiale du Messie sur la terre. Il fournit aussi un commentaire divin des Écritures de l'Ancien Testament et prédit les événements entourant la fin de l'histoire du monde. Toutes ses prophéties concordent parfaitement avec celles qui se trouvent dans l'Ancien Testament.

Le Nouveau Testament décrit la merveilleuse offre faite par Dieu à l'humanité avec la venue du Messie. Ces Écritures regardent *en arrière*, démontrant l'accomplissement historique de centaines d'événements clés prédits par les prophètes. Tout comme l'Ancien Testament, le Nouveau éclaire l'avenir, en évoquant le jour où le Messie reviendra sur terre. C'est avec bonne raison que le Messie a dit : « *Ne pensez pas que je sois venu abolir la loi ou les prophètes* [l'Ancien Testament]. *Je suis venu non pour abolir, mais pour* **accomplir** » (Matthieu 5.17).

Il n'y a aucune contradiction entre l'Ancien et le Nouveau Testament. Comme une graine qui germe et devient un arbre, le plan de Dieu pour l'humanité prend racine dans l'Ancien Testament et parvient à maturité dans le Nouveau. Chacune des deux parties du Livre de Dieu nous conduit vers le message qu'il veut nous faire entendre.

La dame qui a écrit le courriel précédent a raison de dire : « *les paroles de Dieu ne doivent pas être révisées et réécrites pour les temps modernes* ». Ce qu'elle a manqué de reconnaître, c'est que les « *paroles de Dieu* » s'accomplissent.

10. « CORROMPUES »

Jusqu'ici, nous nous sommes confrontés à neuf obstacles qui empêchent les gens de lire les écrits bibliques et d'y prêter attention Toutefois, l'objection la plus souvent soulevée par mes amis musulmans n'a pas encore été abordée. Ahmed y a fait référence dans son courriel :

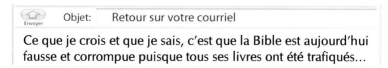

Objet: Retour sur votre courriel

Ce que je crois et que je sais, c'est que la Bible est aujourd'hui fausse et corrompue puisque tous ses livres ont été trafiqués...

Ahmed a-t-il raison ? L'Écriture a-t-elle été falsifiée ?
La prochaine partie nous fournira la réponse à cette question.

3

FALSIFIÉE OU PRÉSERVÉE ?

*« L'herbe sèche, la fleur **tombe** ; mais la parole de notre Dieu subsiste **éternellement**. »*
— le prophète Ésaïe (Ésaïe 40.8)

Les extraits suivants de courriers électroniques viennent de quatre régions du globe et expriment la pensée de plus d'un milliard d'individus :

Envoyer Objet: Retour sur votre courriel

Nous croyons que toute l'Écriture est divine, mais seulement sous sa forme originale.

Envoyer Objet: Retour sur votre courriel

N'oubliez pas, vous avez l'Ancien et le Nouveau Testament, dans lesquels des mots ont été changés. Dans le saint Coran, les paroles sont restées les mêmes à travers les siècles.

Envoyer Objet: Retour sur votre courriel

Votre Bible est un texte corrompu qui a été réécrit et falsifié. Des choses y ont été ajoutées pour appuyer vos croyances répugnantes.

⟲ Envoyer	Objet:	Retour sur votre courriel

Selon moi, la Bible a été falsifiée il y a plusieurs siècles et même il y a des millénaires, et la plupart, sinon le tout, est de la pure ineptie fabriquée par un faux prophète du nom de Paul. Par conséquent, taper des versets bibliques ou les couper et les coller est une perte de temps.

Ces allégations sont-elles valables ? Est-ce que le Dieu infini a permis à l'homme fini de falsifier et de manipuler l'Écriture qu'il avait révélée à ses prophètes il y a bien des siècles ?

MESSAGE PERSONNEL À MES LECTEURS MUSULMANS

À ce stade-ci, j'aimerais m'adresser respectueusement à mes lecteurs musulmans.

Comme vous le savez sans doute, le Coran dit clairement que l'Écriture biblique – la Torah (*Tawret*), les Psaumes (*Zabour*) et l'Évangile (*Indjil*) – a été donnée par Dieu pour servir de « ***direction*** » et de « ***lumière*** » (Sourate 5.44[48]). Il dit également : « *Nous* [Allah] *t'avons* [à Mahomet] *envoyé le livre contenant la vérité* [le Coran], *qui **confirme l'Écriture*** [la Bible] **qui *l'a précédé, et qui la met à l'abri de toute altération*** » (Sourate 5.48[52]). « *Nous n'avons envoyé que **des** hommes qui recevaient des révélations.* ***Demandez-le aux hommes qui possèdent l'Écriture,*** *si vous ne le savez pas* » (Sourate 21.7).

Le Coran émet également cet avertissement : « *Ceux qui traitent d'impostures le Livre et les autres **révélations** que nous avions confiées à nos **envoyés** [...] seront entraînés dans l'enfer* » (Sourate 40.70-72[72-73]). Ainsi, le Coran déclare à maintes reprises que ces livres bibliques ont été inspirés de Dieu et que ceux qui les rejettent connaîtront un châtiment éternel[35].

Voilà qui constitue un problème grave pour tout musulman, puisque la Bible et le Coran présentent deux messages radicalement différents quant au caractère de Dieu et à son plan pour l'humanité.

C'est pour cette raison que la plupart des musulmans en sont venus à la conclusion que l'Écriture a été falsifiée. Les questions suivantes en ont aidé beaucoup à revoir cette conclusion.

QUESTIONS AUX MUSULMANS

- Croyez-vous que Dieu *a le pouvoir* de protéger ses propres Écritures ?
- Si oui, croyez-vous qu'il *veut* les protéger ?
- Si vous croyez que les Écritures des prophètes ont été falsifiées :
  - *Quand* ont-elles été falsifiées ?
  - *Où* ont-elles été falsifiées ?
  - *Qui* les a falsifiées ? Si vous croyez que ce sont les juifs ou les chrétiens, pourquoi pensez-vous qu'ils auraient faussé les livres saints pour la préservation desquels beaucoup d'entre eux ont volontiers donné leur vie[36] ?
  - Quelles preuves avez-vous qu'une telle falsification a bien eu lieu ?
  - *Pour quelle raison* le Tout-Puissant aurait-il permis à l'homme fini de falsifier ses écrits et sa révélation à l'humanité ?
- Si Dieu a permis aux humains de corrompre les livres de prophètes tels que Moïse et David, comment pouvez-vous être certains que les écrits auxquels vous vous fiez n'ont pas subi le même sort ?

Mon but n'est pas ici de bombarder qui que ce soit de questions, mais puisque tant d'individus croient à cette « allégation de falsification » et puisque les conséquences d'une telle croyance sont éternelles, permettez-moi de vous en poser une autre :

- Croyez-vous que l'Écriture biblique a été falsifiée **avant** ou **après** la transmission du Coran ?

Prenez un moment pour réfléchir à cette question. Peut-être voudrez-vous bien noter votre réponse par écrit avant de poursuivre.

AVANT ?

Si votre réponse est que les textes bibliques ont été falsifiés *avant la transmission du Coran* – alors pourquoi celui-ci décrit-il l'Écriture comme une « *direction* » pour l'humanité et non pas une

« *tromperie* », comme une « *lumière* » plutôt que des « *ténèbres* » ? Pourquoi le Coran dit-il : « *Que ceux qui s'en tiennent à l'Évangile jugent d'après son contenu* » (Sourate 5.47[51]) ? Et pourquoi déclare-t-il : « *les paroles de Dieu ne changent point* » (Sourate 10.64[65]) ?

Si les écrits bibliques étaient peu fiables, pourquoi le Coran ordonnerait-il : « *Si tu es dans le doute sur ce qui t'a été envoyé d'en haut, interroge ceux qui lisent l'Écriture envoyée avant toi* » (Sourate 10.94) et « *Apportez le Pentateuque, et lisez si vous êtes sincères* » ? (Sourate 3.93[87]).

Bien que le Coran dise que certaines personnes « *torturent les paroles de l'Écriture avec leurs langues* » (Sourate 3.78[72]), *il* considère l'Écriture elle-même comme fiable et intacte.

APRÈS ?

D'autre part, si vous avez répondu que les textes bibliques ont été falsifiés *après le Coran*, alors il faut noter que les Bibles en circulation de nos jours ont été traduites à partir d'anciens manuscrits datant de plusieurs siècles avant la rédaction du Coran.

Au moment où le Coran a été récité pour la première fois, l'Écriture était déjà diffusée en Europe, en Asie et en Afrique. Elle avait été traduite en plusieurs langues, telles que le latin, le syriaque, le copte, le gothique, l'éthiopien et l'arménien[37].

Pensez-y : comment est-ce qu'un groupe d'hommes aurait pu « falsifier » des livres d'une telle notoriété, des livres traduits en tant de langues et dont des centaines et des milliers d'exemplaires étaient répartis à travers le monde connu de l'époque ? Imaginez que quelqu'un essaie de rassembler tous les originaux ainsi que leurs innombrables traductions et tente de modifier chacun d'eux afin de créer l'uniformité qui existe dans ces traductions aujourd'hui. Ce serait une tâche impossible !

La conclusion est évidente :

- o Dire que la Bible a été falsifiée *avant* la rédaction du Coran, c'est contredire des dizaines de versets coraniques.
- o Affirmer que la Bible a été falsifiée *après* la transmission du Coran, c'est nier les preuves historiques et archéologiques[38].

Cette conclusion suscite une autre question : d'où viennent tous ces manuscrits originaux et ces traductions ? Où sont les écrits *originaux* ?

LES ORIGINAUX ET LEURS COPIES

Étant donné que toutes choses sur terre, y compris les livres, se détériorent avec le temps, les manuscrits *originaux* de la Bible (appelés aussi *autographes*) n'existent plus. Plutôt, des milliers de *copies* anciennes, dérivées des écrits originaux des prophètes, sont conservées dans les musées et les universités du monde entier.

Qu'il s'agisse de la Torah, des Évangiles, des écrits du philosophe Aristote, de l'historien Flavius Josèphe, ou du Coran plus récent[39] encore, tous les originaux de ces écrits sont perdus. Il en va de même pour tout livre ancien. Seuls les « dérivés » demeurent.

Au Sénégal, la plupart des gens croient que la Bible a été falsifiée. Ils ne lui font pas confiance. Il est dès lors paradoxal qu'ils fassent confiance à leurs *griots*. Un griot est un *historien oral* dont la tâche principale est de mémoriser la généalogie et l'histoire orale de sa famille, de son clan et de son village afin de la transmettre à la prochaine génération. L'habileté d'un griot à retenir cette information détaillée et à la communiquer avec un degré raisonnable de précision est impressionnante, mais aussi habile soit-il, l'exactitude et les détails se perdent avec le temps. Pour ce qui est de la précision, la méthode orale de préserver la vérité ne peut se comparer à la méthode écrite.

Pourquoi trouve-t-on facile de croire au *témoignage oral* des hommes, mais difficile de croire au *témoignage écrit* de Dieu ? Est-ce bien sage ?

« *Si nous recevons* **le témoignage des hommes, le témoignage de Dieu** *est plus grand [...] Celui qui ne croit pas Dieu le fait menteur, puisqu'il ne croit pas au témoignage que Dieu a rendu...* » (1 Jean 5.9-10).

LES ROULEAUX ET LES SCRIBES

L'Écriture a été rédigée longtemps avant l'invention du papier, des presses à imprimer et des ordinateurs. Les prophètes ont inscrit les paroles de Dieu sur des rouleaux faits de papyrus ou de peaux d'animaux. Ces originaux ont ensuite été copiés à la main par des scribes. Un scribe était un professionnel de l'antiquité qui savait lire, écrire, rédiger et copier des documents légaux. Certains scribes copiaient aussi des textes bibliques. Leur but était de les copier avec une parfaite exactitude. *« À la fin de certains livres, le scribe donnait le chiffre total des mots et indiquait celui qui était au milieu du livre afin que les scribes subséquents puissent compter à partir du début et de la fin pour s'assurer qu'aucune lettre n'avait été omise*[40]. »

Malgré ce soin méticuleux, on retrouve certaines variantes mineures dans les copies : l'omission d'un mot, d'une phrase ou d'un paragraphe, un chiffre mal copié[41]. Toutefois, pas une seule vérité fondamentale n'est affectée par ces variantes. Qu'il s'agisse de textes séculiers ou sacrés, les erreurs insignifiantes de copie n'ont jamais posé de problèmes aux érudits. Le fait que de telles variantes se trouvent à ce jour dans ces textes copiés à la main est même une évidence que l'Écriture n'a justement *pas* été falsifiée. Contrairement au Coran, l'historique de la Bible ne comprend pas d'épisode dans lequel quelqu'un a essayé d'en produire une « copie parfaite » et brûlé ensuite les autres manuscrits[42].

Dieu a préservé son message pour nous. Mais comment pouvons-nous savoir avec certitude que l'Écriture que nous avons aujourd'hui est ce que les prophètes et les apôtres ont écrit ?

LES MANUSCRITS DE LA MER MORTE

Jusqu'à une période récente, les copies les plus anciennes des Écritures de l'Ancien Testament (rédigées par les prophètes entre 1500 et 400 av. J.-C.) dataient d'environ 900 apr. J.-C. À cause du grand laps de temps qui s'était écoulé entre la rédaction des originaux et celle des copies, les critiques affirmaient que puisque ces textes anciens avaient été copiés et recopiés depuis des siècles, il était

FALSIFIÉE OU PRÉSERVÉE ?

impossible de savoir avec exactitude ce que les prophètes avaient écrit[43].

Puis les manuscrits de la mer Morte ont été découverts.

L'année : 1947.

L'endroit : Khirbet Qumrân, près de la mer Morte.

Nouvelle de dernière heure : Un jeune berger palestinien, à la recherche d'une chèvre égarée, découvre une grotte contenant des jarres d'argile dans lesquelles se trouvent plusieurs rouleaux écrits en hébreu, en araméen et en grec.

Entre les années 1947 et 1956, plus de 225 manuscrits bibliques ont été retrouvés dans onze cavernes. Les érudits datent le plus ancien de ces manuscrits d'environ 250 av. J.-C., et le plus récent d'environ 68 apr. J.-C.

Les rouleaux avaient été cachés dans les grottes de Qumrân vers 70 apr. J.-C. (l'année où Jérusalem a été détruite par les Romains) par un groupe de Juifs connus sous le nom d'esséniens. Ces hommes avaient pris la ferme résolution de préserver ces manuscrits pour les générations futures au prix de leur vie. Même si ces Juifs ont été tués ou dispersés parmi les nations, l'Écriture a été préservée. Pendant près de 1 900 ans, ces rouleaux en papyrus sont restés cachés à l'intérieur de jarres d'argile dans le climat sec, idéal pour leur préservation, de la région de la mer Morte.

Lorsque la nouvelle de cette découverte a été diffusée dans le monde, beaucoup croyaient que ces manuscrits contiendraient

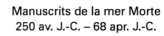

Manuscrits de la mer Morte
250 av. J.-C. – 68 apr. J.-C.

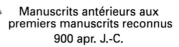

Manuscrits antérieurs aux
premiers manuscrits reconnus
900 apr. J.-C.

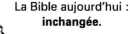

La Bible aujourd'hui :
inchangée.

47

d'importantes variantes par rapport aux plus récents qui dataient de mille ans plus tard. Peut-être l'assertion selon laquelle la Bible avait été « falsifiée » allait-elle s'avérer !

Les sceptiques ont été déçus. Seules des variantes insignifiantes d'orthographe et de grammaire ont été trouvées. Il n'y avait aucune contradiction par rapport au message de la Bible.

Quel a été le verdict officiel des érudits des manuscrits de la mer Morte concernant l'allégation selon laquelle l'Écriture aurait été falsifiée ou modifiée ? « *Jusqu'à ce jour, les preuves confirment qu'une telle falsification n'a pas eu lieu*[44]. »

LE LIVRE LE MIEUX PRÉSERVÉ

Pour ce qui est du Nouveau Testament, plus de 24 000 copies anciennes ont été préservées, parmi lesquelles 5 300 dans le grec original, dont 230 datent d'avant le VIe siècle, ce qui fait du Nouveau Testament le texte le mieux attesté de l'histoire.

En guise de comparaison, considérons les écrits du célèbre philosophe Aristote. Il a mis par écrit ses idées entre 384 et 322 av. J.-C. Tout ce que nous savons des paroles d'Aristote provient de seulement quelques manuscrits dont les plus anciens datent de 1100 apr. J.-C., ce qui constitue une période de 1 400 ans depuis le moment où l'original fut écrit. Et pourtant, personne ne met en doute l'authenticité ni la préservation des œuvres d'Aristote.

En plus des milliers de manuscrits du Nouveau Testament, les érudits ont trouvé dans des textes non bibliques écrits avant 325 apr. J.-C. (la date de la copie la plus ancienne du Nouveau Testament complet) des centaines de citations du Nouveau Testament. L'étendue de ces citations est telle que le Nouveau Testament en entier pourrait être reconstitué à partir de ces seuls écrits[45].

C'est la preuve que le Nouveau Testament est le texte de l'Antiquité le mieux préservé.

DES BIBLES DIFFÉRENTES ?

Peut-être avez-vous entendu quelqu'un dire : « *Mais il y a tant de Bibles différentes ! Quelle version est la bonne ?* » Il est important de comprendre la différence entre les *manuscrits* bibliques anciens et les diverses *traductions* de ces écrits. Les manuscrits ont été copiés par des scribes il y a fort longtemps, des siècles avant l'existence du Coran. Les Bibles en circulation aujourd'hui ont été *traduites* à partir de ces textes anciens[46]. En tout ou en partie, la Bible a été traduite à partir de ses langues originales (l'hébreu, l'araméen et le grec) en plus de 2 300 langues *différentes*.

Une de ces langues est le français.

Il existe des dizaines d'excellentes *traductions* françaises de la Bible, appelées des *versions*. Chaque version française se lit quelque peu différemment, ce qui est inévitable lorsque des mots sont traduits d'une langue à une autre. Les termes choisis par les traducteurs peuvent varier, mais lorsque le texte est traduit avec intégrité, le sens et le message ne changent pas.

Dans ce livre, la *version Segond* (*1910*) est la traduction principale utilisée. La *Bible du Semeur* est également citée par endroits, du fait qu'elle est parfois plus facile à comprendre.

Voici un exemple du même verset dans ces deux versions :

Version Segond : *« Lorsque vous jeûnez, ne prenez pas un air triste, comme les hypocrites, qui se rendent le visage tout défait, pour montrer aux hommes qu'ils jeûnent. Je vous le dis en vérité, ils reçoivent leur récompense »* (Matthieu 6.16).

Bible du Semeur : *« Lorsque vous jeûnez, n'ayez pas, comme les hypocrites, une mine triste. Pour montrer à tout le monde qu'ils jeûnent, ils prennent des visages défaits. Vraiment, je vous l'assure : leur récompense, ils l'ont d'ores et déjà reçue »* (Matthieu 6.16).

Même si les mots peuvent varier d'une traduction à une autre, le sens demeure le même.

DIEU EST PLUS GRAND

Ironiquement, la meilleure réfutation de l'allégation selon laquelle les hommes auraient falsifié la parole écrite de Dieu est annoncée à longueur de journée dans les mosquées du monde.

Je l'ai entendue ce matin.

« Alla-hu Akbar Allaaaaa-hu Akbar »

(Dieu est le plus grand ! Dieu est le plus grand !)

Certes, *Dieu est plus grand* – plus grand que l'homme et plus grand que le temps. Afin de bénir toutes les nations et par égard pour sa propre réputation, le vrai Dieu vivant a sauvegardé son message pour chaque génération.

Dieu n'est pas seulement le créateur et le gardien du monde ; il est aussi l'auteur et le protecteur de sa Parole.

« À toujours, ô Éternel ! Ta parole subsiste dans les cieux » (Psaume 119.89).

D'INNOMBRABLES OBSTACLES

Au point où nous en sommes, il serait agréable de penser que tous ceux qui se préparent à entreprendre ce voyage à travers l'Écriture ont pu surmonter les obstacles qui les empêchaient de prêter l'oreille à la Parole de Dieu. Cependant, l'expérience démontre le contraire. Pour beaucoup, il y aura toujours un nouvel obstacle qui se dressera sur le chemin de la vérité, puis un autre, et encore un autre[47]. Par exemple, il y a quelques semaines, j'ai reçu le courriel suivant :

📧 Envoyer   Objet: Retour sur votre courriel

Merci pour vos réponses. Je me rappelle que quelque part Dieu dit : « Faisons l'homme à NOTRE image. » Je me suis toujours demandé à qui le « notre » faisait référence. N'y a-t-il pas différentes versions de la Bible ? Laquelle est la bonne ? N'y a-t-il pas trop de religions ? Les tours de New York existeraient-elles toujours s'il n'y avait pas de religions ? Le christianisme n'est-il pas la cause d'un grand nombre de morts ? Et pourquoi êtes-vous certain de ce à quoi vous croyez ? **Pourquoi, pourquoi, pourquoi, pourquoi ?** Nous pouvons sans cesse remettre en question un mythe et inventer des réponses, comme le font beaucoup de prédicateurs à seule fin de se faire plus d'argent. Et qui a créé Dieu, déjà ? J'ai oublié. Merci.

Bien qu'il existe des réponses satisfaisantes à toutes ces questions, il vient un moment où ceux qui désirent découvrir la vérité éternelle avant de quitter cette terre doivent arrêter de se concentrer sur les *pourquoi* de *l'homme* et commencer à réfléchir sur les *paroles* de *Dieu.*

DE *VÉRITABLES* RAISONS QUI EMPÊCHENT LES GENS DE LIRE LA BIBLE

Savez-vous que la Bible révèle les *véritables raisons* pour lesquelles les gens rejettent la vérité de Dieu ? En voici trois :

1.   CŒURS CORROMPUS

Certaines personnes ne tiennent jamais compte de l'Écriture pour la simple et bonne raison qu'elles *ne veulent pas* connaître leur créateur et le propriétaire de leur âme.

L'Écriture, en décrivant le cœur humain (non pas l'organe de l'appareil circulatoire, mais le siège des sensations et des émotions), déclare : « Ils se **sont corrompus** [...] *L'Éternel, du haut des cieux, regarde les fils de l'homme, pour voir s'il y a quelqu'un qui soit intelligent, qui cherche Dieu. **Tous sont égarés**...* » (Psaume 14.1-3). Le fait que l'homme rejette la Bible n'a rien à voir avec des Écritures corrompues, mais plutôt avec des cœurs corrompus.

Le roi Salomon a écrit : « *Dieu a fait les hommes droits ; mais ils ont cherché **beaucoup de détours*** » (Ecclésiaste 7.29). Laissés à nos instincts naturels, nous choisissons notre propre voie, inventons nos propres desseins, vivons et mourons dans la religion de nos parents. En fait, nous cherchons des raisons de ne *pas* essayer de connaître Dieu. Peu après le début de notre voyage à travers l'Écriture, nous découvrirons pourquoi il en est ainsi. Pour le moment, sachez que c'est avec raison que le Livre de Dieu déclare à maintes reprises : « *Que celui qui a des oreilles entende* » (Matthieu 13.9)[48].

2.   SOUCIS ET RICHESSES

Certaines personnes n'étudient jamais le Livre de Dieu parce qu'elles sont *préoccupées* par le monde présent. « *...les soucis du monde et la séduction des richesses étouffent la parole, et la rendent infructueuse* » (Matthieu 13.22).

Jésus a raconté l'histoire d'un homme riche qui ne s'était pas préoccupé des Écritures des prophètes durant sa vie entière. Peut-être avait-il essayé de soulager sa conscience en se disant que les Écritures n'étaient pas fiables. Peu importe ; cet homme avait fini par mourir et s'était retrouvé en enfer. Afin de donner un avertissement clair à l'humanité encore en vie, Dieu a permis à cet homme de communiquer brièvement avec le prophète Abraham au paradis. L'homme riche a demandé une goutte d'eau afin de rafraîchir sa langue, mais il ne l'a pas reçue. Une fois parvenu à la compréhension qu'il était à jamais sans espoir, il a supplié Abraham d'envoyer quelqu'un des morts pour avertir ses cinq frères encore en vie, « *afin qu'ils ne viennent pas aussi dans ce lieu de tourment* ».

La réponse d'Abraham a été claire :

« Abraham répondit : ils ont [les Écritures de] Moïse et [celles des] prophètes ; ***qu'ils les écoutent.***
Et il dit : Non, père Abraham, mais si quelqu'un des morts va vers eux, ils se repentiront.
     Et Abraham lui dit : ***S'ils n'écoutent pas Moïse et les prophètes, ils ne se laisseront pas persuader, quand même quelqu'un des morts ressusciterait*** » (Luc 16.27-31).

Dieu déclare que sa Parole écrite est une confirmation de sa vérité plus convaincante que des signes miraculeux. Dieu nous a donné et a *préservé* les Écritures de ses prophètes et s'attend à ce que nous « *les écoutions* ».

3. CRAINTE DE L'HOMME

Certaines personnes n'étudient jamais la Bible parce qu'elles ont *peur* de la réaction des gens.

Un voisin m'a une fois dit : « S'il n'y avait pas ma famille, je lirais la Bible. » Pourtant, la Bible dit : « la ***crainte des hommes*** *tend un piège, mais celui qui se* ***confie en l'Éternel est protégé*** » (Proverbes 29.25).

Et vous ? Craignez-vous ce que votre famille et vos amis penseront, diront ou feront s'ils vous trouvent en train de lire les écrits des prophètes mêmes qu'ils disent honorer ?

Ne craignez pas. « Celui qui se *confie en l'Éternel est protégé.* »

Dans la perspective de Dieu, il n'existe aucune raison légitime de ne pas tenir compte de son message.

4

LA SCIENCE ET LA BIBLE

« *Il suspend la terre sur le* ***néant****.* »
— le prophète Job (Job 26.7)

Il y a plusieurs années de cela, ma femme et moi-même avons fait la visite d'une caverne souterraine située en profondeur. Tandis que notre guide désignait à notre intention d'impressionnantes formations rocheuses, des stalactites et des stalagmites, elle nous a tenu un discours du genre : « Tout a commencé par une goutte d'eau. Il y a trois cents millions d'années, une mer intérieure peu profonde recouvrait cette zone et a déposé des couches de sédiments qui se sont en fin de compte durcis pour former du calcaire. »
Ce discours semblait hautement scientifique, comme si l'homme avait été là en tant que témoin des origines. Tandis qu'elle parlait, les paroles de Dieu au prophète Job ont retenti dans mon esprit : « Où étais-tu quand je fondais la terre ? Dis-le, si tu as de l'intelligence » (Job 38.4).

À la fin de l'excursion, j'ai remercié notre guide pour la visite puis lui ai demandé comment les géologues pouvaient savoir de combien de millions d'années la caverne datait. Elle a reconnu qu'elle ne le savait pas, puis a ajouté : « Je n'ai fait que vous répéter ce que l'on m'a formée à dire. »

LA SCIENCE AUTHENTIQUE

Le terme *science* vient du latin *scientia*, qui signifie **savoir**[49]. *Savoir* signifie *tenir pour vrai sans le moindre doute*. Si un scientifique peut choisir d'apposer le label « science » à une hypothèse ou à une théorie, ça n'en fera par nécessairement de la science.

Au milieu des années 1970, le docteur français Maurice Bucaille, médecin personnel du roi Fayçal, a écrit un livre intitulé *La Bible, le Coran et la science*. Ce livre, exposé bien en évidence dans les mosquées et les librairies de l'ensemble du monde musulman, affirme que la Bible est en contradiction avec la science contemporaine. Bucaille avance que l'histoire de la création telle que la rapporte la Bible est « probablement la traduction d'un mythe », car elle ne s'accorde pas avec les théories changeantes de l'homme concernant l'origine de l'univers[50]. Comme tant d'autres, Bucaille confond la *théorie*[51] évolutionniste et la *science* authentique.

Il est important de comprendre que l'Écriture ne nous a pas été donnée pour nous enseigner la *science physique*, mais pour nous révéler la *science spirituelle*. Dieu nous a donné ce livre pour nous montrer qui *il est, quel est son caractère,* et *ce qu'il a fait pour nous. Il* nous l'a aussi donné pour nous enseigner *d'où nous venons, pourquoi nous sommes sur terre* et *quel est le lieu de notre destinée.* De telles informations ne peuvent pas se découvrir ou se vérifier par la recherche en laboratoire. Néanmoins, puisque la Bible traite de tous les aspects de la vie, il ne faut pas que nous soyons surpris de ce qu'elle contienne aussi des données sur le monde naturel inconnues de l'homme lorsqu'elle a été rédigée.

DIEU L'A DIT EN PREMIER

Examinons ensemble sept exemples de la manière dont la Parole de Dieu a consigné des faits scientifiques longtemps avant que les scientifiques modernes ne les découvrent. Plus tard, en parcourant l'Écriture, nous rencontrerons d'autres exemples marquants de faits scientifiques contenus dans la Bible.

1. LA TERRE EST RONDE. La plupart des manuels d'histoire enseignent que les grecs, en 500 av. J.-C., ont été « *les premiers à émettre la théorie que la terre était ronde...Les philosophes grecs en sont également venus à la conclusion que la terre ne pouvait qu'être une sphère parce que, selon eux, c'était "la plus parfaite" des formes*[52]. » Et pourtant, plus d'un millénaire auparavant, le prophète Job avait déjà découvert que le Dieu qui « **suspend la terre sur le néant** *[...] a tracé un* **cercle** *à la surface des eaux, comme limite entre la lumière et les ténèbres* » (Job 26.7, 10). De plus, 400 ans avant les Grecs, le prophète Salomon avait écrit que Dieu « *traça un cercle à la surface de l'abîme* » (Proverbes 8.27). Et en 700 av. J.-C., soit deux cents ans plus tôt que les philosophes grecs, Ésaïe avait annoncé : « *C'est lui qui est assis au-dessus du cercle de la terre* » (Ésaïe 40.22). Le mot hébreu traduit par *cercle* peut aussi se traduire par *sphère* ou *rondeur*. Qui donc a parlé en premier lieu de la forme sphérique de la terre : les Grecs ou Dieu ? Oui, c'est bien Dieu, l'Architecte de la terre.

2. LE CYCLE DES EAUX. Le livre de Job décrit également le cycle hydrologique : « **Il attire à lui les gouttes d'eau, il les réduit en vapeur** *et forme la pluie ; les nuages la laissent couler, ils la répandent sur la foule des hommes. Et qui comprendra le déchirement de la nuée, le fracas de sa tente ?* » (Job 36.27-29.) La Bible décrit donc le cycle hydrologique qui commence par l'évaporation des pluies, leur condensation en de minuscules gouttelettes d'eau au sein des nuages, puis leur combinaison en gouttes suffisamment grosses pour vaincre les courants ascendants les maintenant en suspension dans l'air. Job fait aussi référence à l'incroyable quantité d'eau condensée qui peut s'amasser dans les nuages : « *Il renferme les eaux dans ses nuages, et les nuages n'éclatent pas sous leur poids* » (Job 26.8)[53].

3. NOTRE ASCENDANCE COMMUNE. Il y a trente-cinq siècles, le prophète Moïse a écrit : « *Adam donna à sa femme le nom d'Ève :* **car elle a été la mère de tous les vivants** » (Genèse 3.20). Selon la Bible, tous les hommes descendent d'une mère commune. Les scientifiques évolutionnistes n'en étaient pas convaincus avant 1987. Après une analyse étendue de l'ADN mitochondrial (la section du code génétique humain transmis sans altération de la mère à l'enfant) prélevé sur des placentas dans le monde entier, les chercheurs

ont conclu de leurs études que tous les hommes d'aujourd'hui descendaient d'une « ancêtre commune »[54]. Plusieurs années après, d'autres études ont également démontré que l'ensemble des humains descendait d'un père commun[55]. Ces chercheurs ne soupçonnaient pas que tous leurs efforts serviraient à confirmer l'exactitude de la Bible !

4. LA VIE DANS LE SANG. Moïse a également affirmé : « *l'âme de la chair est **dans le sang*** » (Lévitique 17.11). Ce fait n'a été compris qu'assez tardivement par la communauté médicale, qui a pratiqué la technique potentiellement mortelle de la saignée jusqu'au XIXe siècle[56].

5. LE VIELLISSEMENT DE LA TERRE. Il y a trois mille ans, le prophète David a écrit qu'un jour la terre **s'userait** et **périrait** (Psaume 102.26-27). La science moderne a confirmé que notre planète ralentissait, que son champ magnétique se dégradait et que sa couche protectrice d'ozone perdait de son épaisseur.

6. L'OCÉANOGRAPHIE. David a aussi évoqué « ***les sentiers des mers*** » (Psaume 8.9). C'est cette petite expression qui a inspiré à l'Amiral Matthew Fontaine Maury (1806-1873) de consacrer sa vie à la découverte et à l'étude de ces courants marins. Il était parti du principe que si Dieu parlait de « *sentiers* » dans les mers, il devait être possible d'en établir une carte. C'est ce qu'a fait Maury et on le révère aujourd'hui comme le « père de l'océanographie[57]. »

7. L'ASTRONOMIE. Il y a près de 2 000 ans, l'apôtre Paul a écrit : « *Autre est l'éclat du soleil, autre l'éclat de la lune, et autre l'éclat des étoiles ; **même une étoile diffère en éclat d'une autre étoile*** » (1 Corinthiens 15.41). À l'œil nu, toutes les étoiles sont pourtant assez semblables, mais au moyen de télescopes puissants et de l'analyse du spectre lumineux, les astronomes affirment que « les étoiles *diffèrent* grandement en couleur et en luminosité. Certaines étoiles apparaissent jaunes, comme le soleil ; d'autres sont bleues ou rouges[58]. » « Chaque étoile est unique[59]. » Comment Paul aurait-il pu le savoir au premier siècle apr. J.-C. ?

UNE FOI AVEUGLE ?

Bien qu'il soit possible de citer de nombreux autres exemples de faits scientifiques renfermés dans la Bible, ce qu'il convient de retenir de ces sept exemples, c'est que la Bible, sans être un livre scientifique, s'avère fiable et exacte lorsqu'elle parle de science.

Certains estiment que de croire en ce que dit la Bible relève d'une « foi aveugle ». Est-ce bien le cas, ou s'agit-il plutôt d'une *foi intelligente* enracinée dans des preuves irréfutables ? Puisque les faits concordent systématiquement avec ce qu'enseigne la Bible, est-ce folie ou sagesse que de reconnaître que ces Écrits sont vrais – même lorsqu'ils nous enseignent des faits que nous ne pouvons pleinement expliquer ou prouver ?

Dieu n'attend pas de nous un suicide intellectuel. Il nous a fourni « *plusieurs preuves assurées* » (Actes 1.3, *Bible Martin*), qui affirment que son livre est digne de foi.

HISTOIRE, GÉOGRAPHIE, ARCHÉOLOGIE

Au fil du chapitre précédent, nous avons examiné certains indices démontrant que l'Ancien et le Nouveau Testament sont les livres les mieux préservés de toute l'Antiquité. Mais qu'en est-il des informations que renferment ces Écritures ? Peut-on y croire ?

La Bible fournit aux érudits et aux sceptiques des milliers d'occasions de vérifier son exactitude du fait que pratiquement chaque page fait mention d'un personnage, d'un lieu ou d'un événement historique.

Que révèlent l'histoire, la géographie et l'archéologie ? Des siècles durant, nombreux sont ceux qui ont cherché à discréditer la véracité historique de la Bible. L'un d'entre ces sceptiques était Sir Walter Ramsay (1851–1939), l'un des plus grands archéologues de tous les temps et le lauréat du prix Nobel de chimie en 1904. Lorsqu'il n'était encore qu'un jeune homme, Ramsay était convaincu que la Bible n'était pas digne de foi. Pourtant, ses découvertes ont changé sa manière de penser et l'ont contraint à écrire que « Luc est un historien de premier ordre ; non seulement ses affirmations sont justes [...] mais cet auteur devrait figurer au nombre des plus grands historiens[60]. »

Luc était médecin, historien et disciple de Jésus, et c'est lui qui a écrit l'*Évangile selon Luc* et les *Actes des Apôtres*. Ces deux livres bibliques font référence à 95 lieux géographiques (32 pays, 54 villes et 9 îles) ainsi qu'à de nombreux événements et personnalités historiques. Les critiques se sont donnés un mal considérable pour découvrir une incohérence entre ce que Luc a rapporté et ce que l'archéologie, la géographie et l'histoire séculière révélaient. Ils ont été déçus. Les écrits de Luc ont été vérifiés à tous égards.

Pour en donner une illustration, jetons un coup d'œil à une phrase renfermée dans l'*Évangile selon Luc*. Il s'agit d'une phrase ayant pour objet d'établir le contexte historique du ministère terrestre de Jésus.

« La quinzième année du règne de **Tibère César**, – lorsque **Ponce Pilate** était gouverneur de la Judée, Hérode tétrarque de la Galilée, son frère Philippe tétrarque de l'Iturée et du territoire de la Trachonite, **Lysanias** tétrarque de l'Abilène, et du temps des souverains sacrificateurs Anne et **Caïphe**, la parole de Dieu fut adressée à Jean, fils de Zacharie, dans le désert » (Luc 3.1-2).

LUC AVAIT-IL RAISON ?

Les nombreux noms et détails cités nous font tout naturellement nous demander si Luc s'est montré exact. En guise de test, renseignons-nous sur quatre des individus mentionnés – ceux dont le nom est en gras dans la citation ci-dessus.

En premier lieu, Luc fait mention de *l'empereur romain Tibère César* et du *gouverneur de province, Ponce Pilate*. Sont-ils des personnages historiques ? Étaient-ils au pouvoir en même temps ? En 1961, dans la zone du théâtre restauré d'Hérode à Césarée (ville dont parle également Luc [Actes 12.19-24]), une stèle d'un mètre de haut a été découverte avec une inscription confirmant que Ponce Pilate était bel et bien gouverneur de la contrée sous l'empereur Tibère César. L'historien séculier Flavius Josèphe (37–101 apr. J.-C.) a lui aussi évoqué ces mêmes personnages, lieux et événements[61].

Luc avait raison.

Luc fait aussi référence à *Lysanias* comme tétrarque de l'*Abilène*, une province de la Syrie. Pendant des années, les érudits ont utilisé cette « erreur factuelle » pour démontrer que Luc se trompait, car l'unique Lysanias connu des historiens était le dirigeant de Chalcis, en Grèce, qui a été tué environ 60 ans avant la période à laquelle Luc fait allusion (vers l'an 27 apr. J.-C.). Les historiens ignoraient tout de *Lysanias, tétrarque de l'Abilène,* en Syrie, jusqu'à ce qu'une inscription, datant d'entre 14 et 29 apr. J.-C., soit découverte près de Damas. Elle portait le nom suivant : « *Lysanias le tétrarque* »[62]. Il y avait donc bien deux personnages historiques du nom de Lysanias.

Luc avait raison.

Luc évoque *Caïphe*, un souverain sacrificateur du temple de Jérusalem lors du ministère terrestre de Jésus. En décembre 1990, des ouvriers construisant une route juste au sud de la Vieille Ville de Jérusalem ont découvert par hasard le caveau familial de Caïphe. On a fait appel à des archéologues pour qu'ils se rendent sur place. La tombe contenait douze ossuaires (boîtes en calcaire renfermant des ossements). L'ossuaire le plus magnifiquement décoré portait l'inscription « *Joseph, fils de Caïphe* »[63]. C'était là le nom du souverain sacrificateur qui avait arrêté Jésus[64]. La boîte renfermait les restes d'un homme d'une soixantaine d'années, presque à coup sûr le Caïphe du Nouveau Testament[65].

Luc avait raison.

L'archéologue de renom Nelson Glueck a déclaré : « On peut affirmer de manière catégorique qu'aucune découverte archéologique n'a jamais infirmé la moindre référence biblique. Des dizaines de trouvailles archéologiques ont été faites qui confirment dans les grandes lignes ou dans le détail les affirmations historiques de la Bible[66]. » L'on ne pourrait en dire autant des autres livres révérés par les religions du monde entier. Par exemple, les trouvailles archéologiques ont démontré que le Livre de Mormon était en contradiction avec l'histoire et la géographie[67].

L'archéologue Joseph Free, chef du département d'archéologie à Wheaton College, conclut son ouvrage *L'archéologie et l'histoire biblique* par ces paroles : « J'ai feuilleté le livre de la Genèse et noté mentalement que chacun de ses cinquante chapitres était soit illuminé soit confirmé par une découverte archéologique – et ce serait également vrai de la plupart des autres chapitres de la Bible, Ancien et Nouveau Testament confondus[68]. »

CE QUE LA SCIENCE NE PEUT PROUVER

Si les données archéologiques authentiques appuient invariablement la thèse que la Bible est un document historique fiable, l'archéologie ne saurait *prouver* l'inspiration divine de celle-ci, et si l'on y trouve des informations scientifiques impressionnantes, la science n'est pas en mesure de *prouver* qu'un livre quel qu'il soit constitue la véritable Parole de Dieu. Il convient de le préciser, car certains essaient de convaincre autrui du caractère sacré et de l'inspiration divine de leur saint Livre en arguant du fait qu'il comporte des éléments d'apparence scientifique.

La vérité *spirituelle* ne peut être démontrée par les découvertes *scientifiques* et les données *scientifiques* ne peuvent prouver qu'un livre vient de Dieu. Le diable, qui n'est pas tombé de la dernière pluie, en sait lui aussi long sur la science. Au début de notre voyage à travers l'Écriture, nous ferons promptement la rencontre de cet ancien ange céleste – aujourd'hui connu sous les noms de *Satan* et du *Diable* – devenu l'adversaire de Dieu. Pour l'instant, contentons-nous de garder à l'esprit que Satan est incroyablement intelligent et parfaitement capable d'inspirer les humains à écrire des choses impressionnantes.

Le prophète Daniel était un homme sage que Dieu utilisa pour écrire l'un des livres les plus profonds de l'Écriture ; cependant, pour ce qui est des aptitudes intellectuelles, Satan, l'esprit qui s'oppose à la vérité de Dieu, est « *plus sage que Daniel* » (Ézéchiel 28.3). Le diable est le « cerveau » qui se cache derrière toute fausse religion. Il est passé maître dans l'art de la tromperie. Le nom *Satan lui-même* signifie « accusateur » ou « calomniateur ».

Un proverbe arabe résume bien le danger : « *Attention ! Certains menteurs disent la vérité !* »

CE QUE LA POÉSIE NE PEUT PROUVER

Certaines religions veulent pour preuve que leur livre saint provienne de Dieu du fait qu'il est écrit dans un style inaccessible à tout simple mortel[69]. Comme Ahmed me l'a écrit dans son courriel :

Objet: Retour sur votre courriel

Le Coran est le plus grand miracle envoyé à un prophète. Bien, produisez un verset comparable à l'un des versets du Coran, ou même qui s'en approche. Vous ne pourriez jamais le faire même si vous parliez l'arabe le plus courant et le plus pur [...] il n'y a rien dans le monde qui s'approche de la grandeur du Coran [...] et si vous pouvez prouver le contraire, alors faites-le.

Le défi lancé par Ahmed se fonde sur un verset de la deuxième sourate (chapitre) du Coran, qui dit : « *Si vous avez des doutes sur le livre que nous avons envoyé à notre serviteur, **produisez un chapitre au moins pareil à ceux qu'il renferme**, et appelez, si vous êtes sincères, vos témoins que vous invoquez à côté de Dieu* » (Sourate 2.23[21]).

Le problème inhérent à cette affirmation, c'est qu'on ne peut ni la confirmer, ni l'infirmer. Pour illustrer ce fait, supposons que j'organise un concours pictural, que j'y présente mon propre tableau, m'y désigne comme juge, m'y déclare moi-même vainqueur, puis que je mette au défi les autres participants en disant : « *Nul au monde ne peint aussi bien que moi ; si vous doutez du fait que je suis le plus grand peintre au monde, produisez une œuvre comparable à la mienne !* » Cela prouverait-il la supériorité de mon art ? Bien sûr que non. Pourtant, personne ne serait en mesure de me contredire ! Et pourquoi ? Parce que la beauté est une notion subjective. Il en va de même de la beauté poétique et lyrique.

La Bible abonde en poésie hébraïque stupéfiante et en motifs numériques impressionnants[70]. Dieu ne demande pas pour autant que nous croyions qu'elle est sa parole pour la seule raison qu'elle est d'une telle éloquence littéraire. Pas plus que la science ne peut *prouver* l'inspiration divine d'un écrit, une belle prose ne peut constituer une preuve qu'un livre vient de Dieu.

Il est sage de garder à l'esprit que Satan, le grand plagiaire, peut inspirer lui aussi des vers hypnotiques et « de grands discours » (Jude 16). L'Écriture nous avertit de ne pas nous laisser tromper par « *des paroles douces et flatteuses [qui] séduisent les cœurs des simples* » (Romains 16.18), particulièrement lorsque ces paroles contredisent le plan et le message que le créateur a fait connaître dès les origines.

Ni la science, ni l'archéologie, ni la poésie ne sauraient prouver qu'un livre, quel qu'il soit, vienne de Dieu. Une telle preuve de l'inspiration divine doit se fonder sur des arguments plus élevés – sur des preuves plus fortes et indiscutables. Ce sont ces preuves que nous allons à présent examiner.

5

LA SIGNATURE DE DIEU

*« Qu'on écoute et qu'on dise : **C'est vrai !** »*
— Dieu (Ésaïe 43.9)

L a plupart des documents légaux nécessitent qu'y soit apposée une signature officielle. Les Écritures de l'Ancien et du Nouveau Testament, qui affirment consigner la Parole de Dieu et constituer son alliance avec les hommes, ne sont pas signées à l'aide d'une plume, mais au moyen d'une signature exclusive appelée l'*accomplissement prophétique*.

*« Ainsi parle l'Éternel, roi d'Israël et son rédempteur, l'Éternel des armées : Je suis le premier et je suis le dernier, et hors moi il n'y a point de Dieu. Qui a, comme moi, fait des prédictions (**qu'il le déclare** et me le prouve !), depuis que j'ai fondé le peuple ancien ? **Qu'ils annoncent l'avenir et ce qui doit arriver !** [...] **Qui a prédit ces choses dès le commencement, et depuis longtemps les a annoncées ?** N'est-ce pas moi, l'Éternel ? »* (Ésaïe 44.6-7 ; 45.21).

Assurons-nous que nous ne manquons pas de saisir la logique de Dieu. C'est parce que la Bible est truffée de prophéties accomplies avec exactitude que nous pouvons nous fier à ce qu'elle déclare au sujet du passé, du présent et de l'avenir.

DES PREUVES POSITIVES

Seul le Dieu qui existe en-dehors du temps peut annoncer et rapporter des faits historiques avant qu'ils ne se produisent. Les femmes et les hommes mortels ont parfois fait des suppositions pleines d'acuité quant à ce qui pourrait se produire à l'avenir, mais seul Dieu voit l'avenir comme s'il s'était déjà produit. Lui seul sait ce qui va se produire dans un millier d'années. La révélation divine mise à part, ni les hommes ni les anges, ni Satan ni les démons ne peuvent prédire la survenue d'un événement futur. Certains objecteront qu'il existe des médiums, des sorciers et des diseurs de bonne aventure : ne prédisent-ils pas l'avenir ? En premier lieu, il est important de comprendre que Satan est capable de donner une connaissance et une puissance surnaturelles à ceux dont il « *s'est emparé [...] pour les soumettre à sa volonté* » (2 Timothée 2.26).

Deuxièmement, Satan, le maître-plagiaire et psychologue, qui observe l'humanité depuis des milliers d'années, est devenu très habile à imiter la « signature » de Dieu.

Troisièmement, si le Diable est relativement doué pour prédire la tournure que certains événements pourraient prendre, il ne *connaît* pas l'avenir. Ses « prophéties » sont souvent fausses. De plus, elles sont vagues. Par exemple, un diseur de bonne aventure peut prédire à une jeune femme : « *Dans les quelques prochaines années tu te marieras et tu trouveras le véritable amour.* » Vous et moi savons qu'il y a des chances qu'une telle « prophétie » se réalise dans une certaine mesure. Lorsque je parle de *prophéties bibliques accomplies,* ce n'est pas ce type de prédictions ambiguës que j'évoque.

Examinons ensemble **trois types de prophéties bibliques** – l'une à propos d'un lieu, l'autre à propos d'un peuple et la dernière au sujet d'une personne.

PROPHÉTIES À PROPOS D'UN LIEU

Vers l'an 600 av. J.-C., le prophète Ézéchiel a prophétisé à l'encontre de l'antique ville phénicienne de Tyr. Située sur la côte du

Liban, Tyr a été une capitale mondiale pendant deux millénaires. On la connaissait sous le nom de *reine des mers*. Pourtant, alors qu'elle était au sommet de sa puissance, Dieu a chargé Ézéchiel de proclamer et d'écrire une prophétie détaillée quant à la destruction qui allait s'abattre sur cette ville à cause de son iniquité et de son arrogance vis-à-vis de Dieu. Ézéchiel a prophétisé que :

1. *De nombreuses nations viendraient assaillir Tyr* (Ézéchiel 26.3).
2. *Babylone, sous le règne du roi Nebucadnetsar, serait la première à l'attaquer* (v. 7).
3. Les *murailles et les portes de Tyr seraient abattues* (v. 4, 9).
4. Le peuple de Tyr serait *tué par l'épée* (v. 11).
5. Les *pierres et la poussière de Tyr seraient jetées à la mer* (v. 12).
6. Elle serait rasée et rendue semblable à « *un rocher nu* » (v. 4).
7. Elle deviendrait un lieu de pêche où l'on *étendrait les filets* (v. 5, 14).
8. La grande ville de Tyr ne serait « *plus rebâtie car moi, l'Éternel, **j'ai parlé, dit le Seigneur, l'Éternel*** » (v. 14).

L'histoire séculière rapporte que chacune de ces huit prédictions s'est accomplie :

1. *De nombreuses nations sont venues assaillir Tyr.*
2. La première a été *Babylone, conduite par Nebucadnetsar*.
3. Après un siège de 13 ans (585–572 av. J.-C.), Nebucadnetsar *a détruit les murailles et les tours de Tyr situées sur le continent*, accomplissant la première des prophéties d'Ézéchiel.
4. Nebucadnetsar a *massacré les habitants qui avaient été incapables de s'échapper* vers la forteresse insulaire de Tyr, située à environ un kilomètre dans la mer Méditerranée.

5. L'histoire séculière relate qu'en 332 av. J.-C., « *Alexandre le Grand est devenu le premier homme à conquérir la partie insulaire de Tyr. Il y est parvenu en détruisant les parties continentales de la ville et en utilisant les gravats pour construire une route conduisant vers l'île*[71]. » Ainsi, il a accompli sans le savoir une autre partie de la prophétie en *jetant les gravats de la ville détruite jusque dans la mer*. La conquête d'Alexandre a mis un terme définitif à l'Empire phénicien[72].

6. La ville a été rasée et mise à nu comme la surface d'un roc.

7. Elle est devenue un lieu *où l'on étendait les filets*.

8. Au cours des années suivantes, beaucoup d'efforts ont été faits pour reconstruire Tyr, mais elle a été détruite à chaque fois. Aujourd'hui, au Liban, se trouve une ville moderne appelée Tyr, mais la ville phénicienne antique contre laquelle Ézéchiel avait prophétisé ne s'est jamais relevée de ses cendres. Sous la photographie d'une chaussée de pierres, le magazine *National Geographic* a apposé le titre suivant : « *Aujourd'hui, la Tyr des Phéniciens gît sous ces pierres et ces colonnes d'une métropole romaine. Il **suffit de creuser un peu le sol pour atteindre le monde perdu des Phéniciens**[73].* »

Quelles auraient été les chances qu'Ézéchiel, par sa propre sagesse, en contemplant la ville de Tyr telle qu'elle était à l'époque où il vivait, puisse faire ces huit prédictions ? Du fait que seul Dieu voit l'histoire avant qu'elle n'arrive, lui seul avait pu communiquer à Ézéchiel ces informations.

PROPHÉTIES CONCERNANT UN PEUPLE

La Bible renferme des centaines de prophéties précises au sujet de nombreux individus et nations : l'Égypte, l'Éthiopie, l'Arabie, la Perse, la Russie, Israël et bien d'autres. Avant d'examiner le prochain exemple de prophétie réalisée, souvenons-nous que notre propos n'est pas de faire dire à ces prophéties ce que nous voulons entendre, ni de faire la promotion d'un programme politique ou religieux. Notre objectif ici est d'apprendre ce que déclarent l'Écriture.

Voici un cas facile à interpréter, mais difficile pour beaucoup de gens à accepter, de prophétie réalisée concernant une nation en particulier.

Vers 1920 av. J.-C., Dieu a promis à Abraham : « *Je donnerai ce pays à ta postérité* » (Genèse 12.7).

Plus tard, Dieu a répété cette promesse à Isaac et à Jacob[74].

Les descendants d'Abraham, d'Isaac, et de Jacob se sont appelés les *Hébreux*, plus tard les *Israélites* et, plus tard encore, les *Juifs*.

Des centaines d'années après, Dieu avait averti Moïse de ce qui leur arriverait s'ils manquaient à obéir à leur Dieu et à mettre en lui leur confiance :

> **« *Je vous disperserai parmi les nations et je tirerai l'épée après vous. Votre pays sera dévasté, et vos villes seront désertes* »** (Lévitique 26.33).

> **« *Tu seras un sujet d'étonnement, de sarcasme et de* raillerie,** parmi tous les peuples chez qui l'Éternel te mènera [...] Parmi ces nations, tu ne seras pas tranquille, et **tu n'auras pas un lieu de repos** pour la plante de tes pieds. L'Éternel rendra ton cœur agité, tes yeux languissants, ton âme souffrante » (Deutéronome 28.37, 65).

L'Ancien Testament renferme des dizaines de prophéties semblables.

Vers l'an 30 apr. J.-C., confirmant les paroles des prophètes, Jésus a prédit la destruction de Jérusalem : « *Comme il approchait de la ville* [Jérusalem], *Jésus, en la voyant, pleura sur elle, et dit :* [...] *Il viendra sur toi des jours où tes ennemis t'environneront de* **tranchées,** *t'enfermeront, et te serreront de* **toutes parts ;** *ils te* **détruiront,** *toi et tes enfants au milieu de toi, et ils ne laisseront pas en toi pierre sur pierre, parce que tu n'as pas connu le temps où tu as été visitée* » (Luc 19.41-44). En parlant du Temple lui-même, Jésus a prédit : « *les jours viendront où, de ce que vous voyez, il* **ne restera pas pierre sur pierre** *qui ne soit renversée* » (Luc 21.6).

Quarante ans plus tard, ces événements se sont produits.

L'historien Flavius Josèphe, né en 37 apr. J.-C., a mis par écrit ce dont il a été un témoin oculaire. En 70 apr. J.-C., l'armée romaine a *encerclé* Jérusalem, *construit une berge* autour de la ville et, après trois ans de siège, *l'armée a rasé la* ville sainte. Bien que César lui-même ait demandé que le grand Temple soit épargné, les soldats romains enragés y ont mis le feu, tuant les Juifs qui y avaient trouvé refuge. L'or et l'argent du Temple ont fondu et coulé entre les pierres. Le Temple a été abattu, exactement comme Jésus l'avait prédit. *Il n'est pas resté pierre sur pierre*[75]. Exactement comme Moïse et les prophètes l'avaient prédit, les Juifs ont été *éparpillés* dans le monde entier. Pendant les deux millénaires suivants, l'histoire allait être témoin de l'accomplissement de ces prophéties, tandis que le Juif errant devenait « *un sujet de raillerie parmi tous les peuples* », sans « *lieu de repos* ».

Quels que soient nos sentiments personnels, il y a un aspect supplémentaire à cette prophétie biblique que nul ne saurait nier. Dieu a aussi dit à ses prophètes que, contre toute attente, les Juifs seraient préservés parmi les nations en tant que peuple distinct et reviendraient un jour au pays que Dieu avait promis de donner à Abraham, à Isaac et à Jacob.

Moïse a prophétisé aux enfants d'Israël : « *L'Éternel ton Dieu [...]* **te rassemblera encore du milieu de tous les peuples** *chez lesquels l'Éternel, ton Dieu, t'aura dispersé* » (Deutéronome 30.3). Le prophète Amos a ajouté : « *Je ramènerai les captifs de mon peuple d'Israël ;* **ils rebâtiront les villes dévastées** *et les habiteront [...]* **Je les planterai dans leur pays,** *et ils ne seront plus arrachés du pays que je leur ai donné, dit L'Éternel, ton Dieu* » (Amos 9.14-15).

Les agences de presse mondiales se sont fait l'écho de l'accomplissement de ces événements.

Ce qui est arrivé à la nation hébraïque est unique dans l'histoire du monde. En premier lieu, cela va droit à l'encontre de la *loi d'assimilation*. Cette loi démontre que chaque fois qu'une nation est conquise par une autre, en l'espace de quelques générations les survivants dispersés sont assimilés par les nations au sein desquelles ils se sont installés. Ils s'adonnent au mariage mixte, adoptent de nouvelles langues et cultures – et perdent leur identité nationale. Il n'en a pas été ainsi des Juifs. Bien que des millions d'entre eux aient désespérément essayé de se fondre et d'être absorbés par la culture dominante, ils n'y sont pas parvenus[76].

Il est bien compréhensible que beaucoup trouvent cette vérité difficile à accepter. Récemment, un ami libanais m'a écrit : « *En ce qui concerne l'accomplissement de la prophétie* [au sujet de la promesse divine de ramener le peuple juif en terre promise], *je ne puis tout simplement pas négliger les implications d'une telle croyance. L'accepter irait à l'encontre de la cause pour laquelle je me bats.* »

Entendons-nous bien. De reconnaître que les Juifs en tant que peuple et nation ont survécu et se sont établis de nouveau sur le territoire de leurs ancêtres ne signifie pas que nous devions approuver toutes les décisions du gouvernement israélien. Je comprends mon ami libanais et compatis avec lui. La famille et les voisins de sa mère ont été chassés de leur domicile en 1948, comme beaucoup d'autres. Son pays a connu d'horribles souffrances. Néanmoins, ce qu'il convient de retenir est ce qui suit : les paroles des prophètes bibliques se réalisent sous nos propres yeux.

Le fait que la plupart des Juifs d'aujourd'hui rejettent le message des prophètes mêmes qu'ils affirment honorer est lui aussi une confirmation de l'Écriture. En tant que nation, ils sont aveuglés spirituellement : « *Jusqu'à ce jour, quand on lit Moïse* [leur propre Torah], *un voile est jeté sur leurs cœurs* » (2 Corinthiens 3.15). En tant que nation, ils n'entreront pas dans les véritables bénédictions de Dieu jusqu'à ce qu'ils se convertissent un jour [subissent une transformation radicale de leur cœur et de leur esprit] et croient au message séculaire de Dieu[77].

Vers la fin de notre périple à travers l'Écriture, nous observerons comment ces événements s'intègrent au programme de Dieu pour la fin des temps. Nous entendrons aussi certaines prophéties concernant les bénédictions que Dieu tient en réserve pour le Proche-Orient et le monde entier.

> « *Car je connais les projets que j'ai formés sur vous, dit l'Éternel, projets de paix et non de malheur, afin de vous donner un avenir et de l'espérance* » (Jérémie 29.11).

LA SIGNATURE DE DIEU

PROPHÉTIES CONCERNANT UNE PERSONNE

On trouve, éparpillées dans l'Ancien Testament, des centaines de prophéties concernant un Messie-libérateur que Dieu avait promis d'envoyer dans le Monde. Les manuscrits de la mer Morte affirment que ces Écritures ont été écrites des centaines d'années avant la naissance du Messie. Voici un échantillon de ces prédictions :

- *Prophétie transmise à Abraham, 1900 av. J.-C. :* **Le Messie entrerait dans le monde par la lignée d'Abraham et d'Isaac** (Genèse 12.2-3 ; 22.1-18. Accomplissement : Matthieu 1).
- *Prophétie transmise par Ésaïe, 700 av. J.-C. :* **Il devait naître d'une vierge et ne pas avoir de père biologique terrestre** (Ésaïe 7.14 ; 9.5. Accomplissement : Luc 1.26-35 ; Matthieu 1.18-25).
- *Prophétie transmise par Michée, 700 av. J.-C. :* **Il devait naître à Bethléhem** (Michée 5.1. Accomplissement : Luc 2.1-20 ; Matthieu 2.1-12).
- *Prophétie transmise par Osée, 700 av. J.-C. :* **Il devait être appelé hors d'Égypte** (Osée 11.1. Accomplissement : Matthieu 2.13-15).
- *Prophétie transmise par Malachie, 400 av. J.-C. :* **Le Messie devait être précédé par un précurseur** (Malachie 3.1 ; Ésaïe 40.3-11. Accomplissement : Luc 1.11-17 ; Matthieu 3.1-12).
- *Prophétie transmise par Ésaïe, 700 av. J.-C. :* **Il devait rendre la vue aux aveugles, l'ouïe aux sourds, faire marcher les boiteux, et prêcher la Bonne Nouvelle aux pauvres** (Ésaïe 35.5-6 ; 61.1. Accomplissement : Luc 7.22 ; Matthieu 9 ; etc.)
- *Prophétie transmise par Ésaïe, 700 av. J.-C. :* **Il devait être rejeté par son propre peuple** (Ésaïe 53.2-3 ; également : Psaume 118.21-22. Accomplissement : Jean 1.11 ; Marc 6.3 ; Matthieu 21.42-46 ; etc.)
- *Prophétie transmise par Zacharie, 500 av. J.-C. :* **Il devait être trahi pour 30 pièces d'argent, qui seraient utilisées pour acheter un champ** (Zacharie 11.12-13. Accomplissement : Matthieu 26.14-16 ; 27.3-10).

- *Prophétie transmise par Ésaïe, 700 av. J.-C.* : **Le Messie devait être rejeté, accusé faussement, jugé et exécuté par les Juifs et par les gentils** (Ésaïe 50.6 ; 53.1-12 ; également : Psaumes 2 et 22 ; Zacharie 12.10. Accomplissement : Jean 1.11 ; 11.45-57 ; Marc 10.32-34 ; Matthieu 26 – 27.)
- *Prophétie transmise par David, 1000 av. J.-C.* : **Ses mains et ses pieds devaient être percés, les témoins de la scène allaient se moquer de lui et l'on devait tirer ses vêtements au sort, etc.** (Psaume 22.17, 8, 19.) Accomplissement : Luc 23.33-37 ; 24.39) (Souvenez-vous que cette prédiction a été faite bien avant que la crucifixion ne soit inventée comme mode de peine capitale.)
- *Prophétie transmise par Ésaïe, 700 av. J.-C.* : **Bien que mis à mort comme le dernier des criminels, il devait être enterré dans la tombe d'un homme riche** (Ésaïe 53.8-9. Accomplissement : Matthieu 27.57-60).
- *Prophétie transmise par David, 1000 av. J.-C.* : **Le corps du Messie n'allait pas se corrompre dans la tombe, il allait vaincre la mort** (Psaume 16.9-11 [Voir également : Matthieu 16.21-23 ; 17.22-23 ; 20.17-19 ; etc.]. Accomplissement : Luc 24 ; Actes 1 – 2.)

Les lois de la probabilité révèlent à quel point il est impossible qu'une personne accomplisse ces prophéties explicites et vérifiables.

Pourtant, c'est exactement ce qui s'est produit.

Il est possible que vous vouliez revenir ultérieurement à cette liste, prendre une Bible et vérifier chacune de ces prophéties de l'Ancien Testament et le récit de leur accomplissement dans le Nouveau.

SYMBOLES ET MOTIFS PROPHÉTIQUES

En plus des centaines de *prophéties* éparpillées dans l'ensemble des Écritures de l'Ancien Testament, s'y trouvent des centaines de symboles et de *motifs* (également connus sous le nom de *types, d'images, d'ombres, de préfigurations et d'illustrations*). Dieu a conçu chacune de ces aides visuelles pour enseigner le monde à son sujet et à propos de son plan pour l'humanité.

Au cours de notre voyage à travers l'Écriture, nous rencontrerons de nombreux symboles et motifs. Par exemple, un *symbole* prééminent est celui d'un *agneau sacrifié*, ce qui est clairement expliqué aux chapitres 19 et 26 de ce livre. Au chapitre 21, nous découvrirons une tente particulière nommée le *tabernacle*, que Dieu avait ordonné à son peuple de construire comme *motif*. Le tabernacle et tout ce qui s'y trouvait étaient des aides visuelles puissantes destinées à mieux faire comprendre au peuple la nature de Dieu et la manière dont les pécheurs peuvent recevoir le pardon, ainsi que la possibilité de vivre pour toujours avec le Créateur.

Une étude comparative entre la vie de Joseph (fils de Jacob) et celle de Jésus fournit un exemple marquant du type de *préfigurations* rencontrées dans l'Écriture. Il existe plus de cent parallèles entre la vie de Joseph et celle de Jésus. Dieu a utilisé la vie de Joseph pour peindre une esquisse de la vie de Jésus, qui devait venir dans le monde quelques 1 700 années plus tard[78].

Il n'y a qu'une seule explication raisonnable à l'existence de tels motifs et de telles prophéties...

et c'est Dieu.

L'OBJECTIF DE LA PROPHÉTIE

Tandis qu'il était sur terre, le Messie a dit :

« *Dès à présent je vous le dis, **avant que la chose arrive**, afin que, **lorsqu'elle arrivera, vous croyiez** à ce que je suis* » (Jean 13.19).

La prédiction d'événements futurs, suivie de leur réalisation dans l'histoire, est l'une des manières par lesquelles Dieu a validé le message qu'il a transmis à ses messagers. Afin de renforcer notre foi dans sa parole, le vrai Dieu vivant a déclaré : « *J'annonce **dès le commencement ce qui doit arriver**, et longtemps d'avance **ce qui n'est pas encore accompli** ; je dis : Mes arrêts subsisteront [...]* » (Ésaïe 46.10).

Notre voyage prochain à travers l'Écriture commencera par le premier livre de la Bible – la *Genèse* – qui relate comment le monde a commencé. Il se conclura par le dernier livre de la Bible – l'*Apocalypse* – *qui* prédit les derniers instants de l'histoire du monde.

Comment pouvons-nous être certains que les affirmations bibliques quant au passé invérifiable et à l'avenir imprévisible sont vraies ? Nous pouvons en être certains en appliquant la logique même qui nous permet de prédire que le soleil se lèvera demain. Pendant des milliers d'années, notre système solaire a fonctionné de manière parfaite. La Terre n'a jamais cessé de tourner. Le soleil se lève et se couche d'une manière immuable. Il en va ainsi de la prophétie biblique. Dans tout ce qui peut être vérifié, le bilan du Livre de Dieu est sans tache.

LE DÉFI DE DIEU

Certains individus religieux affirment que leur livre saint contient lui aussi des prophéties qui se sont accomplies. Si vous entendez quelqu'un l'affirmer, demandez-lui poliment de vous fournir une courte liste de trois ou quatre des prophéties les plus convaincantes de son livre saint. Il est peu probable que cette personne accepte le défi, mais si elle le fait, assurez-vous bien premièrement que ces prophéties ont été écrites *avant le*s événements qu'elles prédisaient, puis comparez-les à l'histoire séculière afin de confirmer leur accomplissement. En partant de mon expérience, je puis vous dire que toutes ces prédictions seront, au mieux, rares et ambiguës.

C'est pour une bonne raison que le vrai Dieu vivant présente le défi suivant à toutes les religions et à toutes les divinités inventées :

> « *Présentez votre cause, dit l'Éternel, produisez vos arguments [...] Qu'ils les produisent donc et qu'ils nous exposent* **ce qui doit arriver** *! Dites seulement les* **choses du passé dans leur réalité,** *pour que nous examinions et en apprenions les suites, ou faites-nous connaître le***s événements futurs***. Raconte***z** **ce qui va se passer dans l'avenir,** *pour que nous sachions que vous êtes des dieux ; agissez donc en bien ou en mal, et tous nous admirerons en regardant. Allons ! Vous êtes néant, et votre œuvre est néant. Qui s'attache à vous est un objet d'horreur !* » (Ésaïe 41.21-24, *Zadoc Khan*).

Pour ce qui est des prophéties multiples et détaillées s'étant précisément accomplies, la Bible est unique en son genre.

Le vrai Dieu vivant a authentifié son message à l'humanité en prédisant l'histoire avant qu'elle se produise.

La prophétie accomplie est ***sa signature***.

6

UN TÉMOIGNAGE COHÉRENT

« *Si tu veux savoir si l'eau est bonne,*
ne pose pas la question aux poissons. »
— proverbe chinois

Imaginez ce qui suit.

Par une chaude journée, tandis que vous vous promenez au bord d'une rivière, vous envisagez de vous baigner. Néanmoins, vous ne savez pas si l'eau sera à votre goût. Le courant est-il trop fort ? La température trop froide ? Les conditions sont-elles optimales pour une bonne baignade ?

Le proverbe chinois cité plus haut nous conseille *de ne pas en poser la question aux poissons.*

Pourquoi les poissons qui vivent dans cette rivière sont-ils une source peu fiable pour *affirmer si l'eau est bonne* (hormis le fait qu'ils ne parlent pas votre langue !) ? Les poissons sont incapables de vous fournir une telle information pour la simple et bonne raison qu'ils n'ont aucun point de repère au-delà des confins de leur existence aquatique. Cet univers limité rempli de vase est tout ce qu'ils connaissent.

D'une manière semblable, si nous voulons un jour comprendre le monde dans lequel nous vivons et apprendre pourquoi nous sommes sur terre, une telle information doit provenir d'une source externe à la vision du monde, à la fois limitée et égocentrique, de l'homme.

La bonne nouvelle, c'est que le Dieu du ciel a fourni cette information au bénéfice de tous ceux qui veulent bien la recevoir.

« *Toute Écriture est **inspirée de Dieu,** et utile pour enseigner, pour convaincre, pour corriger, pour instruire dans la justice* ». (2 Timothée 3.16).

Comment pouvons-nous savoir que l'Écriture biblique est « *inspirée de Dieu* », c'est-à-dire, dans le texte originel, « exhalée par Dieu » ? Lors du chapitre précédent, nous avons observé que le créateur a apposé son sceau d'authenticité sur la Bible en parsemant ses pages de centaines de prophéties qui se sont accomplies en leur temps.

Seul Dieu peut prédire d'une manière répétée l'avenir lointain avec 100 % d'exactitude.

Une autre manière par laquelle Dieu a établi que sa révélation est digne de foi a été de la transmettre à de nombreux prophètes au cours des siècles.

UN TÉMOIN N'EST PAS ASSEZ

Dieu a dit à Moïse : « *Un seul **témoin ne suffira pas** contre un homme pour constater un crime ou un péché, quel qu'il soit ; **un fait ne pourra s'établir que sur la déposition de deux ou de trois témoins*** » (Deutéronome 19.15).

Ce principe est reconnu dans le monde entier. Il faut plus d'un seul témoin dans toute cour de justice pour établir la vérité. Avant qu'une affirmation puisse être acceptée comme authentique, elle doit être soutenue par plusieurs sources fiables.

En révélant sa vérité, Dieu n'a pas mis de côté sa propre loi qui affirme *qu'un témoin n'est pas suffisant.* L'Écriture déclare que « *le Dieu vivant, qui a fait le ciel, la terre, la mer, et tout ce qui s'y trouve* [...] *a laissé toutes les nations suivre leurs propres voies* [*mais **n'a**] **cessé de rendre témoignage de ce qu'il est**... » (Actes 14.15-17).

Même les tribus les plus isolées de la terre ont le *témoignage extérieur* de la création (le fait de voir les choses que le créateur a faites) ainsi que le *témoignage intérieur de la conscience* (un sens inné du bien, du mal et de l'éternité). Chaque personne sur terre a reçu une certaine lumière – une certaine part de vérité. Dieu déclare par conséquent l'humanité « inexcusable »[79]. Il promet néanmoins de donner une lumière supplémentaire à tous ceux qui cherchent avec empressement à trouver et à connaître leur créateur.

UN TÉMOIGNAGE CONTINU

Dieu n'est jamais resté sans témoin.

Pendant le premier millénaire de l'histoire humaine, Dieu a soit parlé directement à des individus, soit fait connaître sa vérité au moyen du témoignage *oral* des premiers êtres humains.

Adam, le premier homme, a vécu jusqu'à l'âge de 930 ans. Les êtres humains qui ont vécu lors du premier millénaire de l'histoire humaine sont inexcusables s'ils n'ont pas connu la vérité quant à leur créateur du fait qu'ils auraient pu interroger les *témoins originels,* Adam et Ève[80]. La longévité des premiers hommes était environ onze fois supérieure à la durée de vie moyenne d'un individu d'aujourd'hui, que le créateur a plus tard ramenée à « *soixante-dix ans, et, pour les plus robustes, à quatre-vingts ans* » (Psaume 90.10).

Vers l'an 1920 av. J.-C., Dieu a mis à part un homme âgé à qui il a donné le nom d'Abraham. Dieu lui a promis de faire de lui une *nation* au moyen de laquelle il allait enseigner aux nations les leçons les plus importantes à son propre sujet, ainsi que son plan pour l'humanité. C'est également par l'entremise de cette nation élue que Dieu allait envoyer les *prophètes* et les Écritures, et envoyer le *Messie* dans le monde. Vers 1490 av. J.-C., Dieu a fait appel à un homme d'entre ce peuple pour qu'il soit son porte-parole. Le nom de cet homme était *Moïse.*

UN TÉMOIGNAGE ÉCRIT

Dieu a inspiré Moïse à écrire la première partie des Saintes Écritures, la *Torah*. Le créateur du ciel et de la terre a décidé de faire en sorte que sa vérité soit disponible *par écrit* pour les générations futures, jusqu'à la fin des temps. Il a mis dans le cœur de Moïse les mots qui devaient être écrits. Dieu a authentifié sa Parole envers les nations au moyen de puissants *miracles* réalisés par la main de Moïse. Dieu a également révélé des *événements à venir* que Moïse avait annoncés aux Égyptiens et aux Israélites. Tout s'est produit exactement comme Moïse l'avait prédit. Dieu n'a laissé aucune place au moindre doute raisonnable. Même le sceptique le plus endurci devait admettre que le Dieu qui avait parlé par Moïse était le Dieu vivant et véritable[81].

Moïse a été le premier d'une longue lignée de prophètes qui ont consigné la Parole de Dieu sur plus de quinze siècles[82]. Les prophètes venaient d'arrière-plans très divers ; certains n'avaient aucune éducation formelle ; et bien qu'ils aient vécu dans des générations différentes, le message de leurs écrits présente une parfaite unité du début jusqu'à la fin.

Dieu a choisi des hommes tels que Moïse, David, Salomon et environ trente autres pour qu'ils rédigent les Écritures de l'Ancien Testament. Il a authentifié sa Parole par des promesses et des prophéties réalisées, ainsi qu'au moyen de signes et de prodiges miraculeux.

Dans le Nouveau Testament, l'origine, la vie, les paroles, les œuvres, la mort et la résurrection du Messie sont rapportées par quatre hommes : Matthieu, Marc, Luc et Jean. Ces quatre hommes ont écrit l'Évangile (appelé *Indjil* en arabe), fournissant ainsi au monde quatre témoignages distincts. Dieu a également inspiré Pierre (un pêcheur), Jacques et Jude (les demi-frères de Jésus), et Paul (un érudit et un ancien terroriste) pour qu'ils expliquent avec une abondance de détails l'objectif de Dieu pour son peuple. L'apôtre Jean a écrit le dernier livre de la Bible, qui exprime d'une manière saisissante comment l'histoire du monde telle que nous la connaissons se conclura.

UN TÉMOIGNAGE COHÉRENT

En tout, Dieu a utilisé environ quarante hommes sur plus de quinze siècles pour consigner sa révélation à l'humanité. Bien que la plupart de ces témoins ne se soient jamais connus, tout ce qu'ils ont écrit forme un tout harmonieux qui constitue la plus grande histoire et le message le plus important de tous les temps.

Qui, si ce n'est celui qui n'est pas limité par la durée de la vie humaine, aurait pu transmettre un tel récit ?

> *« Ce n'est pas par une volonté d'homme qu'une prophétie a jamais été apportée, mais **c'est poussés par le Saint-Esprit que des hommes ont parlé de la part de Dieu »***
> (2 Pierre 1.21).

Au cours des siècles, beaucoup ont essayé de discréditer les auteurs et le message du Nouveau Testament. Les écrits de l'apôtre Paul font particulièrement l'objet d'attaques.

L'apôtre Pierre nous exhorte à prendre au sérieux les écrits de Paul : « *Notre bien-aimé frère Paul vous l'a aussi écrit, selon la sagesse qui lui a été donnée. C'est ce qu'il fait dans toutes les lettres, où il parle de ces choses, dans lesquelles il y a des points difficiles à comprendre, dont les personnes ignorantes et mal affermies tordent le sens,* **comme celui des autres Écritures,** *pour leur propre ruine* » (2 Pierre 3.15-16).

Tout ce qu'a écrit l'apôtre Paul est en harmonie avec ce que les prophètes ont écrit. Comme Paul en a témoigné lui-même, « *grâce au secours de Dieu, j'ai subsisté jusqu'à ce jour, rendant témoignage devant les petits et les grands,* **sans m'écarter en rien de ce que les prophètes et Moïse ont déclaré devoir arriver [...] Crois-tu aux prophètes** *?* » (Actes 26.22, 27).

COHÉRENT OU INCOHÉRENT?

La fiabilité d'un témoin se mesure, non pas à la part de vérité contenue dans le témoignage de la personne, mais par l'absence de toute incohérence. L'anecdote suivante l'illustre fort bien :

> « Par une journée ensoleillée, quatre lycéens n'ont un jour pu résister à la tentation de faire l'école buissonnière. Le matin suivant, ils ont expliqué à leur professeur qu'ils avaient manqué son cours parce que leur véhicule avait eu une crevaison. À leur grand soulagement, elle leur a souri et a dit : « Vous avez manqué un quiz hier. » Mais elle a ensuite ajouté : « Asseyez-vous et sortez un crayon et une feuille. La première question est : « Quel pneu a crevé ?[83] »

Les réponses contradictoires des quatre garçons sur ce point précis ont démontré qu'ils avaient inventé leur histoire de toutes pièces.

Contrairement au témoignage contradictoire de ces quatre jeunes gens, le témoignage de Dieu est cohérent. Utilisant à cette fin des dizaines de témoins et d'auteurs sur des générations innombrables, notre créateur s'est révélé, de même qu'il a révélé son plan, avec une cohérence impeccable.

Au milieu de l'océan turbulent des religions et des philosophies contradictoires de l'homme, Dieu a fourni et préservé pour nous un rocher immuable sur lequel nous pouvons reposer nos âmes. Ce rocher est sa *Parole*.

> « Nous tenons **pour d'autant plus certaine la parole prophétique,** à laquelle vous faites bien de prêter attention, comme à une lampe qui brille dans un lieu obscur [mais] il y a eu **parmi le peuple de faux prophètes,** et il y aura de même **parmi vous de faux docteurs [...]** Plusieurs les suivront dans leurs **dissolutions,** et la voie de la vérité sera calomniée à cause d'eux. **Par cupidité, ils vous exploiteront au moyen de paroles trompeuses** » (2 Pierre 1.19 – 2.3).

DE FAUX PROPHÈTES

Ainsi, la Parole de Dieu nous met en garde contre des prophètes et des docteurs cherchant leur propre intérêt et l'assouvissement de leur convoitise, qui « *vous exploiteront avec des histoires de leur propre invention*[84] » (2 Pierre 2.3, *Bible du Semeur*). La Bible relate de nombreux récits concernant des hommes affirmant parler pour Dieu, mais dont le message était, en fait, inspiré par « *un esprit de mensonge* » (1 Rois 22.22).

Les Écritures décrivent une période dans l'histoire d'Israël où il y avait 850 faux prophètes et un seul vrai, Élie. Alors que seuls 7 000 Israélites restaient fidèles au seul vrai Dieu, des millions d'autres avaient choisi de suivre les faux témoins recherchant leur propre intérêt[85].

Michée, l'un des fidèles prophètes de Dieu, a écrit :

> « *Ainsi parle l'Éternel sur les* **prophètes qui égarent mon peuple, qui** *annoncent la paix si leurs dents ont quelque chose à mordre, et qui publient la guerre si on ne leur met rien dans la bouche* » (Michée 3.5*)*.

Tel est le motif récurrent de l'histoire et c'est pourquoi Jésus a donné cet avertissement :

*« **Large** est la porte, **spacieux** est le chemin qui mènent à la **perdition**, et il y en a **beaucoup** qui entrent par là [...] **Gardez-vous des faux prophètes**. Ils viennent à vous en **vêtement de brebis**, mais au dedans ce sont des **loups ravisseurs**. Vous les reconnaîtrez à leurs fruits. Cueille-t-on des raisins sur des épines, ou des figues sur des chardons ? Tout bon arbre porte de bons fruits, mais le mauvais arbre porte **de mauvais fruits** »* (Matthieu 7.13-17).

Au cours des siècles, d'innombrables faux prophètes et enseignants sont apparus, puis ont disparu. Certains ont influencé des centaines, voire des milliers de gens, tandis que d'autres ont conduit des millions et même des milliards d'âmes sur le chemin qui « *mène à la perdition* ».

Si vous voulez éviter de devenir l'un des êtres innombrables qui suivront aveuglément un faux prophète jusqu'à leur « destruction », alors il vous faut passer le message de cette personne au crible au moyen de la grille suivante :

Le message d'un vrai prophète s'harmonise toujours avec les Écritures prophétiques qui l'ont précédé.

Examinons ensemble **trois cas** où des hommes ont proclamé être les prophètes de Dieu. Étaient-ils de faux ou de vrais prophètes ?

CAS n°1 : UN « MESSIE » ENTERRÉ

L'histoire regorge de dizaines de prophètes et de messies autoproclamés qui ont vécu après le temps du Christ[86]. L'un d'entre eux s'appelait Abu Isa.

Abu Isa de Perse a vécu à la fin du septième siècle apr. J.-C. Ses adeptes croyaient qu'il était le Messie parce qu'il leur avait dit qu'il les conduirait à la victoire et, bien qu'il fût illettré, il avait, disait-on, écrit des livres. Mais son message était en contradiction avec l'Écriture.

Abu Isa enseignait à ses partisans de prier sept fois par jour et de le suivre sur les champs de bataille, leur promettant la protection divine. Néanmoins, après la mort d'Abu, son inhumation, et son échec à ressusciter, ses partisans ont dû reconnaître qu'il n'était pas le Messie.

Longtemps avant la venue d'Abu, Jésus avait averti ses auditeurs :

> « Car il s'élèvera de faux christs [messies] et de faux prophètes ; ils feront de grands prodiges et des miracles, au point de séduire, s'il était possible, même les élus. ***Voici, je vous l'ai annoncé d'avance*** » (Matthieu 24.24-25).

CAS n°2 : UN PROPHÈTE DU SUICIDE

Jim Jones a fondé une secte du nom de *Temple du Peuple* (*People's Temple*) au début des années 1970. Jim était un prédicateur populaire de San Francisco (Californie, États-Unis). Il était connu pour son aptitude à mobiliser les foules pour qu'elles participent à des projets d'assistance aux pauvres et à des actions politiques. Jim s'autoproclamait « le prophète » et affirmait avoir la puissance de soigner les cancéreux et de ressusciter les morts.

En fin de compte, Jim Jones a convaincu un millier de ses partisans à le suivre jusqu'à « Jonestown » en Guyana. Au sein de cette nouvelle communauté, « le prophète Jim » promettait à ses disciples une vie paisible et bienheureuse. Mais c'était là un énorme mensonge.

Jim n'était rien d'autre qu'un loup prédateur en habits de brebis. Comme le journal *San Francisco Chronicle* l'a rapporté, le 18 novembre 1978, Jones a ordonné à ses ouailles de se tuer en prenant du cyanure. Ceux qui refusaient ont été contraints à prendre le poison. Les enfants ont été tués par injection. En fin de compte, 914 cadavres, y compris celui de Jim, ont été retrouvés à Jonestown[87].

CAS n°3 : UN LIVRE SAINT NON CORROBORÉ

Joseph Smith fils est né en Amérique du Nord en 1805. Élevé dans une famille pauvre et superstitieuse, il a commencé, alors qu'il n'était encore qu'un jeune homme, à raconter qu'il était le prophète de Dieu. Il a affirmé que Dieu lui avait parlé au cours d'une série de visions, par l'entremise d'un ange de lumière nommé Moroni.

Joseph a écrit : « *J'ai été saisi par une puissance qui m'a entièrement submergé, et qui a eu sur moi une influence si stupéfiante que ma langue s'en est retrouvée liée et que je n'ai pas pu parler. Une obscurité épaisse m'a environné, et il m'a semblé pendant quelques instants que j'étais destiné à une destruction soudaine.* » Smith raconte ensuite comment une « colonne de lumière » est apparue au-dessus de sa tête, « *plus brillante que l'éclat du soleil, qui est descendue peu à peu jusqu'à tomber sur* [*lui*] »[88]. Joseph a proclamé que Dieu lui avait révélé un nouveau livre saint – le *Livre de Mormon*. Il disait à ses partisans que la Bible venait de Dieu, mais que son nouveau livre était la révélation divine la plus récente. Joseph enseignait aux gens à réciter des prières, à jeûner, à faire l'aumône, à faire de bonnes œuvres et à le reconnaître comme prophète. Pendant ce temps, il pratiquait et légitimait pour lui-même un mode de vie sensuel et caractérisé par la recherche de son propre intérêt.

Bien que les révélations de Joseph Smith n'aient été confirmées par aucun autre témoin (encore qu'il prétendît en avoir trois), et malgré le fait que son livre était en contradiction avec la Bible, l'histoire et l'archéologie[89], à l'heure actuelle des millions de gens adhèrent à la religion dite mormone. La riche Église mormone envoie ses missionnaires dans le monde entier et, chaque jour, des centaines de gens deviennent des *mormons* (ou, pour employer le nom par lequel ils se désignent eux-mêmes, des *Saints des Derniers Jours*). La plupart des mormons sont des individus charmants et sincères, mais si vous comparez le message du « prophète Joseph » avec ce que les prophètes bibliques ont proclamé et écrit, vous découvrirez deux messages radicalement différents.

De parier notre destinée éternelle sur le message contradictoire et non corroboré d'un prophète autoproclamé – si clair soit son message et si intelligent soit-il – est peu sage. « *Satan lui-même se déguise en ange de lumière* » (2 Corinthiens 11.14).

UN MESSAGE CONFIRMÉ

Dans un monde confus où des multitudes « *ont changé la vérité de Dieu en mensonge* » (Romains 1.25), le seul vrai Dieu a clairement distingué sa vérité de la multitude de voix discordantes clamant un message contraire.

L'une des manières dont Dieu a clarifié et confirmé son message a été de le révéler progressivement et de façon pleinement cohérente sur de nombreuses générations. Seul l'auteur qui existe en dehors du temps aurait pu inspirer une telle révélation.

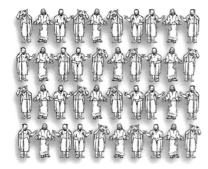

Les *40 hommes* de cette illustration représentent les messagers de Dieu qui, sur une durée de 15 siècles, ont consigné le message cohérent et confirmé de l'Écriture.

L'homme solitaire représente tout messager venu plus tard apporter un message contradictoire et non corroboré.

Au cours des quelques chapitres précédents, nous avons relevé de nombreuses preuves comme quoi la Bible est bien la Parole de Dieu. Pourtant, aussi convaincants ces arguments et d'autres encore soient-ils, la meilleure manière d'authentifier le message de Dieu est simplement de l'écouter, de le comprendre et de le faire sien.

Le scénario de Dieu qui se déroule révèle celui qui est infiniment au-dessus et au-delà de nos pouvoirs d'imagination. Il expose la nature glorieuse et parfaitement équilibrée de notre créateur. Il délivre des individus de la crainte de la mort et leur fournit l'espoir certain de la vie éternelle. Il transforme leur caractère et leur conduite. Il les conduit au seul vrai Dieu.

Aucun esprit mauvais ni aucun homme n'auraient pu transmettre un tel message. Mais ne vous fiez pas à ma parole.

« ***Examinez toutes choses*** ; *retenez ce qui est bon* »
(1 Thessaloniciens 5.21).

7

LA FONDATION

« Un homme prudent [...]
a bâti sa maison sur le roc. »

— Jésus (Matthieu 7.24)

J ésus a conclu son *Sermon sur la Montagne* par ces paroles :

> *« C'est pourquoi, quiconque entend ces paroles que je dis et les met en pratique, sera semblable à un homme prudent qui a bâti sa maison sur le roc. La pluie est tombée, les torrents sont venus, les vents ont soufflé et se sont jetés contre cette maison : elle n'est point tombée, parce qu'elle était fondée sur le roc. Mais quiconque entend ces paroles que je dis, et ne les met pas en pratique, sera semblable à un homme insensé qui a bâti sa maison sur le sable. La pluie est tombée, les torrents sont venus, les vents ont soufflé et ont battu cette maison : elle est tombée, et sa ruine a été grande »* (Matthieu 7.24-27).

Quelle était la différence entre la maison qui a résisté à l'intempérie et celle qui a été détruite ? La réponse est : la fondation. L'homme avisé a construit sa maison sur un roc solide ; l'insensé a construit sa maison sur du sable.

Dans les Écritures des prophètes, Dieu a déposé une fondation solide comme le roc pour le message qu'il voulait que tous entendent et croient. Cette fondation est la *Torah* (également connue sous le nom de *Loi de Moïse*, *Pentateuque* ou *Tawret*.)

LE LIVRE DES COMMENCEMENTS

La Torah de Moïse contient les cinq premiers livres des Écritures. Le livre qui l'inaugure s'intitule la **Genèse**, ce qui signifie « *origine* ». La Genèse est le *livre des commencements* dans lequel Dieu fait connaître les origines de la terre, de la vie, des humains, du mariage, de la famille, de la société, des nations et des langues. La Genèse fournit les réponses aux plus grands mystères de la vie. Quelle est la nature de Dieu ? D'où l'homme vient-il ? Pourquoi sommes-nous là ? Quelle est l'origine du mal ? Pourquoi la souffrance ? Comment un Dieu parfait peut-il accepter des êtres imparfaits ?

Tandis que les réponses à ces questions cruciales ainsi qu'à d'autres sont développées plus tard dans l'Écriture, c'est dans la Genèse que le créateur a posé la fondation de ses réponses. Le premier livre de la Bible est la fondation de tout ce qui suit.

L'HISTOIRE DE DIEU

La Bible renferme des centaines d'histoires qui se sont déroulées sur une période de plusieurs milliers d'années. Ensemble, ces histoires forment *une seule histoire* – la meilleure histoire jamais contée. C'est dans cette histoire que Dieu a incrusté *un seul message principal* – la meilleure nouvelle jamais publiée.

L'histoire saisissante de Dieu comporte de nombreux points culminants. Tandis que nous progressons d'un bout à l'autre de l'Écriture, nous en rencontrerons un au cours de notre lecture du récit consigné dans les *Évangiles*. Un autre point culminant sera atteint dans le Livre qui clôt la Bible, intitulé l'*Apocalypse* – terme qui signifie *révélation*.

En dépit du fait que Dieu a révélé son plan pour l'humanité, ce plan reste un mystère pour la plupart des gens.

COMMENÇONS PAR LE COMMENCEMENT

Le livre de la Genèse contient 50 des 1 189 chapitres de la Bible[90]. De lire la Bible entière sans s'arrêter prendrait environ trois jours et trois nuits.

Au cours de notre périple à venir, si nous devons passer outre à la plupart des histoires que renferment l'Écriture, nous avons le projet de visiter de nombreuses histoires essentielles bien connues qui révèlent les « grandes lignes » du plan stupéfiant de Dieu pour l'humanité. Nous passerons une partie importante de notre voyage à visiter les quatre premiers chapitres de la Bible du fait que ces pages nous donnent la clef des grandes vérités rencontrées ailleurs dans la Parole de Dieu.

On ne saurait trop mettre l'accent sur l'importance des quelques chapitres inauguraux de la Bible.

Lorsque nous lisons ou racontons une histoire à un enfant, où commençons-nous ? Commençons-nous au milieu de l'histoire pour ensuite nous précipiter vers la fin en lisant une ligne sur deux ? Bien sûr que non. Nous commençons par le commencement. Cependant, lorsqu'ils lisent l'Écriture, la plupart des lecteurs ne font que la feuilleter, allant d'un endroit à l'autre. Se pourrait-il que l'histoire de Dieu demeure un mystère pour eux parce qu'ils ont négligé de lire les premières pages du Livre de Dieu ? Devons-nous nous étonner si l'opinion de la plupart concorde avec celle d'Ahmed qui disait, dans son courriel : « *Toute cette histoire de pécheurs n'a aucun sens pour moi* » (voir le chapitre 1) ?

Si nous ne connaissons pas le début de l'histoire de Dieu, il nous sera difficile d'en apprécier le reste. Néanmoins, une fois que nous aurons compris les quelques premiers chapitres du Livre, le reste prendra un sens merveilleux pour nous[91].

UN CHAMP ENSEMENCÉ

Imaginez un simple grain de blé. Il semble insignifiant, pourtant, derrière son aspect banal se cache un code complexe et la puissance requise pour produire un épi mûr chargé de céréales. L'Écriture décrit cette puissance :

*« La terre produit [...] **d'abord** l'herbe, **puis** l'épi, **puis** le grain tout formé dans l'épi »* (Marc 4.28).

Dieu n'a pas conçu les céréales, les fruits et les légumes pour qu'ils mûrissent immédiatement, et Il n'a pas non plus conçu son histoire de façon à la révéler d'un seul coup. De la même manière que Dieu a choisi de fournir de la nourriture pour le corps de l'homme au moyen de plantes qui croissent progressivement, il a choisi de fournir de la nourriture spirituelle au moyen d'une *vérité progressivement révélée*.

*« Car c'est précepte **sur** précepte, précepte **sur** précepte, règle **sur** règle, règle **sur** règle, un peu ici, un peu là »* (Ésaïe 28.10).

Le livre de la Genèse est comme un champ fertile ensemencé où Dieu a soigneusement planté ses « germes » de vérité. De ces vérités éclot et mûrit son message dans les autres livres de l'Écriture, offrant la vie au monde et étanchant sa soif.

UN EMBRYON

Grâce à la technologie moderne, ce qui était autrefois enveloppé de mystère est aujourd'hui visible. Par exemple, aujourd'hui nous pouvons obtenir des images claires d'un embryon humain en gestation. C'est extraordinaire ! En quelque huit semaines, l'œuf fécondé dans l'utérus de la mère devient un bébé pas plus gros qu'une noix, déjà nanti d'yeux, d'oreilles, d'un nez, d'une bouche, de bras, de jambes, de mains et de pieds. Il a même ses propres empreintes digitales. Bien qu'il ne soit pas complètement formé, il est déjà pourvu de tous ses membres et de ses organes.

D'une manière semblable, nous savons aujourd'hui que toute vérité révélée par notre créateur quant à son plan pour l'humanité peut se rencontrer à l'état embryonnaire dans le livre de la Genèse. Néanmoins, c'est dans le reste de l'Écriture que le *« mystère de Dieu »* (Apocalypse 10.7) parvient à maturation.

Jusqu'à ce jour, la personnalité et les projets de Dieu demeurent un mystère pour la plupart des individus, mais il n'y a aucune raison pour qu'il en soit ainsi car *« le **mystère caché** de tout temps et dans* *tous les âges* **[est] *révélé maintenant*** *à ses saints* » (Colossiens 1.26).

Dieu nous invite à comprendre son mystère, mais nous, nous devons *vouloir le* faire.

DES BRIBES ÉPARSES

La Bible est un peu comme un puzzle. La manière dont s'imbriquent entre elles certaines parties est évidente, mais ce n'est pas le cas pour d'autres. La patience et la persévérance sont de mise. Semblablement, ce n'est que si nous prenons le temps de réfléchir à la Parole de Dieu que la confusion s'évaporera et que le projet harmonieux de Dieu nous apparaîtra, et nous apparaîtra comme tel.

J'ai récemment eu le privilège de correspondre avec un journaliste en herbe résidant au Liban. Bien que nous ne nous soyons pas encore rencontrés, nous sommes devenus amis. Dans son premier courriel, il m'a écrit ce qui suit :

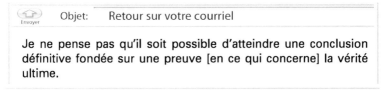

Objet: Retour sur votre courriel

Je ne pense pas qu'il soit possible d'atteindre une conclusion définitive fondée sur une preuve [en ce qui concerne] la vérité ultime.

Je l'ai encouragé à laisser tous ses préjugés de côté et à lire la Bible par lui-même, en lui permettant de parler pour elle-même. C'est ce qu'il a fait, comme le démontre le courriel suivant, envoyé plus tard :

Objet: Retour sur votre courriel

J'ai lu le Nouveau Testament en arabe et j'entends en faire de même avec l'Ancien. **Auparavant, je n'en lisais que des bribes éparses**. Je trouve à présent la réponse à beaucoup de questions que je m'étais posées... Qu'ai-je retiré de cette lecture ? Un plus grand respect pour [le message de la Bible], et le fait de la considérer comme une puissance à même de transformer la vie d'un individu, pour effectuer une transformation réelle en lui, plutôt que comme un corpus de règles rigides [...] incapable de

> transformer quiconque... J'ai découvert qu'il y a peut-être un moyen d'être sûrs de ce que nous avons entre nos mains.

Plus récemment encore, il m'a écrit :

Envoyer	Objet:	Retour sur votre courriel

J'ai pris une décision que j'aurais dû prendre il y a longtemps. Je m'aperçois à présent qu'il n'est pas suffisant de dire : « J'ai lu la Bible. » **C'est un livre qu'il faut lire continuellement.** C'est incroyable le nombre de mes questions qui se sont évanouies au cours de ma lecture de ce livre.

Pour cet homme, le message de Dieu commence à affleurer.

Notre voyage à venir dans toute l'Écriture rassemblera les pièces les plus importantes du grand puzzle de l'histoire. Le récit stupéfiant de Dieu ainsi que son message nous apparaîtront alors clairement.

C'est tandis que nous « *lirons continuellement* » l'Écriture par nous-mêmes que nous découvrirons où d'autres « bribes éparses » viennent s'assembler au tout.

DES LETTRES D'AMOUR

On raconte l'histoire d'un soldat qui aimait une jeune femme. S'il l'aimait tendrement, elle, par contre, n'était pas sûre de l'aimer. À un moment donné, le soldat a été envoyé dans un pays lointain. Il a fidèlement écrit des lettres d'amour à la jeune femme, bien qu'elle ne lui répondît jamais.

Le jour de son retour est enfin venu. À son arrivée, son premier geste a été de rendre visite à la femme qu'il aimait. Il l'a trouvée chez elle. Si elle s'est montrée heureuse de le rencontrer, une boîte poussiéreuse posée dans un coin de la pièce démontrait son attitude à l'égard du soldat ; la boîte était pleine de lettres non ouvertes – celles qu'il lui avait envoyées.

DU CIEL À LA TERRE

L'Écriture est comme une série de lettres que Dieu nous a envoyées. Dans ses écrits, le créateur des cieux et de la terre se présente à nous, exprimant son amour, et nous disant comment nous pouvons vivre avec lui dans la gloire et la joie de sa demeure éternelle.

Voici un extrait d'une « lettre » qu'il a expédiée en direction des habitants de la terre, il y a quelque 2 700 ans :

> *« Vous tous qui avez soif, venez aux eaux,*
> *même celui qui n'a pas d'argent !*
> *Venez, achetez et mangez,*
> *venez, achetez du vin et du lait,*
> *sans argent, sans rien payer !*
> *Pourquoi pesez-vous de l'argent*
> *pour ce qui ne nourrit pas ?*
> *Pourquoi travaillez-vous*
> *pour ce qui ne rassasie pas?*
> *Écoutez-moi donc, et vous mangerez ce qui est bon,*
> *et votre âme se délectera de mets succulents.*
> *Prêtez l'oreille, et venez à moi,*
> *écoutez, et votre âme vivra :*
> *je traiterai avec vous une alliance éternelle,*
> *pour rendre durables mes faveurs envers David.*
> *Autant les cieux sont élevés au-dessus de la terre,*
> *autant mes voies sont élevées au-dessus de vos voies,*
> *et mes pensées au-dessus de vos pensées »* (Ésaïe 55.1-3, 9).

> *Avec tout mon amour,*
> **Votre créateur**

Avez-vous ouvert les lettres qu'il vous a écrites ? Les avez-vous lues ? Lui avez-vous répondu ?

Que le voyage commence !

PARTIE II
LE VOYAGE

À LA DÉCOUVERTE DU MYSTÈRE

8

LA NATURE DE DIEU

Le voyage débute là où commence le Livre de Dieu – par l'une des plus grandes déclarations de tous les temps :

« *Au commencement, Dieu créa les cieux et la terre* » (Genèse 1.1).

Aucune tentative n'est faite pour prouver l'existence de Dieu. Elle apparaît comme évidente.

Si vous marchez le long d'une plage déserte et que vous rencontriez des traces de pas récentes dans le sable, vous en déduisez instinctivement que vous n'êtes pas seul. Vous savez que ces deux séries d'empreintes à distance constante l'une de l'autre ne se sont pas créées d'elles-mêmes. Vous savez que ce ne sont pas le vent et l'eau qui les ont formées. Quelqu'un est à leur origine. Cela, vous le savez parfaitement.

Cependant, il en est beaucoup qui affirment qu'ils *ne savent pas* si l'existence du sable dans lequel les empreintes se sont formées, et de l'être humain qui les y a laissées, ont également été produits par quelqu'un. Tentant d'expliquer la création sans avoir recours à un créateur, l'homme a inventé de nombreuses théories savantes, imaginant une chaîne de causes à effets s'étendant sur des milliards d'années. Pourtant, une fois qu'il en arrive à ce qu'il appelle « le commencement », il ne s'est pas rapproché d'un centimètre de la question originelle : « *Qu'est-ce qui a créé tout cela ?* »

L'Écriture dit : « *ce qu'on peut connaître de Dieu est manifeste pour eux, Dieu le leur ayant fait connaître. En effet, les perfections invisibles de Dieu, sa puissance éternelle et sa divinité, se voient comme à l'œil, depuis la création du monde, quand on les considère dans ses ouvrages. Ils sont donc inexcusables* » (Romains 1.19-20).

Le raisonnement est élémentaire : toute conception exige qu'il y ait un concepteur. Ce qui est vrai pour les traces de pas, les automobiles et les ordinateurs, est aussi vrai de mécanismes tels que les pieds, les cellules et les constellations. Qu'on observe notre univers à l'œil nu, ou au travers d'un microscope ou d'un télescope, la complexité irréductible et l'organisation rationnelle de l'univers nécessitent qu'il y ait un créateur pour concevoir ce monde ainsi que pour le maintenir en existence. S'il faut quelqu'un pour laisser des empreintes de pas, l'existence d'un univers exige celle d'un « Faiseur d'univers ».

> « *Les cieux racontent la gloire de Dieu, et l'étendue manifeste l'œuvre de ses mains* » (Psaume 19.2).

Qui est donc ce « faiseur d'univers » ? Comment pouvons-nous savoir quelle est sa nature ? Nous pouvons le *savoir* du fait qu'il s'est fait connaître[92].

ÉTERNEL

Nous avons lu plus haut le courriel d'un correspondant qui posait avec sarcasme la question suivante : « Qui a créé Dieu ? J'ai oublié. » La réponse à cette question est : *Personne*. Dieu est éternel. « Au commencement, **Dieu**... » enseigne que notre créateur n'est semblable à nul autre, non plus qu'à rien d'autre.

> « *Avant que les montagnes fussent nées, et que tu eusses créé la terre et le monde, d'éternité en éternité tu es Dieu* » (Psaume 90.2).

Le passé, le présent et l'avenir ne sont rien pour Dieu. Il est « *le Seigneur Dieu, le Tout Puissant, **qui était, qui est**, et **qui vient !** »* (Apocalypse 4.8)

Il est en dehors du temps et au-delà de notre compréhension. Aucun être créé ne saura jamais la vérité quant à Dieu. Il est « le *Très Haut, dont la **demeure est éternelle** »* (Ésaïe 57.15).

Il est immuable : « *Mais toi, tu restes **le même**, et tes années **ne finiront point** »* (Psaume 102.28).

PLUS GRAND

Dieu est plus grand que tout ce que nous pouvons imaginer. L'Éternel ne cherche pas plus à *prouver son* existence, du fait que celle-ci est évidente, qu'il ne cherche à *expliquer son* existence, car du fait que notre esprit est limité nous sommes incapables de saisir ce qui existe en dehors du temps, de l'espace et de la matière.

Lorsque j'étais petit garçon, j'ai le souvenir d'avoir regardé le ciel en pensant que si je voyageais suffisamment loin, je finirais par parvenir à un plafond aux confins de l'univers. Ce que j'avais manqué de prendre en compte, c'était l'espace infini de l'autre côté de mon plafond imaginaire ! Certaines choses ne peuvent être comprises qu'en croyant à ce que le créateur a révélé. La foi dans la Parole cohérente et attestée de Dieu est la clef du plus haut niveau de connaissance et de sagesse.

> « *Sans la foi il est impossible de lui être agréable ; car il faut que celui qui s'approche de Dieu croie que Dieu existe... **C'est par la foi que nous reconnaissons** que le monde a été formé par la parole de Dieu »* (Hébreux 11.6, 3).

La science moderne affirme que « *ce qu'on peut voir n'a pas été créé à partir de ce qui était visible »*. Les physiciens nous disent que la matière est faite d'atomes invisibles, composés d'électrons qui tourbillonnent autour d'un noyau de protons et de neutrons, lesquels sont composés de quarks, eux-mêmes composés de...? L'humanité a fait d'innombrables découvertes et, cependant, nous en savons si peu ! Ceux qui sont sages reconnaissent les limites de l'intellect humain.

Ce que la science ne sera jamais en mesure de prouver ou d'invalider, c'est que *l'univers a été créé sur l'ordre de Dieu*. Nous ne pouvons le *savoir* que par le sixième sens que Dieu nous donne : la **foi**.

C'est « par la foi que *nous* **comprenons** » (*Bible du Semeur*) les plus grands thèmes et les questions de la vie. La raison en est évidente :

« *Dieu est* **bien plus grand** *que l'homme* » (Job 33.12).

Ce Dieu si grand, qu'a-t-il révélé de plus à son propre sujet ?

SANS LIMITES

Il est tout-puissant : « *Ah! Seigneur Éternel ! C'est toi qui as créé le ciel et la terre par ta grande puissance, et en déployant ta force. Pour toi rien n'est trop extraordinaire* » (Jérémie 32.17, *Bible du Semeur*). Le créateur transcende sa création. Il est au-dessus et au-delà de tout ce que nous pouvons imaginer.

Il est omniscient. « *Tu sais quand je m'assieds et quand je me lève, tu pénètres de loin ma pensée* » (Psaume 139.2). Le créateur sait toutes choses – le passé, le présent et l'avenir. Il ne croît pas en sagesse avec le temps : « *son intelligence n'a* **point de limite** » (Psaume 147.5).

Il est omniprésent : « *Où irais-je loin de ton esprit, et où fuirais-je loin de ta face ?* » (Psaume 139.7). L'Être infini peut être avec vous en même temps qu'il est avec moi. À l'instant même où il parle aux anges dans les cieux, il peut s'adresser aux hommes sur terre.

Il est sans limites.

L'ESPRIT

Voici un autre élément d'information important quant à cet Être sans limites :

« *Dieu est* **Esprit** » (Jean 4.24).

Dieu est l'Esprit invisible, infini et personnel présent en tous lieux à chaque instant. Bien qu'il n'ait pas besoin d'un corps, il est capable de se manifester comme il l'entend. Les Écritures rapportent plusieurs épisodes où Dieu est apparu à des hommes et à des femmes d'une manière unique et visible : « *L'Éternel parlait avec Moïse face à face, comme un homme parle à son ami* » (Exode 33.11).

Dieu, l'Esprit suprême, veut être connu et adoré des créatures spirituelles qu'il a créées à cette fin, et désire qu'elles se fient à lui.

> « Les vrais adorateurs adoreront le Père en esprit et en vérité ; car ce sont là les adorateurs que le Père demande. Dieu est Esprit, et il faut que ceux qui l'adorent l'adorent en esprit et en vérité » (Jean 4.23-24).

LE PÈRE DES ESPRITS

L'un des titres de Dieu est « le Père des esprits » (Hébreux 12.9). Avant de créer la terre[93], Dieu avait créé d'innombrables *esprits* puissants et magnifiques appelés des *anges*. Il les avait créés pour qu'ils vivent avec lui dans sa demeure céleste. *Ange* signifie « *messager* » ou « *serviteur* ». Dieu, dont l'objectif était de régner sur un royaume de sujets aimants avec qui il pourrait partager l'éternité, a créé ces esprits pour qu'ils le connaissent, l'adorent, le servent et jouissent de sa présence à toujours.

> « *J'entendis la voix de **beaucoup d'anges** autour du trône* [...] *leur nombre était des myriades de myriades et des milliers de milliers* » (Apocalypse 5.11).

Dès les premiers temps, Dieu a créé autant d'anges qu'il désirait, du fait qu'ils n'étaient pas conçus pour se reproduire. Ces esprits n'étaient en aucun cas égaux à Dieu, bien qu'ils possèdent certains traits communs avec leur créateur. Dieu leur a donné un haut degré d'intelligence. Il leur a également donné des émotions, une volonté et l'aptitude de communiquer avec lui. Comme leur Maître, les anges sont invisibles pour l'homme à moins de prendre part à une mission pour laquelle il faut qu'ils soient visibles[94].

Dans son royaume d'esprits spirituels créés, Dieu est le seul Esprit infini, omnipotent, omniscient et incréé.

AU-DESSUS DE TOUT

> « Il y a [...] un seul Esprit [...] un seul Seigneur [...] un seul
> Dieu et Père de tous, qui est **au-dessus de tous** »
> (Éphésiens 4.4-6).

Bien que celui qui est « au-dessus de tous » ne soit pas limité dans le temps et l'espace, il y a néanmoins un endroit dans l'univers où il réside et règne. « L'Éternel a établi son trône dans les cieux » (Psaume 103.19). Tandis qu'il méditait sur la grandeur et la proximité de Dieu, le roi Salomon a prié son créateur en ces termes :

> « Mais quoi ! Dieu habiterait-il véritablement sur la terre ?
> Voici, les cieux et **les cieux des cieux** ne peuvent te
> contenir » (1 Rois 8.27).

La Bible parle de trois cieux différents. Deux sont visibles à l'homme, tandis que le troisième ne l'est pas.

Il y a le ciel *atmosphérique* – le ciel bleu au-dessus de nos têtes.

Il y a aussi le ciel *interstellaire* – l'espace obscur dans lequel Dieu a disposé les planètes et les étoiles.

Enfin, il y a les *cieux des cieux* – la sphère lumineuse qui est la demeure de Dieu. Cette demeure céleste de notre créateur, royaume des anges, est également appelée du nom de *plus haut des cieux*, de *troisième ciel*, de *maison du Père*, de *sa demeure*, de *paradis* et, tout simplement, du nom de *cieux*[95].

> « L'Éternel regarde du haut **des cieux**, il voit tous les fils
> de l'homme ; du lieu **de sa demeure** il observe tous les
> habitants de la terre, lui qui forme leur cœur à tous, qui est
> attentif à toutes leurs actions » (Psaume 33.13-15).

DIEU EST UN

Le premier verset de la Bible affirme qu'il n'y a point d'autre Dieu : « *Au commencement, **Dieu**.* »

Aussi bien l'Ancien que le Nouveau Testament déclarent : « *l'Éternel, notre Dieu, **est le seul Éternel*** » (Deutéronome 6.4). « ***Il y a un seul Dieu*** » (Romains 3.30).

Dieu est UN. Il est sans égal et sans rival.

En termes théologiques, on appelle cette doctrine le *monothéisme* (croyance en un seul Dieu). Le monothéisme est en contradiction flagrante avec le *polythéisme* (croyance en plusieurs dieux et déesses) et avec le *panthéisme* (croyance selon laquelle Dieu est en chaque chose et que chaque chose est en Dieu). Les polythéistes et les panthéistes brouillent la distinction entre le créateur et sa création, niant ainsi que Dieu ait une personnalité et des traits de caractère.

COMPLEXE

« *Au commencement* **Dieu** » est une vérité *élémentaire*, mais ce n'est pas une vérité *simple*.

Celui qui est infini n'est pas simple. Il est complexe. Son unité est une unité multidimensionnelle.

Le mot hébreu pour « *Dieu* » est le nom pluriel masculin *Élohim*. La grammaire hébraïque possède trois formes de noms : une singulière (un), une duelle (deux seulement) et une plurielle (trois ou plus). *Élohim* est pluriel grammaticalement parlant, mais possède un sens singulier.

Le seul vrai Dieu est complexe et illimité dans sa puissance. Les trois premières phrases des Écritures déclarent :

> « *Au commencement,* **DIEU** [nom pluriel] **créa** [verbe conjugué au singulier] *les cieux et la terre. La terre était informe et vide : il y avait des ténèbres à la surface de l'abîme, et* **L'ESPRIT DE DIEU** *se mouvait au-dessus des eaux.* **DIEU DIT** : *Que la lumière soit ! Et la lumière fut* » (Genèse 1.1-3).

La déclaration inaugurale du Livre de Dieu nous dit *comment* il a accompli son œuvre créatrice. Il l'a accomplie par *son Esprit* et par *sa Parole*.

Premièrement, le *propre Esprit de Dieu* a été envoyé des cieux pour exécuter ses œuvres. Comme une colombe survolant son nid, « *l'Esprit de Dieu se mouvait au-dessus* » du monde nouvellement formé. Le mot hébreu pour « Esprit » est *roua'h*, qui peut se traduire par *esprit, souffle* ou *énergie*. Cet « *Esprit de Dieu* » est la présence de Dieu lui-même, qui prodigue sa puissance.

« *Tu envoies **ton souffle** : ils sont créés* »
(Psaume 104.30).

Puis, *Dieu a parlé*. À dix reprises le premier chapitre de la Genèse affirme : « *Dieu **dit**...* » Lorsque Dieu a parlé, ce qu'il a ordonné s'est produit.

« *L'Éternel a parlé : les cieux ont été faits **par la parole de l'Éternel**, et toute l'armée des étoiles est née **du souffle** [roua'h] de sa bouche* » (Psaume 33.6).

Dieu a créé le monde par sa Parole et par son Esprit.

LE COMMUNICATEUR

Le fait que Dieu a créé toutes choses *par sa Parole* nous enseigne quelque chose à son sujet :

Il est un communicateur.

Avant que la création ait lieu, il y a eu communication.

« *Au commencement était **la Parole**, et **la Parole** était avec **Dieu**, et **la Parole** était Dieu. **Elle était au commencement avec Dieu*** » (Jean 1.1-2).

Ce terme, « la *Parole* », vient du grec « *logos* », qui signifie : *l'expression de la pensée*[96]. Dans l'Écriture, *logos* est l'un des titres personnels de Dieu. Dieu et sa Parole sont Un.

Toutes choses ont été créées par la *Parole*.

Dieu aurait pu simplement concevoir le monde par sa *pensée* et, en un instant, toutes choses auraient été mises en place et en ordre de fonctionnement. Mais ce n'est pas ce qu'il a fait. Il a *exprimé* ses pensées. Il a *parlé*.

C'est par la *Parole* que le monde en est venu à exister en six jours ordonnés.

Le Tout-Puissant avait-il *besoin* de six jours pour accomplir sa tâche ? Non, car étant hors du temps, il n'avait pas besoin de temps. Néanmoins, en créant notre monde de cette manière, Dieu a établi la semaine de sept jours et non seulement cela[97], il a également fourni des indices quant à sa personnalité et à son caractère. C'est important, du fait qu'un Dieu inconnu ne peut ni faire l'objet de notre confiance, ni être obéi ou adoré.

Examinons à présent le récit de la création tel que le créateur lui-même l'a rapporté.

PREMIER JOUR : LA LUMIÈRE ET LE TEMPS – DIEU EST SAINT

> « *Dieu dit : Que la lumière soit ! Et la lumière fut. Dieu vit que la lumière était bonne ; et Dieu sépara la lumière d'avec les ténèbres. Dieu appela lumière jour, et il appela les ténèbres nuit. Ainsi, il y eut un soir, et il y eut un matin : ce fut le premier jour* » (Genèse 1.3-5).

En une journée, Dieu a fait venir la lumière dans la création. Il a également établi le temps, en faisant entamer à la terre sa rotation en vingt-quatre heures : l'horloge astronomique qui régule le jour et la nuit. Cependant, Dieu n'a pas créé le soleil, la lune et les étoiles avant le quatrième jour.

Il y a un certain temps, certains scientifiques affirmaient que l'existence de la *lumière* avant celle du *soleil* était une erreur. Ce n'est plus le cas aujourd'hui. Aujourd'hui, même les scientifiques qui ne croient pas au récit biblique de la création affirment que la lumière existait bel et bien avant le soleil et indépendamment de celui-ci[98].

En créant la *lumière* (premier jour) avant d'avoir créé les *luminaires* (quatrième jour), le créateur a démontré qu'il était la source incréée de la lumière – physique comme spirituelle. À part lui, il n'existe que des ténèbres.

Au cours de notre périple d'un bout à l'autre de l'Écriture, nous rencontrerons continuellement cette source de lumière et nous conclurons par un coup d'œil au paradis où le peuple de Dieu n'aura « *besoin ni de lampe ni de lumière, parce que le Seigneur Dieu* [l'] *éclairera* » (Apocalypse 22.5).

La lumière demeure un mystère même pour les esprits les plus pénétrants. Les physiciens en savent long sur ce qu'elle *fait*, mais savent fort peu de choses sur ce qu'elle *est*. En science, la lumière est un *absolu*. Elle voyage à la vitesse de 300 000 kilomètres par seconde. En physique, lorsque Albert Einstein a découvert l'équation

« $E = mc^2$ » (énergie égale masse multipliée par vitesse de la lumière au carré), l'ère nucléaire, terrible et terrifiante, a commencé. La lumière n'est pas affectée par son environnement. Même si elle brille sur une décharge malodorante, elle reste elle-même pure. La lumière ne saurait coexister avec l'obscurité. Elle la disperse.

Dieu, la source de la lumière, est *l'absolu ultime*. Sa splendeur stupéfiante est terrifiante pour tous les êtres vivants qui ne sont point équipés pour séjourner en sa présence.

Dieu est pur et saint.

Le mot *saint* signifie : *mis à part* ou *ce qui est autre*. Dieu est *autre*. Il n'en est aucun comme lui. Les anges qui entourent son trône rayonnant dans les cieux crient continuellement : « *Saint, saint, saint est l'Éternel des armées* » (Ésaïe 6.3). La sainteté est la seule caractéristique de Dieu qui soit répétée par trois fois dans l'ensemble de l'Écriture – afin d'y mettre l'accent. Il est saint et « *habite une lumière inaccessible* » (1 Timothée 6.16).

Dieu ne peut coexister avec le mal. Il sépare la lumière de l'obscurité. Seuls des êtres purs et droits peuvent vivre à ses côtés.

> « ***Dieu est lumière*** *et [...] il n'y a point en lui de ténèbres. Si nous disons que nous sommes en communion avec lui, et que nous marchions dans les ténèbres, nous mentons, et nous ne pratiquons pas la vérité* » (1 Jean 1.5-6)

Le premier jour de la création proclame que Dieu est **saint**.

DEUXIÈME JOUR : L'AIR ET L'EAU – DIEU EST TOUT-PUISSANT

> « *Dieu dit : Que le firmament soit fait entre les eaux, et qu'il sépare les eaux des eaux. Dieu donc fit le firmament et divisa les eaux qui étaient sous le firmament d'avec celles qui étaient [au-dessus du] firmament. Et fut ainsi fait. Et Dieu appela le firmament ciel. Lors fut fait du soir et du matin, le second jour* » (Genèse 1.6-8, *Olivétan*).

Le deuxième jour de la création a pour sujet essentiel deux éléments dont dépendent tous les organismes vivants pour leur existence : l'air et l'eau.

Le mot hébreu pour *firmament* fait référence à la grande voûte au-dessus de nos têtes où se trouvent l'atmosphère et les nuages, et où les étoiles sont visibles. Pensez à la composition parfaitement équilibrée de l'atmosphère, faite de gaz comme l'azote et l'oxygène, le dioxyde de carbone, l'ozone et d'autres gaz encore. Modifiez cette composition et vous mourrez. Dieu savait ce qu'il faisait.

Pensez aux trillions de tonnes de vapeur d'eau en suspension dans l'atmosphère au-dessus de nous. Combien de sagesse et de puissance étaient requises pour créer et maintenir en existence ce mélange précis d'air et d'eau – rien que par la Parole ?

> « *Lorsqu'il a parlé cela s'est fait*, *lorsqu'il a commandé, cela est apparu* » (Psaume 33.9, *Bible du Semeur*).

Comme tous les autres jours de la création, le deuxième jour nous rappelle que notre créateur est ***tout-puissant***.

TROISIÈME JOUR : LA TERRE ET LES PLANTES – DIEU EST BON

> « *Dieu dit : Que les eaux qui sont au-dessous du ciel se rassemblent en un seul lieu, et que le sec paraisse. Et cela fut ainsi [...] Puis Dieu dit : Que la terre produise de la verdure, de l'herbe portant de la semence, des arbres fruitiers donnant du fruit selon leur espèce et ayant en eux leur semence sur la terre. Et cela fut ainsi [...] Dieu vit que cela était bon* » (Genèse 1.9-12).

Le troisième jour, Dieu a séparé la terre ferme d'avec la mer et créé par sa parole toute la végétation. « *Et Dieu vit que c'était bon.* ». Il a disposé exactement la bonne quantité de liquide sur notre planète. Il n'a jamais eu besoin d'en ajouter depuis ce jour[99].

Dieu a conçu chaque plante et chaque arbre afin qu'ils produisent de la semence et des fruits « *selon leur espèce* ». Pourquoi Dieu a-t-il créé toute cette nourriture ? Parce qu'il a formé la terre « *pour qu'elle fût habitée* » (Ésaïe 45.18). La terre est unique dans notre système solaire. C'est la seule planète conçue pour maintenir et enrichir la vie.

Pensez, par exemple, au profit que nous retirons des plantes : l'oxygène, qui nous est vital, des légumes nourrissants, des fruits délicieux, une ombre rafraîchissante, du bois utile, des médicaments nécessaires, des fleurs colorées et odorantes, de magnifiques paysages et bien plus encore.

En ce qui concerne la nourriture, Dieu aurait pu ne créer que quelques aliments – par exemple, les bananes, les haricots et le riz (nous pourrions vivre en ne nous nourrissant que de cela), mais ce n'est pas ce qu'a fait Dieu. Les scientifiques estiment que notre terre recèle deux millions de variétés de plantes utilisées pour la nourriture et le fourrage.

En Genèse 1, Dieu déclare par sept fois que sa création est « bonne ». Dans l'Écriture, le nombre sept signale la perfection. Tout ce que Dieu a fait était parfaitement bon. C'est parce qu'il est parfaitement bon lui-même.

> « Dieu [...] **nous donne** avec abondance toutes choses pour que nous en jouissions » (1 Timothée 6.17).

Le troisième jour nous enseigne que Dieu est **bon**.

QUATRIÈME JOUR : LES LUMINAIRES CÉLESTES – DIEU EST FIDÈLE

> « Qu'il y ait des luminaires dans l'étendue du ciel, pour séparer le jour d'avec la nuit ; que ce soient des signes pour marquer les époques, les jours et les années [...] Dieu fit les deux grands luminaires, le plus grand luminaire pour présider au jour, et le plus petit luminaire pour présider à la nuit ; il fit aussi les étoiles » (Genèse 1.14-16).

Le quatrième jour révèle un Dieu d'ordre. Il est celui « qui a fait le soleil pour éclairer le jour, qui a destiné la lune et les étoiles à éclairer la nuit » (Jérémie 31.35). De nuit, l'ordre fixe des étoiles fournit une carte fiable aux voyageurs maritimes et terrestres et, de jour, le soleil marque d'une manière sûre les jours et les années. La lune régit les mois et les marées.

Comme le soleil et les étoiles, la lune rend un témoignage constant au fait de celui qui l'a établie est digne de confiance. Dieu appelle la lune le *fidèle* « *témoin qui est dans le ciel* ». Depuis chaque endroit de la planète, la lune fait constamment face à la terre et ne révèle jamais sa face cachée[100]. Avec une précision d'horloge, elle croît et diminue. La lune est fidèle parce que celui qui l'a faite l'est.

Parce que Dieu est fidèle, il y a quelque chose qu'il *ne peut* faire. Il ne peut contredire sa propre nature, ni ignorer ses propres lois : « *car il ne peut se renier lui-même [...] il est impossible que Dieu mente* » (2 Timothée 2.13 ; Hébreux 6.18). Il en est beaucoup qui croient que Dieu est si « grand » qu'il peut faire ce qui est contraire à son propre caractère, ou revenir sur sa parole. Ce n'est pas là la définition de la grandeur de Dieu.

L'inconstance n'est pas dans sa nature – la fidélité, si. Pareillement à l'ordre fixe des planètes et des constellations, nous pouvons nous fier à notre créateur, le soutien de notre vie.

> « *Toute grâce excellente et tout don parfait descendent d'en haut, **du Père des lumières**, chez lequel il n'y a **ni changement** ni ombre de variation* » (Jacques 1.17).

Le quatrième jour de la création rend témoignage au fait que Dieu est **fidèle**.

CINQUIÈME JOUR : LES POISSONS ET LES OISEAUX – DIEU EST VIE

Le cinquième jour, dans sa sagesse et sa puissance infinies, Dieu a créé des créatures de tous les ordres pour qu'elles peuplent les cieux et la mer, leur fournissant les moyens de se mouvoir efficacement dans leur élément respectif – les oiseaux dans l'air avec leurs plumes et leurs os légers, les poissons dans l'eau avec leurs nageoires et leurs branchies.

> « *Dieu dit : Que les eaux produisent en abondance des animaux vivants, et que des oiseaux volent sur la terre vers l'étendue du ciel. Dieu créa les grands poissons et tous les animaux vivants qui se meuvent, et que les eaux produisirent en abondance selon leur espèce ; il créa aussi tout oiseau ailé selon son espèce. Dieu vit que cela était bon* » (Genèse 1.20-21).

Notez bien la formulation : « *Que les eaux produisent en abondance des animaux vivants.* » Les microbiologistes nous disent qu'une seule goutte d'eau d'un étang peut renfermer des millions de microorganismes vivants dont beaucoup sont aussi complexes que de grands animaux ! La plus grande de toutes les créatures dans l'océan, la baleine bleue, se nourrit exclusivement de plancton – de plantes et d'animaux microscopiques qui flottent dans la mer.

L'océan est tout entier une collection gigantesque de miracles vivants créés par Dieu. L'on pourrait en dire autant de l'assortiment ahurissant d'oiseaux qui sillonnent le ciel.

Notez également les mots « *selon leur espèce* ». Cette phrase est répétée dix fois dans le premier chapitre de la Genèse et déclare la stabilité de chaque espèce d'organisme vivant. L'auteur de la vie a décrété que chaque plante et chaque créature se reproduirait « *selon son espèce* ». L'hypothèse humaine de l'évolution est en contradiction avec cette loi naturelle invariable. Tandis qu'il peut exister des variations, des mutations et des adaptations au sein de chaque type de créature vivante, aucune ne peut « évoluer » au-delà des limites distinctes fixées par le créateur. Les témoignages des fossiles viennent confirmer ce fait.

Dieu seul est la source de cette énergie unique appelée la *vie*, et celui qui la maintient en existence. En dehors de lui il n'y a que la mort...

> « *Toutes choses ont été faites par [la Parole de Dieu], et rien de ce qui a été fait n'a été fait sans elle. **En elle était la vie** »*
> (Jean 1.3-4).

L'abondance de créatures apparues le cinquième jour nous enseigne que Dieu est **vie**.

SIXIÈME JOUR : LES ANIMAUX ET L'HOMME – DIEU EST AMOUR

Au commencement du sixième jour, le créateur a conçu des dizaines de milliers de mammifères, de reptiles, d'amphibiens et d'insectes fascinants.

> « *Dieu fit les animaux de la terre selon leur espèce, le bétail selon son espèce, et tous les reptiles de la terre selon leur espèce. Dieu vit que cela était bon* » (Genèse 1.25).

Dieu les a tous faits, certains gros, d'autres petits, leur donnant à chacun l'instinct nécessaire à leur vie et à leur contribution au monde naturel, chacun produisant une progéniture selon sa propre image, chacun veillant sur ses petits.

Lorsque Dieu a créé le royaume animal, tout « *était bon* ». Aucun mal, aucune effusion de sang n'avaient encore fait leur apparition. Les animaux étaient conçus pour avoir une alimentation végétarienne. Dieu a dit : « *À tout animal de la terre, à tout oiseau du ciel, et à tout ce qui se meut sur la terre, ayant en soi un souffle de vie, je donne toute herbe verte pour nourriture* » (Genèse 1.30). La chaîne alimentaire était exempte de toute créature en dévorant une autre. L'hostilité et la peur étaient inconnues. La bonté de Dieu se reflétait en toutes choses. Un lion pouvait paître à proximité d'un agneau, et un chat et un oiseau pouvaient jouir de la compagnie de l'autre. Le monde entier était pacifique.

Après que Dieu a fini de créer les animaux, il était temps pour lui de créer son chef-d'œuvre : *l'homme et la femme*. Dieu avait un plan établi selon lequel les humains deviendraient ses sujets dévoués dans un éternel royaume d'amour joyeux et glorieux. Pour notre créateur, l'amour représente plus que ce qu'il *fait*. L'amour est ce qu'il *est*.

« *Dieu **est** amour* » (1 Jean 4.8).

Les actes créateurs de Dieu le sixième jour déclarent qu'il « *est* **amour** ».

« FAISONS »

C'est parce que Dieu est amour qu'il a créé un monde magnifique pour ceux qui devaient devenir les objets de son amour et le recevoir. Aussi, toujours le sixième jour :

« *Dieu dit : Faisons l'homme à notre image, selon notre ressemblance* » (Genèse 1.26).

Un instant ! Qu'est-ce que cela veut dire ? Dieu a-t-il vraiment dit : « ***Faisons** l'homme à **NOTRE** image* » ? Si Dieu est UN, à qui correspondent ce pluriel et ce « NOTRE » ?
À qui Dieu parlait-il ?

9

PAREIL À NUL AUTRE

« *L'Éternel, votre Dieu, est le Dieu des dieux [...]*
le Dieu grand, fort et terrible... »
— le prophète Moïse (Deutéronome 10.17)

AVERTISSEMENT : Ce nouveau stade de notre voyage conduira les voyageurs hors de leur « zone de confort ». Les esprits et les cœurs seront éprouvés. Néanmoins, tous ceux qui traverseront cette nouvelle partie de notre périple en ressortiront bien équipés pour faire face aux défis qui restent à relever.

DIEU EST DIEU

La plupart d'entre nous s'entendent pour affirmer que notre conception de Dieu ne représente pas sa véritable grandeur. La sincérité de cette croyance est sur le point d'être mise à l'épreuve.

Le sixième jour de la création, après que Dieu a eu fini de créer le règne animal, il a dit : « *Faisons l'homme à notre image, selon notre ressemblance* » (Genèse 1.26).

Au cours du prochain chapitre, nous méditerons sur certaines manières dont l'homme et la femme, en raison de la manière dont ils ont été créés, reflètent la nature de Dieu ; cependant, nous devons nous poser une question. Puisque Dieu est *UN*, pourquoi a-t-il dit : « *Faisons* » ? Pourquoi n'a-t-il pas déclaré : « **Je** ferai l'homme à

mon image, selon **ma** ressemblance ? » Pourquoi Dieu fait-il parfois référence à lui-même au pluriel[101]?

Certains affirment que l'usage que Dieu fait de la première personne du pluriel constitue le « pluriel de majesté », à la manière d'un roi qui parle de lui-même en disant « nous ». S'il est vrai que Dieu est d'une majesté incomparable en puissance et en gloire, la grammaire hébraïque ne fournit aucune preuve solide qui puisse étayer cette explication relative au « pluriel de majesté ».

D'autres estiment que Dieu parlait aux anges lorsqu'il a dit : « *Faisons l'homme à notre image* », bien que ce passage ne fasse mention d'aucun ange, ni du fait que l'homme a été créé à l'image des anges.

Ce qui transparaît clairement d'une juste lecture des Écritures et d'une étude minutieuse de la grammaire hébraïque, c'est que notre créateur a choisi de se décrire lui-même d'une manière plurielle et cependant singulière.

PLURIEL : « *Dieu dit : **Faisons** l'homme **à notre image**.* »
SINGULIER : « *Dieu créa l'homme **à son image**.* »

(Genèse 1.26-27)

La description que Dieu fait de lui-même au pluriel, comme au singulier, est cohérente avec sa nature et avec celui qu'il a toujours été.

La complexité et la grandeur de l'unité de Dieu vont beaucoup plus loin que la définition superficielle de l'unité fournie par certains. L'Être infini n'entre pas dans le moule créé par l'homme.

Dieu est Dieu.

« *D'éternité en éternité **tu es Dieu*** »
(Psaume 90.2).

L'UNITÉ COMPLEXE DE DIEU

Le Livre de Dieu s'inaugure par ces mots :

« *Au commencement, **Dieu** [Élohim – nom masculin pluriel] créa [conjugaison au singulier] [...] Et l'**Esprit de***

*Dieu se mouvait au-dessus des eaux. **Dieu dit :** Que la lumière soit ! Et la lumière fut.* »[102]

Dieu a créé toutes choses par sa Parole et son Esprit.

« *Les cieux ont été faits par la **parole de l'Éternel**, et toute leur armée par **le souffle de sa bouche*** » (Psaume 33.6).

SA PAROLE

À tous ceux qui veulent étudier la nature complexe de leur créateur, l'Écriture fournit d'amples informations. Par exemple, l'Évangile selon Jean débute par ces mots :

« *Au commencement était la **Parole**,*
*et la Parole était **avec Dieu**,*
*et la Parole était **Dieu**.*
***Elle** était au commencement avec Dieu.*
*Toutes choses ont été faites par **elle**...* » (Jean 1.1-3).

Comme nous l'avons vu au cours du chapitre précédent, « *la Parole* » est *l'expression extérieure des pensées intérieures de Dieu*. De même que vous êtes un avec vos pensées et vos paroles, Dieu est Un avec sa Parole. « *La Parole* » est déclarée être « avec Dieu » (distincte de lui) et « *Dieu* » (une avec lui).

SON ESPRIT

Dieu présente *sa Parole* d'une manière distincte et personnelle. Il décrit également ainsi son Esprit.

« *Tu envoies **ton souffle** [roua'h, Esprit] : ils sont créés,*
*Et **tu** renouvelles la face de la terre* » (Psaume 104.30).

« ***Il a orné** les cieux **par son Esprit*** »
(Job 26.13, *Bible Martin*).

« *Où irais-je loin de **ton esprit**,*
*et où fuirais-je loin de **ta face** ?* » (Psaume 139.7.)

« L'Esprit saint [...] vous enseignera toutes choses » (Jean 14.26).

Comme **la *Parole*** (par laquelle la création a été mise en œuvre), le ***Saint-Esprit,*** *qui* a exécuté les ordres de la *Parole,* est parfaitement un avec Dieu.

DIEU EST GRAND

La plupart des monothéistes s'accordent sans difficulté avec l'extrait suivant de l'une des nombreuses prières du roi David qui ont été consignées : **« *Que tu es donc grand, Éternel Dieu ! Car nul n'est semblable à toi* »** (2 Samuel 7.22).

Cependant, nombreux sont ceux qui affirment un peu vite que « *Dieu est grand ! Dieu est Dieu, et il n'en est point d'autre comme lui* » et qui rejettent tout aussi vite la révélation par Dieu de sa nature plurielle et cependant singulière.

Puisque « *personne n'est comme lui* », devons-nous nous étonner si le Tout-Puissant s'avère plus grand et complexe que nous ne l'aurions naturellement imaginé ? Dieu nous enjoint à avoir à son sujet des pensées justes.

« *Tu t'es imaginé que je te ressemblais ; mais je vais te reprendre* » (Psaume 50.21).

DIEU EST UN

Les Juifs orthodoxes répètent régulièrement une prière connue sous le nom de *Shéma,* qui affirme : « *Adonai Elohenou, Adonai* ***e'had* »,** ce qui signifie « *le Seigneur notre Dieu, le Seigneur est **un*** ». Cette prière est extraite de la Torah : « *Écoute, [shéma] Israël ! L'Éternel [YHWH], notre Dieu, est le **seul** [e'had] Éternel* » (Deutéronome 6.4).

Le mot hébreu utilisé pour décrire l'unité de Dieu est *e'had.* Ce mot est souvent utilisé pour décrire une *unité composite,* comme celle d'une grappe de raisin. Ailleurs dans l'Écriture, *e'had* est rendu par « *une unité* » en référence à un capitaine et à ses soldats[103]. Au chapitre suivant, ce mot apparaîtra une nouvelle fois au moment

où le premier homme et sa femme deviendront *e'had*, c'est-à-dire
« ***une seule*** chair » (Genèse 2.24) ; quand nous examinerons d'autres
versets où apparaît ce mot hébreu, il deviendra clair que le terme par
lequel Dieu fait référence à son unité peut désigner plus d'une entité.

L'Ancien Testament contient des dizaines de versets qui font
allusion à l'unité plurielle de Dieu[104]. En voici un exemple :

> « *Dès le commencement [...]* ***j'ai*** *été là. Et maintenant,* **le**
> **Seigneur***, l'****Éternel***,* ***m'a*** *envoyé avec* **son esprit** »
> (Ésaïe 48.16).

Qui est « **le *Seigneur*, l'Éternel** »?
Qui est « ***son Esprit*** » ?
Qui est le « ***je*** » et le « ***me*** » envoyé par le Seigneur, l'Éternel ?
Ces questions trouveront une réponse claire au fur et à mesure de
notre voyage dans toute l'Écriture.

LES TRIUNITÉS QUE NOUS RECONNAISSONS

Le mot français « unité » vient du latin « *unus* », signifiant « un ».
Si la plupart des gens rejettent le concept de Dieu en tant que triunité
éternelle, il en est peu qui nient le fait que nos vies sont remplies
d'unités en trois parties.

Par exemple, le **temps** forme un type de triunité puisqu'il se
subdivise en *passé*, en *présent* et en *futur*.

L'espace en est un autre, puisqu'il se comprend en termes de
hauteur, de *longueur* et de *largeur.*

Un humain est composé d'un e*sprit*, d'une âme et d'un *corps.*

Un homme peut être à la fois un *père*, un *fils* et un *époux.*

Le soleil lui-même est également une triunité. Bien que la
terre n'ait qu'un soleil, nous appelons cependant

le *corps céleste,* **le soleil**,
sa *lumière,* **le soleil**
et sa *chaleur,* **le soleil**.

Y a-t-il trois soleils pour autant ? Non, bien sûr. Le soleil n'est
pas trois, mais un. Il n'y a pas de contradiction entre le fait que le
soleil est un et celui qu'il est une triunité. Il en va de même pour Dieu.
Comme la lumière et la chaleur du soleil proviennent de celui-ci, la

Parole de Dieu et l'*Esprit de Dieu* proviennent de Dieu. Cependant, ils sont UN, de même que le soleil est un.

Bien entendu, toutes les illustrations terrestres n'arrivent pas à expliquer de manière adéquate la complexité du seul vrai Dieu. Contrairement au soleil, il est un Être personnel et aimant qu'il est possible de connaître. Néanmoins, de telles illustrations sont là pour nous conduire à l'idée commune qu'il existe des triunités dans la création et que la plupart des gens admettent que leur créateur transcende sa création.

> « *Celui qui a construit une maison a plus d'honneur que la maison même. Chaque maison est construite par quelqu'un, mais celui qui a construit toutes choses, c'est Dieu* » (Hébreux 3.3-4).

Si la création de Dieu est remplie d'unités complexes, cela doit-il nous surprendre que Dieu lui-même soit une unité complexe ? Si, malgré toutes nos connaissances scientifiques, nous ne pouvons expliquer pleinement le monde dans lequel nous vivons, à combien plus forte raison ne pouvons-nous pas expliquer celui qui l'a créé !

Dieu est Dieu.

> « **Prétends-tu sonder les pensées de Dieu, parvenir à la connaissance parfaite du Tout Puissant ?** *Elle est aussi haute que les cieux :* **que feras-tu ?** *Plus profonde que le séjour des morts :* **que sauras-tu ?** *La mesure en est plus longue que la terre, elle est plus large que la mer* » (Job 11.7-9).

C'est en sondant « les mystères de Dieu » que nous aurons le privilège de découvrir et d'éprouver l'un des attributs les plus extraordinaires de sa nature éternelle :

> « *Dieu est amour* » (1 Jean 4.8).

QUI DIEU A-T-IL AIMÉ ?

L'amour de Dieu est une affection d'une profondeur incompréhensible qui découle de son cœur de Père et s'exprime de manière pratique[105]. Puisque Dieu **est** amour, son amour ne dépend pas du mérite de celui qui le reçoit.

> « *Voyez quel amour le Père nous a témoigné, pour que nous soyons appelés enfants de Dieu ! Et nous le sommes* »
> (1 Jean 3.1).

Voilà quelque chose à méditer. L'amour nécessite l'existence de quelqu'un qui le reçoive. Je ne peux pas seulement dire que j'aime. Je dois ajouter quelque chose : « J'aime ma femme, j'aime mes enfants, j'aime mes voisins » et ainsi de suite.

L'amour exige un *objet*.

Alors qui Dieu a-t-il aimé avant de créer des êtres qui puissent recevoir son amour ? Avait-il *besoin* de créer des anges et des êtres humains ? Non, notre créateur est *autosuffisant*. Il a créé des êtres spirituels et des êtres humains non parce qu'il en *avait besoin*, mais parce qu'il les *voulait pour lui*.

Nous l'avons déjà appris : **Dieu parle.**

Le discours ne peut avoir un sens que dans le contexte d'une relation. **Avec qui Dieu a-t-il parlé** *avant* que soient créés les anges et les êtres humains ? Avait-il *besoin* de créer d'autres êtres qui comprennent ses paroles ? Non, puisque tout ce dont Dieu « a besoin » réside en lui-même. Il n'a besoin de rien. Dieu est autosuffisant et se satisfait à lui-même pleinement. Il est néanmoins dans sa nature de vouloir parler et de se voir adresser la parole, d'aimer et d'être aimé.

Cela nous mène à une vérité supplémentaire : **Dieu est relationnel.**

L'amour et le discours ne peuvent avoir de sens que dans le contexte d'une relation. **Avec qui Dieu jouissait-il d'une relation** *avant de créer d'autres êtres que lui ?*

La réponse à cette question se trouve dans son unité complexe.

De toute éternité, avant qu'il ne crée les anges ou l'homme, notre Dieu relationnel jouissait d'une relation satisfaisante et intime d'amour et de communication avec lui-même – avec sa Parole et son Esprit.

D'UNE COUCHE À L'AUTRE

En réaction à des pensées aussi profondes quant à la nature plurielle et interpersonnelle de Dieu, un correspondant m'a écrit par courriel :

Envoyer	Objet:	Retour sur votre courriel

Dieu a envoyé des prophètes pour nous dire qu'il est un et unique. Pourquoi n'acceptez-vous donc pas sa Parole ? Pourquoi avez-vous besoin de l'éplucher couche après couche alors que vous pourriez simplement la considérer comme faisant un tout ?

S'il est vrai que nous ne serons jamais en mesure de comprendre *tout* ce qu'il y a à savoir quant à notre créateur infini, ne devons-nous pas chercher à comprendre ce que Dieu a *bel et bien* révélé à son propre sujet dans les écrits de ses prophètes ? S'il nous faut penser à Dieu, que ce soit d'une manière juste.

La plupart d'entre nous s'accordent à dire que Dieu est UN. Mais ce DIEU UNIQUE, qu'a-t-il révélé à son sujet ? Que pouvons-nous découvrir à son propos dans l'Écriture en l'« *épluchant couche après couche* ? »

Nous faisons la rencontre d'un *Dieu* personnel, que l'on peut connaître et à qui l'on peut se fier, qui est *UN* avec sa *Parole* et avec son *Esprit*.

Dans sa grandeur infinie, Dieu s'est identifié comme **le Père**, sa Parole comme étant **le Fils** et son Esprit comme **le Saint-Esprit**. Telles sont les trois distinctions personnelles du seul vrai Dieu.

Jetons un coup d'œil à quelques versets qui affirment cette vérité.

LE FILS DE DIEU

L'Écriture énonce clairement que cette même Parole qui était avec Dieu au commencement est également appelée le *Fils unique de Dieu*.

*« Au commencement était la Parole, et la Parole était **avec Dieu**, et la Parole **était Dieu** [...] Celui qui croit en lui n'est point jugé ; mais celui qui ne croit pas est déjà jugé, parce*

*qu'il n'a pas cru **au nom du Fils unique de Dieu** »*
(Jean 1.1, 18 ; 3.18).

Au Sénégal, on réagit parfois à l'expression « Fils de Dieu » en grommelant « *Astaghferullah !* » Cette formule arabe signifie à peu près : « *Dieu vous pardonne ce blasphème !* » (Le blasphème peut se définir comme une « *moquerie de Dieu* ».) Il m'est parfois arrivé de répondre à cette réprimande en citant ce proverbe sénégalais : « *Avant de frapper le berger sur la bouche, attends de savoir pourquoi il siffle.* » Alors, les gens ont ri et je leur ai dit : « Avant de rejeter l'expression « *Fils de Dieu* », il vous faut connaître ce que Dieu a dit à son propos. »

L'Écriture renferme plus d'une centaine de versets faisant directement référence au « *Fils de Dieu* », et pourtant aucun d'entre eux ne renvoie à l'idée qu'il y a « *plus d'un seul Dieu* » ni n'implique que Dieu « *a pris femme et engendré un enfant* », comme certains choisissent de l'interpréter. Pareille notion n'est pas seulement blasphématoire – elle révèle également une compréhension bien superficielle de l'Écriture[106].

Dieu nous invite à penser selon lui.

« *Autant les cieux **sont élevés** au-dessus de la terre, autant mes voies **sont élevées** au-dessus de vos voies, et mes pensées au-dessus de vos pensées* » (Ésaïe 55.9).

Il y a bien des années de cela, un homme d'affaires sénégalais bien connu s'est tué dans un accident de la route. Le quotidien national sénégalais a rapporté que les deux mille employés de cet homme « *étaient comme ses enfants* » et le saluaient comme « *un grand fils du Sénégal* »[107]. Ces paroles impliquaient-elles que le pays du Sénégal avait pris femme et engendré un fils ? Bien sûr que non ! Les Sénégalais ne voyaient aucun mal à honorer un citoyen bien-aimé en lui donnant ce titre. Ils comprenaient ce que l'expression « *fils du Sénégal* » signifiait. Ils savaient également ce qu'elle *ne* signifiait *pas*.

Le terme de « *fils* » est utilisé dans beaucoup de sens différents. Lorsque les musulmans et le Coran font référence à un voyageur comme à un « *fils de la route* » (*ibn al-sabil* [Sourate 2.177[172], 215[211]]), nous savons ce qu'ils entendent par là. Lorsque le Dieu

Tout-Puissant fait référence à sa *Parole* comme à son *Fils*, nous devrions aussi savoir ce qu'il entend.

Ne nous moquons pas des titres et des termes que notre créateur magnifie.

> « *Après avoir autrefois, à plusieurs reprises et de plusieurs manières, parlé à nos pères par les prophètes,* **Dieu***, dans ces derniers temps,* **nous a parlé par le Fils***, qu'il a établi héritier de toutes choses, par lequel il a aussi créé le monde, et qui, étant le reflet de sa gloire et l'empreinte de sa personne, et soutenant toutes choses par sa* **parole** *puissante...* » (Hébreux 1.1-3).

Dieu veut que nous sachions qu'il nous a « *parlé par* **son** *Fils* ». *Il* veut également que nous comprenions que son *Fils* est la *Parole* par laquelle toutes choses au ciel et sur terre ont été créées et sont maintenues en existence. Dans les traductions de la Bible en arabe, le titre de *Parole de Dieu* donné au Fils est traduit par « *Kalimat Allah* », un titre que la Bible, comme le Coran, attribuent au Messie. Plus loin au cours de notre voyage, nous examinerons cela plus en détail.

L'ESPRIT DE DIEU

De même que Dieu est Un avec *son Fils*, il est Un avec *son Saint-Esprit*. Le Saint-Esprit de Dieu a participé à la création du monde aussi bien qu'à l'inspiration de la Parole écrite de Dieu. La deuxième phrase de la Bible déclare que, lorsque Dieu a créé le monde, « *l'Esprit de Dieu se mouvait au-dessus des eaux* ». Plus tard, l'Écriture affirme : « *ce n'est pas par une volonté d'homme qu'une prophétie a jamais été apportée, mais c'est poussés par* **le Saint-Esprit** *que des hommes ont parlé de la part de Dieu* » (2 Pierre 1.21).

Certains enseignent que le Saint-Esprit est l'ange Gabriel. D'autres sont convaincus que l'Esprit de Dieu est un prophète. De telles conclusions ne viennent pas des Écritures prophétiques. Les anges et les hommes sont des êtres créés, le Saint-Esprit quant à lui est l'« *Esprit éternel* » et incréé (Hébreux 9.14[108]).

Le Saint-Esprit est « *l'Esprit de vérité* » (Jean 14.17) par lequel Dieu accomplit ses projets dans le monde. Il est « *le Consolateur* » (Jean 14.16) qui révèle Dieu par le biais d'une expérience intime à tous ceux qui reçoivent le message de l'Être suprême. Beaucoup de gens sur terre savent des *choses sur* Dieu sans le *connaître*. Pareille connaissance ne satisfait ni l'homme ni Dieu. C'est le Saint-Esprit qui rend possible aux individus de jouir d'une relation personnelle avec Dieu. Plus tard, nous en apprendrons davantage quant au merveilleux Esprit Saint de Dieu[109].

Comment se passe votre voyage ? Un peu épuisant ? Ce ne sont pas là des pensées faciles à saisir. Certains affirment que leur religion et leur définition de Dieu doivent être les bonnes parce qu'elles sont « *si simples* ». Leur définition de Dieu l'est peut-être, mais ce n'est pas le cas de Dieu.

> « *Car vos pensées ne sont pas mes pensées, et vos voies ne sont pas mes voies, déclare l'Éternel* » (Ésaïe 55.8).

ÉTERNELLEMENT UN

L'Écriture est claire. Il n'y a jamais eu d'instant dans toute l'éternité où le Père, le Fils et le Saint-Esprit n'ont pas existé[110]. Ils ont toujours été UN. Dans le contexte de l'histoire humaine, l'Écriture révèle le Père comme celui qui parle *du ciel*, le Fils comme celui qui parle *sur terre* et le Saint-Esprit comme celui qui parle *au cœur*[111]. Chacun d'entre eux a un rôle distinct, et pourtant ils sont UN. C'est à mesure qu'on croît dans la connaissance de la révélation de Dieu par lui-même que l'on peut commencer à se délecter de la richesse de celui qui est amour et qui donne des preuves pratiques de son amour infini.

L'amour ne peut avoir un sens que dans le contexte d'une relation. Le Père, le Fils et le Saint-Esprit ont toujours joui d'une relation interactive d'unité et d'amour parfaits. Ailleurs dans l'Écriture, nous lisons que le Fils dit : « *J'aime le Père* » et « *le Père aime le Fils* » (Jean 14.31 ; 5.20). L'Écriture déclare également que « *le fruit de l'Esprit c'est l'amour* » (Galates 5.22).

La meilleure des relations humaines – comme l'unité entre un homme et sa femme, ou le lien existant entre père, mère et enfant – découle de *qui Dieu est*. De telles relations terrestres sont au mieux de pâles reflets de l'unité et de l'amour prodigieux de Dieu. Notre créateur est la source originelle, le modèle et l'objectif de tout ce qui est bon.

« *Dieu est **amour*** » (1 Jean 4.8).

Ce qu'il y a de plus fantastique dans le fait que « *Dieu est amour* », c'est qu'il nous invite, vous et moi, à jouir d'une relation intime avec lui pour toujours ! La seule chose qu'il demande, c'est notre confiance, bien que nous ne puissions l'expliquer pleinement.

DIEU EST DIGNE DE CONFIANCE

Repensons à nos observations sur Dieu tout au long des six jours de la création. Si on les pose sous la forme d'une équation mathématique, voici ce à quoi elles ressemblent :

1er jour : Dieu est saint
+ 2^e jour : Dieu est tout-puissant
+ 3^e jour : Dieu est bon
+ 4^e jour : Dieu est fidèle
+ 5^e jour : Dieu est vie
+ 6^e jour : Dieu est amour
= DIEU EST DIGNE DE CONFIANCE

N'est-il pas étrange que nous soyons prompts à mettre notre confiance en des individus à qui ces qualités font défaut et que nous ayons des réticences à nous fier à celui qui possède ces attributs à la perfection ?

Lorsque je dépose une lettre à la boîte, j'ai confiance dans le fait que les services postaux vont acheminer cette lettre. À combien plus forte raison devrais-je croire que le créateur de l'univers, qui le possède et le maintient en existence, tiendra ses promesses !

« *Si nous recevons le témoignage des hommes, le **témoignage de Dieu est plus grand** [...] celui qui ne croit pas Dieu le fait menteur, puisqu'il ne croit pas au témoignage que Dieu a rendu à son Fils* » (1 Jean 5.9-10).

LE NOM PERSONNEL DE DIEU

Dieu veut que nous l'aimions, mettions notre confiance en lui et faisions appel à lui.

> « *Ceux qui **connaissent ton nom se confient en toi.** Car tu n'abandonnes pas ceux qui te cherchent, ô **Éternel** !* »
> (Psaume 9.11.)

Beaucoup de gens pensent que le nom de Dieu est simplement « *Dieu* » – ou *Élohim* (en hébreu) ou *Allah* (en arabe[112]) ou *Alaha* (en araméen) ou *God* (en anglais ou en néerlandais) ou *Dios* (en espagnol) ou *Gott* (en allemand), ou tout autre terme générique utilisé dans la langue qu'ils parlent. De fait, Dieu est Dieu (l'Être suprême), mais peut-on dire que « Dieu » est son *nom* ? De dire cela ne reviendrait-il pas à dire que mon nom est « humain » ? Je suis un humain, mais j'ai également un nom personnel. Dieu est Dieu, mais il a également des noms au moyen desquels il s'est révélé et par lesquels il s'adresse à nous en tant que personne.

Il y en a beaucoup qui s'imaginent que Dieu est une forme d'énergie impossible à connaître, comme la gravité et le vent, ou comme la « force » dont il est question dans une série populaire de films de science-fiction. Tel n'est pas le concept biblique de Dieu.

Dieu est la personnalité ultime qui veut que nous la connaissions d'une manière personnelle.

Le concept de Dieu comme entité personnelle n'est pas seulement biblique, il est aussi logique. Les humains ne sont pas de simples boules d'énergie cosmique et ce n'est pas non plus le cas de Dieu, qui a fait toutes choses. Il est un Dieu personnel qui a un nom.

Le principal nom personnel de Dieu nous est premièrement révélé dans le deuxième chapitre de la Genèse.

> « *Telle est l'histoire de ce qui est issu du ciel et de la terre lorsqu'ils furent créés. Au temps où **l'Éternel** Dieu fit la terre et le ciel* » (Genèse 2.4, *Bible du Semeur*).

Avez-vous remarqué le nom dont Dieu se sert pour parler de lui-même ?

Son nom est « *l'Éternel Dieu* ». Du moins, c'est ainsi qu'il a été traduit en français. Heureusement, Dieu parle toutes les langues et n'a pas besoin que nous nous adressions à lui dans une langue particulière. Il nous invite à lui parler dans notre langue maternelle, n'importe quand, n'importe où, en nous tournant dans n'importe quelle direction, dans la langue de notre cœur.

JE SUIS

En hébreu, le principal nom personnel de Dieu, « *l'Éternel* », s'écrit à l'aide de quatre consonnes : *YHWH*. Lorsque des voyelles sont ajoutées, on le prononce *YaHWeH* ou *YeHoWaH* (Jéhovah en français). Ce nom dérive du verbe hébreu pour « être » et veut dire littéralement « *JE SUIS* » ou « *IL EST* ». Cela nous enseigne que Dieu est *l'Éternel*. Ce nom personnel de Dieu est utilisé plus de 6 500 fois dans l'Ancien Testament, plus que tout autre nom de Dieu.

Écoutez ce que Dieu a déclaré, lorsque Moïse, qui avait été éduqué en Égypte polythéiste, lui a demandé de lui dire son nom :

> « *Dieu dit à Moïse : Je suis celui qui suis. Et il ajouta : C'est ainsi que tu répondras aux enfants d'Israël : celui qui s'appelle 'JE SUIS' m'a envoyé vers vous* » (Exode 3.14).

Seul un être personnel peut dire « Je suis ». Dieu veut que nous comprenions qu'il est l'Être ultime. Son nom est *Je suis*.

Il est celui qui *EST*.

Le passé, le présent et l'avenir ne sont rien pour lui. Son existence transcende le temps et l'espace.

Il est autosuffisant.

Vous et moi avons besoin d'air, d'eau, de nourriture, de sommeil, d'un logement et d'autres choses encore pour vivre, mais lui n'a besoin de rien. Il est celui qui raisonne et existe par sa propre puissance. Il est le *grand JE SUIS* – le Seigneur.

Dieu n'a pas confié à l'homme la tâche de le définir.

Il est celui qui se définit par lui-même.

DES CENTAINES DE NOMS

Dans le cadre de son existence éternelle en tant que Père, Fils et Saint-Esprit, le Seigneur porte des centaines de noms et de titres. Les noms de Dieu reflètent son caractère. Chaque titre a pour objectif de nous permettre de mieux comprendre qui Dieu est et quelle est sa nature. Par exemple, il est appelé :

> *Le créateur des cieux et de la terre, l'auteur de la vie, le Très-Haut, la véritable lumière, le saint, le juste juge, l'Éternel qui pourvoit, l'Éternel qui guérit, l'Éternel notre justice, l'Éternel notre paix, l'Éternel mon berger, le Dieu d'amour et de paix, le Dieu de toute grâce, l'auteur du salut éternel, le Dieu qui est à portée de main...*

Quelle que soit notre compréhension de notre créateur, chacun d'entre nous doit humblement reconnaître qu'il *est Dieu et **que nul autre n'est comme lui***. Quoique nous ne puissions pas expliquer ou comprendre Dieu pleinement, il veut que nous connaissions son nom et mettions en lui notre confiance, l'aimions et vivions pour toujours en sa présence. C'est à cette fin qu'il a dit, le sixième jour de la création :

> *« Faisons l'homme à notre image, selon notre ressemblance »* (Genèse 1.26).

Que voulait-il dire par là ? Comment l'homme visible pouvait-il porter l'image du Dieu invisible ?

10

UNE CRÉATION UNIQUE

Il y a de cela deux chapitres, nous avons médité sur l'une des plus grandes déclarations de tous les temps : « *Au commencement Dieu créa les cieux et la terre* » (Genèse 1.1). En voici une autre, tout aussi stupéfiante :

« ***Dieu créa l'homme à son image*** » (Genèse 1.27).

Dieu a conçu les humains pour qu'ils soient le couronnement de sa création.

À L'IMAGE DE DIEU

« *Puis Dieu dit : Faisons l'homme **à notre image**, selon **notre ressemblance,** et qu'il **domine** sur les poissons de la mer, sur les oiseaux du ciel, sur le bétail, sur toute la terre, et sur tous les reptiles qui rampent sur la terre. **Dieu créa l'homme à son image**, il le créa à l'image de Dieu, il créa l'homme et la femme* » (Genèse 1.26-27).

Le fait que Dieu ait créé l'homme et la femme « à son image » ne signifie pas que les premiers humains étaient comme Dieu à tous points de vue. Dieu n'a pas d'égal.

« *Dieu créa l'homme **à son image*** » signifie que les humains allaient *partager la nature de Dieu*. L'homme a été conçu pour refléter le caractère de Dieu. Dieu a donné au premier homme et à la première femme des caractéristiques qui allaient leur permettre de jouir avec lui d'une relation personnelle.

Dieu a béni les humains d'un *intellect*, leur donnant la possibilité de poser de grandes questions, de raisonner logiquement et de saisir des vérités quant à leur créateur.

Dieu a doué les humains d'*émotions* afin qu'ils puissent ressentir des sentiments tels que la joie et l'empathie.

Il leur a également donné une *volonté*, grâce à laquelle ils avaient aussi bien la liberté que la responsabilité de faire des choix d'une conséquence éternelle.

Par ailleurs, il a doté les hommes d'une aptitude à communiquer – soit par la parole, soit par le geste, soit par le chant. Il leur a également permis de faire des projets à long terme et de réaliser ces projets avec une créativité stupéfiante. Enfin, ce qui est de loin le plus important, il leur a confié une *âme et un esprit* éternels afin qu'ils puissent adorer leur créateur et jouir de lui à toujours.

De telles aptitudes distinguent l'humanité du reste du royaume animal. Dieu a créé les humains *pour lui-même*. Le Dieu qui « *est amour* » (1 Jean 4.8) a créé l'homme et la femme, non parce qu'il *avait besoin* d'eux, mais parce qu'il les *désirait* pour lui-même. Les êtres humains devaient être les réceptacles et les reflets de son amour.

LE CORPS HUMAIN

Tandis que le premier chapitre de la Genèse présente un bref historique de la manière dont Dieu a créé le monde, le deuxième chapitre nous en fournit les détails, surtout en ce qui concerne la création des êtres humains.

> « *L'Éternel Dieu forma l'homme de la poussière de la terre, il souffla dans ses narines un souffle de vie et l'homme devint un être vivant* » (Genèse 2.7).

Bien que l'Éternel ait créé les cieux et la terre à partir de rien, il a choisi de créer l'homme à partir de la *poussière*. Les biologistes actuels confirment ce fait : « D'une certaine manière, le corps n'est pas très impressionnant. Les quelques éléments banals qui le composent sont tous contenus dans la *poussière* de la terre[113]. »

Si le corps humain est composé d'éléments aussi humbles, c'est aussi une œuvre merveilleuse constituée par l'assemblage de soixante-quinze billions (75 000 000 000 000) de cellules vivantes – chacune ayant un rôle spécifique à jouer.

La cellule est l'unité élémentaire de la vie. Une cellule est si petite qu'on ne peut la voir qu'au moyen d'un microscope puissant, et cependant, elle est remplie de millions d'éléments. Chaque cellule comporte une chaîne torsadée d'ADN de deux mètres de long, le code génétique des caractéristiques de base d'un individu. Bill Gates, le célèbre gourou informatique, a affirmé que : « *l'ADN humain est comme un logiciel, mais beaucoup plus évolué que n'importe quel programme jamais créé*[114] ». Il y a au moins deux cents types différents de cellules dans le corps humain. Certaines produisent des liquides, comme le sang ; d'autres créent des organes et des tissus, tandis que d'autres encore se réunissent pour former les os. Certaines cellules lient les parties du corps entre elles, tandis que d'autres organisent les fonctions corporelles, comme les systèmes digestif et reproducteur[115].

Pensez à la structure de votre corps et aux diverses parties dont il est constitué : le squelette avec ses 206 os reliés entre eux et garnis de ligaments, de tendons, de muscles, de peau et de poils ; ou bien le système circulatoire avec les veines, les artères et le sang, qui transporte les ingrédients de la vie elle-même. Il y a aussi l'estomac, les intestins, les reins et le foie, ainsi que le système nerveux aux connexions complexes, relié à votre cerveau. Et n'oubliez pas cette pompe au fonctionnement constant et fidèle, qu'on appelle le cœur, ni le fait que Dieu vous a pourvu d'yeux, d'oreilles, d'un nez, d'une bouche et d'une langue, ainsi que de cordes vocales, de papilles et de dents ! Ces mains et ces pieds sont plutôt utiles, eux aussi ! Et avez-vous remercié Dieu de vous avoir donné des pouces ? Essayez d'utiliser un balai ou un marteau sans eux ! Les ongles sont également bien pratiques. Comment s'étonner que le prophète David ait écrit :

> « *Je te loue de ce que je suis une créature si merveilleuse.*
> *Tes œuvres sont admirables, et mon âme le reconnaît bien* »
> (Psaume 139.14).

ÂME ET ESPRIT

Si merveilleux que soit le corps humain, ce n'est pas le corps qui nous distingue. Les animaux terrestres, les oiseaux et les poissons ont eux aussi un corps stupéfiant. Le caractère unique de l'homme réside dans son *âme humaine* et son esprit éternel. Ce sont l'âme et l'esprit qui distinguent le premier homme et la première femme des autres créatures et les caractérisent comme des êtres uniques, faits « *à l'image de Dieu* ».

C'est pour cette raison qu'une fois que Dieu forma le corps de l'homme à partir de la poussière du sol, il « [*souffla*] *dans ses narines un souffle de vie et l'homme* [*devint*] *un être vivant* » (Genèse 2.7). Le corps que Dieu a formé pour Adam n'était que le logement, ou la tente, dans laquelle Dieu a placé l'âme et l'esprit éternel d'Adam.

Dieu a donné un corps à l'homme afin qu'il soit conscient du monde qui l'entoure, une âme pour qu'il soit conscient de son être intérieur et un esprit pour qu'il soit conscient de l'existence de Dieu.

Le *corps* devait être gouverné par l'âme,
   l'*âme* devait être gouvernée par l'esprit,
      et l'*esprit* devait être gouverné par Dieu lui-même[116].

> « **Dieu est Esprit**, *et il faut que ceux qui l'adorent l'adorent* **en esprit et en vérité** » (Jean 4.24).

CRÉÉS POUR UN BUT

Le Maître-Artisan a créé l'homme pour qu'il soit une espèce de triunité, joignant l'« *esprit, l'âme et le corps* » (1 Thessaloniciens 5.23) et faisant en sorte que les humains puissent jouir d'une amitié intime avec leur créateur. Dieu a donné la vie à l'homme et maintenant l'homme a le privilège ultime de vivre pour le plaisir et la gloire de son créateur.

> « *Oui,* **tous ceux qui portent mon nom et que j'ai créés pour ma gloire,** [j'ai formé ce peuple] **pour moi** : *il publiera* **ma gloire** » (Ésaïe 43.7, 21, *Bible du Semeur*).

Les humains ont été créés *pour la gloire de Dieu*.

La terre a été faite pour l'humanité, mais l'humanité a été faite pour Dieu. L'intention du créateur était que les premiers humains le connaissent, jouissent de sa présence et l'aiment à toujours. C'est également son projet pour vous et moi.

> « *Tu **aimeras le Seigneur, ton Dieu,** de tout ton **cœur,** de toute ton **âme,** de toute ta **pensée,** et de toute ta **force*** » (Marc 12.30).

UN ENVIRONNEMENT PARFAIT

Après que Dieu créa Adam, il conçut et planta un jardin luxuriant appelé *Éden*.

> « *Puis l'Éternel Dieu planta un jardin en Éden, du côté de l'orient, et il y mit l'homme qu'il avait formé. L'Éternel Dieu fit pousser du sol des arbres de toute espèce, agréables à voir et bons à manger, et l'arbre de la vie au milieu du jardin, et l'arbre de la connaissance du bien et du mal. Un fleuve sortait d'Éden pour arroser le jardin, et de là il se divisait en quatre bras* » (Genèse 2.8-10).

Éden, probablement situé dans l'Irak actuel[117], était un vaste jardin de délices infinis, rempli de paysages, de sons et de parfums merveilleux. Une rivière étincelante arrosait le jardin. Des arbres aux fruits succulents bordaient ses rives. Il y avait des variétés innombrables de fruits à goûter, des fleurs au doux parfum à humer, des arbres majestueux et des prés luxueux à contempler, des bêtes, des oiseaux et des insectes à étudier, des bois mystérieux à explorer, de l'or et des pierres précieuses à découvrir. De fait, Dieu avait pourvu « *toutes choses* » en « *abondance* » pour Adam (1 Timothée 6.17).

Dieu avait également planté deux arbres particuliers au milieu du jardin : l'arbre de vie et l'arbre de la connaissance du bien et du mal.

Éden signifie *plaisir*. Dieu avait créé cette merveilleuse demeure pour le plaisir de l'homme, mais son plus grand plaisir devait être de jouir de l'intimité avec son créateur. Rien n'est plus merveilleux que de connaître Dieu personnellement et d'être avec lui. « *Il y a* *d'abondantes joies **devant ta face**, des délices éternelles **à ta droite*** » (Psaume 16.11).

UNE TÂCHE EXALTANTE

Une fois le jardin prêt, l'Éternel y a placé l'homme. Dieu n'a pas demandé à Adam s'il voulait y vivre. Dieu était le créateur de l'homme et par conséquent son « propriétaire ». L'Éternel sait ce qui convient le mieux à l'homme et n'a à répondre à personne d'aucun de ses actes.

« L'Éternel Dieu prit l'homme, et le plaça dans le jardin d'Éden pour le cultiver et pour le garder » (Genèse 2.15).

Dieu a donné à l'homme deux responsabilités dans sa nouvelle demeure. Premièrement, il devait « *cultiver* » le jardin, mais sans sueur, sans effort et sans fatigue. Ce serait une tâche plaisante en tous points, puisque toute chose était bonne. Il n'y avait ni épines auxquelles se piquer ni mauvaises herbes à arracher. Deuxièmement, Adam avait la responsabilité de « *garder* » le jardin. Cette deuxième tâche était-elle une indication de la présence de quelque dangereux élément malveillant tapi quelque part dans l'univers ? Nous répondrons bientôt à cette question.

UNE RÈGLE SIMPLE

Du fait que l'homme était une personne et non une marionnette, Dieu a également donné à Adam une règle simple à observer :

*« L'Éternel Dieu donna cet ordre à l'homme : **Tu pourras manger de tous les arbres** du jardin ; mais **tu ne mangeras pas** de l'arbre de la connaissance du bien et du mal, car le jour où tu en mangeras, tu mourras certainement »* (Genèse 2.16-17).

Dieu a donné à l'homme ce commandement avant de créer la femme. Dieu avait désigné Adam pour qu'il soit le chef de la race humaine, et il lui a conféré la responsabilité de garder cette règle unique.

LA PREMIÈRE FEMME

Puis Dieu créa la femme. Et quelle création unique elle était !

« L'Éternel Dieu dit : Il n'est pas bon que l'homme soit seul ; je lui ferai une aide semblable à lui [...] Alors l'Éternel Dieu fit tomber un profond sommeil sur l'homme, qui s'endormit ; il prit une de ses côtes, et referma la chair à sa place. L'Éternel Dieu forma une femme de la côte qu'il avait prise de l'homme, et il l'amena vers l'homme. Et l'homme dit : Voici cette fois celle qui est os de mes os et chair de ma chair ! On l'appellera femme, parce qu'elle a été prise de l'homme. C'est pourquoi l'homme quittera son père et sa mère, et s'attachera à sa femme, et ils deviendront une seule chair. L'homme et sa femme étaient tous deux nus, et ils n'en avaient point honte » (Genèse 2.18, 21-25).

Ainsi, Dieu réalisa la première opération chirurgicale, façonnant à partir de la côte d'Adam une magnifique et merveilleuse femme, puis la présentant personnellement à Adam. Comme l'homme pouvait se réjouir de l' « *aide* » intime et charmante que Dieu lui avait fournie ! L'érudit de la Bible, Matthew Henry, a écrit : « la femme a été tirée d'une côte d'Adam ; non pas de sa tête, pour dominer sur lui ; non de ses pieds, pour qu'elle soit piétinée par lui ; mais de son côté, pour qu'elle soit son égale, sous son bras pour qu'il la protège, et près de son cœur pour qu'il l'aime[118]».

Comme l'homme, la femme était faite *à l'image et selon la ressemblance de Dieu* – créée pour refléter le caractère du Seigneur et jouir d'une union spirituelle avec lui pour toujours. Tandis que le créateur a établi son ordre défini et ses rôles distinctifs pour l'homme et pour la femme, il les a déclarés égaux en valeur et en importance.

Aujourd'hui, contrairement à l'intention de Dieu, beaucoup de sociétés traitent leurs femmes comme s'il s'agissait de biens matériels. J'en ai vu exprimer de la joie lorsqu'un fils leur était né et démontrer de la déception lorsque c'était une fille. Certains hommes se montrent plus attentifs et plus vigilants vis-à-vis de leur bétail que vis-à-vis de leur femme. Il y a des sociétés qui sont allées à l'autre extrême en choisissant d'ignorer les responsabilités distinctes de l'homme et de la femme assignées par Dieu à l'un et à l'autre. Ces deux extrêmes représentent une dégradation du rôle et de la personne de la femme.

LE PREMIER MARIAGE

Notez bien qui a célébré la première cérémonie de mariage. C'est *l'Éternel*. Les Écritures disent « *il l'amena vers l'homme* ». Dès le départ, Dieu jouait un rôle dans la vie des êtres qu'il avait créés pour lui-même. Il est celui qui a déclaré : « *l'homme quittera son père et sa mère, et s'attachera à sa femme, et ils deviendront **une seule** chair* ». Le terme hébreu employé pour le mot « un » est *e'had, qui* désigne une unité composite. Dieu a créé les deux premiers humains pour qu'ils jouissent l'un de l'autre et se servent l'un l'autre, *mais aussi* pour qu'ils vivent dans son intimité et le servent, pour toujours et dans une harmonie parfaite. Son intention était de faire que l'homme et la femme fassent de leur créateur le centre de leur vie – individuellement et ensemble.

Il est tragique que, dans le monde actuel, la plupart des gens ignorent le modèle originel de Dieu pour le mariage, et méconnaissent totalement à quel point une relation entre un homme et une femme peut devenir de plus en plus merveilleuse au fil des ans. Il en résulte qu'ils ne reflètent pas la relation aimante, fidèle et altruiste que l'Éternel, dès le commencement, avait prévue pour l'homme et sa femme.

La conception du mariage de l'homme et de la femme par le créateur est une réflexion du cœur d'amour incommensurable de Dieu. L'intention de l'Éternel est que les liens du mariage illustrent la relation encore plus intime, merveilleuse, croissante et spirituelle qu'il invite les humains à avoir avec lui aujourd'hui et pour toute l'éternité.

Avez-vous remarqué comment l'auteur du mariage définit celui-ci ? « *L'homme quittera son père et sa mère, et **s'attachera** à sa femme, et ils deviendront **une seule** chair* ». Et les Écritures ajoutent : « *L'homme et sa femme étaient tous deux nus, et ils n'en avaient **point honte**.* »

Le plan de Dieu pour le mariage est qu'un couple soit uni de corps et d'esprit, libre de toute honte. Sur un plan plus élevé encore, le plan que Dieu avait pour les humains était qu'ils jouissent sans aucune honte d'une *unité spirituelle* avec lui pour toute l'éternité.

LA DOMINATION CONFÉRÉE AUX HUMAINS

Après que Dieu a présenté la femme à l'homme, il s'est adressé directement et personnellement à eux deux. Il semblerait que Dieu leur soit apparu d'une manière visible, puisque les Écritures disent que Dieu **parcourait** le jardin (Genèse 3.8).

Imaginez à présent le Seigneur conduisant l'homme et sa femme en haut d'une montagne élevée d'où ils pouvaient voir toute la création parfaite et glorieuse de leur créateur...

> « *Dieu les bénit en disant :* **Soyez féconds, multipliez-vous, remplissez la terre, rendez-vous en maîtres, et dominez** *les poissons des mers, les oiseaux du ciel et tous les reptiles et les insectes. Et Dieu dit : Voici, je vous donne, pour vous en nourrir, toute plante portant sa semence partout sur la terre, et tous les arbres fruitiers portant leur semence* » (Genèse 1.28-29, *Bible du Semeur*).

Dieu a confié à Adam et à Ève[119] la garde de sa création. Il leur a donné le privilège et la responsabilité d'être le « couple de départ » de la race humaine. Il leur a accordé la « *domination* » sur toute la création. Ce terme signifie « autorité » et « administration ». Adam, Ève et leur descendance devaient jouir de la terre, en prendre soin et la diriger avec sagesse. Ils devaient en user, mais ne pas en abuser.

Le créateur a conçu la création pour qu'elle soit en harmonie avec l'humanité. Au commencement, la terre coopérait avec tout ce que l'homme voulait ou désirait. Adam et Ève n'avaient pas à se soucier de savoir d'où leur prochain repas allait provenir. Tout ce qu'ils avaient à faire était de cueillir le fruit délicieux de l'un des innombrables arbres du jardin. Il n'y avait ni sol dur, ni mauvaises herbes ni ronces, ni maladie ni mort. Chaque endroit de la création était soumis à Adam et à Ève. L'homme dominait. La création serait soumise aussi longtemps que l'homme obéirait à son créateur.

DIEU ET L'HOMME ENSEMBLE

Dès le commencement, l'Éternel Dieu voulait que les humains mènent leur vie dans une douce relation intime avec lui-même. C'est pourquoi il a donné à Adam et à Ève un *esprit* et un *cœur* (un intellect et des émotions) avec lesquels ils pouvaient le comprendre et l'aimer, ainsi que la *liberté de choisir* (volonté ou libre-arbitre) avec laquelle décider ou non de lui faire confiance et de lui obéir. L'élément de choix était absolument nécessaire du fait que l'amour et la loyauté ne peuvent pas être imposés. Le Seigneur souverain tiendrait Adam et Ève responsables de leurs choix.

Ne vous y trompez pas : bien que le créateur et le propriétaire de l'univers n'ait besoin de rien ni de personne, il est un être hautement relationnel. De même que nous voulons être connus et aimés, Dieu veut que les hommes et les femmes l'aiment et le connaissent. Cela fait partie de son désir éternel que de désirer une relation de cœur à cœur avec ceux qu'il a créés « à son image ».

J'en entends certains dire : « Je suis l'esclave de Dieu et rien de plus ! » C'est vrai, c'est un immense honneur que de servir Dieu à la manière d'un serviteur volontaire qui œuvre pour son maître, mais l'Écriture est formelle : le dessein de Dieu n'a jamais été que l'homme « *soit un esclave, mais [un] fils* » (Galates 4.7). « *Or, l'esclave ne demeure pas toujours dans la maison ; le fils y demeure toujours* » (Jean 8.35). Dieu, en exprimant le désir de son cœur d'une manière anthropomorphique (en termes humains), nous révèle son projet pour tous ceux qui mettent en lui leur confiance :

> « *Je serai pour vous un père, et vous serez pour moi des fils et des filles,* dit le Seigneur tout puissant »
> (2 Corinthiens 6.18).

Qui plus est, Dieu ne se contente pas de comparer son amour pour nous à celui de parents pour leurs enfants. Notre créateur emploie une image plus audacieuse encore et compare le lien et la profondeur de son amour pour les humains avec l'amour qu'un homme a pour sa femme bien-aimée :

> « *En ce jour-là, dit l'Éternel, tu m'appelleras :* **Mon mari** !
> *et tu ne m'appelleras plus : Mon maître ! [...]* **Je serai ton**

fiancé pour toujours ; *je serai ton fiancé par la justice, la droiture, la grâce et la miséricorde ; je serai ton fiancé par la fidélité*, et ***tu reconnaîtras l'Éternel*** » (Osée 2.18, 21-22).

Imaginez la relation la plus satisfaisante possible entre deux individus puis méditez ceci : la relation que Dieu nous invite à connaître avec lui est infiniment plus merveilleuse que la meilleure relation humaine possible sur terre.

À moins d'entrer dans une relation personnelle avec votre créateur, votre vie ne sera ni complète ni satisfaisante. Aucune somme de biens terrestres, de plaisir, de prestige, de relations humaines et de prières ne peut remplir le vide dans votre âme. Seul l'Éternel peut occuper l'espace vacant dans votre cœur, qu'il a conçu afin de le remplir lui-même.

« *Car il a satisfait l'âme altérée, il a comblé de biens l'âme affamée* » (Psaume 107)

Voici une vérité à côté de laquelle il ne faut pas passer : le seul vrai Dieu ne prend pas plaisir dans les *rituels de la religion*, mais dans une *relation authentique* avec ceux qui mettent en lui leur confiance.

À des degrés variables, Dieu a toujours joui et jouira toujours d'une relation avec :

- LUI-MÊME. De toute éternité s'écoule un flux continu d'amour entre le Père éternel, le Fils éternel et le Saint-Esprit éternel. Par exemple, l'Écriture rapporte que le Fils a dit au Père : « *Père [...] tu m'as aimé avant la fondation du monde* » (Jean 17.24).
- LES ANGES. Les êtres angéliques créés pour le connaître et pour l'aimer ainsi que pour apprécier sa gloire stupéfiante pour toujours : « *Que tous les anges de Dieu l'adorent !* » (Hébreux 1.6.)
- LES HUMAINS. Dieu a créé les humains pour qu'ils jouissent un jour avec lui d'une relation plus intime que celle qu'il a avec les anges. Le roi David a écrit : « *Quand je contemple les cieux, ouvrage de tes mains, la lune et les étoiles que tu as créées : Qu'est-ce que l'homme, pour que tu te souviennes de lui ? Et le fils de l'homme, pour que tu prennes garde à lui ? Tu l'as fait de peu inférieur à Dieu, et tu l'as couronné de gloire et de magnificence* » (Psaume 8.4-6). Dieu voulait être avec ses

créatures. Il fallait cependant d'abord que l'homme soit mis à l'épreuve.

LE SEPTIÈME JOUR : LA CRÉATION ACHEVÉE

Le récit de la création se conclut sur un élément d'information important :

> « *Dieu vit tout ce qu'il avait fait et voici, cela était* **très bon**. *Ainsi, il y eut un soir, et il y eut un matin : ce fut le sixième jour. Ainsi furent achevés les cieux et la terre, et toute leur armée. Dieu* **acheva** *au septième jour son œuvre, qu'il avait* **faite** : *et il se reposa au septième jour de toute son œuvre, qu'il avait* **faite** » (Genèse 1.31 ; 2.1-2).

L'œuvre créatrice de Dieu était achevée. Il était temps pour lui de se réjouir de tout ce qu'il avait fait. L'Éternel ne s'est pas reposé le septième jour parce qu'il était fatigué. L'être autosuffisant dont le nom signifie « *Je suis* » n'est jamais las. Dieu s'est reposé – a cessé de travailler – parce que son œuvre créatrice était **accomplie**.

L'Éternel Dieu était satisfait. Tout était parfait.

Imaginez un monde parfait peuplé de deux personnes parfaites ayant eu le privilège de jouir d'une intimité croissante avec leur créateur parfait. Tel était l'ordre des choses au commencement.

Hélas, aujourd'hui notre vieille planète est loin d'être parfaite. Le mal et l'immoralité, la douleur et le deuil, la pauvreté et la faim, la haine et la violence, la maladie et la mort existent en abondance. Qu'est-il arrivé au monde parfait de Dieu ? Nous le saurons en abordant la prochaine étape du récit.

11

LE MAL FAIT SON ENTRÉE

« *Mon âme, bénis l'Éternel, et n'oublie aucun de ses **bienfaits** !*
*Bénissez l'Éternel, vous ses **anges** [...] qui exécutez ses **ordres**,*
Bénissez l'Éternel, vous toutes ses **armées**, *qui faites sa **volonté** !*
Bénissez l'Éternel, vous toutes ses œuvres,
*dans tous les lieux de sa **domination** !* »
— le roi David (Psaume 103.2, 20-22)

Avant que Dieu ne crée les humains, il a créé une foule innombrable d'esprits appelés *anges*. Dieu les a créés pour son plaisir et sa gloire. Ils étaient « **ses** *armées* » célestes, conçues pour connaître et servir Dieu ainsi que pour jouir d'une relation avec lui, et pour exalter leur créateur à jamais. Dieu n'a pas créé les anges pour qu'ils soient semblables aux animaux, qui agissent essentiellement par instinct. Comme c'est le cas pour l'humanité, Dieu a donné aux anges l'obligation morale de choisir s'ils obéiraient ou non à sa parole, feraient ou non sa volonté et loueraient ou non son nom.

LE RESPLENDISSANT

L'ange le plus puissant et le plus privilégié des esprits s'appelait *Lucifer,* ce qui signifie *le resplendissant*[120]. Cet ange luisant était décrit comme « [*mettant*] *le sceau à la perfection* [*et comme étant*] *plein de sagesse, parfait en beauté* » (Ézéchiel 28.12).

Bien que Dieu n'ait pas révélé tous les détails de cette histoire, nous savons que c'est par cet être angélique magnifique que le mal et l'imperfection ont fait leur apparition dans l'univers. Dieu dit de Lucifer :

> « *Tu as été intègre dans tes voies, depuis le jour où tu fus créé jusqu'à celui où l'iniquité a été trouvée chez toi* ! *Ton cœur s'est élevé à cause de ta beauté* [...] *Tu disais en ton cœur :*
>
> *Je monterai au ciel,*
>   *J'élèverai mon trône au-dessus des étoiles de Dieu ;*
>   *Je m'assiérai sur la montagne de l'assemblée, à l'extrémité du septentrion ;*
>   *Je monterai sur le sommet des nues,*
>   *Je serai semblable au Très Haut* »
>   (Ézéchiel 28.15, 17 ; Ésaïe 14.13-14).

Au lieu de louer Dieu et de lui obéir, Lucifer voulait être « *semblable au Très-Haut* ».

Aveuglé par sa propre beauté et son intelligence ainsi qu'oublieux de celui à qui il devait tout ce qu'il était et possédait, cet être angélique s'est séduit lui-même au point de croire qu'il était plus sage que Dieu. Il voulait que les armées célestes le louent au lieu du créateur, qui seul est digne d'adoration et de louange.

Lucifer a également persuadé un tiers des anges des cieux de s'unir à lui dans sa rébellion[121]. Ainsi, *le resplendissant* a projeté de faire basculer la domination divine et de s'asseoir sur le trône des cieux.

Le péché était entré dans l'univers de Dieu.

QU'EST-CE QUE LE PÉCHÉ ?

L'Écriture nous fournit une définition du péché.

- « *Le péché est **la transgression de la loi*** » (1 Jean 3.4).

- « *Toute **iniquité** est un péché* » (1 Jean 5.17).
- Le péché est de « *savoir faire ce qui est bien* » et **de ne pas le faire** (Jacques 4.17).
- Le péché produit « *toutes sortes de **convoitises*** » (Romains 7.8).
- Le *péché* c'est d'« ***être privés** de la gloire de Dieu* » (Romains 3.23).

« La *gloire de Dieu* » est une référence à la pureté absolue et sans tache du créateur. D'« *être privés* » signifie de manquer le « mille » inscrit sur la cible de la justice parfaite.

Le péché est un échec à vivre en parfaite conformité avec la nature sainte et la volonté de Dieu. Sous sa forme distillée, le ***péché*** existe chaque fois qu'un être éternel, qu'il soit angélique ou humain, choisit de s'exalter lui-même et de suivre sa propre voie, au lieu d'exalter Dieu et de suivre la sienne.

Penser ou agir indépendamment de Dieu, c'est cela le ***péché***. Telle fut la voie choisie par Lucifer et les anges qui se sont associés à lui. Au lieu de dépendre de leur créateur, leur cœur est devenu orgueilleux et ils ont suivi leur propre voie.

« *Tout **cœur hautain** est en **abomination** à l'Éternel ; certes, il ne restera pas impuni* » (Proverbes 16.5).

Abomination est un mot très fort, qui signifie « *un objet de dégoût, un acte détestable, une souillure ou une idolâtrie* ». Dieu abhorre l'orgueil égocentrique. Il est péché. De permettre au péché de résider en sa présence lui est plus répugnant qu'une carcasse de porc putréfiée ne vous le serait chez vous. Le moindre péché est aussi inacceptable à Dieu qu'une seule goutte de poison dans mon café ne me le serait. Pourquoi sommes-nous incapables de tolérer une carcasse putréfiée dans notre maison ou une seule goutte de poison dans notre boisson ? De telles choses vont à l'encontre de notre nature. Or, le *péché va à l'encontre de la nature de Dieu*.

« *N'es-tu pas de toute éternité, Éternel, mon Dieu, mon Saint ? [...] Tes yeux sont trop purs pour voir le mal, et tu ne peux pas regarder l'iniquité* » (Habacuc 1.12-13).

SATAN, LES DÉMONS ET L'ENFER

Puisque Lucifer avait voulu dérober la gloire de Dieu et usurper son autorité, Dieu l'a expulsé de sa place au plus haut des cieux, avec les anges qui avaient choisi de se ranger de son côté. Le nom de Lucifer a été changé en *Satan*, ce qui signifie **« *adversaire* »**. On l'appelle aussi le *diable*, ce qui signifie **« *l'accusateur* »**. Les anges déchus ont reçu le nom d'« *esprits mauvais* » ou de *démons*, terme qui signifie **« *ceux qui savent* »**.

Le diable et ses démons savent qui est Dieu et tremblent devant lui ; néanmoins, ils font tout ce qu'ils peuvent pour le vaincre. Mais ils n'y parviendront pas.

L'Écriture prédit qu'en un jour fixé, Satan et ses démons seront jetés dans « le *feu éternel qui a été préparé pour le diable et pour ses anges* » (Matthieu 25.41). Ce « *feu éternel* » est un endroit réel où Dieu confinera pour toujours tout ce qui n'est pas conforme à sa sainte nature.

L'un des mots employés dans le Nouveau Testament grec pour décrire le lieu où seront châtiés ceux qui se rallient à Satan est *géhenne*, terme souvent traduit par « *enfer*[122] ». Ce mot signifie littéralement « *un dépotoir brûlant* ».

Non loin de l'endroit où ma femme et moi avons élevé nos enfants au Sénégal se trouvait une décharge où les gens jetaient leur détritus et leurs immondices. La décharge était souvent fumante, car ceux qui vivaient à proximité tentaient de brûler les ordures malodorantes. Tout ce qui était considéré de peu de valeur était jeté au feu.

L'enfer est le « dépotoir » de Dieu, où ceux qui sont morts dans leur péché sont à présent détenus. Un jour, Satan, ses démons et tous les habitants de l'enfer seront jetés dans un lieu ultime de jugement nommé le *lac de feu et de soufre*[123].

Le péché ne polluera pas l'univers de Dieu à toujours.

L'OBJECTIF DE SATAN

En ce qui concerne le diable et ses démons, ils ne sont pas encore dans le lac de feu. Au contraire, ils sont à l'œuvre dans notre monde. L'Écriture identifie Satan comme « *le prince de la puissance de l'air, de l'esprit qui agit* **maintenant** *dans les fils de la rébellion »* (Éphésiens 2.2).

Il est important de comprendre que bien que Satan soit puisant, il n'est pas *tout*-puissant. Il n'est qu'un être créé, et par surcroît, il est déchu. Il n'est pas de taille à rivaliser avec l'Éternel. Satan est appelé « le *dieu de ce siècle* ». *Son* objectif est d'empêcher les humains de connaître le seul vrai Dieu et d'embrasser la destinée pour laquelle ils ont été créés.

> « *Si notre Évangile* [la Bonne Nouvelle du salut divin] *est encore voilé, il est voilé pour ceux qui périssent ; pour les incrédules* **dont le dieu de ce siècle a aveuglé l'intelligence,** *afin qu'ils ne vissent pas briller la splendeur de l'Évangile de la gloire de Christ »* (2 Corinthiens 4.3-4).

Quel est l'objectif de Satan ? Il est d'aveugler les esprits et d'empêcher les humains d'entendre le message de Dieu et d'y croire. Satan est en guerre contre Dieu. Il s'agit là d'une guerre qu'il ne saurait gagner, mais il fait tout ce qui est en son pouvoir pour entraîner avec lui autant d'individus que possible ; et il espère que vous serez l'un d'eux.

Sachant qu'Adam et Ève avaient été créés pour la gloire et le plaisir de Dieu, Satan a projeté de gâcher l'amitié qui existait entre Dieu et l'homme. Bien entendu, l'Éternel Dieu qui « *connaît les secrets du cœur* » (Psaume 44.22), savait tout ce que le diable projetait de faire et tout ce qui allait se produire.

Dieu avait son propre projet.

UNE RÈGLE UNIQUE

Dieu a donné à l'homme la liberté de choisir d'aimer et de louer son créateur et de lui obéir ou non. Le véritable amour ne saurait être forcé ou préprogrammé. L'amour véritable implique l'esprit, le cœur et la volonté d'un individu. S'il est vrai que Dieu est le roi souverain de l'univers qu'il a créé, il est également vrai qu'il tient l'homme pour responsable des choix d'une portée éternelle qu'il opère. Même avant que Dieu ne crée la femme, il avait donné à l'homme un commandement. Puisque Adam devait être le chef de la race humaine, Dieu l'a mis à l'épreuve.

> « *Tu ne mangeras pas de l'arbre de la connaissance du bien et du mal, car le jour où tu en mangeras, tu mourras certainement* » (Genèse 2.16-17).

Remarquez bien la simplicité des instructions données par Dieu. Adam pouvait consommer librement de tous les fruits délicieux poussant sur tous les nombreux arbres du jardin, à l'exception d'un seul. Dieu lui avait dit ce qui arriverait s'il désobéissait : « le *jour où tu en mangeras*, **tu mourras certainement** ».

De passer outre à cette limite reviendrait à commettre une *transgression*, un autre terme désignant le péché. Comme dans le cas de Lucifer, la rébellion de l'homme contre le Seigneur de l'univers aurait des conséquences tragiques.

Bien que le premier homme fût parfait, il n'était pas parfaitement mûr. Par cette règle unique, l'homme se voyait donner une chance de grandir dans sa relation avec son créateur. Dieu voulait qu'Adam choisisse de lui obéir avec un cœur débordant de gratitude et d'amour.

Cela n'aurait pas été trop difficile, étant donné tout ce que Dieu avait fait pour lui. Pensez-y ! Dieu avait donné à Adam un corps, une âme et un esprit. Il l'avait béni du privilège de refléter le caractère saint et la nature amicale de son créateur. Il l'avait placé dans un jardin glorieux et lui avait procuré tous les bienfaits imaginables pour que sa vie ne soit que joie et satisfaction. Dieu avait aussi donné à l'homme la liberté et l'aptitude de faire des choix responsables. Il avait donné à Adam une épouse magnifique et leur avait confié à tous deux le soin et la garde du monde créé. Mieux encore que tout cela, l'Éternel lui-même venait dans le jardin pour s'y promener et parler avec l'homme et sa femme. Dieu leur avait donné la possibilité de connaître leur créateur. C'était un monde parfait.

Puis, un jour, le serpent est venu.

« DIEU A-T-IL RÉELLEMENT DIT ? »

C'est en Genèse 3 que l'événement le plus tragique et le plus lourd de conséquences est rapporté. Un jour, alors qu'Adam et Ève étaient à proximité de l'arbre interdit, Satan leur est apparu sous la forme subtile d'un serpent. Nous savons que c'était Satan parce plus tard l'Écriture l'identifie comme « *le serpent ancien, appelé le diable et Satan, celui qui séduit toute la terre* » (Apocalypse 12.9). Dieu avait un projet pour l'humanité ; Satan avait aussi le sien propre.

> « *Le serpent était le plus rusé de tous les animaux des champs, que l'Éternel Dieu avait faits. Il dit à la femme :* **Dieu a-t-il réellement dit** *: Vous ne mangerez pas de tous les arbres du jardin ?* » (Genèse 3.1.)

Satan a choisi de parler à la femme plutôt qu'à l'homme. Avez-vous bien noté la première chose qu'il a dite à Ève ?

> « *Dieu a-t-il réellement* **dit***...* »

Satan voulait qu'Ève remette en question la **Parole de Dieu** et défie son autorité et sa sagesse. Il a mis Ève au défi de braver les ordres de son créateur, comme lui, Lucifer, l'avait fait. À ce jour encore, le diable combat la vérité, parce qu'elle le discrédite et le désarme. De même que la lumière dissipe l'obscurité, la Parole de Dieu dissipe la tromperie de Satan.

Satan attaquait également Dieu en encourageant Ève à douter de la **bonté de Dieu.**

> « *Dieu a-t-il réellement dit : Vous ne mangerez pas de* **tous** *les arbres du jardin ?* »

Satan déformait la Parole de Dieu, comme si leur généreux créateur, qui leur avait donné la vie et conféré le droit de manger librement des fruits de tous les arbres à l'exception d'un seul, voulait les tenir éloignés du bien ultime.

« VOUS NE MOURREZ POINT »

> « *La femme répondit au serpent : Nous mangeons du fruit des arbres du jardin. Mais quant au fruit de l'arbre qui est au milieu du jardin, Dieu a dit : Vous n'en mangerez point et vous n'y toucherez point, de peur que vous ne mouriez. Alors le serpent dit à la femme :* **Vous ne mourrez point ;**

mais Dieu sait que, le jour où vous en mangerez, vos yeux s'ouvriront, et que vous serez comme des dieux, connaissant le bien et le mal » (Genèse 3.2-5).

Non seulement le diable voulait qu'Ève remette en cause la parole de Dieu et sa bonté, il voulait aussi qu'elle doute de la **justice de Dieu**, comme si Dieu n'allait pas lui imposer la peine capitale si elle mangeait du fruit défendu. Dieu s'était exprimé de manière très claire :

*« Car le jour où tu en mangeras, tu **mourras** certainement »* (Genèse 2.17).

Satan niait cette affirmation en disant : « *Vous **ne** mourrez point* » ! La méthode de base de Satan n'a pas changé. Il continue à *tordre* et à *nier le* message de Dieu. Il veut que nous *doutions* de la Parole de Dieu et de sa justice. Il veut que nous pensions que notre créateur n'est pas digne de notre confiance, qu'il n'est pas celui qu'il affirme être.

UN DIABLE TRÈS RELIGIEUX

Le diable raffole de religion. C'est pour cette raison qu'il existe plus de dix mille confessions dans le monde à l'heure actuelle. Notez bien de quelle manière Satan a prétendu parler de la part de Dieu en disant à Ève : « ***Dieu sait** que, le jour où vous en mangerez, vos yeux s'ouvriront.* »

Satan aime imiter le Tout-Puissant. Il est passé maître dans l'art de prendre la vérité de Dieu et de la mélanger avec des mensonges de son propre cru. Il est le grand syncrétiste, plagiaire et faussaire. Même les systèmes de pensée les plus étranges au monde contiennent une part de vérité. Le proverbe arabe l'exprime bien : « *Attention, certains menteurs disent la vérité.* »

Lorsqu'il essaie de donner le coup d'envoi à une religion contrefaite, Satan a dit à Ève : « Vous serez comme des dieux, connaissant le bien et le mal. » Lorsque Satan a dit à Ève « *Vous serez comme des dieux* », il a dit un *mensonge*, car celui qui pèche n'est pas comme Dieu mais comme Satan, qui veut usurper l'autorité divine. Néanmoins, lorsque Satan a dit : « *Vous connaîtrez le bien et* le mal », il disait la *vérité*, mais il n'évoquait pas toute l'amertume, la souffrance et la mort qui accompagneraient une telle connaissance.

Notez bien que Satan, en parlant de l'Éternel, utilise le terme générique « *Dieu* ». Satan ne voit pas d'inconvénient à ce que vous croyiez en Dieu, tant que vous le percevez comme distant et impossible à connaître.

> « *Tu crois qu'il y a un seul Dieu, tu fais bien ; les démons le croient aussi, et ils tremblent* » (Jacques 2.19).

Le diable et ses démons sont tous des monothéistes qui tremblent devant le Dieu Tout-Puissant. Cela nous sera révélé avec une clarté choquante dans quelques chapitres. Satan et ses anges déchus savent qu'il n'y a qu'un seul Dieu véritable, mais ô combien ils le haïssent !

Ils ne veulent pas que *vous* connaissiez et adoriez votre créateur, ni ne lui obéissiez.

LE CHOIX

Le moment était arrivé pour Adam et Ève de choisir entre la parole de leur cher Seigneur et la parole de l'ennemi suprême. La recette pour remporter la victoire était évidente : il suffisait de *croire en la sagesse du créateur*. Comme c'était simple ! Tout ce qu'Adam et Ève avaient à faire, c'était de citer la Parole inspirée et infaillible de Dieu et de dire : « L'Éternel Dieu nous a donné cet ordre : *tu ne mangeras pas de l'arbre de la connaissance du bien et du mal*. Nous n'en mangerons pas, un point c'est tout ! »

Si Adam et Ève avaient tenu ferme à la Parole immuable de Dieu, le tentateur aurait fui. Mais ce n'est pas ce qu'ils ont fait.

> « *La femme vit que l'arbre était bon à manger et agréable à la vue, et qu'il était précieux pour ouvrir l'intelligence ; elle prit de son fruit, et en mangea ; elle en donna aussi à son mari, qui était auprès d'elle, et il en mangea* » (Genèse 3.6).

Elle en a mangé. Il en a mangé. Au lieu de se soumettre à la parole de leur saint et cher créateur, ils se sont soumis à l'ennemi de Dieu. Ils ont franchi une zone interdite. Dès qu'Adam eut goûté au fruit défendu, les conséquences ne se sont pas fait attendre.

« *Les yeux de l'un et de l'autre s'ouvrirent, ils connurent qu'ils étaient nus, et ayant cousu des feuilles de figuier, ils s'en firent des ceintures. Alors ils entendirent la voix de l'Éternel Dieu, qui parcourait le jardin vers le soir, et l'homme et sa femme se cachèrent loin de la face de l'Éternel Dieu, au milieu des arbres du jardin* » (Genèse 3.7-8).

Remarquez bien le changement qui s'est opéré : au lieu de se réjouir lorsque le Seigneur est venu les visiter, ils étaient à présent remplis de peur et de honte. Que s'est-il produit pour que ces êtres hautement relationnels veuillent fuir leur cher Seigneur ? Qu'est-ce qui leur faisait croire qu'ils pouvaient se cacher aux yeux de leur créateur omniscient ? Pourquoi nos premiers ancêtres ont-ils ressenti le besoin de couvrir leurs corps de feuilles ?

La réponse est simple : ils avaient péché.

12

LA LOI DU PÉCHÉ
ET DE LA MORT

« *Quiconque se livre au péché est* ***esclave du péché.*** »
— Jésus (Jean 8.34)

Adam et Ève avaient désobéi à leur créateur. Comme Satan, ils avaient perdu leur relation avec Dieu et étaient devenus esclaves du péché. Comme des enfants qui ont désobéi à l'instruction claire de leur père, Adam et Ève ne voulaient plus être en compagnie de celui qui les aimait et prenait soin d'eux. Les sentiments de délice et de confiance avaient fait place à des sentiments de peur, de souillure et de honte.

> « *Alors ils entendirent la voix de l'Éternel Dieu, qui parcourait le jardin vers le soir, et l'homme et sa femme se cachèrent loin de la face de l'Éternel Dieu, au milieu des arbres du jardin* » (Genèse 3.8).

Adam et Ève étaient à présent contaminés par le péché, ce qui avait pour conséquence qu'ils désiraient se cacher de leur créateur et Maître. Leur conscience nouvellement acquise leur donnait un sens du bien et du mal; ils savaient instinctivement que seuls des êtres saints peuvent vivre dans la présence d'un Dieu saint. Adam et Ève n'étaient plus purs devant Dieu et ils le savaient. Le lien intime entre Dieu et l'homme était rompu.

La relation était morte.

UNE BRANCHE BRISÉE

Un jour que je bavardais avec quelques hommes sous un arbre près d'une mosquée, la conversation bifurqua sur le thème du péché et de la mort. J'ai brisé une branche de l'arbre, puis je leur ai demandé : « Cette branche est-elle morte ou vivante ? »

L'un d'entre eux m'a répondu : « Elle est mourante. »

Un autre a dit : « Elle est morte. »

Je l'ai corrigé, disant : « Comment peux-tu affirmer qu'elle est morte ? Regarde combien elle est verte ! »

« Elle a l'air vivante », m'a-t-il répondu, « mais elle est morte, car elle est séparée de sa source de vie. »

« Exactement », ai-je répliqué. « Tu viens de donner une définition exacte de la MORT selon l'Écriture. La MORT n'est pas une annihilation, mais une *SÉPARATION* de la Source de vie. C'est pourquoi, lorsqu'un être cher décède, même avant que le corps ne soit enterré, nous disons : "Il (ou elle) nous a quittés." Nous disons cela parce que nous savons que l'esprit de la personne a quitté son corps. La *mort* est une *séparation*. »

Ensuite, j'ai rappelé à ces hommes le commandement que Dieu avait donné à Adam, et leur ai demandé : « Qu'a dit Dieu concernant ce qui arriverait à Adam s'il péchait contre lui ? Lui a-t-il dit que s'il mangeait de l'arbre défendu, il devrait se mettre à observer des rites religieux, à prier, à jeûner, à faire l'aumône et à se rendre à la mosquée ou à l'église ? »

« Non », ont-ils répondu, « Dieu a dit qu'Adam mourrait. »

« Exact. Dieu l'a fait savoir clairement : le châtiment encouru pour le péché serait la MORT. Mais dites-moi, après qu'Adam et Ève ont désobéi à Dieu et mangé du fruit défendu, sont-ils tombés raides morts le jour même ? »

« Non ! » ont-ils répondu.

« Alors, qu'est-ce que Dieu entendait lorsqu'il a dit à Adam : « *le jour où tu en mangeras, tu mourras certainement* » ?

Partant de là, j'ai poursuivi mon exposition de la définition de la mort selon Dieu : une séparation tridimensionnelle occasionnée par le choix de l'homme de désobéir à son créateur.

LA TRIPLE SÉPARATION CAUSÉE PAR LE PÉCHÉ :

1. La séparation spirituelle : *SÉPARATION de l'esprit et de l'âme de l'individu d'avec Dieu*

Le jour où Adam et Ève ont péché pour la première fois contre Dieu, ils sont *morts spirituellement*. Telle la branche brisée d'un arbre, la relation intime de l'homme avec l'Éternel était morte, et il y avait pire que cela. Toute la descendance d'Adam et d'Ève fait partie de cette « *branche* » spirituellement morte.

« *Tous meurent en Adam*... » (1 Corinthiens 15.22).

En dépit de ce qu'enseigne clairement l'Écriture, beaucoup de gens qui admettent que la race humaine descend d'Adam insistent aussi sur le fait que les nouveau-nés viennent au monde avec une nature immaculée, exempte de péché. Or, jetons un nouveau coup d'œil à la branche brisée. Quelle est la partie de la branche qui est morte du fait d'être séparée de l'arbre ? C'est toute la branche qui est morte, y compris les petites tiges à son extrémité. Si ces tiges pouvaient parler, peut-être diraient-elles quelque chose comme : « Un instant ! Ce n'est pas notre faute si la branche a été séparée de l'arbre ! Nous ne sommes pas affectées par les actes d'un autre ! » Mais elles le sont. De la même manière, la Parole de Dieu déclare que la race humaine entière est « *en Adam* ». Chacun de nous fait partie de cette branche séparée et déchue, et nous en supportons les conséquences. Que nous le voulions ou non, lorsque Adam a péché, il s'est contaminé lui-même **ainsi que** toute la famille humaine qui allait descendre de lui.

Le village où je me trouve en écrivant ceci tire son eau du fleuve Sénégal, situé à quelques kilomètres d'ici. Notre village a un puits, mais personne ne boit de son eau. Pourquoi ? Parce que ce puits est contaminé. L'eau en est saline. Chaque seau d'eau puisé de ce puits est contaminé par le sel. Il n'en est pas une goutte qui soit pure, pas une seule. De la même manière, chaque personne née d'Adam est contaminée par le péché. C'est pourquoi même les petits enfants pèchent naturellement. Le péché fait partie intégrante de leur nature. D'être bon et doux exige un effort conscient et un combat, tandis qu'être égoïste et blessant ne demande pas d'effort particulier. Le prophète David explique pourquoi nous péchons instinctivement :

> « *Voici, je suis né **dans l'iniquité**, et ma mère m'a conçu **dans le péché*** » (Psaume 51.5). « *Les méchants sont pervertis **dès le sein maternel**, les menteurs s'égarent **au sortir du ventre de leur mère*** » (Psaume 58.4). « ***Tous** sont égarés, **tous** sont pervertis ; il n'en est **aucun** qui fasse le bien, pas **même un seul*** » (Psaume 14.3).

Les Wolofs du Sénégal ont plusieurs proverbes formidables qui en ont aidé certains à comprendre cette vérité. Par exemple, l'un d'eux dit : « *Un rat n'engendre pas de descendance qui ne creuse pas.* » De la même manière, Adam, une fois contaminé par le péché, ne pouvait engendrer une descendance qui ne pèche pas.

Un autre proverbe dit : « *Une épidémie ne se limite pas à la personne qui l'a causée.* » C'est tragique, mais c'est vrai. De même qu'une malformation congénitale ou une maladie infectieuse, la nature pécheresse d'Adam s'est transmise à nous-mêmes et à nos enfants.

> « ***Par un seul homme** le péché est entré dans le monde, et par le péché la mort, et [...] ainsi **la mort s'est étendue sur tous** les hommes, parce que **tous ont péché*** »
> (Romains 5.12).

Notez bien la première partie de la phrase : « *Par **un seul homme** le péché est entré* » et la dernière : « ***tous ont péché*** ». Chacun d'entre nous est pécheur par nature ***et*** en pratique. Nous ne pouvons pas rejeter le tort de nos fautes sur Adam. Les Écritures disent :

> « *Ce sont* **vos** *crimes qui mettent une séparation entre* **vous** *et* **votre** *Dieu ; ce sont* **vos** *péchés qui* **vous** *cachent sa face* » (Ésaïe 59.2).

Sitôt qu'un individu est en âge de distinguer le bien du mal, Dieu le tient pour responsable de ses actes[124]. L'intégralité de la branche humaine est séparée de son créateur. Les humains sont spirituellement « ***morts*** *par* [*leurs*] *offenses et par* [*leurs*] *péchés* » (Éphésiens 2.1).

2. La mort physique : *SÉPARATION de l'esprit et de l'âme d'un individu d'avec son corps*

Lorsque Adam et Ève ont péché, ils ne sont pas seulement morts spirituellement ; ils ont aussi commencé à mourir physiquement. Adam et Ève ne sont pas tombés raides morts le jour où ils ont péché, pas plus que les feuilles d'une branche brisée ne se flétrissent dès qu'on l'arrache. Néanmoins, leur chair avait été envahie par la mort – un ennemi auquel ils ne pouvaient échapper.

Pour Adam, Ève et leurs descendants, ce n'était plus qu'une question de temps avant que la mort physique ne les rattrape. « *La mort chevauche un chameau rapide* », dit un proverbe arabe. Nul ne peut échapper à la mort. La Parole de Dieu l'exprime ainsi :

> « *Il est réservé aux hommes de mourir une seule fois, après quoi vient le jugement* » (Hébreux 9.7).

3. La mort éternelle : *SÉPARATION de l'esprit, de l'âme et du corps d'avec Dieu pour toujours*

Une branche vivante est conçue pour porter des feuilles, des fleurs et des fruits. Les branches mortes sont rassemblées et brûlées. Lorsque Adam a péché contre Dieu, il a perdu le privilège pour lequel il avait été conçu, à savoir glorifier Dieu et vivre avec lui pour toute l'éternité. L'homme, créé pour exister à jamais, avait désobéi à son créateur. Le châtiment encouru était la *séparation éternelle* d'avec

Dieu. Si l'Éternel, dans sa miséricorde, n'avait pourvu à un remède pour le péché d'Adam et d'Ève, ils auraient, après leur mort, dû faire face à l'horreur d'être confinés pour toujours dans la « décharge » préparée pour le diable et ses démons. La Bible appelle cela « la *seconde mort* », du fait qu'elle a lieu après la mort physique. On l'appelle aussi « *châtiment éternel*[125] ». La notion d'un purgatoire temporaire d'où l'on puisse un jour être délivré est une invention des hommes.

Si le « *châtiment éternel* » nous semble injuste ou exagéré, peut-être est-ce dû à notre échec à comprendre la nature de Dieu, la gravité du péché et le concept d'éternité. Nous méditerons plus loin sur la pureté de Dieu et la souillure du péché.

En ce qui concerne le concept de l'éternité, il nous faut bien le reconnaître : ce mot dépasse nos aptitudes mentales, puisque notre cadre de référence est le *temps*.

L'éternité est en dehors du temps.

Si nous imaginons quelqu'un qui passe des milliards d'années en enfer, notre vision des choses est fausse. L'éternité ne se compose pas d'années. Elle est un *instant présent éternel*. Ce n'est qu'alors que l'on a pénétré dans ce domaine auquel nul ne peut échapper que l'on peut comprendre sa logique solennelle. Vous souvenez-vous du récit portant sur l'homme qui a fini en enfer (chapitre 3) ? Il y est toujours.

Dieu énonce très clairement les conditions requises pour entrer au paradis :

> « *Il **n'entrera chez elle** rien de souillé, ni personne qui se livre à l'abomination et au mensonge* » (Apocalypse 21.27).

De même que les lois naturelles de Dieu font qu'une branche coupée meure et se flétrisse, de même les lois spirituelles de Dieu exigent que le péché soit puni par la **séparation** *spirituelle, physique et éternelle*.

LE PÉCHÉ ET LA HONTE

Il est temps d'en revenir à Adam et Ève, là où nous les avions laissés – au moment où ils essayaient de se cacher de Dieu parmi les arbres du jardin.

Avant qu'ils pèchent, Adam et Ève avaient vécu au coeur de la gloire et de la perfection de Dieu. Ils étaient parfaitement à l'aise en présence de leur créateur. Néanmoins, dès l'instant où ils ont enfreint la loi de Dieu, ils se sont vus différemment. Ils n'étaient plus à l'aise dans la présence de Dieu, non seulement du fait de leur nudité physique, mais aussi en raison de leur nudité *spirituelle*.

Avant leur transgression, Adam et Ève étaient conscients de Dieu et n'avaient « *point honte* » (Genèse 2.25). Dès leur faute, ils se sont sentis embarrassés et impurs devant leur Dieu saint. Adam et Ève étaient devenus le contraire de leur créateur. Ils n'étaient à présent **plus** saints. Ils ne désiraient plus être dans la pureté et la splendeur de la présence de Dieu. De même que les cafards fuient devant la lumière pour chercher refuge dans l'obscurité sitôt qu'une lampe est allumée, ils préféraient dorénavant « *les ténèbres à la lumière, parce que leurs œuvres étaient mauvaises. Car quiconque fait le mal hait la lumière, et ne vient point à la lumière, de peur que ses œuvres ne soient* **dévoilées** » (Jean 3.19-20).

Adam et Ève étaient à présent nus et dans l'embarras. Ils ne se sentaient plus à leur place dans le jardin parfait. Le son de la voix de Dieu les remplissait de terreur. Ils ne voulaient plus être en compagnie de leur saint et cher créateur. Néanmoins, Dieu est lui-même entré dans le jardin pour les chercher.

Il fait partie intégrante de la nature de Dieu de « *chercher et sauver ce qui était perdu* » (Luc 19.10).

DIEU CHERCHE L'HOMME

« *L'Éternel Dieu appela l'homme, et lui dit :* **Où es-tu ?** *Il répondit : J'ai entendu ta voix dans le jardin, et j'ai eu peur, parce que je suis nu, et je me suis caché. Et l'Éternel Dieu dit : qui t'a appris que tu es nu ? Est-ce que tu as mangé de l'arbre dont je t'avais défendu de manger ?* » (Genèse 3.9-11.)

Remarquez bien la première question jamais posée par Dieu à l'homme :

« *Où es-tu ?* »

Par cette tendre et pénétrante requête, Dieu voulait qu'Adam reconnaisse ce que le péché avait fait à sa femme ainsi qu'à lui-même. Il voulait qu'ils reconnaissent qu'ils avaient commis une transgression. Il voulait qu'ils comprennent que leur péché était venu s'interposer entre leur saint Seigneur et eux-mêmes.

C'est leur péché qui était à la source de leur situation désastreuse. C'est à cause de leur péché qu'ils se sentaient honteux et essayaient de se cacher derrière des arbres et des feuilles de figuier. Mais Adam et Ève ne pouvaient se cacher de Dieu, ni échapper à son jugement juste et parfait.

LE PÉCHÉ ENGENDRE LA MORT

Dieu ne plaisantait pas quand il a dit à Adam : « *le jour où tu en mangeras, tu **mourras** certainement* » (Genèse 2.17). Au fond de notre cœur, nous savons que ceux qui se rebellent contre leur créateur méritent d'être séparés de lui.

La plupart d'entre nous avons regardé des films où les « méchants » sont tués et où les « bons » sortent victorieux. Sommes-nous malheureux pour les méchants ? Non, nous estimons qu'ils ont eu ce qu'ils méritaient. La réalité solennelle est, qu'aux yeux de Dieu, toute la descendance d'Adam est « méchante ».

> « ***Tous*** *sont égarés,* ***tous*** *sont pervertis ; il n'en est* ***aucun*** *qui fasse le bien,* ***pas même un seul*** » (Psaume 14.3).

Selon le critère de justice exigé par le créateur, nous méritons *tous* la peine capitale. Le Livre de Dieu désigne cela du nom de :

> « *la loi du péché et de la mort* » (Romains 8.2).

La loi du péché et de la mort exige que chaque acte de désobéissance envers Dieu soit puni d'une séparation d'avec Dieu. Elle ne souffre aucune exception. Le péché engendre la mort.

C'est à cause de la nature sainte et fidèle de Dieu qu'il applique cette loi. Par un seul péché, nos premiers ancêtres se sont séparés eux-mêmes du royaume de justice et de vie de Dieu et ont rejoint le royaume de péché et de mort de Satan.

Instantanément, ils sont morts **spirituellement** – à la manière d'une branche coupée d'un arbre. Leur relation avec Dieu était morte.

Aussi, ils ont commencé à mourir **physiquement** – comme une branche qui se flétrit. Ce n'était plus qu'une question de temps avant que leur corps retourne à la poussière.

Le pire de tout cela, c'était qu'à moins que le Seigneur ne fournisse un remède pour leur péché et leur honte, ils devraient affronter l'horrible perspective de mourir **éternellement** – d'être séparés pour toujours de Dieu dans le feu éternel préparé pour le diable et pour ses démons.

L'Écriture est claire :

> « *L'âme qui* **pèche**, *c'est celle qui* **mourra** » (Ézéchiel 18.20).
> « *Le salaire du* **péché**, *c'est la* **mort**... » (Romains 6.23).
> « *Le* **péché**, *étant consommé, produit la* **mort** »
> (Jacques 1.15).

C'est pour une bonne raison que Dieu appelle cette réalité solennelle la **loi** *du péché et de la mort*. C'est la *LOI*.

Le châtiment du péché doit être exécuté.

Il le sera.

13

LA MISÉRICORDE ET LA JUSTICE

Que peut faire l'homme
que Dieu soit incapable de faire ?
Le Livre de Dieu répond à cette énigme.

« Dieu n'est point un homme pour **mentir**, ni fils d'un homme pour **se repentir**. Ce qu'il a dit, **ne le fera-t-il pas** ? Ce qu'il a déclaré, ne l'exécutera-t-il pas ? » (Nombres 23.19).

Chaque jour, les hommes mentent, changent d'avis et enfreignent leurs promesses. Dieu ne peut faire ces choses. Dieu, infiniment parfait, ne peut agir à l'encontre de son saint caractère.

« **Il ne peut se renier lui-même** » (2 Timothée 2.13).

Il y a quelque temps j'ai reçu le courriel suivant :

Envoyer   Objet: Retour sur votre courriel

« Vous dites qu'Allah ne peut pardonner arbitrairement. Vous dites que les mains d'Allah sont liées par ses propres lois. Vous écrivez : "Dieu peut tout faire sauf se renier lui-même et ignorer ses propres lois." Pourquoi notre créateur très miséricordieux se refuserait-il à pardonner à ses serviteurs qui lui demandent grâce ? Pourquoi imposerait-il une telle contrainte à sa miséricorde ?... Ne pouvez-vous voir que ça n'a aucun sens ? Même s'il édictait une telle loi, il pourrait l'enfreindre immédiatement, puisqu'il est

> tout-puissant ! Il est illogique d'affirmer qu'Allah, dont le pouvoir est infini, soit limité d'aucune façon que ce soit. S'il le souhaitait, il pourrait tous nous jeter dans le feu de l'enfer, mais il est très miséricordieux et cherche toujours à pardonner à ses serviteurs afin qu'ils puissent résister au jugement. Puisse Allah nous accorder à tous son pardon et sa miséricorde le jour où nous serons tous rassemblés et où nous devrons nous tenir debout seuls face à son jugement ! »

À la lumière de ce que nous avons examiné au cours du chapitre précédent, le raisonnement de cet homme ne nous semble-t-il pas erroné ? Notre créateur est-il libre d'ignorer les lois qu'il a lui-même édictées et de contredire son propre caractère saint ?

MISÉRICORDE SANS JUSTICE

Imaginez la scène suivante, se déroulant dans une salle de tribunal :

Le juge est assis sur son banc et un homme trouvé coupable de l'attaque d'une banque et d'un meurtre de sang-froid se tient devant lui. La cour est remplie de témoins. La femme et la famille de la victime sont présentes, ainsi que tous les employés de la banque dévalisée. Les journalistes sont à l'œuvre pour rapporter les événements. Quelle sentence ce meurtrier recevra-t-il ? La peine capitale ? La prison à vie sans liberté conditionnelle ?

On demande à toute l'assemblée de se lever. Regardant le coupable droit dans les yeux, le juge lui dit : « J'ai observé que vous faisiez fidèlement l'aumône et que vous priiez régulièrement. Votre aisance à égrener les perles de votre chapelet est impressionnante. J'ai aussi entendu dire que vous étiez hospitalier, toujours prêt à partager votre repas avec un étranger. Il s'en est fallu de peu, mais vos bonnes œuvres compensent vos mauvaises œuvres. Je vous accorde ma miséricorde. Vous êtes pardonné et libre de vous en aller. »

Le juge donne un coup de marteau. Beaucoup sont estomaqués et des murmures de colère emplissent la salle...

On n'a jamais vu de scénario semblable. On peut utiliser une balance pour symboliser le fait de peser les indices en faveur d'un criminel, mais une fois qu'il est trouvé coupable, une sentence juste doit être prononcée. Que le criminel ait accompli de « bonnes œuvres » ne change rien à l'affaire. Nous le savons tous parfaitement.

Or, si le système des « bonnes œuvres compensant les mauvaises » n'est jamais utilisé en cour de justice ici-bas par les hommes, un tel système injuste serait-il utilisé dans la cour céleste de Dieu ?

LE JUSTE JUGE

Dieu n'est pas comme le juge de notre histoire imaginaire. L'un de ses titres est « *le juste juge* » (2 Timothée 4.8). Il y a quatre mille ans, le prophète Abraham a dit : « Celui qui *juge toute la terre n'exercera-t-il pas la justice ?* » (Genèse 18.25.)

Dieu ne met jamais de côté sa justice pour démontrer sa miséricorde. D'agir ainsi reviendrait à saper les fondations de son trône de justice et à ternir la réputation de son saint nom.

> « *La justice et l'équité* sont la base de ton trône. *La bonté et la fidélité* sont devant ta face* » (Psaume 89.15).

De suggérer, comme l'a fait mon correspondant par courriel, que Dieu puisse utiliser sa « toute-puissance » pour ignorer ses propres lois revient à affirmer que « *le juge de toute la terre* » est moins juste que les pécheurs qu'il jugera.

Comme il est étrange que nous, humains, ayons un sens profond et inné de la justice, tandis que nous résistons à la vérité évidente que notre créateur a un même sens de la justice ! Tout au fond de notre cœur nous savons qu'il n'y a rien de « grand » à un juge qui manquerait à punir le mal. Le prophète Jérémie a écrit :

> « *Oh! Que **ta fidélité** est **grande** ! L'Éternel est mon partage, dit mon âme ; c'est pourquoi je veux espérer en lui* » (Lamentations 3.23-24).

Notez bien que le prophète ne dit pas : « grande est ton imprévisibilité » ni « grande est ton inconstance » ! Quel espoir aurions-nous si nous avions un dieu capricieux comme cela ? Dieu est grand dans sa fidélité. Beaucoup de ceux qui font habituellement référence à Dieu comme au « Miséricordieux » et au « Compatissant » oublient qu'il est aussi le Dieu qui est « *fidèle et juste* » (1 Jean 1.9). Une perspective limitée conduit à une vision faussée de Dieu.

LA NATURE ÉQUILIBRÉE DE DIEU

Pour qu'un oiseau soit en mesure de voler, laquelle de ses deux ailes est-elle essentielle – la droite ou la gauche ?

Il est bien évident que l'oiseau a besoin de ses deux ailes pour voler ! Quiconque pense qu'un oiseau puisse voler avec une seule aile ne tient compte ni de la nature des oiseaux, ni des lois de la gravité et de l'aérodynamique. De même, quiconque suggère que Dieu puisse montrer sa miséricorde sans tenir compte de sa justice ignore la nature de Dieu et la loi du péché et de la mort.

La miséricorde et la justice de Dieu sont toujours en parfait équilibre. Le roi David a dit :

> « *Je chanterai la* **bonté** *et la* **justice** *; c'est à toi, Éternel !*
> *que je chanterai* » (Psaume 101.1).

David, qui avait commis des péchés odieux, savait qu'il ne méritait pas la miséricorde de Dieu. Par définition, la miséricorde est imméritée.

La justice, c'est de recevoir le châtiment que nous méritons.
La miséricorde, c'est de ne pas recevoir le châtiment qui nous revient.

La raison pour laquelle David pouvait chanter des louanges à Dieu était qu'il connaissait la manière conçue par l'Éternel de faire miséricorde à des pécheurs ne le méritant pas, sans mettre de côté sa justice. C'est pourquoi David chantait la « *bonté* **et** *la justice* » de Dieu.

Le pardon des péchés n'est pas une simple affaire pour notre Dieu saint. Il ne pardonne jamais à un pécheur sans avoir la certitude que les transgressions de ce pécheur ont été suffisamment jugées et châtiées. En tant qu'êtres humains, si quelqu'un nous fait du tort, nous pouvons lui dire : « C'est bon, oublie. Ce n'est pas grave. » Nous pouvons gracieusement choisir de pardonner à quelqu'un comme cela, mais le Juge infiniment saint ne peut agir ainsi.

La miséricorde de Dieu n'exclut jamais la justice de Dieu. Il ne dit jamais : « Je t'aime, aussi je ne jugerai pas ton péché. » Il ne dit pas non plus : « Puisque tu as péché, je ne t'aime plus. » Dieu aime les pécheurs, mais il doit punir leur péché.

Si telle est la nature de Dieu, comment peut-il étendre sa miséricorde aux pécheurs coupables ?

MISÉRICORDE ET JUSTICE

Repensons à la situation d'Adam et Ève. Parce que **Dieu est tendre et miséricordieux**, il ne voulait pas que l'homme et la femme soient séparés de lui. Il voulait qu'ils vivent avec lui pour toujours et ne finissent pas dans le feu éternel.

« Le Seigneur [...] ne [veut] pas qu'aucun périsse »
(2 Pierre 3.9).

Néanmoins, du fait que **Dieu est *saint et juste***, il ne pouvait passer outre au péché d'Adam et d'Ève sans le punir.

« Tes yeux sont trop purs pour voir le mal, et tu ne peux pas regarder l'iniquité » (Habacuc 1.13).

Qu'est-ce Dieu pouvait bien faire ? Y avait-il un moyen de punir le péché sans punir le pécheur ? Comment la contamination du péché pouvait-elle être retirée et la pureté parfaite restaurée ? Y a-t-il une réponse satisfaisante à la question de Job : « *Comment l'homme serait-il juste devant Dieu ?* » (Job 9.2.) Dieu merci, il en existe une.

L'Écriture révèle ce que le juste juge a fait pour être à la fois « *juste **tout en** justifiant* » des pécheurs condamnés tels qu'Adam et Ève, et tels que vous et moi (Romains 3.26). Savez-vous ce qu'il a fait pour nous faire miséricorde tout en tenant compte de sa justice ? Nous arriverons bientôt à la réponse à cette question. Poursuivons notre route.

PAS DE MA FAUTE

Pour l'heure, écoutons la conversation qui a eu lieu entre nos ancêtres souillés et leur créateur, qui était devenu leur juge.

« Mais l'Éternel Dieu appela l'homme, et lui dit : Où es-tu?

Il répondit : J'ai entendu ta voix dans le jardin, et j'ai eu peur, parce que je suis nu, et je me suis caché.
Et l'Éternel Dieu dit : Qui t'a appris que tu es nu ? Est-ce que tu as mangé de l'arbre dont je t'avais défendu de manger?
L'homme répondit : la femme que tu as mise auprès de moi m'a donné de l'arbre, et j'en ai mangé.
Et l'Éternel Dieu dit à la femme : Pourquoi as-tu fait cela ?
La femme répondit : le serpent m'a séduite, et j'en ai mangé » (Genèse 3.9-13).

Pourquoi l'Éternel a-t-il questionné ainsi Adam et Ève ? Il les a interrogés pour la même raison que l'un des parents d'un enfant l'interroge quand il a désobéi, quoiqu'il sache ce que l'enfant a fait. Dieu voulait qu'Adam et Ève reconnaissent leur péché et leur culpabilité. Néanmoins, au lieu d'admettre leur péché, ils ont chacun tenté de rejeter le tort sur quelqu'un d'autre.

Adam a accusé Dieu et Ève : « Ce n'est pas de ma faute ! La femme que tu m'as donnée, c'est sa faute à elle ! »

Ève tenait le serpent responsable : « Le serpent m'a trompée ! »

Parce qu'ils étaient humains et non des robots préprogrammés, Dieu les tenait chacun responsable des choix qu'ils avaient faits. Ils ne pouvaient s'en prendre qu'à eux-mêmes.

« Que personne, lorsqu'il est tenté, ne dise : C'est Dieu qui me tente. Car Dieu ne peut être tenté par le mal, et il ne tente lui-même personne. Mais chacun est tenté quand il est attiré et amorcé par sa **propre convoitise.** *Puis la convoitise, lorsqu'elle a conçu, enfante le péché ; et le* **péché,** *étant consommé, produit la* **mort »** (Jacques 1.13-15).

Au lieu de suivre le projet de leur créateur, Adam et Ève ont suivi leur « *propre convoitise* », qui les a conduits sur la voie du *péché* et de la *mort*.

Ève avait été attirée et *trompée* par Satan. En ce qui concerne Adam, à qui le Seigneur avait donné le commandement de ne pas manger du fruit de la connaissance du bien et du mal, il avait *délibérément* choisi de désobéir à son créateur.

« Ce **n'est pas** Adam qui a été séduit, c'est la femme qui, **séduite**, s'est rendue coupable de transgression » (1 Timothée 2.14).

Qu'ils aient été coupables d'une transgression délibérée ou victimes d'une tromperie, ils étaient tous deux coupables, mais les Écritures déclarent que ce n'est qu'après qu'Adam a mangé du fruit que « *les yeux **de l'un et de l'autre** s'ouvrirent* [*et qu'*] *ils connurent qu'ils étaient nus* » (Genèse 3.7).

Dieu a tenu Adam – et non Ève – responsable d'avoir conduit l'humanité hors du royaume de justice et de vie jusque dans celui de la domination du péché et de la mort. Dieu avait offert à Adam le privilège d'être à la tête de la race humaine entière – mais un grand privilège ne vient pas sans grande responsabilité.

Le péché d'Adam nous a contaminés, mais nous ne pouvons pas le tenir responsable des mauvais choix que nous faisons.

« **Chacun de nous** rendra compte à Dieu pour lui-même » (Romains 14.12).

14

LA MALÉDICTION

L e temps de faire des excuses et de couvrir sa faute était révolu. Adam avait choisi sa propre voie, mais ce n'est pas lui qui allait choisir les conséquences de ce choix. Toute la création allait demeurer silencieuse tandis que le juste juge prononcerait une série de malédictions et de conséquences provoquées par le péché de l'homme.

LE SERPENT

Le Seigneur a commencé par prononcer une malédiction contre le « *serpent* ».

> « *L'Éternel Dieu dit au serpent : Puisque tu as fait cela, **tu seras maudit** entre tout le bétail et entre tous les animaux des champs, tu marcheras sur ton ventre, et tu mangeras de la poussière tous les jours de ta vie. Je mettrai inimitié entre toi et la femme, entre ta postérité et sa postérité : celle-ci t'écrasera la tête, et tu lui blesseras le talon* » (Genèse 3.14-15).

Qui était ce serpent contre lequel Dieu parlait ainsi ? Le créateur était-il en colère contre un reptile ? Les paroles de Dieu telles que nous les rapporte l'Écriture renferment parfois un message sur deux plans distincts ; c'est particulièrement le cas dans les paraboles et les prophéties. Il y a d'une part la signification apparente, qui est évidente, et d'autre part, une signification moins évidente et plus profonde. Tel était le cas de cette condamnation. Il y avait **deux dimensions** à la malédiction prononcée contre le serpent.

PREMIÈRE DIMENSION:
UNE ILLUSTRATION DURABLE

En premier lieu, en maudissant – c'est-à-dire, en prononçant un jugement contre – le serpent, l'Éternel mettait sous les yeux de l'humanité une leçon d'objet perpétuelle. Le reptile que Satan avait utilisé pour tenter l'homme afin qu'il pèche allait dorénavant ramper sur le sol. Tous les serpents allaient partager ce même trait. Avant qu'Adam et Ève ne pèchent, les serpents avaient apparemment des pattes, comme les autres reptiles. À ce jour, certaines espèces de serpents, comme les pythons et les boas constrictors, ont des vestiges de fémurs[126]. Le péché produit des conséquences pour les innocents comme pour les coupables. C'est à cause du péché que « *la création tout entière soupire* » (Romains 8.22). Même le règne animal innocent a été affecté. C'est pour une bonne raison que le choix de l'homme de se livrer au péché porte le nom de **chute.**

DEUXIÈME DIMENSION:
LA RUINE IMMINENTE DE SATAN

La Bible dit : « *aucune prophétie de l'Écriture ne peut être un objet d'interprétation particulière* » (2 Pierre 1.20). L'Écriture interprète l'Écriture. Ce que Dieu avait annoncé dans la deuxième partie de sa malédiction du « *serpent* » nous oblige à sonder plus profondément les Écritures.

> « *Je mettrai inimitié entre toi et la femme, entre ta postérité et sa postérité : celle-ci t'écrasera la tête, et tu lui blesseras le talon* » (Genèse 3.15).

Qui est ce serpent à qui Dieu s'adressait ? Les Écritures l'identifient comme l'ange orgueilleux qui a été « *abattu à terre* » (Ésaïe 14.12). Il est « *le grand dragon, le **serpent ancien,** appelé le **diable** et **Satan,** celui qui séduit toute la terre* » (Apocalypse 12.9)[127].

Le serpent n'était autre que *Satan*.

Usant d'un langage adéquat pour un serpent, l'Éternel prononçait la ruine du diable et de tous ceux qui le suivraient. Il y aurait « *inimitié* » (une hostilité irréconciliable) entre sa « ***postérité*** » et celle de la femme. En fin de compte, cette dernière postérité allait écraser la « *tête* » du serpent.

Tout cela allait se produire selon le plan établi par Dieu.

LES DEUX POSTÉRITÉS

Que signifie cette référence aux *deux postérités* ? Qui donc était désigné des noms de *postérité du serpent* et de *postérité de la femme* ?

La postérité du serpent désigne ceux qui se rebellent contre Dieu de même que Satan l'a fait. Ceux qui suivent les mensonges de Satan sont, dans un sens spirituel, le*s enfants du diable*.

> « *Vous avez pour père le diable, et vous voulez accomplir les désirs de votre père. Il a été meurtrier dès le commencement, et il ne se tient pas dans la vérité, parce qu'il n'y a pas de vérité en lui. Lorsqu'il profère le mensonge, il parle de son propre fonds ; car il est menteur et le père du mensonge* » (Jean 8.44).

Qui donc est **la *postérité de la femme*** ? Il s'agit là d'un concept unique. Dans toute l'histoire biblique, l'ascendance d'un homme était attribuée à l'homme plutôt qu'à la femme. Cependant, le jour où le péché est entré dans le monde, Dieu a parlé de la *postérité d'une femme*. Mais pourquoi ?

Cette déclaration de Dieu était la première prophétie désignant le Messie qui allait naître d'une femme mais non pas d'un homme. *Messie* signifie littéralement celui qui *a reçu l'onction* ou l'*élu*. Dans toute la Bible, chaque fois qu'un homme a été choisi par Dieu pour être un chef du peuple, une personne investie d'autorité, par exemple un prophète, l'oignait (c'est-à-dire qu'il versait de l'huile sur sa tête) afin de montrer qu'il avait été choisi par Dieu pour accomplir une tâche particulière[128].

Néanmoins, le Messie allait être différent de tous les autres prophètes. Il allait être *l'oint par excellence*. Exactement au moment judicieux dans l'histoire de l'humanité, l'oint de Dieu allait entrer dans le monde pour « **réduire** *à l'impuissance, par la mort, celui qui détenait le pouvoir de la mort, c'est-à-dire le diable et pour* **délivrer** *tous ceux qui étaient réduits à l'esclavage leur vie durant par la peur de la mort* » (Hébreux 2.14-15, *Bible du Semeur*). Si Dieu n'a pas révélé l'intégralité de son plan le jour où le péché a fait son entrée dans le monde, cet embryon de prophétie donnait à Adam, à Ève et à leur postérité une lueur d'espoir. Cette promesse initiale était riche de vérités fondamentales que les prophètes de Dieu allaient, au fil du temps, développer en détail[129].

LA MALÉDICTION

À la suite de sa prophétie soigneusement formulée quant à la *postérité de la femme* qui allait écraser la tête du serpent, le Seigneur a fait connaître à Adam et à Ève certaines des conséquences pratiques de leur péché. Ces conséquences sont connues sous le nom de **la malédiction**.

> « *Il dit à la femme : J'augmenterai la souffrance de tes grossesses, tu enfanteras avec douleur, et tes désirs se porteront vers ton mari, mais il dominera sur toi.*
>
> *Il dit à l'homme : Puisque tu as écouté la voix de ta femme, et que tu as mangé de l'arbre au sujet duquel je t'avais donné cet ordre : Tu n'en mangeras point ! Le sol sera maudit à cause de toi. C'est à force de peine que tu en tireras ta nourriture tous les jours de ta vie, il te produira des épines et des ronces, et tu mangeras de l'herbe des champs. C'est à la sueur de ton visage que tu mangeras du pain, jusqu'à ce que tu retournes dans la terre, d'où tu as été pris ; car tu es poussière, et* **tu retourneras dans la poussière** » (Genèse 3.16-19).

Le choix d'Adam et d'Ève de se rebeller contre leur créateur s'accompagnait d'un prix astronomique.

Les joies d'avoir une famille allaient maintenant être accompagnées de douleurs et de tracas. Au lieu de produire naturellement des céréales, des légumes et des fruits, le sol de la Terre, maudit, allait produire des mauvaises herbes, des épines et des chardons. Le repos et la joie allaient faire place à la lutte et au dur labeur. Pire encore que tout cela, la vie éphémère de l'homme allait se dérouler dans l'ombre d'un tyran nommé la *mort*. L'homme avait perdu sa domination. Le péché avait entraîné une malédiction.

LA MORT EST-ELLE NORMALE ?

Ceux qui choisissent d'ignorer l'Écriture tendent à voir les difficultés, la souffrance, le deuil, les relations brisées, la maladie, le vieillissement et la mort comme *normaux*. L'une des clefs à notre disposition pour comprendre pourquoi les choses sont telles qu'elles le sont sur notre planète gémissante est de comprendre la vérité quant à la malédiction du péché. Beaucoup de gens intelligents utilisent la condition piteuse de l'humanité pour démontrer que Dieu n'existe pas. La raison pour laquelle ils raisonnent ainsi, c'est qu'ils refusent de reconnaître l'entrée du péché dans le monde, ainsi que ses conséquences[130].

Au Sénégal, beaucoup sont ceux qui disent parfois – particulièrement aux funérailles – que « Dieu a créé la mort avant de créer la vie. » Certains puisent peut-être du réconfort dans cette philosophie, mais de raisonner ainsi contredit non seulement les règles de la logique, mais aussi l'Écriture, qui décrit la mort comme « *le dernier ennemi qui sera détruit* » (1 Corinthiens 15.26).

Le mal, la souffrance et la mort peuvent nous paraître normaux, mais ces éléments qui ont fait leur intrusion dans le monde ne sont pas plus naturels à celui-ci que les cellules cancéreuses ne le sont au corps d'une personne en bonne santé.

Les ronces présentes sur un rosier au doux parfum, la bataille à livrer pour engranger une récolte, l'entêtement visible chez d'adorables petits enfants, la manière dont un homme maltraite sa charmante épouse, la douleur qui accompagne la merveille de l'enfantement, les maladies qui ravagent le système immunitaire, la cruauté de la vieillesse, la dure réalité de la mort et le fait que notre corps retourne à la poussière – tout cela ne faisait pas partie du plan originel de Dieu.

Dieu n'a pas conçu la création pour qu'elle lutte contre elle-même. Avant que le péché ne fasse irruption, l'homme dominait sur la création. Toutes choses étaient parfaitement soumises à Adam et à Ève. La justice et la paix remplissaient la terre. Puis, notre premier ancêtre a dévalé le chemin menant au péché et à la mort, emmenant avec lui la race humaine souillée et mourante.

TOUTE LA CRÉATION AFFECTÉE

Mais quelqu'un dira : « Mais cela n'est pas juste ! Pourquoi devrions-nous souffrir pour le péché d'un autre ? » Chacun d'entre nous fait ses propres choix et c'est pour ces choix que Dieu nous tient responsables, mais il est également vrai que nous vivons dans un monde qui a été maudit. La réalité qui se cache derrière le proverbe wolof est parfaitement évidente : « *Une épidémie ne se limite pas à la personne qui l'a causée.* »

Telle est la nature du péché. La vie n'est plus juste. La conséquence du péché d'Adam, c'est que « *la création tout entière soupire et souffre les douleurs de l'enfantement* » (Romains 8.22).

Tous sont affectés par la malédiction du péché.

La bonne nouvelle, c'est que, dès le commencement, notre créateur avait un ambitieux plan de sauvetage. À l'image de l'horloger qui insère dans une montre un mécanisme par lequel elle peut être ajustée pour contrebalancer les forces qui la font avancer ou retarder, le créateur a doté l'univers d'un « mécanisme » par lequel il allait compenser les forces destructrices de Satan, du péché et de la mort. Dès le début, Dieu avait un objectif lorsqu'il a permis au péché d'entrer dans le monde, ainsi qu'un projet pour défaire la malédiction du péché et démontrer sa grâce à tous ceux qui croiraient en lui. La souffrance, la douleur et la mort étaient absentes au début de l'histoire de Dieu, et le seront également à la fin. Un jour, la malédiction du péché sera abolie. « *Il* **essuiera toute larme de leurs yeux.** *La mort ne sera* plus et **il n'y aura plus ni deuil, ni plainte, ni souffrance.** *Car ce qui était autrefois a définitivement disparu [...]* **Il n'y aura plus aucune malédiction** » (Apocalypse 21.4 ; 22.3). Nous en saurons plus sur cet avenir glorieux vers la fin de notre voyage.

LA GRÂCE DE DIEU

Vous souvenez-vous ce qu'Adam et Ève avaient fait après avoir mangé de l'arbre de la connaissance du bien et du mal ? Ils s'étaient fait des vêtements de feuilles de figuier. C'était la première tentative de l'homme de couvrir ses fautes et sa honte. Dieu n'a pas agréé les efforts personnels d'Adam et d'Ève. Au contraire, Dieu a fait quelque chose pour eux.

> « *L'Éternel Dieu fit à Adam et à sa femme des habits de peau, et il les en revêtit* » (Genèse 3.21).

Dieu a fourni à Adam et à Ève des habits faits de peaux de bêtes. Pour qu'il agisse ainsi, il fallait que du sang soit versé.

Imaginez l'Éternel choisissant un couple de brebis ou d'autres animaux adéquats, les sacrifiant et faisant de leur peau des habits pour Adam et Ève. Dieu leur enseignait des leçons cruciales quant au prix élevé du péché et à la manière dont des pécheurs honteusement injustes peuvent lui devenir acceptables.

En fournissant ces habits particuliers à Adam et à Ève, leur créateur montrait sa grâce à ceux qui venaient juste de se rebeller contre lui. Ils ne méritaient pas la bonté de Dieu, mais c'est ce que la grâce signifie : **une bonté imméritée**.

> *La **justice**, c'est de recevoir ce que nous méritons (= le châtiment éternel).*
> *La **miséricorde**, c'est de ne pas recevoir ce que nous méritons (= une absence de châtiment).*
> *La **grâce**, c'est de recevoir ce que nous ne méritons pas (= la vie éternelle).*

LA JUSTICE DE DIEU

En tuant des animaux au bénéfice d'Adam et d'Ève, Dieu voulait qu'ils comprennent qu'il n'est pas seulement le « *Dieu miséricordieux* », mais aussi le « *Dieu juste* » (Psaume 86.15 ; Psaume 7.9). Le péché doit être puni de mort. Imaginez Adam et Ève alors qu'ils regardaient couler le sang de ces magnifiques créatures innocentes. Dieu avait mis sous leurs yeux une illustration vivante du châtiment mérité par le péché, c'est la mort.

C'est Dieu lui-même qui a accompli le premier sacrifice sanglant. Des millions d'autres allaient suivre.

Remarquez aussi que c'est l'Éternel qui les « *revêtit* » des peaux de bêtes qu'il leur avait fournies. Adam et Ève avaient essayé de couvrir leur péché et leur honte, mais leurs efforts n'avaient pas satisfait Dieu. Lui seul pouvait apporter le remède à leur problème de péché. Dieu voulait qu'ils le comprennent. C'est ce qu'il veut que nous comprenions aussi.

LES PÉCHEURS EXCLUS

Le chapitre 3 de la Genèse se conclut de la manière suivante :

« *L'Éternel Dieu dit : Voici, l'homme est devenu comme l'un de nous, pour la connaissance du bien et du mal. Empêchons-le maintenant d'avancer sa main, de prendre de l'arbre de vie, d'en manger, et de vivre éternellement. Et l'Éternel Dieu le chassa du jardin d'Éden, pour qu'il cultivât la terre, d'où il avait été pris. C'est ainsi qu'il chassa Adam ; et il mit à l'orient du jardin d'Éden les chérubins qui agitent une épée flamboyante, pour garder le chemin de l'arbre de vie* » (Genèse 3.22-24).

De même que Lucifer et ses anges avaient été exclus du paradis céleste après avoir exercé leur volonté à l'encontre de celle de Dieu, de même l'homme et la femme ont été exclus du paradis terrestre lorsqu'ils se sont rebellés contre la volonté divine.

Ainsi, l'homme a été banni de la sainte présence de Dieu et de la proximité de *l'arbre de vie* (à ne pas confondre avec *l'arbre de la connaissance du bien et du mal).* Vers la fin de notre périple d'un bout à l'autre de l'Écriture, nous aurons un autre aperçu de cet arbre très particulier situé au paradis céleste. L'arbre de vie symbolise le don de la vie éternelle fait par Dieu à ceux qui mettent en lui leur confiance et s'en remettent à son plan.

En mangeant de *l'arbre de la connaissance du bien et du mal,* Adam et Ève avaient rejeté la vie et choisi la voie de la mort éternelle. La relation merveilleuse entre le ciel et la terre avait été brisée par le péché.

Adam et Ève étaient dans un grave embarras. C'est aussi notre cas à nous.

15

UN DOUBLE PROBLÈME

« **U**n évadé repris après 38 ans de cavale », titrait un journal en 2006.

L'article évoquait un certain M. Smith, qui s'était échappé en 1968 d'une prison californienne où il purgeait une peine pour vol. Pendant 38 années, usant du nom de jeune fille de sa mère, il était allé de lieu en lieu, pour enfin s'installer dans une maison mobile, dans une zone très boisée du centre des États-Unis. C'est là que les autorités l'ont retrouvé.

« Il a un peu regardé le sol, puis il a dit : "Ouais, c'est bien moi" », a rapporté le subordonné du shérif du comté de Creek. « Il ne s'imaginait pas qu'on puisse encore le rechercher si longtemps après l'incident[131]. »

Pas plus que M. Smith n'a pu échapper au bras de la justice, aucun contrevenant à la loi divine ne peut échapper à la portée sans limite du juste législateur et juge.

Et qui sont les contrevenants ?

« ***Quiconque pèche transgresse la loi***, *et le péché est la transgression de la loi* » (1 Jean 3.4).

Quiconque désobéit aux règles bonnes et parfaites de Dieu est un contrevenant. C'est ce qu'a fait Lucifer. C'est ce qu'Adam et Ève ont fait. C'est ce que nous avons fait nous aussi.

Tout péché est un acte contre Dieu. Beaucoup sont ceux qui font peu de cas de leur péché, mais aux yeux de Dieu, tous les pécheurs non repentants et n'ayant point reçu le pardon – aussi « bons » ou religieux soient-ils – sont des hors-la-loi criminels.

D'OPTIMISTES CHASSEURS DE MIRAGES

Il y a quelque temps, un voisin m'a confié : « Je suis un optimiste. Je crois que j'irai au paradis. » Son optimisme et ses efforts personnels le sauveront-ils du châtiment éternel lorsqu'il en viendra à être jugé ?

Un jour, alors que je traversais la vallée de la Mort en Californie – l'un des déserts les plus chauds de la planète – j'ai vu au loin ce qui semblait être un lac aux reflets chatoyants, mais lorsque je m'en suis rapproché, le « lac » avait disparu. En regardant au loin, j'ai vu un autre « lac » semblable. Il a disparu à son tour. Il s'agissait de mirages.

Un mirage est causé par la réfraction des rayons de lumière à travers des couches d'air de température et de densité différentes. Les lacs avaient tous l'apparence du réel. De même, un pécheur peut être optimiste quant à ses chances d'aller au paradis, mais l'Écriture dévoile la vérité. Les descendants d'Adam sont « *sans force* » pour se sauver par eux-mêmes du jugement (Romains 5.6).

De même qu'un homme perdu dans un désert aride et qui a renversé la seule réserve d'eau dont il disposait, l'humanité est incapable de regagner seule la vie éternelle perdue à cause du péché.

> « *Il nous faut certainement mourir, et nous serons comme des eaux répandues à terre et qui ne se rassemblent plus...* »
> (2 Samuel 14.14).

Il est possible qu'un homme perdu voie ce qu'il croit sincèrement être une oasis propre à lui sauver la vie, mais cette « oasis » s'avère n'être rien d'autre que des vagues de chaleur. Cet homme désespéré se traîne de mirage en mirage jusqu'à ce qu'enfin il meure de déshydratation. Il en va de même pour l'optimisme, pour la sincérité des pécheurs ainsi que pour les religions fondées sur les efforts personnels.

« *Telle voie paraît droite à un homme, mais son* **issue,** *c'est la voie de la* **mort** » (Proverbes 14.12).

Dans leur tentative de pallier leur condition souillée, des milliards de gens partout dans le monde suivent aujourd'hui des voies qui leur *paraissent* justes. Ils observent des rituels religieux, se livrent à des purifications cérémonielles, récitent mécaniquement des prières, s'abstiennent de consommer certains aliments, égrènent des perles de chapelets, répètent des formules et pratiquent ce qu'ils estiment être de bonnes œuvres. D'autres se concentrent sur la soumission à leur chef religieux, tandis que d'autres encore espèrent gagner le paradis en mourant en martyrs d'une cause qu'ils estiment juste et sainte.

Se pourrait-il qu'ils pourchassent un mirage ?

UNE VISION JUSTE DE SOI

« *La vérité est un piment rouge* », dit un proverbe wolof. Même si elle nous met mal à l'aise, Dieu nous dit la triste vérité à notre égard. Il nous invite à être honnêtes avec lui quant à notre péché. Sans cette honnêteté, nous sommes comme une voisine gravement malade que ma femme et moi-même connaissions. Elle refusait de reconnaître son besoin de voir un médecin digne de ce nom et répétait avec insistance qu'elle s'en sortirait. Elle est morte quelques semaines plus tard.

Tandis qu'il était sur terre, le Messie a dit à un groupe de chefs religieux qui se confiaient dans leur propre justice :

« *Ce ne sont pas ceux qui se portent bien [ceux qui s'estiment suffisamment justes] qui ont besoin de médecin, mais les malades. Je ne suis pas venu appeler des justes, mais des pécheurs* » (Marc 2.17).

En dépit de l'enseignement clair de l'Écriture, beaucoup d'églises, de mosquées et de synagogues actuelles ne font que répéter aux gens qu'ils sont bons ou qu'ils n'ont qu'à faire un petit effort supplémentaire. Elles n'enseignent pas à leurs fidèles la justice parfaite de Dieu et les conséquences dramatiques du péché. Au Canada, on peut voir le message suivant au-dessus de la porte d'une mosquée :

*« NOUS ACCEPTONS TOUT LE MONDE
ET NE DISONS À PERSONNE QU'IL EST PÉCHEUR. »*

Dieu a placardé un message bien différent au-dessus de l'entrée du paradis :

« IL N'ENTRERA [...] RIEN DE SOUILLÉ »
(Apocalypse 21.27).

L'Écriture dit : *« tous ont péché et sont privés de la gloire de Dieu »* (Romains 3.23). Dieu n'accepte *personne* en vertu de ses mérites personnels et dit à *tout le monde* qu'il est pécheur.

Seuls ceux qui seront purifiés d'une manière correspondant aux parfaits critères divins de justice et de pureté entreront au paradis.

UNE VISION JUSTE DE DIEU

Un jour, le prophète Ésaïe a reçu une vision de la pureté absolue et de la gloire stupéfiante de l'Éternel. Il a ensuite écrit :

« L'année de la mort du roi Ozias, je vis le Seigneur assis sur un trône très élevé, et les pans de sa robe remplissaient le Temple. Des séraphins [anges] se tenaient au-dessus de lui ; ils avaient chacun six ailes ; deux dont ils se couvraient la face, deux dont ils se couvraient les pieds, et deux dont ils se servaient pour voler. Ils criaient l'un à l'autre, et disaient : **Saint, saint, saint est l'Éternel des armées** *! Toute la terre est pleine de sa gloire ! Les portes furent ébranlées dans leurs fondements par la voix qui retentissait, et la maison se remplit de fumée. Alors je dis :* **Malheur à moi ! Je suis perdu, car je suis un homme dont les lèvres sont impures, j'habite au milieu d'un peuple dont les lèvres sont impures, et mes yeux ont vu le Roi, l'Éternel des armées** *»* (Ésaïe 6.1-5).

La splendeur ardente qui enveloppe le trône de Dieu est si étincelante que même les anges parfaitement purs se couvrent la face et les pieds. Ces anges sont à tel point frappés de stupeur devant la majesté de Dieu qu'ils ne peuvent s'asseoir en sa présence. Au lieu de cela, ils volètent autour de son trône en criant : « *Saint, saint, saint est l'Éternel des armées ! Toute la terre est pleine de sa gloire !* »

Pourquoi la plupart des gens ne reconnaissent-ils pas le péché pour ce qu'il est ? C'est peut-être parce qu'ils n'ont jamais vu Dieu tel qu'il est. Ils n'ont jamais contemplé sa pureté étincelante. Ésaïe était un prophète pieux, cependant sa vision de la sainte splendeur du Seigneur l'avait rendu conscient de sa propre souillure et de son impureté. « Malheur à moi ! Je suis perdu, car je suis un homme dont les lèvres sont impures ! » a-t-il dit. Devant la sainteté éclatante du Seigneur, Ésaïe savait que la nation entière d'Israël et lui-même étaient dans une situation désespérée !

Plus tard, Ésaïe a écrit : « *Nous étions **tous** errants comme des brebis, **chacun suivait sa propre voie** [...] Nous sommes **tous** comme **des impurs**, et **toute** notre justice est comme un **vêtement souillé*** » (Ésaïe 53.6 ; 64.5). Ésaïe savait que toutes les purifications cérémonielles et tous les efforts personnels du monde ne pouvaient le rendre pur devant le Seigneur[132]. Tel que nous voit notre saint créateur, « *nous sommes tous comme des **impurs*** ».

Le prophète Job a démontré quelle compréhension il avait de la condition souillée de l'homme lorsqu'il a demandé : « ***Comment l'homme serait-il juste devant Dieu ?** [...] Quand je me laverais dans la neige, quand je purifierais mes mains avec du savon, tu me plongerais dans la fange, et mes vêtements m'auraient en horreur* » (Job 9.2, 30-31). Et le prophète Jérémie a consigné ces paroles de Dieu : « *Quand tu te laverais avec du nitre, quand tu emploierais beaucoup de potasse, ton iniquité resterait marquée devant moi, dit le Seigneur, l'Éternel* » (Jérémie 2.22).

Une vision juste de Dieu conduit à une vision juste de soi. Une vision fausse de notre créateur nous laisse avec une idée boursouflée de nous-mêmes.

Un homme habillé en haillons répugnants et sordides peut se croire propre et acceptable, mais il ne le sera pas pour autant. Semblablement, un pécheur peut s'estimer juste, mais ce n'est pas ce qui le rendra tel. Lorsqu'on les compare avec la gloire de Dieu et sa justice, nos meilleurs efforts sont comme « *un vêtement souillé* » (Ésaïe 64.6).

UNE LEÇON POUR TOUS

L'un des objectifs de Dieu lorsqu'il a formé la nation d'Israël était d'enseigner à *toutes* les nations quelques leçons vitales. Si l'Éternel demeurait constamment fidèle à Israël, les Israélites persistaient dans leur infidélité à son égard. Dieu veut que *nous* apprenions de leur exemple. « *Or, ces choses sont arrivées pour **nous servir d'exemples**, afin que nous n'ayons pas de mauvais désirs, comme ils en ont eu* » (1 Corinthiens 10.6).

Dans Exode, le deuxième livre de la Torah, Moïse relate l'échec des Israélites à tenir le péché pour ce qu'il est. D'un bras puissant, Dieu les avait délivrés de siècles d'esclavage en Égypte. Pourtant, il leur restait encore beaucoup de choses à comprendre concernant l'Éternel et son caractère. Ils pensaient qu'ils pouvaient d'une manière ou d'une autre être assez obéissants pour échapper au jugement de Dieu. Les Israélites avaient si confiance en eux-mêmes qu'ils ont dit à Moïse :

« ***Nous ferons tout*** *ce que l'Éternel a dit* » (Exode 19.8).

Ils ne se voyaient pas tels des pécheurs impuissants, non plus qu'ils compreaient l'exigence de Dieu en termes de justice parfaite. Ils avaient oublié qu'il n'avait fallu qu'un seul péché pour séparer Adam et Ève de leur créateur. Afin d'aider les Israélites à voir leur péché et à ressentir leur honte, Dieu les a soumis à un examen sur dix points précis.

Les Écritures décrivent comment l'Éternel est descendu sur le mont Sinaï en puissance et en gloire. « *Il y eut des **tonnerres**, des **éclairs**, et une **épaisse nuée** sur la montagne ; le son de la trompette retentit fortement ; et tout le peuple qui était dans le camp fut **saisi d'épouvante*** » (Exode 19.16). Puis la voix tonitruante de Dieu édicta dix règles :

LES DIX COMMANDEMENTS

1. « ***Tu n'auras pas d'autres dieux devant ma face.*** » D'adorer quiconque à l'exception de l'Éternel est péché. De manquer d'aimer Dieu, chaque moment de chaque jour, de tout notre cœur, de tout notre esprit et de toute notre force revient à pécher (Exode 20)[133].

2. **« *Tu ne te feras point d'idole [...] Tu ne te prosterneras pas devant de telles idoles* »** (*Bible du Semeur*)**.**
Cela ne se limite pas à l'interdiction de se prosterner devant une idole ou de vénérer un objet. Tout ce qui prend la place de Dieu est une transgression de cette loi.

3. **« *Tu ne prendras point le nom de l'Éternel, ton Dieu, en vain.* »** Si vous affirmez être soumis au seul vrai Dieu, mais ne le recherchez pas et n'obéissez pas à sa Parole, vous prenez son saint nom en vain.

4. **« *Pense à observer le jour du sabbat et fais-en un jour consacré à l'Éternel [...] tu ne feras aucun travail ce jour-là* »** (*Bible du Semeur*). Dieu exigeait que les Israélites cessent tout travail à tous les sept jours pour l'honorer.

5. **« *Honore ton père et ta mère.* »** Toute obéissance moins que parfaite est péché. Le moindre manque de respect d'un enfant envers ses parents, voire la moindre inconduite, constitue une violation de ce commandement.

6. **« *Tu ne tueras point.* »** Dieu dit également : « *Quiconque hait son frère est un meurtrier* » (1 Jean 3.15). La haine à l'encontre d'autres êtres humains est équivalente au meurtre. Dieu regarde au cœur et exige un amour désintéressé en tout temps.

7. **« *Tu ne commettras point d'adultère.* »** Cette loi ne se limite pas à un usage immoral du corps, mais proscrit aussi les désirs impurs de l'esprit et du cœur. « *Quiconque regarde une femme pour la convoiter a déjà commis un adultère avec elle dans son cœur* » (Matthieu 5.28).

8. « *Tu ne déroberas point.* » De prendre plus que ce qui nous revient, de tromper le gouvernement, de tricher à un examen ou de ne pas travailler fidèlement pour notre employeur sont autant de formes de vol.

9. « *Tu ne porteras point de faux témoignage contre ton prochain.* » De dire de qui ou de quoi que ce soit autre chose que la pure vérité est péché.

10. « *Tu ne convoiteras pas la maison de ton prochain [...] ni rien qui lui appartienne* » (*Bible du Semeur*). De brûler d'envie de posséder quelque chose appartenant à autrui est péché. Nous devons nous contenter de ce que nous avons.

COUPABLES !

Les Écritures relatent qu'après que l'Éternel a énoncé ces dix règles, « *tout le peuple entendait les tonnerres et le son de la trompette ; il voyait les flammes de la montagne fumante. À ce spectacle,* **le peuple tremblait, et se tenait dans l'éloignement** » (Exode 20.18).

Les Israélites ne se vantaient plus de pouvoir faire « *tout ce que l'Éternel [avait] dit* ». Ils avaient échoué à l'examen.

Et vous, vous en êtes-vous bien sorti(e) ? Si vous avez obtenu un score inférieur à 10/10 pour chacun des commandements – ce qui équivaut à une obéissance sans faille 24 heures sur 24, 7 jours sur 7, depuis votre naissance jusqu'à l'instant présent – alors, comme les enfants d'Israël et comme moi-même, vous avez échoué à l'examen.

> « *Quiconque observe toute la loi, mais pèche contre* **un seul** *commandement, devient* **coupable de tous** »
> (Jacques 2.10).

Dans le premier chapitre de ce livre, nous avons noté que la Bible n'était pas seulement le livre le plus vendu ; elle est aussi le plus fui au monde. L'une des raisons pour lesquelles elle est si impopulaire est qu'elle expose notre péché et nous dépouille de notre orgueil. Elle nous dit : « *Tu dis : Je suis riche, je me suis enrichi, et je n'ai besoin de rien, et [...] tu ne sais pas que tu es malheureux, misérable, pauvre, aveugle et nu* » et : « *il n'y a sur la terre point d'homme juste qui fasse le bien et qui ne pèche jamais* » (Apocalypse 3.17 ; Ecclésiaste 7.20).

La loi de Dieu ne nous renvoie pas une image réconfortante de nous-mêmes ; ce n'est pas sa fonction.

POURQUOI LES DIX COMMANDEMENTS ?

Quel est donc le rôle de la Loi ? Si nul ne peut satisfaire aux critères d'exigence définis par Dieu, pourquoi s'est-il donné la peine de les faire connaître ?!

Une raison évidente pour laquelle Dieu a donné ces commandements était de fournir à l'humanité des règles claires pour maintenir l'ordre dans la société. Toute civilisation où ne règne pas de consensus sur ce qui est bien ou mal ne peut finir que gouvernée par la tyrannie, ou à l'inverse, par l'anarchie. Dieu sait que l'humanité a besoin que la loi règne dans la société. Cependant, Dieu avait des raisons plus cruciales encore de donner les « dix commandements ».

L'Éternel a donné sa loi de façon que « *toute bouche soit fermée, et que tout le monde soit reconnu coupable devant Dieu. Car nul ne sera justifié devant lui par les œuvres de la loi, puisque c'est par la loi que vient la connaissance du péché* » (Romains 3.19-20).

TROIS FONCTIONS DES DIX COMMANDEMENTS :

1. La loi de Dieu fait taire ceux qui s'estiment suffisamment justes. « *Que toute bouche soit fermée, et que tout le monde soit reconnu coupable devant Dieu.* » Les dix commandements nous disent : si bon que tu croies être, tu ne satisferas jamais aux critères divins de justice parfaite ; tu es un transgresseur coupable ; cesse donc de te vanter[134]!

2. La loi de Dieu dévoile notre péché. « *C'est par la loi que vient la connaissance du péché.* » La loi est comme une radiographie. Les rayons X peuvent révéler une fracture, mais ils ne peuvent la réparer. De même, « *nul ne sera justifié* [déclaré acceptable] *devant lui par les œuvres de la loi* ». Les dix commandements sont aux pécheurs ce qu'est un miroir à un visage souillé. Si le miroir peut révéler la saleté, il ne peut l'ôter.

Il y a quelques années, j'ai expliqué quel était l'objectif de la loi de Dieu à un catholique, professeur de mathématiques dans un collège sénégalais. Cela fut pour lui une choquante révélation. D'une voix frustrée, il fit ce commentaire : « Bien, les dix commandements nous enseignent donc que nous sommes des pécheurs impuissants devant Dieu, qui est pur et doit châtier le péché ; et que nous ne pouvons nous sauver nous-mêmes par nos bonnes œuvres ou en priant et en jeûnant. Alors comment pouvons-nous *vraiment* être acceptables à Dieu ? Quelle est la solution ? »

3. La loi nous désigne la solution apportée par Dieu. De même qu'un radiologue exerçant la médecine dans un hôpital peut diriger le patient ayant une fracture vers le médecin qualifié pour traiter l'os, de même la Loi et les prophètes nous désignent le seul « Médecin » qui puisse nous racheter « *de la malédiction de la loi* » (Galates 3.13). Nous en apprendrons bientôt davantage à son sujet[135].

AU SECOURS !

Si vous étiez sur le point de vous noyer et qu'il y ait quelqu'un à proximité qui puisse vous sauver de la noyade, seriez-vous trop orgueilleux pour crier à l'aide ? Reconnaître votre impuissance de vous délivrer de la peine capitale encourue par le péché n'est pas une défaite – c'est le premier pas vers la victoire. L'être humain a besoin d'aide – d'une aide que seul Dieu est en mesure d'apporter.

Peut-être connaissez-vous le proverbe : « Aide-toi, le ciel t'aidera. » Si cet adage s'applique à certains domaines de l'existence, c'est l'inverse qui s'applique en ce qui concerne notre condition pécheresse et notre mort spirituelle : Dieu aide ceux qui admettent avoir besoin d'un Sauveur.

Un proverbe africain populaire dit : « Même si le tronc d'arbre reste longtemps dans l'eau, il ne deviendra pas un crocodile. » L'humain ne peut pas non plus changer sa nature souillée et se rendre juste par ses propres efforts.

CONTAMINÉ

Revenons-en à Adam. Dieu ne lui avait donné qu'une règle :

« Tu ne mangeras pas de l'arbre de la connaissance du bien et du mal. »

Si Adam et Ève avaient obéi à leur créateur, ils auraient pu vivre pour toujours et croître dans une relation merveilleuse avec lui, mais il en fut autrement. Nos ancêtres ont commis une transgression et leur relation avec Dieu a été brisée. Se sachant pécheurs, ils ont essayé de se cacher de Dieu. Ils avaient honte et ont tenté de couvrir leur nudité au moyen de feuilles de figuier. Mais Dieu les a cherchés, leur a donné un aperçu de sa miséricorde et de sa justice, puis les a exclus de sa présence. S'il ne leur avait fourni un moyen de revenir à lui, Adam et Ève auraient été bannis de sa présence pour toujours. Ils se tenaient contaminés et condamnés devant leur saint créateur et juge.

Voici une question d'importance : combien de péchés Adam et Ève ont-il eu à commettre avant que Dieu les exclue du jardin parfait d'Éden ? Il en a suffi d'un seul. Aucune quantité d'efforts personnels ou de bonnes œuvres préalables ou ultérieures n'était susceptible de défaire les conséquences du seul péché commis.

« Le bien » est le critère *normal* de Dieu. Lorsque Adam a péché, il n'était plus « bon » aux yeux de Dieu. Il était devenu tel un verre d'eau pure dans lequel on aurait versé une goutte de cyanure. Si l'on a un verre d'eau auquel on a ajouté du poison, le fait de rajouter de l'eau en retirera-t-il le poison ? Non, bien entendu, et toutes nos bonnes œuvres ne peuvent pas non plus nous débarrasser de notre péché. Quand bien même ce serait le cas, la réalité est que nous n'avons pas d'« eau pure », c'est-à-dire, pas d'œuvres réellement justes que nous puissions ajouter à notre nature pécheresse. Aux yeux de Dieu, nos meilleurs efforts sont pollués.

L'âme d'Adam était contaminée par le péché, de même que celle d'Ève. Nous provenons tous de la même source contaminée. Le prophète David nous fait connaître le verdict de Dieu :

« L'Éternel, du haut des cieux, regarde les fils de l'homme, pour voir s'il y a quelqu'un qui soit intelligent, qui cherche

Dieu. **Tous** *sont égarés, tous sont pervertis ; il n'en est* **aucun** *qui fasse le bien,* **pas même un seul** » (Psaume 14.2-3).

NOTRE DOUBLE PROBLÈME

On raconte en Grande-Bretagne l'histoire d'un homme condamné à mort. Un jour, la porte de la cellule s'ouvrit d'un coup et le geôlier entra.

« Réjouissez-vous », dit le geôlier, « la reine vous a amnistié. »

A la grande surprise du geôlier, cet homme n'eut aucune réaction.

« Eh, je vous dis de vous réjouir », répéta le geôlier, qui tenait un document à la main. « Voici l'acte d'amnistie. La reine vous a pardonné ! »

À ces mots, le prisonnier souleva sa chemise et montra une horrible tumeur, disant : « J'ai un cancer qui va me tuer dans quelques jours ou quelques semaines. À moins que la reine ne puisse me l'enlever, cette amnistie me fait une belle jambe. »

Cet homme savait qu'il lui fallait quelque chose de plus qu'une amnistie pour ses crimes ; il lui fallait une nouvelle vie.

Chaque membre de la race d'Adam est comme cet homme condamné. En tant que pécheurs de naissance et par choix, nous sommes confrontés à un double dilemme : nous avons besoin du pardon pour nos crimes contre Dieu *et* nous avons besoin que Dieu nous accorde la vie juste et éternelle qui nous rendra capables de vivre en sa sainte présence.

En résumé, voici quel est notre double problème :

- **LE PÉCHÉ :** Nous sommes des *pécheurs coupables*. Dieu seul peut nous purifier de notre péché et nous faire échapper au châtiment éternel.

Nous avons besoin du **pardon** de Dieu.

- **LA HONTE :** Nous sommes *spirituellement nus*. Dieu seul peut nous revêtir de sa justice et nous donner sa vie éternelle.

Nous avons besoin de la **perfection** de Dieu.

Notre péché et notre honte exigent un double remède, que nous ne pouvons produire nous-mêmes. La bonne nouvelle, c'est que Dieu nous l'a fourni.

16

LA POSTÉRITÉ DE LA FEMME

Par une nuit brumeuse, deux petits enfants tombèrent autrefois dans une fosse profonde et glissante. Ils étaient tous deux blessés, terrifiés et impuissants à s'en sortir. Tous deux dans la même situation périlleuse, ils ne pouvaient s'apporter du secours ni l'un ni l'autre. La mort allait bientôt venir les ravir à moins que le secours ne vienne de l'extérieur de la fosse. Plus tard, trois hommes les trouvèrent. À l'aide d'une corde, l'un de ces hommes descendit dans la fosse visqueuse. Les enfants furent tirés de là.

Leur délivrance était venue d'en haut.

Le jour où Adam et Ève ont commis leur première faute, ils sont devenus comme ces petits enfants. Ils étaient impuissants à se sauver de la fosse du péché dans laquelle ils étaient tombés. Afin d'être délivrés de la mort éternelle, ils devaient recevoir du secours de l'extérieur de la race humaine, c'est-à-dire d' « en haut ».

Ne vous y trompez pas. La condition de l'homme est désastreuse et il ne peut y remédier par lui-même.

Dans tous les siècles, sans aucune exception, tous les descendants d'Adam – hommes et femmes – ont hérité d'une nature encline au péché. Tous sont nés sous la malédiction du péché. Pour délivrer les pécheurs de la malédiction du péché et de ses conséquences, Dieu a formé le projet d'envoyer un homme sans péché dans le monde afin de tirer de la fosse du péché tous ceux qui le voudraient. Comment

Dieu pouvait-il s'y prendre ? Comment quelqu'un pouvait-il naître dans la famille humaine sans hériter la nature pécheresse d'Adam ? Dieu en a donné le premier indice le jour où le péché a infecté la race humaine.

L'Éternel a averti le « serpent » (Satan) :

> « *Je mettrai inimitié entre toi et la femme, entre ta postérité et **sa postérité** : celle-ci t'écrasera la tête, et tu lui blesseras le talon* » (Genèse 3.15).

Lorsqu'il parlait de « *sa postérité* », le Seigneur prédisait que ce serait par l'entremise d'un enfant mâle, né d'une femme, qu'il sauverait les pécheurs, écraserait Satan une fois pour toutes et en finirait avec le mal. Telle était la première de centaines de prophéties à suivre, dont chacune désignerait avec une clarté croissante le moment dans l'histoire où ce Sauveur-Messie allait visiter le monde.

POURQUOI LA POSTÉRITÉ DE LA FEMME ?

Pourquoi le Messie devait-il entrer dans la race humaine en étant la postérité de **la femme** ? Pourquoi fallait-il qu'il soit « né ***d'une femme*** », mais *non* d'un homme (Galates 4.4) ? Voici la réponse : le Sauveur des pécheurs devait visiter la race pécheresse d'Adam en tant qu'être humain, mais il devait venir de l'extérieur de la fosse du péché. Il devait descendre d' « en haut ».

Longtemps après que Dieu a énoncé cette prophétie initiale quant à la *semence de la femme*, le prophète Ésaïe écrivit :

> « *Le Seigneur lui-même vous donnera un signe, voici, **la jeune fille deviendra enceinte, elle enfantera un fils**, et elle lui donnera le nom d'Emmanuel [ce qui signifie : Dieu avec nous]* » (Ésaïe 7.14).

Le Sauveur allait entrer dans la famille humaine par le sein d'une jeune femme n'ayant jamais eu de relations sexuelles avec un homme. C'est ainsi que le Messie visiterait la race déchue d'Adam sans hériter de la nature pécheresse de ce dernier.

Mais quelqu'un dira : « Un instant. Les femmes sont également des pécheresses. Quand bien même le Messie naîtrait uniquement d'une femme, ne serait-il pas contaminé par la nature de sa mère ? »

Dans quelques pages, nous apprendrons comment le Saint-Esprit de Dieu a réalisé la conception miraculeuse de ce saint enfant. Néanmoins, méditons tout d'abord sur quelques détails moins évidents quant au projet de Dieu d'amener son Fils sans péché dans le monde par l'intermédiaire du sein d'une vierge. Comment le Messie pouvait-il naître exempt du péché qui s'était propagé dans toute la descendance d'Adam ?

EXEMPT DU PÉCHÉ

Comme nous l'avons déjà appris au chapitre 13, Dieu tenait *Adam* pour responsable d'avoir conduit la race humaine dans le royaume de péché et de mort de Satan. Ève a été séduite, non Adam. Si les femmes héritent à la naissance d'une nature pécheresse semblable à celle des hommes, l'Écriture nous indique clairement que c'est notre lien avec Adam qui nous fait naître avec une nature pécheresse[136].

En hébreu, *Adam* signifie littéralement « *terre rouge* ». Dieu a formé le corps du premier homme de la poussière du sol. Après qu'Adam ait péché, Dieu lui dit : « *tu es poussière, et **tu retourneras dans la poussière*** » (Genèse 3.19).

À l'opposé, *Ève* signifie « vie ». Ce nom a été donné à la première femme « *car elle a été la mère **de tous les vivants*** » (Genèse 3.20). Le jour où le péché est entré dans le monde, Dieu a annoncé son projet de s'occuper du problème de notre péché et de conférer la vie éternelle au monde par l'entremise de la *postérité **de la femme*** (Genèse 3.15). Même si le Messie allait se revêtir d'un corps de chair et de sang, il n'allait pas descendre de la lignée infectée d'Adam. Il allait être exempt de la souillure du péché.

Il est intéressant de noter que, d'un point de vue strictement biologique, nous savons désormais que le sexe d'un enfant est déterminé par la semence (le spermatozoïde) de son père et non par celle de sa mère (l'ovule). Nous savons aussi que, dès la conception, un bébé dans le sein de sa mère a un système circulatoire distinct du système maternel. La science médicale nous dit que « le placenta forme une barrière unique qui garde le sang de la mère à part tout en permettant aux nutriments et à l'oxygène de passer vers l'embryon[137]».

Même avant que Dieu ait créé le premier humain, il avait prévu chaque détail de la venue du Messie sur Terre.

Souvenez-vous de l'illustration de la branche brisée : comme cette branche morte et séparée du tronc, la famille humaine est spirituellement morte et coupée de la « Source de vie ». Quoique le Sauveur des pécheurs ait dû vivre au milieu de la famille d'Adam, spirituellement morte et souillée par le péché, il n'allait pas en provenir. Il allait lui-même être « *le vrai cep* » (Jean 15.1), la véritable Source de vie.

Il allait être *parfait*.

« Parfait » ne signifie pas qu'il n'allait jamais avoir sur son corps de boutons, de bleus ou d'égratignures. Cela signifie qu'il allait être parfait de caractère. Il n'allait jamais violer la loi de Dieu. Il serait « *saint, innocent, sans tache, séparé des pécheurs, et plus élevé que les cieux* » (Hébreux 7.26).

Est-il bien surprenant que le Messie sans péché soit appelé « le *deuxième* homme » et « le *dernier* Adam » ?

LE DEUXIÈME HOMME

> « *C'est pourquoi il est écrit : Le **premier homme, Adam**, devint une âme vivante. Le **dernier Adam** est devenu un esprit vivifiant. Mais ce qui est spirituel n'est pas le premier, c'est ce qui est animal ; ce qui est spirituel vient ensuite. Le **premier homme**, tiré de la terre, est terrestre ; le **second homme** est du ciel* » (1 Corinthiens 15.45-47).

De la même manière que le « *premier homme* » a conduit toute la population humaine dans le sombre royaume de souillure et de mort gouverné par Satan, le « *deuxième homme* » allait conduire une grande multitude d'hommes et de femmes hors de ce royaume satanique jusque dans le royaume glorieux de justice et de vie. C'est pourquoi, le jour même où le péché a contaminé la race humaine, l'Éternel a signifié que la postérité de la femme le blesserait et finirait par l'écraser complètement.

Le prophète Michée a écrit ce qui suit au sujet du Sauveur promis :

> « *Et toi,* **Bethléhem** *Ephrata, petite entre les milliers de Juda, de toi sortira pour moi celui qui dominera sur Israël, et* **dont l'origine remonte aux temps anciens, aux jours de l'éternité***[...] il sera glorifié jusqu'aux extrémités de la terre [...] C'est lui qui ramènera la paix* »
> (Michée 5.1, 3-4).

Michée n'a pas seulement prédit la naissance du Messie dans la ville de Bethléhem[138], il a aussi déclaré que le Sauveur était préexistant et que son origine remontait « *aux temps anciens, aux jours de l'éternité* ».

L'Éternel allait quitter l'éternité pour faire son entrée dans le temps.

ANNONCÉ D'AVANCE PAR LES PROPHÈTES

Les prophètes, qui ont déclaré que le Messie serait conçu par une vierge et naîtrait à Bethléhem, ont aussi prophétisé qu'il serait précédé d'un précurseur, qui annoncerait son arrivée. Ils ont écrit que l'élu de Dieu porterait les titres de *Fils de Dieu* et de *Fils de l'homme*. Ils ont prédit qu'il devait rendre la vue aux aveugles, l'ouïe aux sourds et faire marcher les boiteux. Il entrerait dans Jérusalem sur un ânon et serait rejeté par son propre peuple. On se moquerait de lui, on lui cracherait dessus, on le fouetterait et on le crucifierait. Il n'aurait point de péché, mais il mourrait pour les péchés des autres. Il serait enseveli dans la tombe d'un homme riche, mais son cadavre ne se décomposerait point. Il conquerrait la mort, se montrerait vivant et retournerait au ciel, d'où il serait venu[139].

Quel personnage historique correspond à ce profil défini par les prophètes ?

Celui-là même qui a divisé l'histoire en deux.

Son nom est ***Jésus***.

DIEU TIENT SA PROMESSE

Dans tous les siècles, Dieu a promis d'envoyer le Sauveur dans le monde par la lignée d'Abraham, d'Isaac, de Jacob, de Juda, de David et de Salomon. Ainsi, l'Évangile (en arabe : *Injil*) de Matthieu, le premier livre du Nouveau Testament, commence par ces paroles :

> « **Généalogie de Jésus Christ, fils de David, fils d'Abraham**. *Abraham engendra Isaac ; Isaac engendra Jacob ; Jacob engendra Juda.* »

Ce qui suit est une longue liste généalogique qui contient les paroles « *le roi David engendra Salomon* » et se termine par « *Joseph, l'époux de Marie, de laquelle est né Jésus, qui est appelé Christ* » (Matthieu 1.1-2, 16). *Christ* est le mot grec correspondant à l'hébreu *Messie* qui signifie « *l'Oint* » (Celui qui a été choisi)[140]. De telles généalogies attestent le droit légal de Jésus au trône du roi David et montrent que Jésus était un descendant direct d'Abraham, d'Isaac et de Jacob, et que c'est par lui que Dieu avait promis d'offrir ses bénédictions à tous les peuples de la terre.

Le temps était venu pour Dieu de mettre en œuvre son plan de sauvetage, le plan « *qui avait été promis auparavant de la part de Dieu par ses prophètes dans les saintes Écritures ; il concerne son Fils, né de la postérité de David, selon la chair...* » (Romains 1.2-3).

LE FILS DU TRÈS-HAUT

Luc, au chapitre premier de son Évangile, relate l'histoire captivante de la visite de l'ange Gabriel à Zacharie, dont la fonction était d'offrir des sacrifices et des prières au temple de Jérusalem. Quoique Zacharie et sa femme Élisabeth aient été trop vieux pour avoir des enfants, Gabriel a informé Zacharie que sa femme aurait un fils, qu'ils nommeraient Jean. Ce Jean deviendrait le précurseur du Messie.

Cette histoire se poursuit par la visite de Gabriel à une jeune femme pieuse du nom de Marie.

> « *L'ange Gabriel fut envoyé par Dieu dans une ville de Galilée, appelée Nazareth, auprès d'une vierge fiancée à un*

homme de la maison de David, nommé Joseph. Le nom de la vierge était Marie.

L'ange entra chez elle, et dit : Je te salue, toi à qui une grâce a été faite ; le Seigneur est avec toi. Troublée par cette parole, Marie se demandait ce que pouvait signifier une telle salutation.

L'ange lui dit : Ne crains point, Marie ; car tu as trouvé grâce devant Dieu. Et voici, **tu deviendras enceinte, et tu enfanteras un fils, et tu lui donneras le nom de Jésus.** Il sera grand et sera appelé **Fils du Très Haut,** et le Seigneur Dieu lui donnera le trône de David, son père. Il règnera sur la maison de Jacob éternellement, et son règne n'aura point de fin.

Marie dit à l'ange : **Comment cela se fera-t-il, puisque je ne connais point d'homme ?**

L'ange lui répondit : **Le Saint-Esprit viendra sur toi, et la puissance du Très Haut te couvrira de son ombre. C'est pourquoi le saint enfant qui naîtra de toi sera appelé Fils de Dieu [...] Car rien n'est impossible à Dieu** » (Luc 1.26-37).

LE SAUVEUR DES PÉCHEURS

Quelques mois après, Joseph apprit que Marie, la femme qui lui était fiancée, était enceinte. Il supposa par erreur ce qui paraissait évident : que Marie avait été infidèle. Il décida d'annuler leur futur mariage.

« Joseph, son époux, qui était un homme de bien et qui ne voulait pas la diffamer, se proposa de rompre secrètement avec elle. Comme il y pensait, voici, un ange du Seigneur lui apparut en songe, et dit : Joseph, fils de David, ne crains pas de prendre avec toi Marie, ta femme, car l'enfant qu'elle a conçu **vient du Saint-Esprit.** Elle enfantera un fils, et tu lui donneras le nom de *Jésus ; c'est lui qui sauvera son peuple de ses péchés* » (Matthieu 1.19-21).

Comme le premier chapitre de la Genèse l'avait révélé, le *Saint-Esprit* est Dieu lui-même[141]. *Dieu* était celui qui avait, de manière surnaturelle, mis sa *Parole* dans le sein de Marie.

Le nom de **JÉSUS** est la translittération française du mot grec *Iesous*, lequel vient du mot hébreu *YEHOCHOUA* ou de sa forme abrégée *YECHOUA*.

Ce nom signifie : « *L'Éternel sauve.* »

> « *Tout cela arriva afin que **s'accomplît** ce que le Seigneur avait annoncé par le prophète : Voici, la vierge sera enceinte, elle enfantera un fils, et on lui donnera le nom d'Emmanuel, ce qui signifie **Dieu avec nous**.*
>
> *Joseph s'étant réveillé fit ce que l'ange du Seigneur lui avait ordonné, et il prit sa femme avec lui. Mais il ne la connut point jusqu'à ce qu'elle eut enfanté un fils[142], auquel il donna le nom de **Jésus*** (Matthieu 1.22-25).

L'ACCOMPLISSEMENT DE LA PAROLE DE DIEU

Dieu était en train de mettre en œuvre le projet qu'il avait commencé à révéler dès le jour où le péché est entré dans le monde. « *La postérité de la femme* » allait bientôt venir au monde !

Il y a quelques pages de cela, nous avons lu la prophétie de Michée quant à l'endroit où le Messie devait naître. L'Éternel avait prédit qu'il naîtrait à Bethléhem – le lieu de naissance du roi David. Mais il y avait un problème. Marie et Joseph vivaient à Nazareth, à plusieurs jours de distance de là. Comment la prédiction de Michée pourrait-elle s'accomplir ?

Aucun problème. Dieu allait mobiliser l'Empire romain pour son accomplissement.

> « *En ce temps-là parut un édit de César Auguste, ordonnant un recensement de toute la terre. Ce premier recensement eut lieu pendant que Quirinius était gouverneur de Syrie. Tous allaient se faire inscrire, chacun dans sa ville.*
>
> *Joseph aussi monta de la Galilée, de la ville de Nazareth, pour se rendre en Judée, dans la ville de David, appelée Bethléhem, parce qu'il était de la maison et de la famille de*

David, afin de se faire inscrire avec Marie, sa fiancée, qui était enceinte.

*Pendant qu'ils étaient là, le temps où Marie devait accoucher arriva, et **elle enfanta son fils premier-né**. Elle l'emmaillota, et le coucha dans une crèche, parce qu'il n'y avait pas de place pour eux dans l'hôtellerie »* (Luc 2.1-7).

Le Messie promis n'a pas fait son entrée dans un palais confortable et fastueux. Au contraire, il est né dans une humble étable et on l'a couché dans une mangeoire, une auge pour le bétail. Il est venu dans le monde de telle façon que même les gens les plus pauvres et les plus ordinaires puissent venir à lui sans peur.

LA PROCLAMATION DE L'ANGE

*« Il y avait, dans cette même contrée, des bergers qui passaient dans les champs les veilles de la nuit pour garder leurs troupeaux. Et voici, un ange du Seigneur leur apparut, et **la gloire du Seigneur resplendit autour d'eux**. Ils furent saisis d'une grande frayeur.*

*Mais l'ange leur dit : **Ne craignez point ; car je vous annonce une bonne nouvelle, qui sera pour tout le peuple le sujet d'une grande joie : c'est qu'aujourd'hui, dans la ville de David, il vous est né un Sauveur, qui est le Christ, le Seigneur.***

*Et voici à quel signe vous le reconnaîtrez : vous trouverez un enfant emmailloté et couché dans une crèche. Et soudain il se joignit à l'ange une multitude de l'armée céleste, louant Dieu et disant : **Gloire à Dieu dans les lieux très hauts, et paix sur la terre parmi les hommes qu'il agrée!** »* (Luc 2.8-14.)

Ce fut une nuit d'une portée considérable dans l'histoire du l'humanité.

La longue attente était terminée !

*« Et elle enfanta **son** fils premier-né... »* (Luc 2.7)

La « postérité de la femme » était arrivée.

Tout se produisit exactement comme les prophètes l'avaient prédit, de la manière dont Dieu l'avait prédit, au moment fixé par Dieu[143].

Non seulement Dieu avait-il envoyé des anges pour annoncer et célébrer la naissance de Jésus, mais il honora aussi ce joyeux événement en plaçant une étoile particulière dans le ciel nocturne. Un groupe d'astronomes et de sages riches venus d'Orient avaient observé et suivi cette étoile. Ils savaient qu'elle marquait la venue du Messie promis. Après un voyage éreintant à travers la Perse lointaine, ces hommes distingués sont allés trouver le roi Hérode à Jérusalem. Ils avaient une question à lui poser :

> « **Où est le** roi des Juifs qui vient de naître ? Car nous avons vu **son étoile** en Orient, et nous sommes venus **pour l'adorer** » (Matthieu 2.2)[144].

CELUI QUI SE CACHAIT DANS LE NOURRISSON

Qui était cet enfant mâle né dans une étable et couché dans une mangeoire, dont les prophètes avaient prédit la venue, que les anges avaient annoncé, que des bergers avaient visité, qu'une étoile avait honoré de son éclat et que des sages avaient adoré ?

Écoutons à nouveau ce que l'ange avait dit aux bergers :

« Ne craignez point ; car je vous annonce une bonne nouvelle, qui sera pour tout le peuple le sujet d'une grande joie : c'est qu'aujourd'hui, dans la ville de David, il vous est né un Sauveur, qui est **le Christ, le Seigneur** » (Luc 2.10-11).

Celui qui se cachait dans ce corps minuscule n'était nul autre que le **Seigneur**.

17

QUI CELA PEUT-IL ÊTRE ?

*« Les gazelles bondissantes **ne font pas** de petits qui creusent. »*
— proverbe wolof

De même que les gazelles ne font que des petits à leur image, les pêcheurs engendrent une descendance pécheresse. Laissé à lui-même, l'homme n'a aucun moyen de briser le cycle du péché. Et cela se voit.

LES PÉCHEURS

Songez à l'industrie cinématographique des États-Unis. Chaque année, Hollywood produit et exporte des films à grand succès dont les héros et les héroïnes font preuve d'égoïsme, d'immoralité, de perversité, de violence, de graves écarts de langage, de rancune et de tromperie. Pourquoi les scénaristes donnent-ils intentionnellement aux personnages « gentils » représentés dans leurs films de tels traits de caractère ? Pourquoi ne pas faire des films qui dépeignent les héros comme étant justes, bons, honnêtes et prompts à pardonner ? C'est parce que la race est infectée par le péché. Même les meilleurs personnages inventés par l'homme sont contaminés. Et cette contamination ne se limite pas à Hollywood.

L'inclination de la nature humaine au péché se révèle d'innombrables manières plus subtiles les unes que les autres. Par exemple, si vous appartenez au monde arabe, vous avez probablement entendu parler d'un personnage de fiction plusieurs fois centenaire nommé Djouha. Les récits traditionnels que l'on raconte sur lui et sur son âne nous font sourire. Des centaines d'anecdotes ont été écrites au sujet de ce personnage rusé dont les paroles et les manières se caractérisent par l'esprit et l'humour – *et*, le plus souvent, par l'égocentrisme, l'injure, des pensées impures, un esprit de revanche, la tromperie et le parjure. Pensez-y ! Même nos personnages favoris sont contaminés ! En voici un simple exemple tiré d'une courte anecdote sur Djouha :

> Un ami vient à lui. « Tu m'as promis » lui dit cet ami, « de me prêter de l'argent. Je viens à toi pour que tu tiennes parole. » Djouha lui répond : « Mon ami, je ne prête d'argent à personne, mais je te donnerai autant de mes promesses qu'il en faudra pour te contenter[145]. »

Nous nous reconnaissons dans le personnage fictif de Djouha du fait que nous avons nous-mêmes fait des promesses que nous n'avions nullement l'intention de tenir. Par notre nature humaine déchue, nous sommes exactement comme Djouha.

Il est, néanmoins, une personne dans l'histoire[146] qui a gardé toutes ses promesses. Il a toujours dit la vérité. Il n'a jamais trompé, menacé, lancé d'insultes, ou cherché à se venger.

Son nom est ***Jésus***.

> « *Il n'a commis **aucun péché**, ses lèvres n'ont **jamais prononcé de mensonge**. Injurié, **il ne ripostait pas par l'injure**. Quand on le faisait souffrir, il ne formulait **aucune menace*** » (1 Pierre 2.22-23, *Bible du Semeur*).

LE PUR

La vie de Jésus contraste vivement avec les cultures du monde dominées par le péché. Il est la seule personne sans péché à être née sur cette terre. Il a été « *tenté comme nous en toutes choses, **sans commettre de péché*** » (Hébreux 4.15). Aucune pensée impure n'a jamais traversé son esprit. Aucune parole blessante ne s'est jamais échappée de ses lèvres. Alors que Jésus grandissait en compagnie de ses demi-frères et demi-sœurs dans une humble demeure de Nazareth[147], il a *naturellement* obéi aux dix commandements et à toutes les autres lois de Dieu – extérieurement comme intérieurement. Bien que Jésus eût un corps physique semblable au nôtre, il ne partageait pas notre nature encline au péché.

> « *Jésus a paru pour ôter les péchés, et **il n'y a point en lui de péché*** » (1 Jean 3.5).

A l'âge de trente ans, Jésus a commencé officiellement son œuvre sur terre[148]. La guerre entre Dieu et Satan allait s'intensifier. Satan savait que le Fils de Dieu était venu pour l'écraser, mais il ne savait pas *comment* Jésus projetait de le faire.

De même que Satan avait tenté le premier homme afin qu'il désobéisse à la Loi de Dieu, il allait essayer de tenter le deuxième homme parfait de sorte qu'il enfreigne les lois de Dieu.

> « *Jésus [...] fut conduit par l'Esprit dans le désert, où il fut **tenté par le diable pendant quarante jours***. *Il ne mangea rien durant ces jours-là, et, après qu'ils furent écoulés, il eut faim.*
>
> *Le diable lui dit : **Si tu es Fils de Dieu**, ordonne à cette pierre qu'elle devienne du pain.*
>
> *Jésus lui répondit : **Il est écrit : L'Homme ne vivra pas de pain seulement*** » (Luc 4.1-4).

Notez bien que Satan n'essayait pas de faire faire à Jésus quoi que ce soit de « mal ». Le diable voulait seulement que cet homme sans péché (qui avait envahi « son » territoire) agisse indépendamment de Dieu le Père qui est aux cieux, du fait que, comme nous l'avons fait remarquer au chapitre 11, *de penser ou d'agir indépendamment de Dieu est **péché***.

Ce qu'il nous faut retenir, c'est ceci : si le Messie avait commis le moindre péché, il n'aurait pu accomplir sa mission de secourir la race maudite d'Adam et de la délivrer de la loi du péché et de la mort.

Pas plus qu'un homme fortement endetté n'est en mesure de payer la dette d'autrui, un pécheur n'est à même de payer pour les péchés d'un autre pécheur. Cependant, le *Fils de Dieu*, qui était devenu le « *Fils de l'Homme*[149] », n'avait pas de dette de péché de laquelle s'acquitter. Il aurait pu éviter entièrement la mort, puisqu'il était exempt de tout péché, mais comme nous le découvrirons, tel n'était pas le plan de Dieu.

Concernant l'épisode qui nous occupe, Satan a tenté à plusieurs reprises de séduire Jésus en le faisant agir indépendamment du plan parfait de Dieu. Chaque fois, Jésus a répondu au diable en citant les Écritures[150].

> *« Le diable, l'ayant élevé, lui montra en un instant tous les royaumes de la terre, et lui dit : Je te donnerai toute cette puissance, et la gloire de ces royaumes ; car elle m'a été donnée, et je la donne à qui je veux. Si donc tu te prosternes devant moi, elle sera toute à toi. Jésus lui répondit :* **Il est écrit : Tu adoreras le Seigneur, ton Dieu, et tu le serviras lui seul »** (Luc 4.5-8).

De même que Dieu avait donné la domination de la création à Adam, Satan offrait à présent la « domination » qu'il avait usurpée lorsque Adam avait choisi de le suivre[151].

À l'inverse d'Adam, Jésus n'a pas obéi à Satan.

La Parole de Dieu s'était faite chair.

LES DISCIPLES DE JÉSUS

Peu de temps après que Jésus eut commencé sa mission officielle, il choisit douze hommes pour l'accompagner partout où il allait. Beaucoup de femmes ont aussi suivi Jésus. Ces hommes et ces femmes sont devenus des témoins de première main de Jésus dans tous ses faits et gestes.

> *« Jésus allait de ville en ville et de village en village, prêchant et annonçant la bonne nouvelle du royaume de Dieu.* **Les douze** *étaient avec lui et* **quelques femmes** *qui avaient été guéries d'esprits malins et de maladies [...] et plusieurs autres, qui l'assistaient de leurs biens »* (Luc 8.1-3).

Jésus faisait preuve d'un respect égal envers les hommes, les femmes et les enfants. Les Évangiles abondent de récits dans lesquels il traite les femmes avec un respect et une bonté inconnus dans les cultures juive et romaine de son temps.

Jésus considérait chaque personne sur terre comme ayant une valeur infinie, mais il n'a jamais forcé quiconque à l'écouter, à le croire ou à le suivre. Il aimait passer du temps avec les gens dont l'esprit et le cœur étaient enclins à entendre la vérité, quel qu'en soit le prix.

UNE QUESTION-CLEF

Si beaucoup de gens du peuple suivaient Jésus, ce n'était pas le cas des chefs religieux. Un jour, Jésus leur posa une question cruciale :

« Que pensez-vous du Christ ? De qui est-il fils ? »
(Matthieu 22.42).

Ils répondirent en disant que le Messie devait être le descendant du roi David. Jésus leur rappela que David avait prophétisé que le Sauveur promis serait à la fois le *fils terrestre de David* et le *fils céleste de Dieu*[152].

Auparavant, Jésus avait posé à ses disciples une question semblable :

« Qui dit-on que je suis, moi, le Fils de l'homme ?
Ils répondirent : les uns disent que tu es [...] l'un des prophètes.
Et vous,** leur dit-il, **qui dites-vous que je suis ?
Simon Pierre répondit : Tu es le Christ, le Fils du Dieu vivant.
Jésus, reprenant la parole, lui dit : Tu es heureux, Simon, fils de Jonas ; car ce ne sont pas la chair et le sang qui t'ont révélé cela, mais c'est mon Père qui est dans les cieux » (Matthieu 16.13-17).

Tôt ou tard, nous devrons tous répondre à cette question :
Que pensez-vous de Jésus ? De qui est-il le Fils ?

CE QUE CERTAINS DISENT

Pour beaucoup d'Occidentaux, le nom de *Jésus* n'est qu'un juron familier.

D'autres le considèrent comme un grand moraliste, mais rien de plus.

Les Juifs orthodoxes évitent de prononcer le nom de Jésus et ne font référence à lui qu'en disant : « cet homme ».

Les hindous le voient comme l'une des nombreuses incarnations divines de leur panthéon peuplé d'innombrables dieux et déesses.

Mes voisins musulmans me disent : « Nous honorons Jésus comme un grand prophète, mais il n'est pas le Fils de Dieu. » Un correspondant l'a exprimé ainsi dans l'un de ses courriels :

Objet : Retour sur votre courriel

J'habite en Arabie Saoudite... Nous croyons que Jésus n'était qu'un prophète et non le Fils de Dieu. Jésus n'a pas été tué. Il va revenir et chacun verra quel camp il choisira. J'espère que cela se produira avant votre mort afin que vous puissiez vous joindre à notre magnifique religion et réellement voir la lumière.

Un correspondent malais m'a aussi écrit ce qui suit :

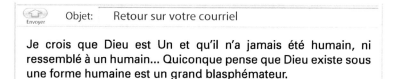

Objet : Retour sur votre courriel

Je crois que Dieu est Un et qu'il n'a jamais été humain, ni ressemblé à un humain... Quiconque pense que Dieu existe sous une forme humaine est un grand blasphémateur.

Ces points de vue découlent de ce que le Coran déclare quant à Jésus.

CE QUE DIT LE CORAN

Le Coran affirme à plusieurs reprises que Jésus n'était « pas plus qu'un prophète » (Sourates 4.171-173[169-172] ; 5.75[76] ; 2.136[130]). Néanmoins, le livre révéré par les musulmans déclare également que Jésus est unique parmi les prophètes en ce qu'il n'a point eu de père biologique, et l'appelle « *Jésus fils de Marie* » (Sourate 19.34[35]). Le Coran fait référence aux péchés des prophètes, mais n'en attribue aucun à Jésus. Il est appelé « *le saint Fils*[153] ». Le Coran présente également Jésus comme le seul prophète doué du pouvoir de créer la vie, d'ouvrir les yeux des aveugles, de purifier les lépreux et de ressusciter les morts[154] ; et c'est à Jésus seul que le Coran attribue les titres majestueux d'Al Masih (le Messie), Rou'h Allah (Âme/Esprit de Dieu) et Kalimat Allah (la Parole de Dieu[155]).

Après avoir pris note de ces affirmations coraniques quant au caractère unique de Jésus, nous devons faire remarquer que la peinture coranique du « *Messie, Jésus le fils de Marie* » est radicalement différente de celle qu'en fait la Bible. Par exemple, le verset coranique même qui confère à Jésus les titres susmentionnés affirme : « *Ô vous qui avez reçu les Écritures, ne dépassez pas les limites dans votre religion, ne dites de Dieu que ce qui est vrai. Le Messie, Jésus fils de Marie, est **l'Apôtre de Dieu** et **son verbe** qu'il jeta dans Marie : il est **un esprit venant de Dieu**. Croyez donc en Dieu et en ses apôtres, et **ne dites point : Il y a Trinité. Cessez** de le faire. Ceci vous sera plus avantageux. Car Dieu est unique. **Loin de sa gloire qu'il ait eu un fils*** » (Sourate 4.171[169]).

Au Sénégal, les enfants comme les adultes ne sont pas seulement prompts à dire : « Jésus n'est pas le Fils de Dieu ! Dieu n'a pas de Fils ! » – ils déclarent aussi, avec une même conviction : « Jésus n'a pas été crucifié. »

D'où tirent-ils l'idée que Jésus n'a pas été crucifié ? Également du Coran, qui déclare : « *[Les Juifs] ont inventé contre Marie un mensonge atroce. Ils disent : Nous avons mis à mort le Messie, Jésus fils de Marie, l'Apôtre de Dieu. **Non, ils ne l'ont point tué, ils ne l'ont point crucifié** ; un autre individu qui lui ressemblait lui fut substitué, et ceux qui disputaient à son sujet ont été eux-mêmes dans le doute. Ils n'en avaient pas de connaissance précise, ce n'était qu'une supposition. **Ils ne l'ont point tué réellement.** Dieu l'a élevé à lui, et Dieu est puissant et sage* » (Sourate 4.156-158[156]).

CE QUE DIT LA BIBLE

Des siècles avant que le Coran soit écrit, les quarante prophètes et apôtres qui ont écrit le Nouveau et l'Ancien Testament ont fait une description différente du Messie et de sa mission.

Concernant le titre de « Fils de Dieu » qui lui est attribué, Jean, qui a été le compagnon de route et l'interlocuteur de Jésus pendant plus de trois ans, a rendu de lui le témoignage suivant :

> « *Jésus a fait encore, en présence de ses disciples, beaucoup d'autres miracles, qui ne sont pas écrits dans ce livre. Mais ces choses ont été écrites afin que vous croyiez que **Jésus est le Christ, le Fils de Dieu**, et qu'en croyant vous ayez la **vie en son nom*** » (Jean 20.30-31).

L'apôtre Jean a aussi écrit :

> « *Au commencement était celui qui est **la Parole** de Dieu. **Il était avec Dieu, il était lui-même Dieu**. Au commencement, il était avec Dieu. Tout a été créé par lui ; rien de ce qui a été créé n'a été créé sans lui [...] **Celui qui est la Parole est devenu homme et il a vécu parmi nous**. Nous avons contemplé sa gloire, la gloire **du Fils unique envoyé par son Père** : plénitude de grâce et de vérité !* » (Jean 1.1-3, 14, *Bible du Semeur*).

Il y a des années, un ami musulman m'a confié : « Le Coran donne à Jésus le titre de ***Kalimat*** Allah (Parole de Dieu) et ***Rou'h*** Allah (Âme de Dieu). Si Jésus est la ***Parole*** et l'***Âme de Dieu***, alors il est Dieu ! »

Plus tard, certains ont accusé mon ami de blasphème et de *shirk* (terme arabe désignant l'association de partenaires à Dieu[156]). Au moins, il était en bonne compagnie ! Jésus a été accusé par les chefs religieux juifs d'une manière semblable.

Jésus a dit :

> « ***Moi et le Père nous sommes un***.
> ***Alors les Juifs prirent de nouveau des pierres pour le lapider***.

> *Jésus leur dit : Je vous ai fait voir plusieurs bonnes œuvres venant de mon Père : pour laquelle me lapidez-vous?*
>
> *Les Juifs lui répondirent : Ce n'est point pour une bonne œuvre que nous te lapidons, mais pour **un blasphème**, et parce que **toi, qui es un homme, tu te fais Dieu**. »*

Les Juifs ont accusé Jésus de faire la chose même que Lucifer avait tenté de faire : usurper le rang unique et exalté qui n'appartient qu'à Dieu seul. Ils accusaient Jésus de se *faire Dieu*.

Mais leur raisonnement était fautif.

UNE INCARNATION, NON UNE DÉIFICATION

Ni Jésus ni les prophètes n'ont enseigné qu'*un homme deviendrait Dieu*. Au contraire, les Écritures disaient clairement que *Dieu se ferait homme*.

Par exemple, 700 ans avant que le Messie naisse, le prophète Ésaïe a écrit :

> *« Le peuple qui marchait dans les ténèbres voit une grande lumière [...] Car **un enfant nous est né, un fils nous est donné**, et la domination reposera sur son épaule ; on l'appellera Admirable, Conseiller, **Dieu puissant**, Père éternel, Prince de la paix »* (Ésaïe 9.1,5)[157].

Ésaïe a aussi écrit ces paroles au sujet du Messie à venir :

> *« Monte sur une haute montagne, Sion, pour publier la bonne nouvelle ; élève avec force ta voix, Jérusalem, pour publier la bonne nouvelle ; élève ta voix, ne crains point, dis aux villes de Juda : **Voici votre Dieu !** »* (Ésaïe 40.9.)

Dès le commencement, le plan de Dieu supposait une *incarnation* – le fait que Dieu prenne une forme humaine – et non une *déification* – le fait qu'un humain se transforme en un dieu. De suggérer qu'un *homme* est devenu *Dieu* revient à blasphémer, mais de reconnaître que la *Parole éternelle est devenue homme* revient à embrasser le projet formé par Dieu dès le début des temps.

SUR PAPIER ET EN PERSONNE

Si vous voulez bien connaître quelqu'un, quelle est la meilleure méthode ?

Limiter votre communication à une correspondance écrite, ou bien, après avoir correspondu pendant un certain temps, rencontrer la personne face à face et passer du temps avec elle ?

Dieu, qui a autrefois marché dans le jardin d'Éden, parlé à Adam et Ève et projeté d'être connu personnellement de leurs descendants, n'a jamais eu l'intention de limiter sa communication avec nous au seul *papier*, si merveilleuse que soit l'Écriture. Dès le commencement, il a formé le projet de communiquer avec nous en **personne**. L'Éternel, qui pendant des siècles a fait consigner sa Parole par ses prophètes sur du papyrus et des *peaux d'animaux*, a promis de se révéler lui-même en prenant **chair**. Dieu n'a pas seulement projeté de nous transmettre sa parole dans un *livre*, il allait aussi nous transmettre sa parole dans **un corps** semblable au nôtre.

> « **Christ**, entrant dans le monde, dit : Tu m'as formé **un corps** » (Hébreux 10.5)[158].

> « *Assurément il est grand le mystère de la piété. Il a été manifesté dans la chair* » (1 Timothée 3.16, *TOB*).

INFÉRIEURE À SA MAJESTÉ ?

En dépit des déclarations répétées de Dieu à propos de son projet de séjourner avec l'homme, j'en entends beaucoup dire : « Loin de la majesté transcendante de Dieu qu'il devienne un homme ! »

Si le concept de l'incarnation est effectivement époustouflant, celle-ci est-elle vraiment inférieure à la majesté de Dieu ? Ou bien fait-elle partie intégrante du plan et de la nature de Dieu pour rétablir une relation intime avec les individus qu'il a créés pour lui-même ?

Dans la vie, nous nous sentons souvent plus près de ceux qui ont eu des expériences semblables aux nôtres. Les plus qualifiés pour nous réconforter et nous aider sont ceux qui ont connu des luttes et des tristesses comparables. Notre créateur est le consolateur par excellence.

> « *Ainsi donc, puisque les enfants participent au sang et à la chair, il y a également participé lui-même* [...] *ayant été tenté lui-même dans ce qu'il a souffert, il peut secourir ceux qui sont tentés* [...] *Car nous n'avons pas un souverain sacrificateur* qui *ne puisse compatir à nos faiblesses ; au contraire, il a été tenté comme nous en toutes choses, sans commettre de péché* »
> (Hébreux 2.14, 18 ; 4.15).

Dès le commencement, c'était le projet de Dieu que de prendre sur lui nos limitations et l'inconfort d'un corps de chair, d'avoir les ongles sales, de ressentir la faim et la douleur, de ressentir ce que nous ressentons. Ceux qui enseignent autre chose ne rejettent pas seulement les prophètes et le projet de Dieu ; ils rejettent la nature même de Dieu et ses attributs. Au lieu d'accepter la révélation de Dieu par lui-même en tant que cher créateur fidèle désirant que les humains le connaissent et l'aiment d'une manière personnelle, ils le déclarent imprévisible et inconnaissable.

Il n'y a rien de « majestueux » dans le fait de refuser de se mettre au niveau d'un autre pour le servir et le bénir. Jamais dans l'histoire notre créateur n'a méprisé l'idée de se mettre à notre niveau. C'était son plan que de le faire, ainsi que sa joie[159].

> « *Lui qui était riche, il s'est fait pauvre* pour vous afin que par sa pauvreté vous soyez enrichi »
> (2 Corinthiens 8.9, *Bible du Semeur*).

C'est pour votre bien et le mien que la « Parole éternelle » a visité notre planète – en personne. Le créateur de l'univers, qui « *était riche* » en gloire et en honneur, « *est devenu pauvre* », et a endossé le rôle d'un serviteur afin que nous puissions devenir riches, non en argent et en biens matériels, mais en toutes sortes de bénédictions spirituelles, telles que le pardon, la justice, la vie éternelle, et un cœur rempli de son amour, de sa joie, de sa paix et de saints désirs.

LA GRANDEUR DÉFINIE

Il en est beaucoup qui pensent que Dieu est trop grand pour venir sur terre dans un corps de chair et de sang. Se pourrait-il qu'ils raisonnent ainsi parce que leur définition de la grandeur diffère de celle de Dieu ? Jésus a défini la vraie grandeur lorsqu'il a dit à ses disciples :

> « ... *Il n'en est pas de même au milieu de vous. Mais quiconque veut être* **grand** *parmi vous, qu'il soit votre* **serviteur** *; et quiconque veut être le* **premier** *parmi vous, qu'il soit* **l'esclave de tous.** **Car le Fils de l'homme est venu, non pour être servi, mais pour servir et donner sa vie comme la rançon de plusieurs** »*
> (Marc 10.42-45).

Le plus grand de tous est celui qui s'humilie le plus et sert les autres le mieux[160].

C'est ce que le créateur a fait pour nous.

LE MAÎTRE DES VENTS ET DES VAGUES

Un jour, Jésus était avec ses disciples dans leur bateau de pêche sur la mer de Galilée.

> « *Et voici, il s'éleva sur la mer* **une si grande tempête** *que la barque était couverte par les flots. Et lui, il dormait.*
> *Les disciples s'étant approchés le réveillèrent, et dirent : Seigneur, sauve-nous, nous périssons !*
> *Il leur dit : Pourquoi avez-vous peur, gens de peu de foi ? Alors il se leva, menaça les vents et la mer, et il y eut* **un grand calme.**
> *Ces hommes furent saisis d'étonnement :* **Quel est celui-ci, disaient-ils, à qui obéissent même les vents et la mer ?** » (Matthieu 8.24-27).

Comment pourriez-*vous* répondre à la question des disciples ?

« QUEL EST CELUI-CI ? »

Clairement, Jésus était un homme. Il dormait dans le bateau ; il savait ce que c'était d'avoir sommeil, faim et soif. Mais il s'est levé, a menacé les vents et les vagues, et instantanément la tempête a cessé et la mer agitée s'est calmée. Rien d'étonnant à ce que les disciples se soient demandé :

« *Quel est celui-ci ?* »

Un millénaire auparavant, le psalmiste écrivait :

« *Éternel, Dieu des armées ! qui est comme toi puissant, ô* **Éternel** *? Ta fidélité t'environne.* **Tu domptes l'orgueil de la mer ; quand ses flots se soulèvent, tu les apaises** » (Psaume 89.9-10).

« *Quel est celui-ci ?* » L'Évangile nous dit aussi que Jésus a marché sur la mer[161]. Une fois encore, les disciples de Jésus « *furent en eux-mêmes tout stupéfaits et remplis d'étonnement* » (Marc 6.51). Mais Jésus n'a pas marché sur les vagues pour que les disciples s'en étonnent ; il l'a fait pour les aider à comprendre qui il était.

Deux millénaires plus tôt, le prophète Job disait ceci de Dieu :

« **Seul**, *il étend les cieux, il* **marche sur les hauteurs de la mer** » (Job 9.8).

« *Quel est celui-ci ?* » Dieu nous invite à relier les points entre eux et à comprendre qui Jésus était et est aujourd'hui.

Malheureusement, très peu le font.

« *Il était dans le monde, et le monde fut par lui,* ***et le monde ne l'a pas reconnu*** » (Jean 1.10, *TOB*).

« ***Quel est celui-ci ?*** » Jésus a un jour répondu à cette question tandis qu'il s'adressait à une foule religieuse en colère.

« JE SUIS »

« *Jésus leur parla de nouveau, et dit :* ***Je suis la lumière du monde*** *; celui qui* **me** *suit ne marchera pas dans les* *ténèbres, mais il aura la lumière de la vie [...]* **En vérité, en vérité, je vous le dis, si quelqu'un garde ma parole, il ne verra jamais la mort**. *Maintenant, lui dirent les Juifs, nous connaissons que tu as un démon. Abraham est mort, les prophètes aussi, et tu dis: Si quelqu'un garde ma parole, il ne verra jamais la mort. Es-tu plus grand que notre père Abraham, qui est mort ? Les prophètes aussi sont morts. Qui* **prétends-tu être ?**

Abraham, votre père, a tressailli de joie de ce qu'il verrait mon jour : il l'a vu, et il s'est réjoui.
Les Juifs lui dirent : Tu n'as pas encore cinquante ans, et tu as vu Abraham !

Jésus leur dit : **En vérité, en vérité, je vous le dis, avant qu'Abraham fût, JE SUIS.**

Là-dessus, ils prirent des pierres pour les jeter contre lui *; mais Jésus se cacha, et il sortit du Temple »* (Jean 8.12,51-53,56-59).

Pourquoi les Juifs ont-il essayé de lapider Jésus ? Parce qu'il avait dit : « *Si quelqu'un garde* **ma parole**, *il ne verra* **jamais la mort** » et « **avant** *qu'Abraham fut,* **JE SUIS** ». Non seulement Jésus avait affirmé son autorité sur la mort et son antériorité à Abraham (qui était mort 1 900 ans plus tôt), mais il avait aussi utilisé le nom personnel de Dieu, « **JE SUIS**[162] ».

Les auditeurs de Jésus avaient compris ce qu'il avait voulu dire. C'est pourquoi ils l'ont accusé de blasphème et ont ramassé des pierres pour les jeter sur lui.

ADORER DIEU SEUL

Jésus n'a cessé d'enseigner que Dieu seul était digne d'être l'objet de notre adoration. C'est pourquoi il a dit : « *Tu* **adoreras le Seigneur, ton Dieu**, *et tu le serviras lui* **seul** » (Matthieu 4.10). Cependant, l'Évangile fait mention de pas moins de dix occasions où des individus se sont prosternés devant Jésus pour l'adorer.

Un jour, « *un lépreux s'étant approché* **se prosterna devant lui**[163], *et dit : Seigneur, si tu le veux, tu peux me rendre pur. Jésus étendit la main, le toucha, et dit : Je le veux, sois pur. Aussitôt il* *fut purifié de sa lèpre* » (Matthieu 8.2-3). Jésus a-t-il repris le lépreux pour avoir blasphémé ? Non, il l'a simplement touché et guéri.

Après que Jésus ressuscita des morts, un disciple nommé Thomas tomba à ses pieds et dit : « *Mon Seigneur et **mon Dieu** !* » Jésus l'a-t-il repris parce qu'il avait blasphémé ? Non, il lui a simplement dit : « *Parce que tu m'as vu, tu as cru. Heureux ceux qui n'ont pas vu, et qui ont cru !* » (Jean 20.28-29.)

Qu'est-ce que cela nous enseigne quant à la personne de Jésus ?

À VOUS DE DÉCIDER

Ce que chacun d'entre nous décide de croire quant à Jésus relève de son choix personnel, mais que personne n'adopte une opinion contradictoire de sa personne. Si Jésus était « un grand prophète », comme mes voisins me le disent, alors il était aussi celui qu'il affirmait être : *la Parole éternelle et le Fils de Dieu*. De déclarer que Jésus n'était « rien de plus qu'un prophète » revient à nier le témoignage de Jésus et le message des prophètes[164].

C.S. Lewis, un ancien sceptique et l'un des plus grands intellectuels du xxe siècle, a écrit ceci :

> « Ce que j'essaie de faire ici, c'est d'empêcher quiconque de dire la parfaite bêtise que l'on raconte souvent à son sujet : "Je suis prêt à accepter Jésus comme un grand moraliste, mais je rejette son affirmation d'être Dieu." C'est la chose à ne pas dire. Un homme qui n'aurait rien été d'autre qu'un moraliste et cependant fait les déclarations énoncées par Jésus n'aurait pas été un grand moraliste. Il aurait été soit un fou, soit le diable de l'enfer. Il faut faire un choix. Ou bien cet homme était, et est, le Fils de Dieu, ou bien c'était un fou, voire pire. Vous pouvez le faire enfermer comme fou, lui cracher dessus et le tuer comme s'il était un démon, ou vous pouvez tomber à ses pieds et l'appeler Seigneur et Dieu. Mais que personne ne sorte d'absurdité condescendante à son égard, comme de dire qu'il était un grand maître humain. Il ne nous a pas laissé cette possibilité. Cela n'était guère son intention[165].»

« DIS-LE-NOUS FRANCHEMENT »

De temps à autre, quelqu'un me dit : « Montre-moi dans la Bible où Jésus dit : "Je suis Dieu." » Les religieux de son temps ont essayé de lui faire faire ce type de déclaration.

> Jésus a dit : « *Je suis* **la porte**. *Si quelqu'un entre par* **moi**, *il sera sauvé* [...] *Les Juifs l'entourèrent, et lui dirent : Jusques à quand tiendras-tu notre esprit en suspens ? Si tu es le Christ,* **dis-le nous franchement**.
>
> *Jésus leur répondit : Je vous l'ai dit, et vous ne croyez pas. Les œuvres que je fais au nom de mon Père rendent témoignage de moi* [...] **Moi et le Père nous sommes un**.
>
> **Alors les Juifs prirent de nouveau des pierres pour le lapider**.
>
> *Jésus leur dit : Je vous ai fait voir plusieurs bonnes œuvres venant de mon Père : pour laquelle me lapidez-vous ?*
>
> *Les Juifs lui répondirent :* **Ce n'est point pour une bonne œuvre que nous te lapidons, mais pour un blasphème, et parce que toi, qui es un homme, tu te fais Dieu** » (Jean 10.9, 24-25, 30-33).

Pourquoi cette foule religieuse voulait-elle le lapider ? C'était parce qu'il avait dit : « *Moi et le Père nous sommes un*. » Dans leur manière de voir, l'affirmation faite par Jésus d'être un avec Dieu était blasphématoire. Néanmoins, ces mêmes Juifs déclaraient régulièrement leur foi en Dieu en disant « *Adonaï Elohénou Adonaï e'had* », ce qui signifie : « *L'Éternel notre Dieu, l'Éternel est* **un** » [une unité composite]. Jésus déclarait être le Fils de Dieu qui a toujours été un avec Dieu[166]. C'est pourquoi les Juifs l'accusaient de blasphème.

Jésus n'a jamais fait étalage de son existence éternelle en tant que Parole et Fils de Dieu. Il ne s'est pas promené en répétant à tue-tête : « Je suis Dieu ! Je suis Dieu ! ». Au contraire, il a vécu sur terre comme à la manière dont il souhaite que nous vivions tous : avec une parfaite humilité et une soumission volontaire à Dieu.

Jésus est la seule personne à pouvoir dire : « *Je suis descendu du ciel pour faire, **non ma volonté, mais la volonté de celui qui m'a envoyé*** » (Jean 6.38). La gloire de la vie de Jésus était que lui, le *Fils exalté de **Dieu***, s'était humilié pour devenir le *Fils de **l'homme***.

Le Seigneur Jésus a choisi de faire connaître la personne qu'il était d'une manière humble et cependant puissante. Un jour, un jeune homme riche est venu à lui et l'a apostrophé en ces termes : « ***Bon maître*** ». Jésus lui a alors demandé : « *Pourquoi m'appelles-tu bon ? **Il n'y a de bon que Dieu seul*** » (Luc 18.19)[167]. Cet homme riche ne croyait pas que Jésus était Dieu, mais Jésus – la personnification de la bonté divine – l'invitait à assembler les pièces du puzzle et à comprendre qui il était. Il veut que nous le comprenions, nous aussi[168].

LES ŒUVRES À L'APPUI DES PAROLES

Les miracles innombrables que Jésus a accomplis démontraient son autorité et sa puissance sur tous les éléments d'une création déchue et soumise à la malédiction du péché. Il connaissait les pensées des hommes, pardonnait les fautes, multipliait les pains et les poissons pour nourrir des multitudes, calmait les tempêtes et chassait les esprits impurs. Par sa seule parole ou par son seul toucher, il soignait les malades et faisait marcher les boiteux, voir les aveugles, entendre les sourds et revenir les morts à la vie. De même que les prophètes l'avaient prédit, le Messie était « *le bras de l'Éternel* » sur Terre[169].

Pour ceux qui avaient des yeux pour voir, la majesté transcendante de Jésus transparaissait au travers de chaque fibre de son être. Ses œuvres validaient ses paroles. Par exemple, comme nous venons de le lire, Jésus affirmait être « *la Vie* ». Et comment a-t-il authentifié cette affirmation ? Il l'a fait en rappelant à la vie des hommes morts.

En une occasion, le Seigneur Jésus était auprès de la tombe de Lazare, un homme mort quatre jours auparavant. Le corps de Lazare avait été enterré dans une caverne qui servait de tombeau. Jésus a dit à la sœur affligée du défunt de ne pas pleurer, car son frère reviendrait à la vie.

La sœur lui dit alors : « *Je sais [...] il ressuscitera à la résurrection, au dernier jour.* »

Jésus a répondu : « ***Je suis la résurrection et la vie.*** *Celui qui croit en moi vivra, quand même il serait mort* » (Jean 11.24-25).

Puis, pour authentifier son affirmation, Jésus « *cria d'une voix forte :* **Lazare, sors !** » *Et* **le mort sortit**, *les pieds et les mains liés de bandes, et le visage enveloppé d'un linge. [...] Jésus leur dit : Déliez-le, et laissez-le aller. [...] Plusieurs des Juifs [...] qui virent ce que fit Jésus, crurent en lui. Mais quelques-uns d'entre eux allèrent trouver les pharisiens, et leur dirent ce que Jésus avait fait* [...] **Dès ce jour, ils résolurent de le faire mourir** [...] **Les principaux sacrificateurs délibérèrent de faire mourir aussi Lazare,** *parce que beaucoup de Juifs se retiraient d'eux à cause de lui, et croyaient en Jésus* » (Jean 11.43-46, 53 ; 12.10-11)[170]. Comme le cœur humain est dur !

DES CŒURS ENDURCIS

Connaissant les affirmations de Jésus et sa popularité croissante, les chefs politiques et religieux des Juifs, rongés d'envie, ont fait cause commune autour d'un même objectif impérieux : il fallait faire taire Jésus ! Ils brûlaient d'envie de trouver une raison, n'importe quelle raison, pour l'accuser et le faire mettre à mort. Mais comment accuser le seul homme parfait qui soit jamais né ?

Un sabbat, tandis que Jésus enseignait dans une synagogue...

« *Il s'y trouvait un homme qui avait la main sèche. Ils* [les chefs religieux] *observaient Jésus, pour voir s'il le guérirait le jour du sabbat : c'était afin de pouvoir l'accuser. Et Jésus dit à l'homme qui avait la main sèche : Lève-toi, là au milieu. Puis il leur dit : Est-il permis, le jour du sabbat, de faire du bien ou de faire du mal, de sauver une personne ou de la tuer ?*

Mais ils gardèrent le silence.

Alors, promenant ses regards sur eux avec indignation, et en même temps **affligé de l'endurcissement de leur cœur**, *il dit à l'homme : Étends ta main.*

Il l'étendit, et sa main fut guérie.

Les pharisiens [parti religieux] **sortirent, et aussitôt ils se consultèrent avec les hérodiens** [parti politique] **sur les moyens de le faire périr.**

Jésus se retira vers la mer avec ses disciples. Une grande multitude le suivit [...] il guérissait beaucoup de gens, tous ceux qui avaient des maladies se jetaient sur lui pour le toucher.

Les esprits impurs, quand ils le voyaient, se prosternaient devant lui, et s'écriaient : **Tu es le Fils de Dieu** (Marc 3.1-11).

CLAIRVOYANCE DÉMONIAQUE

Les démons savaient qui était ce guérisseur ; c'est pourquoi ils l'appelaient par son titre exact, criant : « *Tu es le Fils de Dieu* ! » Ces anges déchus étaient parfaitement au fait de l'historique de Jésus.

Des millénaires plus tôt, ils avaient été témoins de sa grandiose puissance lorsqu'il avait créé les cieux et la terre par sa parole. Ils tremblaient en se souvenant du jour où, dans son juste courroux, il les avait chassés du paradis après qu'ils eurent choisi de suivre Satan dans sa rébellion[171]. Et voici qu'il était sur terre, vivant parmi les hommes !

Leur destin était scellé.

L'autorité de leur maître tombait en ruines.

La malédiction du péché allait être annulée.

Le Fils éternel lui-même, en tant que postérité de la femme, avait envahi leur territoire. Ainsi, les démons « *se prosternaient devant lui, et s'écriaient : **Tu es le Fils de Dieu*** ». Par contraste, les chefs religieux « *tinrent aussitôt conseil [...] contre lui, **pour le faire périr*** » (*Bible Ostervald*).

Un jour, alors que je racontais cette histoire à quelques invités, l'un des hommes présents a fait ce commentaire : « Incroyable ! Les démons avaient plus de respect pour Jésus que les chefs religieux ! »

Incroyable, mais vrai.

18

LE PLAN ÉTERNEL DE DIEU

« *Le Seigneur [...] réalise ce qu'il a préparé **de toute éternité.*** »
(Actes 15.18, *Bible du Semeur*)

Dès avant le début des temps, Dieu avait un objectif précis pour les hommes. Le jour même où le péché contamina la famille humaine, l'Éternel se mit à annoncer ce plan, bien que d'une manière cryptée. L'Écriture désigne ce plan sous le nom de « ***mystère** de Dieu* » (Apocalypse 10.7).

À ce jour, le projet de Dieu et son objectif pour l'humanité restent un mystère pour la plupart des gens, mais bien inutilement, puisque « ***le mystère** qui avait été caché dans tous les siècles [...] **est maintenant manifesté*** » (Colossiens 1.26, *Bible Martin*).

PLUS PRIVILÉGIÉS QUE LES PROPHÈTES

Voici une pensée renversante. Du point de vue de la compréhension de l'histoire et du message de Dieu, nous sommes vous et moi plus privilégiés que les prophètes qui ont rédigé les Écritures. Nous possédons une pleine révélation de Dieu, ce dont ils ne disposaient pas. Nous pouvons lire la fin du Livre de Dieu ; ils ne le pouvaient pas.

« *Les prophètes, qui ont prophétisé touchant la grâce qui vous était réservée, ont fait de ce salut l'objet de leurs recherches et de leurs investigations, voulant sonder l'époque et les circonstances marquées par l'Esprit de Christ qui était en eux, et qui attestait d'avance les souffrances de Christ et la gloire dont elles seraient suivies.* **Il leur fut révélé que ce n'était pas pour eux-mêmes, mais pour vous, qu'ils étaient les dispensateurs de ces choses, que vous ont annoncées maintenant** ceux qui vous ont prêché l'Évangile par le Saint-Esprit envoyé du ciel, et **dans lesquelles les anges désirent plonger leurs regards** » (1 Pierre 1.10-12).

POURQUOI DIEU A ENCODÉ SON PLAN

Certains se sont demandé : « Pourquoi Dieu n'a-t-il pas immédiatement dit à l'humanité déchue ce qu'il entendait faire ? Pourquoi a-t-il enrobé son message de mystère ? »

En dépit du fait que le Dieu souverain de l'univers ne nous doit aucune explication, dans sa bonté, il nous a donné quelques aperçus du motif pour lequel il a encodé son plan pour l'homme. Voici **trois raisons** pour lesquelles Dieu a choisi de révéler son programme progressivement et prudemment.

En premier lieu, comme nous l'avons observé aux chapitres cinq et six, en révélant progressivement son plan, Dieu a fourni à l'humanité quantité de prophéties et de symboles propres à **confirmer** son message, ainsi que de multiples témoignages, afin que les générations à venir puissent connaître avec certitude le message du seul vrai Dieu.

Deuxièmement, Dieu a révélé sa vérité de telle sorte que seuls ceux qui s'y intéressent suffisamment pour la sonder diligemment puissent la découvrir. « *La gloire de Dieu, c'est de cacher les choses ; la gloire des rois, c'est de sonder les choses* » (Proverbes 25.2). Il en est beaucoup qui ne peuvent trouver la vérité pour la même raison qu'un voleur ne peut trouver un agent de police ; ils ne le souhaitent pas[172].

Troisièmement, Dieu a encodé son plan afin de le **cacher** à Satan et à ses partisans.

> « *Nous prêchons la* **sagesse de Dieu, mystérieuse et cachée,** *que Dieu, avant les siècles, avait destinée pour notre gloire,* **sagesse qu'aucun des chefs de ce siècle n'a connue, car, s'ils l'eussent connue, ils n'auraient pas crucifié le Seigneur de gloire** » (1 Corinthiens 2.7-8).

Si Satan et ceux qui se sont joints à lui avaient compris le plan intégral de Dieu pour les vaincre, ils n'auraient pas fait ce qu'ils ont fait. Dieu avait conçu son plan de telle sorte que ceux-là mêmes qui avaient projeté de le contrecarrer l'accomplissent ! Et quel était ce plan, au juste ?

LA RÉDEMPTION !

Dieu avait promis d'envoyer un Sauveur sans péché dans le monde – en tant que *postérité de la femme* – pour délivrer les descendants obstinés et rebelles d'Adam de la damnation éternelle. Exactement au moment opportun dans l'histoire humaine, Dieu a accompli sa promesse.

> « *Lorsque les temps ont été accomplis, Dieu a envoyé son Fils, né d'une femme, né sous la loi, afin qu'il* **rachetât** *ceux qui étaient sous la loi* » (Galates 4.4-5).

Racheter signifie payer le prix nécessaire pour une rançon.

Alors que j'étais enfant et que je vivais en Californie aux États-Unis, je possédais une petite chienne. Je la nourrissais, prenais soin d'elle et jouais avec elle. Elle me suivait partout où j'allais et était tout excitée lorsque je rentrais de l'école. Mais elle avait un défaut. Parfois, elle s'égarait dans le voisinage, bien qu'elle revienne toujours. Du moins jusqu'à un certain jour.

Je suis rentré de l'école, mais ma chienne n'était pas là pour m'accueillir. Quand est arrivée l'heure d'aller au lit, elle était toujours introuvable. Le jour suivant, mon père proposa que j'appelle le refuge local pour animaux, où étaient recueillis les chiens et les chats errants. Les animaux que personne ne réclamaient étaient euthanasiés.

J'ai appelé le refuge. En effet, ils avaient une petite chienne qui correspondait à ma description d'elle. L'« attrapeur de chiens » de la ville l'avait recueillie. Ma chienne ne pouvait se sauver par elle-même. À moins que quelqu'un ne vienne à sa rescousse, elle allait être mise à mort.

Je me suis rendu au refuge. J'étais sur le point de récupérer ma chienne ! Cependant, le fonctionnaire qui se tenait au bureau d'accueil m'a dit que je devais payer une amende si je désirais la récupérer. Il était interdit de laisser un chien errer dans les rues. J'ai payé la rançon exigée et ma chienne m'a été remise. Comme elle était contente de pouvoir sortir de cette cage affreuse et d'être de nouveau avec celui qui prenait soin d'elle ! Elle avait été *rachetée*.

Cet épisode de mon enfance où j'ai racheté ma chienne nous donne une petite idée de notre propre situation. En tant que pécheurs rebelles, nous n'avons aucun moyen de nous sauver par nous-mêmes. Dieu a envoyé son Fils dans le monde pour nous racheter en payant la rançon nécessaire. C'était plus qu'aucun de nous ne pouvait payer.

> « *Aucun homme, cependant, ne peut* **racheter** *un autre [...]* **Car le rachat de leur vie est bien trop coûteux** *[...]* *Dieu* **rachètera** *ma vie du séjour des morts* » (Psaume 49.8, 16, *Bible du Semeur*).

Et quel était au juste le prix de notre rachat, de notre rédemption ?

LES PROPHÈTES L'AVAIENT ANNONCÉ

En Genèse chapitre 3, nous avons pris connaissance de l'embryon de prophétie encodée quant au plan de Dieu pour racheter les pécheurs des griffes de Satan. Écoutons de nouveau ce que Dieu dit à ce dernier :

> « *Je mettrai inimitié entre toi et la femme, entre ta postérité et sa postérité : celle-ci t'écrasera la tête, et tu lui blesseras le talon* » (Genèse 3.15).

Par ces paroles, Dieu présentait une mystérieuse esquisse de son plan méthodique pour en finir avec Satan et le péché d'une manière qui corresponde à sa juste nature. L'Éternel annonçait qu'il allait donner à l'humanité un Messie rédempteur qui vaincrait Satan en écrasant sa « **tête** ». La prophétie annonçait aussi que Satan blesserait le « **talon** » du Messie.

Comment la postérité de la femme allait-elle faire pour « *écraser* » la tête de Satan ? Le mot hébreu traduit par « écraser » signifie « meurtrir, briser, blesser ou écraser ». Selon cette prophétie initiale, Satan, comme le Messie, allait être « écrasé », mais seule l'une des deux blessures serait fatale et irréversible. Il est mortel d'avoir la tête écrasée, non le talon.

Dieu prédisait qu'en dépit de la « *blessure* » infligée au Rédempteur par Satan et par ses partisans, il finirait par avoir la victoire sur ces derniers.

Plus tard, Dieu a inspiré au prophète David d'écrire les paroles suivantes au sujet du Messie :

> « *Ils ont percé mes mains et mes pieds* »
> (Psaume 22.17).

David a aussi prédit que, si le Messie devait être tué, son corps ne se décomposerait pas dans la tombe. Le libérateur promis allait vaincre la mort.

> « *Tu ne permettras pas que ton bien-aimé voie la corruption* » (Psaume 16.10).

Le prophète Ésaïe a prédit l'objectif des souffrances du Messie, de sa mort et de sa résurrection :

> « *Il était* **blessé pour nos péchés, brisé pour nos iniquités** *[...] Il a plu à l'Éternel de le briser par la souffrance [...] Après avoir livré sa* **vie en sacrifice pour le péché**, *il verra une postérité et prolongera ses jours ; et l'œuvre de l'Éternel prospérera entre ses mains* »
> (Ésaïe 53.5, 10)[173].

Si Satan allait persuader la foule de torturer et de tuer le Messie envoyé par Dieu, tout allait se dérouler suivant le projet annoncé par les prophètes. L'issue finale allait être le triomphe ultime du Seigneur et de son Oint.

PAROLES DE SAGESSE ET DE MISE EN GARDE

Mille ans avant la naissance du Christ, David a écrit :

> « *Pourquoi ce tumulte parmi les nations, ces vaines pensées parmi les peuples ? Pourquoi les rois de la terre se soulèvent-ils et les princes se liguent-ils avec eux contre l'Éternel et contre son oint* [Messie] *? [...] Celui qui siège dans les cieux rit [...] Puis il leur parle dans sa colère, il les épouvante dans sa fureur. C'est moi qui ai oint mon roi sur Sion, ma montagne sainte ! Et maintenant, rois, conduisez-vous avec sagesse ! Juges de la terre, recevez instruction ! Servez l'Éternel avec crainte, et réjouissez-vous avec tremblement. Baisez* [honorez] *le fils, de peur qu'il ne s'irrite, et que vous ne périssiez dans votre voie, car sa colère est prompte à s'enflammer. Heureux tous ceux qui se confient en lui !* (Psaume 2.1-2,4-6,10-12.)

Au Sénégal, où la lutte est le sport traditionnel national, on cite le proverbe suivant :

> « *L'œuf ne danse pas avec la pierre.* »

Pourquoi un œuf ne doit-il pas se risquer à lutter contre une roche ? Parce qu'il n'a aucune chance de remporter le combat ! De même, tous ceux qui se « [*liguent*] *contre l'Éternel et contre son oint* » ne peuvent que perdre. Résister au plan de Dieu revient à avoir de « *vaines pensées* »[174].

Les Sénégalais ont aussi ce proverbe :

> « *Un bûcheron n'abat pas exprès l'arbre de réunion.* »

Dans cette région aride du globe, la plupart des villages ont un grand arbre situé en leur centre, et c'est à l'ombre de cet « arbre de réunion » que l'on trouve refuge de l'intense chaleur qui règne à l'heure du midi ; c'est un endroit où les gens peuvent se détendre, parler et siroter du thé. Comment les villageois réagiraient-ils si un bûcheron commençait à couper le tronc de cet « arbre de réunion » ? Avec une grande indignation, ils mettraient fin à ses coups de hache – immédiatement !

Tous ceux qui s'opposent au plan de rédemption divin sont comme un bûcheron qui s'attaque à l'arbre favori des villageois.

Ils ne réussiront pas.

> « *Rois, conduisez-vous avec sagesse ! [...] Baisez le fils, de peur qu'il ne s'irrite, et que vous ne périssiez dans votre voie, car sa colère est prompte à s'enflammer. Heureux tous ceux qui se confient en lui !* » (Psaume 2.10, 12.)

AVEUGLES AU PLAN DE DIEU

Dans les dernières semaines de son ministère terrestre, Jésus commença à informer ses disciples qu'au lieu de le recevoir comme roi, les chefs politiques et religieux allaient exiger qu'il soit exécuté. Ceux qui conspiraient la mort de Jésus n'avaient aucune idée qu'ils allaient en fait prendre part à l'accomplissement de ce que les prophètes avaient prédit : que les mains et les pieds du Messie allaient être percés dans le cadre du projet formé par Dieu de racheter de l'emprise de Satan la descendance obstinée et impuissante d'Adam.

> « *Dès lors Jésus commença à faire connaître à ses disciples qu'il **fallait** qu'il allât à Jérusalem, qu'il souffrît beaucoup de la part des anciens, des principaux sacrificateurs et des scribes, qu'il **fût** mis à mort, et qu'il ressuscitât le troisième jour.*
>
> *Pierre, l'ayant pris à part, se mit à le reprendre, et dit : À Dieu ne plaise, Seigneur ! Cela ne t'arrivera pas.*
>
> *Mais Jésus, se retournant, dit à Pierre : **Arrière de moi, Satan ! Tu m'es en scandale ; car tes pensées ne sont pas les pensées de Dieu, mais celles des hommes*** » (Matthieu 16.21-23).

La pensée de Pierre était semblable à celle d'un célèbre controversiste, que j'ai entendu déclarer : « Un Messie crucifié est comme un célibataire marié ! »

À l'image de ce controversiste, Pierre n'avait pas encore compris le plan de Dieu. Il pensait que le Messie allait immédiatement établir le gouvernement mondial promis, et non se soumettre à l'horreur et à l'humiliation d'être cloué sur une croix !

Pierre avait raison de penser que Dieu projetait d'établir Jésus comme souverain dirigeant sur toute la terre, mais il avait tort de penser que le Messie pouvait éviter la souffrance et la honte de la croix. Plus tard, Pierre allait comprendre le plan de Dieu et proclamer avec audace : « *les prophètes [...] cherchaient à découvrir à quelle époque et à quels événements se rapportaient les indications données par l'Esprit du Christ. Cet Esprit était en eux et annonçait à l'avance les souffrances du Messie et la gloire dont elles seraient suivies*[175] » (1 Pierre 1.10-11, *Bible du Semeur*).

La crucifixion du Messie n'allait pas être un accident. Dieu l'avait anticipée et projetée « *de toute éternité* ». Les prophètes l'avaient prédite. *La postérité de la femme* était venue l'accomplir.

Il y a quelque temps, le message suivant a atterri dans ma boîte de réception :

Comme Pierre au début, ce correspondant n'a pas compris pourquoi « il *fallait* [*que le Messie*] *fût mis à mort et qu'il ressuscitât le troisième jour* ».

Pourquoi un plan aussi terrible était-il nécessaire ? Du fait que Dieu, comme ce correspondant le rappelait justement, « a la puissance absolue », pourquoi n'a-t-il pas simplement jeté Satan en enfer et accordé son pardon aux descendants pécheurs d'Adam ? L'Éternel a créé le monde par sa seule parole ; pourquoi n'a-t-il pas aussi racheté le monde de la même manière ?

Pourquoi était-il nécessaire que la parole du créateur devienne homme ? Pourquoi le plan de Dieu nécessitait-il que le Messie souffre, verse son sang et meure ?

Nous trouverons la réponse à cette question à la prochaine étape de notre voyage.

19

LA LOI DU SACRIFICE

« C'est parce qu'il représente la vie que le sang sert d'expiation. »
— l'Éternel (Lévitique 17.11, *Bible du Semeur*).

L'histoire de la première famille humaine est rapportée en Genèse. Au chapitre 4, nous apprenons que lorsque Adam et Ève ont été chassés du jardin paradisiaque d'Éden, c'est toute la race humaine qui en a été exclue. Tous leurs descendants allaient naître et grandir dans un monde maudit, sous l'emprise de l'ennemi.

LE PREMIER-NÉ DES PÉCHEURS

« Or Adam connut Ève sa femme, laquelle conçut, et enfanta **Caïn** *; et elle dit : J'ai acquis un homme de par l'Éternel »* (Genèse 4.1, *Bible Martin*).

Caïn signifie *acquérir*. Au milieu de la souffrance et de l'émerveillement du premier accouchement, Ève s'est exclamée : *« J'ai acquis un homme de par l'Éternel ! »* Peut-être pensait-elle que Caïn allait être le libérateur envoyé par Dieu pour sauver l'humanité des conséquences mortelles du péché.

Ève avait raison de croire que le Sauveur promis viendrait *« de par l'Éternel »*. Elle avait aussi raison de croire que le Messie *naîtrait d'une femme*, mais si elle pensait que de la descendance de son mari viendrait le libérateur promis, elle se trompait. Cette idée fausse allait rapidement se dissiper.

Adam et Ève ont vite découvert que leur fils premier-né chéri avait une nature pécheresse innée. Caïn péchait *par nature*. Il faisait preuve d'orgueil et d'obstination – comme ses parents et comme Satan. Caïn n'était pas le rédempteur promis. Il n'était qu'un pécheur impuissant ayant besoin de rédemption.

Lorsque le deuxième fils d'Adam et Ève est venu au monde, ils avaient déjà une vision plus réaliste de la condition humaine.

« *Elle enfanta encore son frère **Abel*** » (Genèse 4.2).

Adam et Ève ont appelé leur deuxième fils *Abel*, ce qui signifie *vanité* ou *rien*. Ils ne pouvaient en aucune façon engendrer un enfant juste. Le Sauveur promis ne pouvait sortir de la lignée pécheresse d'Adam. Ensemble, Adam et Ève ne pouvaient que procréer un autre pécheur semblable à eux-mêmes. S'il devait venir un homme juste pour les sauver du châtiment du péché, il fallait qu'il vienne de l'Éternel.

Comme nous l'avons appris en Genèse 1, le premier homme et la première femme avaient été créés *à l'image* et *selon la ressemblance* de Dieu. Ce privilège immense n'allait pas sans la responsabilité solennelle d'opérer les bons choix. La volonté de Dieu pour Adam et Ève était qu'ils reflètent la nature sainte et tendre de leur créateur. Cependant, lorsque Adam et Ève ont choisi de désobéir à leur créateur, ils ont cessé de refléter son image. Ils ont instantanément cessé d'être *centrés sur Dieu* pour devenir égocentriques, *centrés sur eux-mêmes*. Et ils ont donné naissance à des enfants semblables à eux.

« *Adam [...] engendra un fils à sa **ressemblance, selon son image*** » (Genèse 5.3).

Comme le dit le proverbe wolof : « *Les gazelles bondissantes ne font pas de petits qui creusent.* » Les parents pécheurs ne produisent pas non plus de descendance juste. L'Écriture dit :

« ***Comme par un seul homme*** *le péché est entré dans le monde, et par le péché la mort, et qu'ainsi la mort **s'est***

étendue sur tous les hommes, *parce que tous ont péché...* » (Romains 5.12).

L'ADORATION DES PÉCHEURS

> « *Abel fut berger, et Caïn fut laboureur. Au bout de quelque temps, Caïn fit à l'Éternel une offrande des fruits de la terre ; et Abel, de son côté, en fit une des premiers-nés de son troupeau et de leur graisse* » (Genèse 4.2-4).

Caïn est devenu laboureur et Abel, berger. Bien que les effets du péché se fassent sentir tout autour d'eux et en eux, la gloire de la création de Dieu les environnait encore et il prenait soin d'eux d'une main bienveillante. Même s'ils étaient pécheurs, Dieu aimait Caïn et Abel et voulait qu'ils le connaissent et s'approchent de lui en l'adorant. Cependant, pour que cela se produise, ils avaient besoin d'un remède à leur condition pécheresse. Dieu est saint et « *il faut que ceux qui l'adorent l'adorent en esprit et en vérité* » (Jean 4.24).

Il est clair que ces enfants recevaient une bonne éducation de leurs parents, qui avaient autrefois goûté une amitié intime avec leur créateur. Caïn et Abel comprenaient l'un et l'autre que le péché offensait Dieu. Comme leurs parents, ils étaient exclus de la présence de Dieu. S'ils allaient avoir une relation avec lui, elle se devait de respecter les conditions de Dieu.

La bonne nouvelle, c'était que Dieu avait ouvert une voie par laquelle les péchés de Caïn et d'Abel pouvaient être couverts s'ils étaient désireux de lui faire confiance et de l'approcher de la manière qu'il avait établie. Écoutons encore ce récit :

> « *Au bout de quelque temps, **Caïn fit à l'Éternel une offrande des fruits de la terre ; et Abel, de son côté, en fit une des premiers-nés de son troupeau et de leur graisse.** L'Éternel porta un regard favorable sur Abel et sur son offrande ; mais il ne porta pas un regard favorable sur Caïn et sur son offrande. Caïn fut très irrité, et son visage fut abattu* » (Genèse 4.3-5).

Comme c'est le cas pour toute histoire bien racontée, tous les détails ne nous sont pas immédiatement donnés. Le récit nous dit seulement ce que Caïn et Abel ont fait. La raison pour laquelle ils l'ont fait nous est expliquée ailleurs dans l'Écriture. Les deux jeunes hommes voulaient adorer le seul vrai Dieu. Chacun avait fait « *à l'Éternel une offrande* ».

Caïn était venu présenter un choix impressionnant de fruits et de légumes qu'il avait cultivés diligemment.

Abel était venu présenter un agneau innocent et sans défaut, l'avait tué, puis avait brûlé son corps sur un autel rudimentaire de pierre ou de terre[176].

Selon les apparences, l'offrande sanglante d'Abel était brutale et épouvantable, tandis que l'offrande végétale de Caïn était belle et appétissante. Pourtant, les Écritures déclarent :

> « *L'Éternel porta un regard favorable sur Abel et sur son offrande ; mais il ne porta pas un regard favorable sur Caïn et sur son offrande*. Caïn fut très irrité, et son visage fut abattu » (Genèse 4.4-5).

Pourquoi Dieu a-t-il accepté l'offrande d'Abel et rejeté celle de Caïn ?

Abel mettait sa confiance dans le plan de Dieu, mais pas Caïn.

LA FOI ET L'AGNEAU D'ABEL

L'Écriture nous rapporte qu'Abel est venu à Dieu « par la foi », ce qui indique que Dieu avait révélé à Caïn et à Abel ce qu'il exigeait.

> « *C'est par la foi qu'Abel* [la souscription au plan de Dieu] *offrit à Dieu un sacrifice plus excellent que celui de Caïn ; c'est par elle qu'il fut déclaré juste, Dieu approuvant ses offrandes [...] Or sans la foi il est impossible de lui être agréable* » (Hébreux 11.4, 6).

La foi qui plaît à Dieu est une foi qui croit au plan de Dieu et qui s'y soumet.

Lorsque Adam et Ève péchèrent pour la première fois, Dieu rejeta leurs efforts personnels visant à régler le problème de leur faute. Au lieu de cela, Dieu accomplit le premier sacrifice animal et fournit à Adam et à Ève un moyen de couvrir leur péché et leur honte.

En mettant à mort quelques animaux innocents, Dieu leur enseignait que « *le salaire du péché, c'est la* **mort** *; mais le don gratuit de Dieu, c'est la vie éternelle* » (Romains 6.23).

Plus tard, Caïn et Abel se sont vu enseigner la même leçon, mais seul l'un des deux y a cru.

Abel s'est approché de Dieu humblement, *par la foi*, en présentant au Seigneur, avec obéissance, un agneau premier-né en parfaite santé.

Imaginez Abel mettant sa main sur la tête de l'agneau et remerciant sereinement l'Éternel de ce qu'il accepterait le sang de l'agneau comme paiement temporaire du péché alors que c'était lui, Abel, qui méritait la peine capitale. Puis Abel prenant le couteau et tranchant la gorge de la douce créature, tandis que le liquide écarlate jaillissait.

En tuant l'agneau, Abel démontrait du respect pour la sainteté de Dieu et la loi du péché et de la mort. C'est parce qu'Abel a mis sa confiance dans le plan de Dieu que ce dernier a pardonné à Abel ses fautes et l'a déclaré juste. Abel fut libéré du châtiment du péché parce que le péché avait été visité, puni, dans l'agneau. Le sacrifice symbolisait et annonçait le parfait sacrifice que Dieu avait promis de fournir un jour afin d'ôter le péché du monde.

Voilà pourquoi l'Éternel « *porta un regard favorable sur Abel et sur son offrande.* »

LES ŒUVRES DE CAÏN ET LA RELIGION

Et puis il y avait Caïn. Quel jeune homme religieux ! Il offrit à Dieu un magnifique étalage de fruits et de légumes pour lesquels il avait dû travailler dur. Mais Dieu rejeta Caïn et son offrande.

L'erreur de Caïn n'était pas d'adorer un faux dieu, mais d'adorer faussement le seul vrai Dieu.

Au lieu d'approcher son créateur par la foi, Caïn s'était présenté *avec ses propres idées et efforts personnels*. Dieu n'avait pas accepté la couverture que ses parents s'étaient faits à l'aide de feuilles de figuier. Il n'a pas agréé non plus l'offrande végétale de Caïn, que ce dernier avait conçue de ses propres idées.

Certains diront : « Mais Caïn avait apporté ce qu'il avait ! »

Dieu ne voulait pas de ce que Caïn *avait*. Il voulait que Caïn mette *en lui* sa confiance et que son adoration soit fondée sur l'offrande d'une vie – du sang versé d'un agneau. Si Caïn n'avait pas d'agneau, il pouvait en obtenir un d'Abel en échange de quelques légumes, ou bien il pouvait s'approcher humblement de l'Éternel en se rendant à l'autel bâti par Abel où le sang de l'agneau avait été versé. Mais Caïn était trop fier pour cela. Il avait choisi d'« adorer » Dieu avec les œuvres de ses propres mains.

Voilà pourquoi Dieu « *ne porta pas un regard favorable sur Caïn et sur son offrande* ».

LA DETTE DU PÉCHÉ

Pourquoi l'Éternel s'est-il montré si catégorique ? Pourquoi a-t-il accepté l'agneau mis à mort par Abel, mais non les légumes frais de Caïn ?

Dieu a refusé les offrandes de Caïn pour la simple et bonne raison que le châtiment encouru pour le péché, c'est la *mort*, non l'effort personnel. La *loi du péché et de la mort*, que Dieu avait fait connaître à Adam, n'avait pas changé. Tous ceux qui enfreignent les lois de Dieu ont une dette envers lui qui ne peut se solder que par la *MORT*. Le juste juge de l'univers ne tolérera pas qu'une infraction reçoive un châtiment moins coûteux. La sincérité, les efforts personnels ou les bonnes œuvres ne peuvent annuler la dette du péché.

Pour illustrer ce fait, imaginons qu'une grande banque me prête plusieurs millions de dollars. Au lieu d'investir cette énorme somme d'argent raisonnablement, je la dilapide et manque à rembourser le prêt. La police vient à mon domicile et m'arrête. En cour d'assises, je dis au juge : « Je ne serai jamais capable de rendre les millions de dollars que je dois, mais j'ai un plan pour effacer ma dette financière. Voici ce que je vais faire : au lieu de rembourser ma dette avec de l'argent, je vais la rembourser par de bonnes actions ! Chaque jour je vais apporter au président de la banque un bol de riz cuit. Un jour par semaine, je vais sauter un repas et faire don de cette nourriture aux pauvres. Je vais aussi prendre un bain cérémoniel plusieurs fois par jour pour laver la honte de ma dette. Je ferai cela jusqu'à ce que ma dette soit remboursée. »

Le juge accepterait-il un arrangement aussi irrationnel pour le remboursement d'une dette financière ? Jamais ! De même, le juge de toute la terre n'acceptera pas les prières, les jeûnes et les bonnes œuvres en guise de remboursement pour une dette de péché. Il n'y a qu'une manière de payer pour le péché, et c'est la **MORT** – *la séparation éternelle d'avec Dieu*.

Y a-t-il un moyen d'aider les pécheurs impuissants à échapper à cette inflexible *loi du péché et de la mort* ?

Dieu en soit loué, il en existe un.

LA LOI DU SACRIFICE

Je ne joue pas aux cartes, mais je sais que certaines cartes l'emportent sur d'autres. En vertu de la valeur d'une certaine carte, elle « ramasse » les cartes d'une valeur inférieure.

Les livres de Daniel et d'Esther dans l'Ancien Testament racontent l'histoire de rois ancestraux décrétant des lois irrévocables « *selon la loi des Mèdes et des Perses, qui est immuable* » (Daniel 6.8). Si un roi voulait révoquer une certaine loi, il fallait qu'il établisse une loi supérieure qui l'emporterait sur la précédente[177].

D'une manière semblable, dès les origines, la manière juste choisie par Dieu pour révoquer « *la loi du péché et de la mort* » était d'introduire une loi plus forte, à savoir « **la *loi du sacrifice d'expiation*** » (Lévitique 6.18) ou, comme elle est appelée ailleurs, « ***la loi du sacrifice d'actions de grâces*** » (Lévitique 7.11).

Dieu, qui maintient toutes ses lois, a établi la *loi du sacrifice d'expiation* pour qu'elle l'emporte sur la *loi* toujours applicable *du péché et de la mort*.

La loi du sacrifice offrait la *miséricorde* aux pécheurs coupables tout en appliquant en même temps au péché son *juste* châtiment. (Pour revoir pourquoi Dieu devait maintenir la *miséricorde et la justice* en parfait équilibre, voir le chapitre 13.) La loi du sacrifice d'expiation fournissait à Dieu une manière de punir le péché sans punir le pécheur. Voici comment Dieu explique de quelle manière l'expiation pouvait s'opérer :

> « *Car l'âme de la chair est dans le* **sang**. *Je vous l'ai donné sur l'autel, afin qu'il servît d'expiation pour vos âmes, car c'est par l'âme que le sang fait* **l'expiation** » (Lévitique 17.11).

Cette loi contenait deux principes de base :

1. LE SANG C'EST LA VIE – Dieu a dit : « ***l'âme de la chair est dans le sang*** ». La science moderne affirme ce que les Écritures déclaraient depuis des milliers d'années : la vie d'une créature est dans son sang. Ce liquide vital transporte tous les éléments nécessaires pour maintenir la vie et nettoyer les impuretés. Le sang est précieux ; sans lui, les humains, tout comme les animaux, meurent.

2. LE PÉCHÉ EXIGE LA MORT – Dieu a également dit : « ***c'est par l'âme que le sang fait l'expiation*** ». Le mot *expiation* vient du mot hébreu *kaphar*, qui signifie « *couvrir, annuler, purifier, pardonner* et *réconcilier*[178] ». Ce n'était que par le sang versé que les pécheurs pouvaient être réconciliés avec leur juste créateur. Puisque le châtiment pour le péché, c'est la mort, Dieu disait qu'il accepterait le sang d'un sacrifice – l'abandon d'une vie – en guide de paiement pour le péché de l'homme, et pour le couvrir.

UN REMPLAÇANT

Le principe sous-jacent de la *loi du péché et du sacrifice* peut se résumer en un mot : **substitution**. Un animal innocent devait mourir pour remplacer le pécheur condamné.

Dans les générations antérieures à la venue du Messie, l'Éternel fit connaître aux descendants d'Adam qu'il acceptait temporairement le sang versé d'un animal adéquat, comme un agneau, une brebis, une chèvre ou un taureau. Même les pigeons et les colombes pouvaient être offerts[179]. Quelle que soit la richesse ou la pauvreté d'une personne, tous devaient s'approcher de Dieu en reconnaissant leur péché et en croyant que Dieu leur octroierait le pardon en vertu du sang versé.

La créature condamnée à mourir devait être « *sans défaut*[180] ». Elle ne devait souffrir d'aucune maladie, ni présenter d'os brisés, de coupures ou d'égratignures. Elle devait être symboliquement parfaite. Le pécheur offrant ce sacrifice devait « [*poser*] sa *main sur la tête* [*de l'animal*] *et le tuer* [...] *C'*[*était*] *un* **sacrifice d'expiation**. » La graisse de l'animal était ensuite brûlée sur l'autel.

Et Dieu, qu'avait-il dit qu'une telle offrande accomplirait ?

« [*son*] *péché* [...] *lui sera* **pardonné** » (Lévitique 4.35).

La personne qui plaçait sa main sur la tête d'un animal sacrifié symbolisait le transfert du péché à la créature sans tache. L'animal portant le péché périssait ensuite *à la place* du pécheur.

Selon le principe de la *substitution*, le péché était puni et le pécheur pardonné. La peine capitale tombait sur l'animal innocent « parfait », au lieu de tomber sur l'homme ou la femme coupable.

La loi du sacrifice d'expiation enseignait aux pécheurs que Dieu est saint et que « *sans effusion de* **sang** [l'offrande d'une vie] *il n'y a pas de* **pardon** [d'annulation de la peine méritée par le péché] » (Hébreux 9.22).

Au moyen du sacrifice animal, Dieu mettait en application sa justice envers le péché tout en montrant sa miséricorde aux pécheurs qui mettaient leur confiance en lui. Dieu promettait de bénir tous ceux qui viendraient à lui de cette manière. Le jour même où Dieu a donné à son peuple ancien les dix commandements, il lui a rappelé que la seule manière pour ce peuple d'être accepté par lui était de l'approcher en vertu d'un sacrifice d'expiation présenté sur un autel.

« **Tu m'élèveras** *un autel de terre, sur lequel* **tu offriras tes holocaustes** *et tes sacrifices d'actions de grâces, tes brebis et tes bœufs.* **Partout où je rappellerai mon nom, je viendrai à toi, et je te bénirai** » (Exode 20.24).

La principale raison d'être de l'offrande expiatoire était de démontrer la juste colère de Dieu contre le péché jusqu'à ce qu'arrive le Sauveur promis. L'objectif de la venue du Messie allait être de donner *tout son sens* à la loi du sacrifice.

Aux yeux de Dieu, la vie d'un homme vaut plus que celle de tous les animaux du monde entier. Les animaux n'ont pas été créés à l'image de Dieu. L'animal n'a pas d'âme éternelle. En conséquence, le sang animal ne pouvait que *symboliser* ce qui était nécessaire pour annuler la dette de péché.

Le récit du sacrifice fait par Abel n'est que le premier de dizaines d'autres dans l'Ancien Testament où nous voyons des croyants venir à Dieu pour l'adorer avec le sang d'animaux innocents et sans défaut. Parmi ces nombreux récits de sacrifices, il en est un de particulièrement étonnant. C'est celui dont se souviennent chaque année les musulmans du monde entier.

20

UNE OFFRANDE DE GRAND PRIX

L a famille est assemblée autour de la créature docile maintenue contre le sol. Les jeunes comme les vieux mettent la main sur la brebis ou sur le père, qui porte le couteau.

La coupure est faite rapidement et le sang de l'animal se déverse par secousses sur le sable. Le sacrifice est terminé – jusqu'à l'an prochain.

Le jour d'*Aïd al-Adha*, « la fête du sacrifice », les musulmans rappellent un épisode quatre fois millénaire où Dieu fournit un bélier pour qu'il meure à la place du fils d'Abraham[181]. Le Coran conclut le bref récit de cet événement par les paroles : « ***Nous avons racheté cet enfant par une offrande d'un grand prix*** » (Sourate 37.107, *traduction inédite*).

Pour saisir toute l'importance de cet épisode mémorable, nous devons retourner au livre de la Genèse.

ABRAHAM

Abraham[182] est né vers l'an 2 000 avant J.-C. au pays d'Ur, l'Irak actuel. Comme tous les descendants d'Adam, il est né avec une nature pécheresse. Bien qu'Abraham ait grandi au milieu d'idolâtres païens, il s'est mis à croire au seul vrai Dieu. Abraham ne partageait pas l'opinion de beaucoup de gens aujourd'hui, qui estiment qu'ils doivent être fidèles à la religion de leurs parents, quelle qu'elle soit.

Comme Abel, Abraham s'approchait de l'Éternel pour l'adorer muni du sang d'animaux sacrifiés.

Alors qu'Abraham avait soixante-quinze ans, l'Éternel lui est apparu et lui a dit :

> « *Va-t'en de ton pays, de ta patrie, et de la maison de ton père, dans le pays que je te montrerai. **Je ferai de toi une grande nation, et je te bénirai** ; je rendrai ton nom grand, et tu seras une source de bénédiction. Je bénirai ceux qui te béniront, et je maudirai ceux qui te maudiront ; **et toutes les familles de la terre seront bénies en toi*** »
> (Genèse 12.1-3).

Dieu a promis de faire d'Abraham une « grande nation » par laquelle il pourvoirait au salut de tous les peuples de la terre. Cette nation serait « grande », non pas en *taille*, mais en *importance*. Afin de faire de cette nation une réalité, Dieu a ordonné à Abraham et sa femme privée d'enfants d'aller vivre sur une terre qu'il promettait de donner à leurs descendants – bien qu'ils n'en aient pas encore.

Comment Abraham a-t-il réagi à ces promesses apparemment irréalisables ? Il mit sa confiance en Dieu et lui obéit. Délaissant le foyer de son père, il se dirigea vers la terre de Canaan, connue aujourd'hui sous le nom d'Israël et de Palestine.

LA FOI D'ABRAHAM

Une fois Abraham arrivé en Canaan, l'Éternel lui dit : « *Je donnerai ce pays **à ta postérité**. Et [Abraham] bâtit là un autel à l'Éternel, qui lui était apparu* » (Genèse 12.7).

La promesse de Dieu était tout simplement ahurissante. La terre de Canaan était peuplée de beaucoup de groupes distincts. Comment Abraham et ses descendants pourraient-ils la posséder ? Sa femme et lui n'avaient pas d'enfants.

Imaginez un couple âgé venant d'un pays lointain pour visiter votre pays. À leur arrivée, vous leur dites : « Un jour, vos descendants et vous posséderez ce pays. » Le vieil homme se met à rire et vous dit : « Très drôle ! Je n'ai même pas de descendant. Je ne suis qu'un vieillard, ma femme est incapable de concevoir et vous me dites que mes descendants vont se multiplier et posséder ce territoire ? Vous êtes sûr(e) que ça va bien ? »

Telle est la promesse stupéfiante faite par Dieu à Abraham. Et comment Abraham avait-il réagi ? Les Écritures disent qu'il « ***fit confiance*** *à l'Éternel et, à cause de cela, l'Éternel le* ***déclara juste*** » (Genèse 15.6, *Bible du Semeur*). À cause de la foi enfantine d'Abraham à la promesse de Dieu, ce dernier le déclara juste. Après sa mort, Abraham allait vivre pour toujours avec le Seigneur au paradis.

Le mot hébreu traduit par « *fit confiance* » est « *aman* », duquel vient l'expression « *Amen !* », laquelle signifie « *Ainsi soit-il !* » ou « *C'est vrai et certain.* »

Retenez bien ceci. De *croire à l'Éternel* est d'entendre ce qu'il a déclaré et de répondre par un sincère « *Amen !* » C'est cette foi enfantine qui nous relie à Dieu. Ce sont nos actes qui démontreront si oui ou non nous avons tenu la Parole de Dieu pour vraie. La foi d'Abraham s'est vérifiée par le fait qu'il a choisi de suivre le chemin le plus ardu, se détournant de la religion de son père afin de suivre l'Éternel.

> « ***Abraham crut à Dieu,*** *et cela lui fut imputé à justice ; et il fut appelé* ***ami de Dieu*** » (Jacques 2.23).

Abraham était l'ami de Dieu parce qu'il a cru à la Parole de Dieu. Cela ne veut pas dire qu'Abraham a toujours fait confiance à Dieu dans tous les domaines de sa vie. Judiciairement, Dieu l'avait déclaré parfaitement juste, mais dans sa vie de tous les jours, Abraham était loin d'être parfait. Les Écritures ne masquent pas les péchés et les manquements des prophètes.

ISMAËL

Abraham et Sara ont vécu dans le pays de Canaan comme nomades, vivant sous des tentes, allant de lieu en lieu. Avec le temps, Abraham s'est considérablement enrichi en bétail.

Plus de dix ans s'étaient écoulés depuis le moment où Dieu avait promis de faire d'Abraham une grande nation. Il était à présent âgé de quatre-vingt-six ans et sa femme de soixante-seize, et ils n'avaient toujours pas d'enfant. Comment Abraham pouvait-il donc devenir une grande nation s'il n'avait pas de progéniture ? Abraham et sa femme décidèrent d'« aider » à la réalisation de la promesse que Dieu leur avait faite.

Au lieu d'attendre que l'Éternel accomplisse son projet en son temps, ils ont obéi à leur bon sens et ont suivi les us et coutumes locaux. Sara a donné sa servante égyptienne Agar à Abraham pour qu'il ait des rapports avec elle et lui donne un enfant par son intermédiaire. Agar a donné à Abraham un fils qu'ils ont appelé *Ismaël*.

Treize ans plus tard, lorsque Abraham avait quatre-vingt-dix ans, le Dieu Tout-Puissant lui est apparu et lui a dit que Sara sa femme aurait un fils.

> « *Abraham tomba sur sa face ; il rit, et dit en son cœur : Naîtrait-il un fils à un homme de cent ans ? Et Sara, âgée de quatre-vingt-dix ans, enfanterait-elle ? Et Abraham dit à Dieu : Oh ! Qu'Ismaël vive devant ta face ! Dieu dit : Certainement Sara, ta femme, t'enfantera un fils ; et tu l'appelleras du nom d'Isaac. J'établirai mon alliance avec lui comme une alliance perpétuelle pour sa postérité après lui. À l'égard d'***Ismaël***, je t'ai exaucé. Voici, je le bénirai, je le rendrai fécond, et je le multiplierai à l'infini ; il engendrera douze princes, et je ferai de lui une grande nation. J'établirai mon alliance avec* **Isaac***, que Sara t'enfantera à cette époque-ci de l'année prochaine* » (Genèse 17.17-21).

ISAAC

Dieu a tenu sa promesse. Sara, dans sa vieillesse, a donné à Abraham un fils nommé *Isaac*.

> « *L'enfant grandit, et fut sevré ; et Abraham fit un grand festin le jour où Isaac fut sevré. Sara vit rire le fils qu'Agar, l'égyptienne, avait enfanté à Abraham* » (Genèse 21.8-9).

Ismaël n'aimait pas que le plan de Dieu soit d'utiliser Isaac pour faire naître une nation par laquelle l'Éternel communiquerait sa vérité et offrirait le salut au monde. Bien au contraire, Ismaël se moquait de son demi-frère. Les tensions s'accrurent jusqu'au point où Abraham dut chasser Ismaël et Agar. Ce fut un événement difficile pour Abraham, qui aimait son fils Ismaël.

> « *Mais Dieu dit à Abraham : Que cela ne déplaise pas à tes yeux, à cause de l'enfant* [Ismaël] *et de ta servante* [Agar] *[...] car c'est **d'Isaac** que sortira une postérité qui te sera propre [...] Dieu fut avec l'enfant* [Ismaël]*, qui grandit, habita dans le désert, et devint tireur d'arc. Il habita dans le désert de Paran, et sa mère* [Agar] *lui prit une femme du pays d'Égypte* » (Genèse 21.12, 20-21).

Comme l'Éternel l'avait promis, Ismaël est devenu le père d'un grand peuple que Dieu a béni de bien des façons. Cependant, le Seigneur avait clairement fait savoir que c'était en Isaac qu'il allait accomplir son alliance afin d'apporter le salut au monde entier.

ISRAËL

Plus tard, Isaac se maria et eut deux enfants, Ésaü et Jacob. Un jour, Dieu donna à Jacob un nouveau nom, lui disant : « *ton nom sera **Israël*** » (Genèse 35.10). Jacob eut douze fils, les ancêtres des douze tribus d'Israël que, du temps de Moïse, Dieu organisa en une nation. L'Éternel a appelé ces descendants d'Abraham, Isaac et Jacob son *peuple élu*[183].

Pourquoi les a-t-il choisis *eux* ? Étaient-ils meilleurs que les autres nations ? Non, en réalité, Dieu a dit aux Israélites qu'ils étaient « ***le moindre** de tous les peuples* » (Deutéronome 7.7). L'Éternel a choisi ces Hébreux faibles et méprisés afin que personne ne puisse s'arroger le mérite de ce que Dieu avait prévu d'accomplir, non plus que la louange pour ces œuvres. C'est ainsi que l'Éternel prend plaisir à agir.

> « *Dieu a choisi **les choses folles** du monde pour confondre les sages ; Dieu a choisi **les choses faibles** du monde pour confondre les fortes ; et Dieu a choisi **les choses viles** du monde et **celles qu'on méprise, celles qui ne sont point**, pour réduire à néant celles qui sont, **afin que nulle chair ne se glorifie devant Dieu*** » (1 Corinthiens 1.27-29).

UN CANAL DE COMMUNICATION

Dieu a suscité cette nouvelle nation pour qu'elle lui serve de canal pour communiquer son message jusqu'aux extrémités de la terre. Dieu a créé ce « canal de communication » bien avant que la radio et la télévision ne fassent leur apparition, mais il n'allait pas en être moins efficace pour autant. Les actes puissants du seul vrai Dieu, au milieu de toute cette nation, allaient être connus dans le monde entier. Par exemple, les Écritures relatent le témoignage d'une femme cananéenne : « *Car nous avons appris comment, à votre sortie d'Égypte, l'Éternel a mis à sec devant vous les eaux de la mer Rouge [...] l'Éternel, votre Dieu [...] est Dieu en haut dans les cieux et en bas sur la terre* » (Josué 2.10-11).

Par ailleurs, c'est de cette nation que Dieu allait choisir les *prophètes qui* allaient écrire les *Écritures*. Ce qu'il faut retenir, c'est que c'est de cette nation que Dieu allait susciter un *descendant*, qui serait lui-même le « canal » par lequel le monde entier serait béni. Comme nous l'avons déjà fait observer – au chapitre 16 – ce descendant n'était autre que la *postérité promise de la femme*, qui est descendue des cieux pour naître d'une pauvre vierge juive.

Que nous approuvions ce fait ou non, cette nation ancienne était le canal de communication établi *par Dieu* pour transmettre sa vérité et des bénédictions éternelles à toutes les nations de la terre. Et tout avait commencé quand l'Éternel avait ordonné à Abraham de quitter la maison de son père et de s'en aller dans la terre de Canaan.

La grande alliance de Dieu avec Abraham comportait deux phases principales :

1) « *je ferai de toi* **une grande nation** »;
2) « **toutes les familles de la terre** *seront bénies en toi* ».

L'amour de Dieu ne se limite pas à un seul groupe ethnique. Il ne voulait pas simplement bénir Abraham ou Israël. La compassion de son cœur s'étend à « *toutes les familles de la terre* ». L'Ancien Testament abonde en histoires où Dieu utilise la nation faible et obstinée d'Israël pour offrir sa grâce à des gens de toutes tribus et de toutes langues[184]. On doit garder à l'esprit l'objectif de Dieu de bénir toutes les nations par l'entremise de ce peuple méprisé chaque fois que la Bible dit que l'Éternel a protégé les Israélites de ceux qui avaient tenté de les éradiquer. Dieu les défendait, *non parce qu'ils étaient meilleurs que les autres nations*, mais parce qu'ils étaient **le canal** par lequel il avait déterminé de démontrer sa puissance et d'offrir le salut au monde entier. En protégeant les descendants d'Abraham, d'Isaac et de Jacob, Dieu protégeait ses bénédictions envers « *toutes les familles de la terre* ».

Qui plus est, la réputation de l'Éternel Dieu était en jeu. Il avait juré par son grand nom de bénir toutes les nations par ce peuple faible et méprisé[185].

Dieu allait faire précisément ce qu'il avait promis – pour l'honneur de son nom. N'agirions-nous pas nous-mêmes ainsi si notre réputation ou l'honneur de notre famille était en jeu ?

DIEU MET ABRAHAM À L'ÉPREUVE

Revenons maintenant à l'histoire bien connue du grand sacrifice d'Abraham.

Voici le contexte. Abraham était très vieux, Ismaël avait été chassé de la maison bien des années auparavant. Seul Isaac, le fils d'Abraham et Sara, demeurait avec lui.

Dieu était sur le point d'éprouver la foi d'Abraham à l'extrême. L'Éternel Dieu allait mettre sous les yeux du monde des motifs et des prophéties de ce qu'il projetait lui-même de faire pour racheter les enfants d'Adam de la sentence de mort.

> « *Dieu mit Abraham à l'épreuve, et lui dit : Abraham ! Et il répondit : Me voici ! Dieu dit : Prends ton fils, ton unique, celui que tu aimes, Isaac ; va-t'en au pays de Morija, et là offre-le en holocauste sur l'une des montagnes que je te dirai* » (Genèse 22.1-2).

Dieu conduisit Abraham vers une montagne pour qu'il y tue et y brûle son fils bien-aimé sur un autel. Quel ordre terrible ! C'était là quelque chose que Dieu n'avait jamais encore demandé à personne et ne demanderait plus jamais non plus. Cependant, parce qu'Isaac – comme tous les descendants d'Adam – avait une dette de péché, la sentence prononcée sur lui était un verdict juste – la mort.

> « *Abraham se leva de bon matin, sella son âne, et prit avec lui deux serviteurs et son fils Isaac. Il fendit du bois pour l'holocauste, et partit pour aller au lieu que Dieu lui avait dit* » (Genèse 22.3).

Abraham faisait confiance à Dieu, mais ce n'était pas simple. Pendant trois jours d'agonie, Abraham, son fils et deux serviteurs ont voyagé, chaque pas les rapprochant du lieu fixé pour l'exécution.

> « *Le troisième jour, Abraham, levant les yeux, vit le lieu de loin. Et Abraham dit à ses serviteurs : Restez ici avec l'âne ; moi et le jeune homme, nous irons jusque-là pour adorer, et nous reviendrons auprès de vous* » (Genèse 22.4-5).

Abraham dit aux serviteurs : « Nous reviendrons auprès de vous. »

Comment Abraham et son fils pouvaient-ils tous les deux « revenir » si Isaac devait être tué et brûlé sur un autel ? Ailleurs, l'Écriture nous fournit la réponse. Puisque Dieu avait promis de faire d'Isaac une grande nation, Abraham croyait qu'une fois qu'il aurait offert son fils en sacrifice, Dieu le ressusciterait[186]. Abraham avait appris que l'Éternel tenait toujours ses promesses !

DIEU FOURNIT UN REMPLAÇANT

> « *Abraham prit le bois pour l'holocauste, le chargea sur son fils Isaac, et porta dans sa main le feu et le couteau. Et ils marchèrent tous deux ensemble* » (Genèse 22.6).

Tandis que le père et le fils gravissaient la montagne, Isaac dit :

> « *Mon père! Et [Abraham] répondit : Me voici, mon fils ! Isaac reprit : Voici le feu et le bois ; mais **où est l'agneau** pour l'holocauste ? Abraham répondit : Mon fils, **Dieu se pourvoira lui-même de l'agneau pour l'holocauste.** Et ils marchèrent tous deux ensemble. Lorsqu'ils furent arrivés au lieu que Dieu lui avait dit, Abraham y éleva un autel, et rangea le bois. Il lia son fils Isaac, et le mit sur*

l'autel, par-dessus le bois. Puis Abraham étendit la main, et prit le couteau, pour égorger son fils. Alors l'ange de l'Éternel l'appela des cieux, et dit : Abraham ! Abraham ! Et il répondit : Me voici ! L'ange dit : N'avance pas ta main sur l'enfant, et ne lui fais rien ; car je sais maintenant que tu crains Dieu, et que tu ne m'as pas refusé ton fils, ton unique. Abraham leva les yeux, et vit derrière lui un bélier retenu dans un buisson par les cornes » (Genèse 22.7-13a).

L'Éternel était intervenu. Le fils d'Abraham se vit épargner de la peine capitale !

Abraham s'est retourné et, au loin, sur la même arête de la montagne, il aperçut quelque chose bouger dans un buisson. Qu'était-ce ? Se pouvait-il que ce soit…? Oui, Dieu soit loué ! Un bélier sans défaut retenu par les cornes !

En accord avec sa propre « *loi du sacrifice* », Dieu avait fourni un remplaçant.

« *Abraham alla prendre le bélier, et l'offrit en holocauste* **à la place de son fils** » (Genèse 22.13b).

Pourquoi le fils d'Abraham échappa-t-il à la peine capitale qui pesait sur lui ? Le bélier était mort à sa place.

Dieu avait fourni un remplaçant.

L'ÉTERNEL POURVOIRA

« *Abraham donna à ce lieu le nom de Yahvé-Jiré* (**l'Éternel pourvoira**). *C'est pourquoi l'on dit aujourd'hui : À la montagne de l'Éternel, il sera pourvu* » (Genèse 22.14).

Pourquoi, après qu'Abraham a tué le bélier à la place de son fils, a-t-il appelé cet endroit « l'Éternel **pourvoira** » ? Pourquoi Abraham ne l'a-t-il pas nommé le *Seigneur* **a pourvu** ?

En disant « *l'Éternel* **pourvoira** », le prophète Abraham annonçait un événement à venir qui allait avoir lieu près de deux mille ans plus tard. Car c'est sur cette même arête de montagne – où Jérusalem a été construite plus tard – que l'Éternel pourvoirait à un autre sacrifice – non pour délivrer un seul homme de la mort, mais bien afin de pourvoir à la rançon complète et définitive du monde entier.

Vous souvenez-vous de ce qu'Abraham avait dit à son fils lorsqu'ils gravissaient la montagne où le sacrifice devait être offert ? Il lui avait dit :

« *Mon fils, Dieu se pourvoira lui-même de l'agneau pour l'holocauste.* »

De quoi Abraham parlait-il ? Dieu avait-il fourni un *agneau* pour qu'il meure à la place du fils d'Abraham ? Non, pas un agneau, mais un *bélier*. Alors, le prophète Abraham, qu'entendait-il quand il avait dit que Dieu se *pourvoirait lui-même d'***un agneau** pour l'holocauste ?

La réponse incroyable à cette question va nous apparaître bientôt, mais nous devons auparavant vous raconter quelques histoires supplémentaires.

ENCORE DU SANG VERSÉ

Soyons honnêtes.
En ce qui concerne la vérité spirituelle, nous apprenons lentement.
Dieu le sait.

*« Vous, en effet, qui depuis longtemps devriez être des maîtres, vous avez encore besoin qu'on vous enseigne les **premiers rudiments** des oracles de Dieu, vous en êtes venus à avoir besoin de lait et non d'une nourriture solide »*
(Hébreux 5.12).

Aïe !

Fort heureusement, Dieu est le plus patient des enseignants, qui répète et réaffirme des vérités élémentaires que nous aurions dû apprendre il y a longtemps. Pour nous aider, il a inclus des centaines d'histoires qui illustrent pour nous, d'une manière imagée, l'une des vérités les plus importantes :

« Sans effusion de sang il n'y a pas de pardon »
(Hébreux 9.22).

Le pardon du péché n'a jamais été une mince affaire pour notre créateur parfaitement saint. Dès le jour où le péché est entré dans le monde, Dieu a commencé à enseigner aux pécheurs que seul le sang d'un sacrifice adéquat pouvait expier (couvrir) le péché. C'est ainsi que Dieu, le juste juge, allait punir le péché sans punir le pécheur.

L'Éternel a rejeté les efforts personnels d'Adam et d'Ève pour couvrir leur péché. À moins du sacrifice d'une vie, Dieu ne pouvait pardonner le péché. L'histoire de Caïn et d'Abel nous enseigne la même leçon, de même que celle d'Abraham et d'Isaac.

Les livres de l'Ancien Testament qui suivent la Genèse, comme Exode et Lévitique, abondent en histoires d'hommes et de femmes qui se sont soumis à cette loi du sacrifice[187].

« JE PASSERAI PARDESSUS »

Le livre de l'Exode relate l'histoire captivante de la formation par Dieu d'une nation à partir des descendants d'Abraham, comme il l'avait promis.

Moyennant une série d'événements arrangés selon le plan de Dieu, qu'il avait prédits à Abraham[188], les descendants d'Israël devinrent esclaves des pharaons d'Égypte. Dieu promit de les racheter de leur esclavage et, ce faisant, de transmettre au monde des « images » de son plan pour racheter les descendants d'Adam de leur esclavage au péché.

Voici l'histoire de la Pâque.

Vers l'an 1490 avant J.-C., l'Éternel suscita dix plaies dévastatrices en Égypte par la parole de Moïse. Les neuf premières – où l'Éternel défia et vainquit les faux dieux de l'Égypte polythéiste – n'ont pas suffi pour que le Pharaon se soumette à la Parole de Dieu et que soient libérés les Israélites[189]. Toutefois, la dixième plaie persuada Pharaon de les laisser aller. Dieu a dit à Moïse d'informer son peuple que le premier-né de chaque famille, égyptienne comme israélite, était condamné à mourir. À minuit, le jour fixé, l'ange de la mort allait survoler le pays et tuer le premier-né dans chaque foyer. Telle était la mauvaise nouvelle.

La bonne nouvelle, c'était que Dieu avait pourvu un moyen d'être délivré de cette plaie mortelle. L'Éternel instruisit Moïse de dire à chaque famille de choisir « *un agneau sans défaut, mâle, âgé d'un an [...] un agneau ou un chevreau* » (Exode 12.5). Puis, à l'heure fixée, l'agneau devait être mis à mort et son sang appliqué sur les cadres de porte de chaque maison. Tous ceux qui mettraient le sang d'un agneau sur les montants et le linteau de leur porte et resteraient dans cette maison tandis que l'ange de la mort visiterait le pays seraient sauvés.

L'Éternel avait promis :

> « *Je verrai le sang, et je passerai par-dessus vous*, et il *n'y aura point* de plaie qui vous détruise » (Exode 12.13).

Tout s'est exactement produit comme Dieu l'avait dit. En cette nuit solennelle, Dieu a préservé en Égypte tous les premiers-nés qui étaient *couverts par le sang* ; tous les autres, y compris le premier-né de Pharaon, moururent.

Ne manquons pas de remarquer qu'il y eut un mort dans chaque foyer. Oui, dans *chaque* foyer. C'était soit un *agneau* soit un *premier-né* qui était mort.

Cette nuit-là, ceux qui avaient appliqué le sang sur le cadre de leur porte ont pu échapper à une vie d'oppression et d'esclavage. Ils sont sortis en peuple libre et racheté.

Quel était le prix de la rançon de leur délivrance ? *Le sang d'un agneau.*

Une fois encore, la *loi du sacrifice* avait prévalu sur la *loi du péché et de la mort*. Depuis ce jour, les Juifs célèbrent la *Pâque*, une fête annuelle au cours de laquelle ils doivent se remémorer la grande délivrance que Dieu pourvut au moyen du sang d'un agneau.

DIEU CONDUIT SON PEUPLE

La nuit de la *Pâque* originelle, Dieu libéra les Israélites de quatre cents ans de soumission à l'Égypte et les emmena dans le désert. Dieu avait projeté de les ramener à la terre qu'il avait promise à Abraham, à Isaac et à Jacob, ainsi qu'à leurs descendants. Comme ils étaient en route, Dieu lui-même les accompagnait d'une manière visible, propre à les réconforter.

> « *L'Éternel allait devant eux, le jour dans une colonne de nuée pour les guider dans leur chemin,* et la nuit dans une colonne de feu pour les éclairer, afin qu'ils marchassent jour et nuit » (Exode 13.21).

Non seulement l'Éternel a-t-il conduit son peuple à travers le désert et lui donna-t-il de la lumière, mais par son bras puissant, il a aussi ouvert un chemin à travers la mer Rouge, délivrant les Israélites de l'armée de Pharaon qui les poursuivait. Puis, comme il le leur avait promis, il les conduisit au mont Sinaï[190].

La nouvelle nation, comprenant plus de deux millions d'individus, a campé au pied de cette montagne pendant plus d'une année. Comment ont-ils bien pu survivre dans ce désert aride ? Dieu, dans sa bonté et dans sa grâce, leur a fourni du pain du ciel et de l'eau d'un rocher[191]. Bien que les Israélites aient constamment manqué de rendre grâce, de faire confiance et d'obéir à celui qui les avait rachetés de l'esclavage, l'Éternel leur est toujours demeuré fidèle. Il les jugeait lorsqu'ils péchaient contre lui et les bénissait lorsqu'ils lui faisaient confiance. L'Éternel était à l'œuvre auprès de sa nation élue afin que les nations environnantes puissent voir, observer et connaître la voie de sa rédemption. Dieu voulait aussi que l'on comprenne qu'il est possible de le connaître d'une manière personnelle.

Après avoir donné à Israël les « dix commandements » – voir le chapitre 15 – ainsi que d'autres lois, l'Éternel a commandé à son peuple de construire un sanctuaire unique appelé le *tabernacle* ou *tente d'assignation*.

LE TABERNACLE

« Ils **me feront un sanctuaire, et j'habiterai au milieu d'eux. Vous ferez le tabernacle** et tous ses ustensiles **d'après le modèle que je vais te montrer** » (Exode 25.8-9).

À quelle fin le peuple ancien de Dieu devait-il construire cette tente particulière ? Et pourquoi était-il important qu'elle soit faite exactement selon le modèle que Dieu leur avait montré ?

Dieu avait projeté d'employer ce tabernacle pour leur enseigner, d'une manière visuelle, quelle était sa nature et comment il convenait qu'on s'approche de lui.

La Bible renferme cinquante chapitres relatifs au tabernacle et ce qui l'accompagnait, aussi nous ne pouvons tout expliquer ici. Nous ne pouvons que faire remarquer certains de ses traits les plus élémentaires.

UN SEUL CHEMIN

Dieu a conçu le tabernacle afin d'enseigner au monde entier que, bien qu'il soit saint, il entend toujours séjourner avec les hommes. Néanmoins, il y a un obstacle majeur qui sépare Dieu et l'homme. Cet obstacle est le PÉCHÉ.

La tente particulière qui symbolisait la présence de Dieu parmi les humains était enfermée dans une cour rectangulaire gigantesque. La *clôture* de cette cour était faite de piliers de bronze et de tissu fin. Elle faisait deux mètres et demi de haut – ce qui veut dire qu'elle était assez haute pour qu'aucun homme ne puisse voir par-dessus. Dieu voulait que le peuple comprenne qu'il était séparé de sa présence. Voilà pour la mauvaise nouvelle.

La bonne nouvelle, c'est que Dieu avait fourni aux pécheurs un moyen de s'approcher de lui. Sur le mur se trouvait une porte faite de fil bleu, violet et écarlate. Le seul moyen qu'avaient les pécheurs de s'approcher de Dieu était d'entrer par cette *seule porte*[192] avec un agneau ou un autre sacrifice d'expiation adéquat.

L'Éternel a chargé les Israélites de construire un *grand autel* de bois d'acacia et de le recouvrir de bronze. Cet autel devait être placé entre la porte et la tente spéciale de Dieu. Ceux qui apportaient un sacrifice d'expiation devaient placer leurs mains sur la tête de la créature innocente et confesser leur condition de pécheurs impuissants. Puis, l'animal devait être tué et son corps brûlé sur l'autel. Une fois encore, Dieu disait au peuple que la *loi du péché et de la mort* pouvait être supplantée par la *loi du sacrifice*[193].

La règle de Dieu était claire : sans effusion de sang, il ne pouvait y avoir d'expiation pour le péché ; sans expiation du péché, il ne pouvait y avoir de réconciliation – c'est-à-dire de relation juste – avec Dieu.

Dieu a aussi dit à Moïse de construire un coffre unique fait de bois recouvert d'or. Ce coffre était appelé *l'arche de l'alliance*. Elle symbolisait le trône de Dieu au ciel. Les tablettes de pierre sur lesquelles Dieu avait gravé les dix commandements étaient placées à l'intérieur de ce coffre doré. Le couvercle du coffre, en or massif, appelé le *propitiatoire*, était surplombé de la silhouette de deux chérubins faits d'or. Les chérubins sont les anges magnifiques qui entourent le trône de Dieu au ciel. Dieu a dit à Moïse de placer l'arche de l'alliance dans la pièce la plus au fond du tabernacle.

LE LIEU TRÈS SAINT

Le tabernacle était divisé en deux pièces. La pièce antérieure s'appelait le *lieu saint* et la pièce du fond s'appelait le *lieu très saint* ou *saint des saints*. Ce sanctuaire intérieur n'était qu'une « imitation du véritable [...] *ciel même* » (Hébreux 9.24).

Le *lieu très saint* symbolisait le paradis, où séjourne Dieu. Cette pièce spéciale avait la forme d'un cube – sa longueur, sa largeur et sa hauteur étaient égales. Vers la fin de notre voyage à travers l'Écriture, nous verrons que la ville céleste, qui accueillera un jour tous les croyants, est également en forme de cube.

Les gens parlent d'une cathédrale, d'une église, d'une synagogue ou d'un lieu de pèlerinage comme étant saints, bien que ces endroits soient souvent remplis de gens qui rejettent le chemin de la rédemption désigné par Dieu. La sainteté véritable se rencontre non en entrant dans un bâtiment particulier, mais en acceptant la solution choisie par Dieu pour le pardon et la justice.

LE VOILE

L'aspect extérieur du tabernacle était simple : il était fait de peaux d'animaux. S'il était d'un aspect extérieur modeste, il était d'une beauté stupéfiante à l'*intérieur*[194].

Les deux pièces du tabernacle étaient séparées par un rideau épais appelé le *voile*.

> « *Tu feras* **un voile bleu, pourpre** *et* **cramoisi**, *et de fin* **lin** *retors ; il sera artistement travaillé, et l'on y représentera des chérubins* » (Exode 26.31).

Le voile séparait l'homme du *lieu très saint* qui abritait la gloire et la lumière de la présence de Dieu. Il déclarait à l'intention de tous : ***ENTRÉE INTERDITE SOUS PEINE DE MORT !***

Ce voile particulier symbolisait le critère de justice exigé par Dieu. Dieu avait informé l'humanité de ce critère en donnant à Moïse les dix commandements. Néanmoins, ces dix règles ne fournissaient qu'une vision limitée des exigences de Dieu. Le plan ultime de Dieu était d'envoyer son Fils, qui démontrerait ce que Dieu exige : la PERFECTION.

Le Messie représenterait le critère de Dieu. Dieu avait conçu le voile de telle sorte que nous pensions à *lui*.

Ce magnifique voile était fait de lin pur, représentant la pureté du Messie. Il allait être saint, sans péché.

On voyait, tissées dans le lin pur, trois couleurs éclatantes : le bleu, le pourpre et le cramoisi (rouge).

Bleu = couleur du ciel. Le Messie allait être le Seigneur venu du ciel.

Pourpre = couleur de la terre, de l'homme et du sang[195]. Le Messie allait prendre un corps de chair et de sang afin de souffrir et de mourir à la place des pécheurs.

Cramoisi = mélange de bleu et de rouge. Le Messie allait être le Dieu-homme. Le cramoisi est la couleur de la royauté : le Messie allait établir son royaume spirituel dans les cœurs de tous ceux qui allaient croire en lui. Plus tard, il instaurerait son règne physique sur Terre.

De même que le cramoisi est une couleur intermédiaire entre le bleu et le rouge, le Messie devait venir pour être le médiateur entre Dieu et l'homme.

> « *Car il y a un seul Dieu, et aussi **un seul médiateur entre Dieu et les hommes**, Jésus Christ homme, qui s'est donné lui-même en rançon pour tous* » (1 Timothée 2.5-6).

LA NUÉE DE GLOIRE

Une fois le tabernacle construit et mis en place selon le plan de Dieu, celui-ci envoya du trône des cieux la gloire de sa présence – contenue dans un nuage majestueux.

> « *Alors la nuée couvrit la tente d'assignation, et **la gloire de l'Éternel remplit le tabernacle**. Moïse ne pouvait pas entrer dans la tente d'assignation, parce que la nuée restait dessus, et que la gloire de l'Éternel remplissait le tabernacle* » (Exode 40.34-35).

L'Éternel plaça la lumière éblouissante de sa présence dans le saint des saints entre les deux chérubins du propitiatoire sur l'arche de l'alliance.

Dieu vint d'une manière visible pour être au milieu de son peuple.

« *L'Éternel règne : les peuples tremblent ; **il est assis** sur les chérubins : la terre chancelle* » (Psaume 99.1).

En plaçant sa gloire dans le lieu très saint, et sa nuée au-dessus du tabernacle, le créateur enseignait aux nations du monde, et aux générations encore à naître, une leçon d'importance capitale : le seul vrai Dieu invite les pécheurs à avoir une relation avec lui, mais seulement sous certaines conditions.

DES ILLUSTRATIONS VISUELLES

Le tabernacle fournissait d'innombrables illustrations visuelles pour ceux qui voulaient connaître Dieu et son plan pour les hommes.

Imaginez la scène suivante. En accord avec les instructions précises de Dieu, cette nation rachetée d'esclaves – les douze tribus d'Israël – avait dressé ses tentes d'une manière ordonnée, en forme de croix, avec au centre le tabernacle, trois tribus ayant dressé leurs tentes au sud, trois au nord, trois à l'ouest et trois à l'est[196]. En raison de la gloire radieuse qui les surplombait, personne ne pouvait nier que le seul vrai Dieu était au milieu d'eux.

On pouvait tirer d'autres leçons visuelles du tabernacle du fait qu'il était entouré de hauts murs faits de lin, dans lesquels il n'y avait qu'une seule porte. À l'intérieur se trouvait un autel. Les pécheurs étaient exclus de la gloire de Dieu, à moins qu'ils s'approchent de lui en vertu du sang versé d'un sacrifice symboliquement parfait.

*« L'âme de la chair est dans le sang. Je vous l'ai donné **sur l'autel, afin qu'il servît d'expiation pour vos âmes, car c'est par l'âme que le sang fait l'expiation »*** (Lévitique 17.11).

Sans qu'une vie soit ôtée, il ne pouvait y avoir de pardon des péchés. Et du fait qu'il était impossible que chacun apporte un sacrifice au tabernacle chaque fois qu'il avait commis un péché, Dieu a ordonné qu'un agneau soit tué et brûlé sur l'autel chaque jour de l'année, chaque matin et chaque soir. Tous ceux qui mettaient leur confiance dans l'Éternel et dans son plan pouvaient jouir des bienfaits de ces offrandes journalières, c'est-à-dire d'une relation restaurée avec leur créateur.

*« Voici ce que tu offriras sur l'autel : deux agneaux d'un an, c**haque jour, à perpétuité** [...] Tu offriras **l'un des agneaux** le matin, et l'autre **agneau** entre les deux soirs [...] Voilà **l'holocauste perpétuel** qui sera offert par vos descendants, à l'entrée de la tente d'assignation, devant l'Éternel : **c'est là que je me rencontrerai avec vous**, et que je te parlerai »* (Exode 29.38-39, 42).

LE JOUR DE L'EXPIATION

Pour illustrer sa vérité plus en détail, Dieu a dit à son peuple qu'il n'y avait qu'une seule manière par laquelle l'homme pouvait entrer dans le saint des saints – la pièce particulière qui symbolisait les cieux eux-mêmes. Une fois par an, un homme spécialement désigné, appelé le souverain sacrificateur, avait la permission d'entrer dans ce sanctuaire intérieur. En ce jour de l'expiation[197], le souverain sacrificateur devait entrer derrière le voile. Il devait prendre avec lui le sang d'une chèvre sacrifiée et l'asperger sept fois sur le propitiatoire, c'est-à-dire sur le couvercle de l'arche de l'alliance. Si le souverain sacrificateur entrait dans la présence de Dieu de n'importe quelle autre manière, il mourait foudroyé.

En vertu du sang aspergé, Dieu avait promis de pardonner les péchés des Israélites pour une année supplémentaire – s'ils faisaient preuve d'une confiance simple en lui et en ce qu'il a accompli pour le péché.

Tous les détails du tabernacle, ses meubles, les actes dont il devait être le théâtre, avaient pour but de transmettre au monde des images vivantes de la manière dont les péchés des pécheurs condamnés pouvaient être couverts et de la façon dont leur relation brisée pouvait être restaurée avec leur créateur parfaitement saint. Tout cela annonçait le Messie promis et sa mission.

Ainsi, dans tous les siècles, par le biais de sa nation élue, l'Éternel a diffusé des centaines d'images et communiqué une pléthore de promesses à un monde pécheur perdu.

LE TEMPLE ET SES SACRIFICES

Cinq cents ans après que Moïse et les enfants d'Israël eurent dressé cette tente particulière pour abriter la présence de l'Éternel, Dieu donna au roi Salomon la tâche de remplacer le *tabernacle portatif* par un *temple plus permanent*. La disposition de cette nouvelle structure à Jérusalem était semblable à celle du tabernacle, mais elle devait être beaucoup plus grande et plus belle encore. Le temple de Salomon devint l'une des merveilles architecturales du monde antique.

De même que la gloire de Dieu était descendue du ciel pour remplir le saint des saints dans le tabernacle le jour de son inauguration dans le désert, de même la lumière glorieuse et incréée de la présence de Dieu descendit et remplit le temple à Jérusalem.

> « *Lorsque Salomon eut achevé de prier, le feu descendit du ciel et consuma l'holocauste et les sacrifices, et la **gloire de l'Éternel remplit la maison**. Les sacrificateurs ne pouvaient entrer dans la maison de l'Éternel, car la gloire de l'Éternel remplissait la maison de l'Éternel* »
> (2 Chroniques 7.1-2).

Le temple fut construit sur la même arête de montagne où, un millénaire auparavant, Abraham avait sacrifié un bélier en lieu et place de son fils[198]. Pour consacrer ce temple particulier à Dieu, le roi Salomon ordonna que 120 000 brebis et 22 000 taureaux soient sacrifiés[199]. Ces chiffres démesurés symbolisaient la valeur incalculable du sang précieux qui devait être versé un millénaire plus tard, sur une colline avoisinante.

Ainsi, depuis le temps d'Adam, d'Abel et d'Abraham, des millions de sacrifices sanglants symboliques furent offerts sur des autels pour couvrir le péché – année après année...

Puis vint le Messie.

22

L'AGNEAU

« *Dieu est **amour*** » (1 Jean 4.8).
« *Dieu est **grand*** » (Job 36.26).

L e Dieu qui est ***amour*** désire une relation intime avec ceux qui lui appartiennent. Le thème de la nature sociale et relationnelle de Dieu est abordé dès le premier chapitre de son livre.

Dieu a créé Adam et Ève « *à son image* » afin de pouvoir jouir de leur compagnie (Genèse 1.27). Ce thème de la présence de « Dieu avec nous[200] » est développé dans l'ensemble de la Bible jusqu'à son dernier livre, où il est écrit que ceux que Dieu aura rachetés « *verront sa face* » et seront avec lui pour toujours (Apocalypse 22.4[3]). Quiconque passe à côté de ce thème manque le thème central du Livre de Dieu.

Ce Dieu si ***grand*** peut faire tout ce qu'il veut.

« *Y a-t-il une chose qui soit trop extraordinaire pour moi ?* »
(Jérémie 32.27, *Bible du Semeur*).

Aucun monothéiste véritable ne peut affirmer que Dieu ne pourrait devenir un homme s'il le désirait. S'il y avait quoi que ce soit que Dieu ne puisse faire (mis à part se contredire et se renier lui-même) il ne serait pas le « Tout-Puissant ».

La question n'est pas : Dieu *peut-il* devenir un homme ? Mais bien :

Dieu *a-t-il choisi* de devenir un homme ?

LE VRAI TABERNACLE DE DIEU

Mille cinq cents ans après que Dieu commanda aux Israélites de construire une tente spéciale afin qu'il puisse habiter « **au milieu d'eux** », l'Écriture déclare :

> « *Au commencement était la Parole, et la Parole était avec Dieu, et la Parole était Dieu [...] Et la parole a été faite chair, et* **elle a habité parmi nous**, *pleine de grâce et de vérité ; et nous avons contemplé* **sa gloire**, *une gloire comme la gloire du Fils unique venu du Père* » (Jean 1.1,14).

La proposition traduite par « *a habité* » vient d'un mot grec qui signifie « *dresser une tente ou un tabernacle* ». Elle peut se traduire littéralement par « *Il a dressé sa tente parmi nous.* » L'Écriture décrit le corps d'une personne comme étant « *sa tente* » ou son « *temple* », dans lequel son âme et son esprit résident[201]. Comme nous l'avons appris au chapitre 16, le Fils éternel de Dieu est né sous la forme d'un bébé mâle. Son corps humain était la *tente* « sous laquelle » il a choisi de séjourner.

Du temps de Moïse, la structure du tabernacle dans lequel Dieu plaça la glorieuse lumière incréée de sa présence était couverte de *peaux d'animaux*. Mais en la personne de Jésus, la glorieuse lumière incréée de Dieu et sa présence étaient venues séjourner dans la chair d'un homme. Aussi, les disciples pouvaient dire : « *nous avons contemplé sa gloire, une gloire comme la gloire du Fils unique venu du Père* ».

L'Écriture déclare que Jésus était le « **véritable tabernacle**, *qui a été dressé par le Seigneur et non par un homme* » (Hébreux 8.2).

Du temps de l'Ancien Testament, le tabernacle (plus tard, le temple) était l'endroit où les pécheurs pouvaient présenter des sacrifices d'animaux pour couvrir leur péché. Enfant et à l'âge adulte, Jésus a visité le temple de Jérusalem de nombreuses fois, mais nous ne lisons jamais qu'il ait offert un sacrifice pour le péché. Pourquoi donc ? Parce qu'il était sans péché. Jésus avait « *paru une seule fois pour abolir le péché* **par son sacrifice** » (Hébreux 9.26). Il allait lui-même devenir une offrande, et une croix romaine allait être l'autel sur lequel cette offrande serait faite.

Jésus était la réalité derrière les symboles.

Dieu a été « *manifesté en **chair*** » (1 Timothée 3.16).

Un jour, alors que Jésus se tenait debout près du grand temple de Jérusalem, il dit à un groupe d'hommes :

> « *Détruisez **ce temple**, et en trois jours je le relèverai.*
>
> *Les Juifs dirent : Il a fallu quarante-six ans pour bâtir ce temple, et toi, en trois jours tu le relèveras !*
>
> ***Mais il parlait du temple de son corps.*** *C'est pourquoi, lorsqu'il fut ressuscité des morts, ses disciples se souvinrent qu'il avait dit cela, et ils crurent à l'Écriture et à la parole que Jésus avait dite* (Jean 2.19-22).

Les Juifs n'avaient pas compris que « le temple » dont Jésus parlait était son corps. Ils pensaient qu'il parlait du magnifique temple de Jérusalem. Mais la lumière et la gloire de la présence de Dieu n'étaient plus dans le lieu très saint de ce temple fait de main d'homme. Elles étaient à présent dans le « *temple* » du corps de Jésus.

Vers la fin de son ministère terrestre, Jésus permit à trois de ses disciples d'être témoins de la gloire resplendissante de Dieu.

> « *Jésus prit avec lui Pierre, Jacques, et Jean, son frère, et il les conduisit à l'écart sur une haute montagne. Il fut transfiguré devant eux; **son visage resplendit comme le soleil, et ses vêtements devinrent blancs comme la lumière.** [...]*
>
> ***Une nuée lumineuse les couvrit.*** *Et voici, une voix fit entendre de la nuée ces paroles :*
>
> **Celui-ci est mon Fils bien-aimé,**
>
> **en qui j'ai mis toute mon affection :**
>
> **écoutez-le !** » (Matthieu 17.1-5.)

La lumière rayonnante, éblouissante et pure de Dieu, qui force les anges à se couvrir le visage, était *en Jésus*. La même présence

glorieuse qui avait résidé dans le saint des saints du tabernacle et du temple demeurait *en Jésus*.

La nuée lumineuse qui avait autrefois baigné le tabernacle baignait à présent l'endroit qu'occupait Jésus.

Jésus était la véritable présence de Dieu sur terre. Cet éclat radieux de la gloire du Fils de Dieu a fait dire au Père les paroles suivantes, depuis les cieux :

> « *Celui-ci est **mon Fils bien-aimé**, en qui j'ai mis toute mon affection. **Écoutez-le !** »*

Dieu est sérieux à ce propos.

Un millénaire avant que le Fils de Dieu devienne le Fils de l'Homme, le prophète David écrivait : « ***Baisez le fils**, de peur qu'il ne s'irrite, et que vous ne périssiez dans votre voie, car sa colère est prompte à s'enflammer. Heureux tous ceux qui se confient en lui !* » (Psaume 2.12.)

« *Baisez le fils* » signifie « **honorez le Fils** ».

De temps à autre, je vois des hommes et des femmes religieux baiser les mains et la tête de chefs religieux – des hommes qui ne sont que des pécheurs impuissants comme eux-mêmes. Je vois ces mêmes gens faire des pèlerinages pour honorer des hommes dont la chair est retournée à la poussière. Pourtant, Dieu a annoncé au monde qu'il faut que « *tous honorent le Fils comme ils honorent le Père. Celui qui n'honore pas le Fils n'honore pas le Père qui l'a envoyé [...] Car le Père aime le Fils* » (Jean 5.23, 20).

LE PRÉCURSEUR

Ésaïe est l'un de deux prophètes qui ont parlé dans leurs écrits d'un messager devant préparer « *le chemin de l'Éternel* » (Ésaïe 40.3). Ce précurseur fut le prophète Jean, fils de Zacharie[202]. Tandis que les prophètes précédents ont proclamé : « *Dieu va envoyer son Messie dans le monde* », le prophète Jean eut l'insigne honneur d'annoncer : « *le Messie promis, le Seigneur lui-même, est ici !* »

> « *En ce temps-là parut Jean Baptiste, prêchant dans le désert de Judée. Il disait :* **Repentez-vous, car le royaume des cieux est proche.** *Jean est celui qui avait été annoncé par Ésaïe, le prophète, lorsqu'il dit : c'est ici la voix de celui qui crie dans le désert :* **Préparez le chemin du Seigneur,** *aplanissez ses sentiers* » (Matthieu 3.1-3).

LA REPENTANCE

Le message prêché par Jean pour préparer le peuple à l'arrivée du Seigneur était simple.

« *Repentez-vous !* »

Le mot « se repentir » vient du grec « *métanoéo* ». Ce mot grec se compose de deux parties : « méta » et « noéo ». La première partie signifie *mouvement* ou *changement*. La seconde se rapporte *aux pensées de l'esprit* ; par conséquent, la signification fondamentale du verbe « se repentir » est de « subir un changement dans sa façon de penser » et de « remplacer une manière injuste de penser par une manière convenable ».

Pour replacer le terme « repentance » dans un contexte quotidien, imaginons que je veuille voyager en autobus d'une ville à une autre –

par exemple de Beyrouth à Amman. Je monte dans ce que je pense être le bon bus et je m'y assoupis. Un peu plus tard, tandis que le car file à vive allure sur l'autoroute, je découvre qu'il ne se dirige pas vers Amman, mais vers le nord, vers Istanbul ! Que dois-je faire ?

J'ai deux choix : soit je suis trop fier pour reconnaître mon erreur, et je *reste* par conséquent dans ce bus et je parviens à la mauvaise destination, soit je m'humilie et *me repens*, c'est-à-dire, j'éprouve une transformation dans ma manière de voir les choses, et je reconnais que je ne suis pas dans le bon autobus. La sincérité de ma repentance devient évidente sitôt que je descends du mauvais autobus à l'arrêt suivant, puis que je monte dans le bon.

La véritable repentance mène celui qui la vit à se *détourner de l'erreur* et à *mettre sa confiance dans la vérité*.

On peut comparer la repentance aux deux faces d'une pièce de monnaie :

L'une des deux dit : **REPENTEZ-VOUS !**
L'autre dit : **CROYEZ !**
Les deux faces sont chacune une partie de la même vérité :

« … *la repentance* envers Dieu et la *foi* en notre Seigneur *Jésus Christ* » (Actes 20.21).

La *repentance* signifie que le facteur dans lequel on met sa confiance pour recevoir le salut change. La *foi* signifie qu'on met sa confiance en ce que Dieu a pourvu pour le salut de son âme.

Il ne saurait y avoir de vraie foi sans repentance. C'est pourquoi le message du prophète Jean signifiait à peu près : « Repentez-vous de votre manière erronée de penser ! Reconnaissez que vous ne pouvez vous sauver vous-mêmes et accueillez le Messie promis venu du ciel ! Il est venu pour vous délivrer de vos pires ennemis – si vous voulez seulement cesser de mettre en vous-mêmes votre confiance et commencer à mettre votre confiance en lui ! »

Ceux qui reconnaissaient leur condition pécheresse devant Dieu se faisaient baptiser par Jean dans le fleuve. C'est pourquoi Jean s'est fait connaître sous le nom de *Jean le Baptiste*. Se faire baptiser dans l'eau ne pouvait et ne peut toujours pas laver du péché. De se faire immerger dans la rivière était une manière, pour ceux qui le faisaient, d'exprimer par un acte *extérieur* qu'ils s'étaient *intérieurement* appropriés le message de Dieu quant au Messie devant venir afin de purifier les pécheurs repentants et croyants de leur nature souillée.

L'ÉLU

Au commencement de son ministère terrestre, Jésus se fit baptiser dans le Jourdain. Le Messie sans péché n'avait pas besoin de se repentir de quoi que ce soit, mais, en se faisant baptiser, il s'identifiait avec la race humaine, qu'il était venu délivrer.

Ce qui suivit le baptême de Jésus fut une scène inoubliable. Elle nous donne un aperçu du seul vrai Dieu dans son unité complexe et dans sa majesté.

> « *Dès que **Jésus** eut été baptisé, il sortit de l'eau. Et voici, les cieux s'ouvrirent, et il vit **l'Esprit de Dieu** descendre comme une colombe et venir sur lui. Et voici, **une voix fit entendre des cieux** ces paroles : **Celui-ci est mon Fils bien-aimé, en qui j'ai mis toute mon affection**** » (Matthieu 3.16-17).

Comme au premier jour de la création, ce récit révèle la présence du Père, du Fils et du Saint-Esprit. Néanmoins, à ce moment clé de l'histoire, Dieu révélait son unité plurielle plus clairement encore. Ce passage est l'une des étapes de notre périple à travers l'Écriture où chaque voyageur doit s'arrêter, prendre des photos et méditer.

Voici la scène. Sous un ciel spectaculaire et rayonnant, le ***Fils de Dieu***, (*la Parole par laquelle le ciel et la terre furent créés*) sort du lit de la rivière. Au même moment, ***l'Esprit de Dieu*** (*l'Esprit qui planait au-dessus de la surface des eaux le premier jour de la création*) descend du ciel, planant au-dessus de Jésus et se posant sur lui sous la forme d'une colombe. Et, finalement, la voix de ***Dieu le Père*** résonne des cieux : « *Celui-ci est mon Fils bien-aimé, en qui j'ai mis toute mon affection.* »

Au cours des trente années précédentes, Jésus avait vécu dans l'ombre, au sein d'une famille pauvre de l'humble ville de Nazareth. Le Père avait les yeux fixés sur son Fils bien-aimé, bien qu'il vécût dans l'anonymat, toutes ces années durant. À présent, nous entendons le verdict de Dieu sur la vie de Jésus : « *Celui-ci est mon*

*Fils bien–aimé, en qui **je suis pleinement satisfait** »* (*Bible de l'Épée*).

Dieu n'aurait pu dire cela d'aucun autre être humain jamais venu dans le monde. Seul Jésus le satisfaisait et le satisfait encore dans tous les détails – aussi bien intérieurement qu'extérieurement. En tant que Fils descendu du ciel, il était saint, exempt de souillure et qualifié pour accomplir sa mission. Il était le Messie – l'Oint – l'Élu de Dieu. Dieu l'avait oint, non avec de l'huile – comme c'était le cas pour les prêtres et les rois[203], mais du Saint-Esprit lui-même.

« **Dieu a oint du Saint-Esprit** *et de force* **Jésus** *de Nazareth* » (Actes 10.38).

Jésus était celui au sujet duquel tous les prophètes avaient écrit.

L'AGNEAU DE DIEU

« Le lendemain, il vit Jésus venant à lui, et il dit : **Voici l'Agneau de Dieu, qui ôte le péché du monde** *»* (Jean 1.29).

L'annonce du prophète Jean était lourde de sens.

• *« Voici* **l'Agneau de Dieu**... *»*

Les auditeurs de Jean comprenaient dans une certaine mesure la signification de cette expression. Depuis l'apparition du péché, on offrait des agneaux en sacrifice d'expiation. Pendant quinze longs siècles, des agneaux avaient été offerts matin et soir sur l'autel ardent. À présent, *l'Agneau qui appartenait à Dieu* faisait son entrée en scène ! Deux millénaires auparavant, Abraham avait dit à son fils : « *Dieu se pourvoira lui-même de **l'agneau** pour l'holocauste* » (Genèse 22.8). Dieu avait bel et bien pourvu un remplaçant pour mourir en lieu et place du fils d'Abraham, mais c'était un « *bélier* » et non un « *agneau* » (Genèse 22.13). « *L'agneau* » de la prophétie d'Abraham était le Messie lui-même. Abraham faisait référence à la venue de Jésus-Christ. C'est ce que Jésus a dit : « *Abraham,* *votre père, a tressailli de joie de ce qu'il verrait mon jour : il l'a vu, et il s'est réjoui* » (Jean 8.56).

• « ... *qui ôte le péché...* »

Depuis le temps d'Adam, le sang d'animaux innocents *couvrait* symboliquement le péché de ceux qui mettaient leur confiance en Dieu et en son plan, mais ce que Jésus était venu faire serait différent. Il *ôterait* le péché – complètement et pour toujours.

• « ... *du monde* ».

Par le passé, les sacrifices sanglants pour l'expiation des péchés étaient offerts pour le compte d'une *personne*, d'une *famille* ou d'une *nation*. Mais le sang de Jésus allait rendre disponible un paiement intégral de la dette de péché *du monde entier*, passée, présente et future.

Le fait que l'Agneau de Dieu ôte les péchés du monde signifie-t-il que chaque individu qui vient au monde est automatiquement pardonné par Dieu ? Non. Depuis le jour où le péché est entré dans la race humaine, Dieu a toujours exigé une foi personnelle en lui et dans les dispositions qu'il avait prises pour couvrir les fautes[204].

> « *Elle est venue chez les siens, et les siens ne l'ont point reçue. Mais à* **tous ceux qui l'ont reçue**, *à* **ceux qui croient** *en son nom, elle a donné le pouvoir de devenir enfants de Dieu* » (Jean 1.11-12).

OMBRES ET SYMBOLES

Précédemment, chaque agneau innocent sacrifié pour le péché était « *une ombre des biens à venir* » (Hébreux 10.1).

Il ne faut pas confondre une ombre avec l'objet qui la projette. Si vous regardez le sol tandis qu'un ami s'approche de vous, vous verrez peut-être son ombre avant de le voir lui, mais une fois qu'il se tient debout devant vous, ne regarderez-vous pas votre ami pour lui parler plutôt que de regarder son ombre ?

Les sacrifices de l'Ancien Testament étaient les *ombres* conçues par Dieu pour préfigurer le Messie et donner un aperçu de sa personne. Dieu s'attend à ce que nous regardions à lui et l'écoutons.

> « *Il est **impossible** que le sang des taureaux et des boucs ôte les péchés. C'est pourquoi **Christ**, entrant dans le monde, dit : Tu n'as voulu ni sacrifice ni offrande, **mais tu m'as formé un corps**. Tu n'as agréé ni holocaustes ni sacrifices pour le péché [...] Il dit ensuite : Voici, **je viens** pour faire ta volonté. Il abolit ainsi la première chose* [les sacrifices animaux] *pour établir la seconde* [son propre sacrifice]. *C'est en vertu de cette volonté que nous sommes sanctifiés, par l'offrande du corps de Jésus Christ, **une fois pour toutes*** »
> (Hébreux 10.4-7, 9-10).

Les sacrifices d'animaux n'étaient que des *symboles* de ce que Dieu allait en fin de compte exiger. Les animaux n'avaient pas été créés à l'image de Dieu. La valeur d'un agneau n'est pas égale à celle d'un homme. De même que vous ne pouvez pas apporter un modèle réduit de voiture à un concessionnaire automobile et l'offrir en paiement d'un véhicule véritable, le sang d'un agneau ne pouvait satisfaire au paiement de la dette de péché d'un être humain. Un sacrifice d'une valeur égale ou supérieure était nécessaire. Jésus, l'Agneau de Dieu, est venu pourvoir à ce sacrifice.

UN PIÈTRE PLANIFICATEUR ?

Il y a quelques années de cela, j'ai correspondu avec un docteur en philosophie. En réaction à la déclaration selon laquelle Jésus était venu « *ôter les péchés du monde* », il m'écrivit :

Envoyer   Objet: Retour sur votre courriel

Qu'est-il arrivé à ceux qui sont nés et morts avant que Dieu décide de concocter cette charade il n'y a que deux mille ans ? Il semblerait que le Dieu chrétien soit un piètre planificateur,

---

> puisqu'il lui a fallu des milliers, sinon des millions d'années, pour trouver un moyen de pardonner les « péchés » de l'humanité.

Il semblerait que cet homme, décédé depuis, n'était pas parvenu à reconnaître la signification des millions d'agneaux sacrifiés et des centaines de prophéties, qui toutes faisaient référence au jour où le Messie souffrirait le châtiment encouru pour les péchés de l'humanité – passés, présents et à venir. Dès le début des temps, le plan de sauvetage de Dieu incluait que soit effectué le paiement pour *« les péchés commis* ***auparavant*** *afin [...] de montrer sa justice dans le temps présent »* (Romains 3.25-26).

Dieu a pardonné aux pécheurs qui vécurent avant le temps de Christ en se servant des mêmes conditions dont il se sert pour pardonner aux pécheurs d'aujourd'hui – par la foi dans la promesse et dans les dispositions de Dieu.

Bien entendu, il y avait une différence. Les croyants d'avant le temps de Jésus-Christ voyaient *couvrir le*urs fautes. Ce n'est qu'après que Jésus ait versé son sang et vaincu la mort que la dette d'un pécheur pouvait être *effacée* pour toujours des livres de compte.

Avant que Jésus, l'Agneau de Dieu, vienne sur terre, la personne offrant un animal sur un autel ressemblait un peu à l'homme d'affaires en difficulté sollicitant du crédit auprès d'une banque. Un ami fortuné accepte de cosigner le prêt, s'engageant à éponger la dette si l'homme d'affaires manque à rembourser l'argent emprunté. Chaque nouvelle année, l'homme d'affaires manque à rembourser son prêt et s'endette de plus en plus et, chaque année, son ami riche signe un nouveau document à l'intention de la banque pour couvrir les dettes de l'homme en difficulté. Qu'est-ce qui empêche cet homme d'affaires dans l'embarras de faire faillite et d'aller en prison ? Ses dettes sont couvertes par le donneur d'aval, son ami fortuné et digne de confiance.

Les sacrifices d'animaux de l'Ancien Testament représentaient le « donneur d'aval » du pécheur. Dieu les acceptait temporairement. Le grand comptable de l'univers, qui a toujours respecté toutes les clauses de ses contrats et tenu tous ses comptes à jour, avait promis d'accepter le sang d'un animal sans défaut comme *couverture* du péché. Mais le sang animal ne pouvait *effacer* la dette de péché accumulée par l'homme. Elle ne servait que comme « ***commémoration des péchés***

[...] Car il est impossible que le sang des taureaux et des boucs ôte les péchés » (Hébreux 10.3-4, *Bible Martin*).

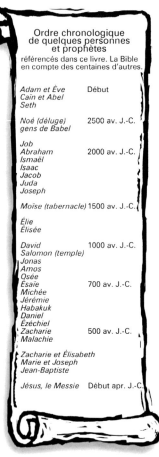

Ordre chronologique
de quelques personnes
et prophètes
référencés dans ce livre. La Bible
en compte des centaines d'autres.

Adam et Ève Caïn et Abel Seth	Début
Noé (déluge) gens de Babel	2500 av. J.-C.
Job Abraham Ismaël Isaac Jacob Juda Joseph	2000 av. J.-C.
Moïse (tabernacle)	1500 av. J.-C.
Élie Élisée	
David Salomon (temple) Jonas Amos Osée	1000 av. J.-C.
Ésaïe Michée Jérémie Habakuk Daniel	700 av. J.-C.
Ézéchiel Zacharie Malachie	500 av. J.-C.
Zacharie et Élisabeth Marie et Joseph Jean-Baptiste	
Jésus, le Messie	Début apr. J.-C.

Le péché est un problème grave que seul le sang du Fils éternel de Dieu pouvait résoudre. Jésus, l'Agneau de Dieu, est venu payer et effacer la dette de péché de l'humanité.

Qu'en pensez-vous personnellement ?

Dieu est-il « un piètre planificateur ou quelqu'un qui tarde à se décider » ? Ou bien son prophète Jean et ses partisans avaient-ils raison de reconnaître Jésus de Nazareth comme **le Messie**, « *celui de qui Moïse [avait] écrit dans la loi et dont les prophètes [avaient] parlé* » et « *l'Agneau de Dieu, qui ôte le péché du monde* » ? (Jean 1)

Notre créateur, le « meilleur des planificateurs », n'a jamais eu d'autre plan pour régler le problème du péché de l'homme. Depuis son point de vue situé à l'extérieur du temps, son Fils bien-aimé avait toujours été, et sera pour toujours :

« ... *l'Agneau, immolé dès la fondation du monde* » (Apocalypse 13.8, *Bible Martin*).

23

L'ACCOMPLISSEMENT
DES ÉCRITURES

*« Une **promesse** est comme un nuage,
son **accomplissement** comme la pluie. »*

— proverbe arabe

L Pendant des milliers d'années, les prophètes ont évoqué la promesse de Dieu d'envoyer un Sauveur sur terre, *« mais, lorsque les temps ont été accomplis, Dieu a envoyé son Fils »* (Galates 4.4).

Les prophètes de Dieu ont montré les *nuages de cette promesse*. Jésus de Nazareth a été la *pluie de l'accomplissement*.

Le plan du créateur n'était pas une décision prise après-coup. C'était *« l'Évangile de Dieu, qui **avait été promis auparavant de la part de Dieu par ses prophètes** dans les saintes Écritures, et qui concerne son Fils Jésus-Christ... »* (Romains 1.1-3).

Les Écritures sont le nuage ; le Messie est la pluie.

L'ENTRÉE À JÉRUSALEM SUR UN ÂNE

Le Messie connaissait sa mission. Cinq cents ans auparavant, le prophète Zacharie avait écrit, concernant l'un des nombreux événements qui conduiraient à la crucifixion :

*« Pousse des cris de joie, fille de Jérusalem ! **Voici, ton roi vient à toi ; il est juste et victorieux, il est humble et***

monté sur un âne, sur un âne, le petit d'une ânesse » (Zacharie 9.9).

Jésus a accompli cette prophétie. Les quatre récits des Évangiles relatent cet événement. Matthieu, témoin oculaire et disciple de Jésus, a écrit :

> « *Lorsqu'ils approchèrent de Jérusalem, et qu'ils furent arrivés à Bethphagé, vers la montagne des Oliviers, Jésus envoya deux disciples, en leur disant : Allez au village qui est devant vous ;* **vous trouverez aussitôt une ânesse attachée, et un ânon avec elle ;** *détachez-les, et amenez-les-moi. Si, quelqu'un vous dit quelque chose, vous répondrez : le Seigneur en a besoin. Et à l'instant il les laissera aller. Or, ceci arriva* **afin que s'accomplît** *ce qui avait été annoncé par le prophète : dites à la fille de Sion :* **Voici, ton roi vient à toi, plein de douceur, et monté sur un âne, sur un ânon, le petit d'une ânesse »** (Matthieu 21.1-5).

Ainsi, Jésus s'est offert lui-même à la nation comme son roi – pour être ensuite rejeté, exactement comme les prophètes l'avaient prédit[205].

Les Évangiles rapportent en détail ce qui est arrivé après que Jésus fut entré dans Jérusalem sur un âne. Il entra dans le temple et y chassa tous ceux qui l'utilisaient pour se faire de l'argent. Puis Jésus dit aux vendeurs consternés : « *Il est écrit : Ma maison sera appelée une maison de prière. Mais vous, vous en faites une caverne de voleurs. Des aveugles et des boiteux s'approchèrent de lui dans le temple. Et il les guérit* » (Matthieu 21.13-14).

Dans les jours qui suivirent, Jésus s'assit dans le temple et enseigna au peuple les vraies paroles de Dieu. Les chefs religieux essayèrent de prendre Jésus au piège afin de lui faire dire des choses qui leur permettraient de l'accuser et de le faire mettre à mort. Ils n'y sont pas parvenus. Jésus a répondu à leurs questions avec une sagesse céleste, si bien que tous en ont été stupéfaits[206].

Puis le temps vint.

L'HEURE ÉTAIT VENUE

Jésus est la seule personne qui savait avec précision :
quand il mourrait,
où il mourrait,
comment il mourrait,
et *pourquoi* il mourrait.

« *Lorsque Jésus eut achevé tous ces discours, il dit à ses disciples : **Vous savez que la Pâque a lieu dans deux jours, et que le Fils de l'homme sera livré pour être crucifié**.*

*Alors les principaux sacrificateurs et les anciens du peuple se réunirent dans la cour du souverain sacrificateur, appelé Caïphe ; et ils délibérèrent sur les moyens d'arrêter Jésus par ruse, et de le faire mourir. Mais ils dirent : Que ce ne soit **pas pendant la fête**, afin qu'il n'y ait pas de tumulte parmi le peuple* » (Matthieu 26.1-5).

Les chefs religieux, qui recherchaient leur propre intérêt, étaient au désespoir. En plusieurs occasions, ils avaient cherché « *à se saisir de lui, et personne ne mit la main sur lui, parce que **son heure n'était pas encore venue*** » (Jean 7.30).

Enfin, ils obtinrent l'occasion qu'ils attendaient. Judas, un disciple de Jésus selon les apparences, mais non de cœur, s'étant rendu au temple, proposa de leur livrer Jésus. En retour, les principaux sacrificateurs acceptèrent de donner à Judas trente pièces d'argent. Cet acte de trahison était l'accomplissement de plusieurs prophéties supplémentaires de l'Ancien Testament[207].

Ainsi, le jour vint où Jésus dit à ses disciples : « ***L'heure est venue*** » (Jean 12.23).

Il était temps pour l'Agneau de Dieu de mourir.

LA SEMAINE DE LA PÂQUE

Les rues étroites de Jérusalem regorgeaient d'une foule innombrable, composée d'étrangers comme d'habitants de la ville. Le bêlement des brebis et le beuglement des bœufs remplissaient l'air. Les marchands et leurs clients négociaient le prix d'un agneau adéquat pour le sacrifice. C'était la semaine de la Pâque.

La Pâque faisait partie d'une fête s'étendant sur une semaine, établie par Dieu quinze siècles auparavant. C'était une occasion pour les Israélites de *méditer sur leur histoire* et de se souvenir de la manière dont l'Éternel les avait délivrés de l'esclavage et de la mort, en cette nuit fatidique où ils avaient appliqué le sang des agneaux sur le cadre des portes de leur maison. Selon la perspective de Dieu, cette fête était une occasion de regarder vers l'avant, vers le jour où le Messie allait donner tout son sens à la Pâque.

Néanmoins, il y en avait peu – s'il y en avait d'ailleurs un seul – qui comprenaient que Jésus de Nazareth était sur le point de verser son sang en tant qu'Agneau pascal ultime, afin d'accomplir le symbolisme inhérent aux agneaux abattus rituellement chaque année depuis les temps de Moïse. Si la mission de Moïse avait été de délivrer son peuple de la *tyrannie extérieure* de ses oppresseurs, celle du Messie était de délivrer les hommes de la *tyrannie spirituelle* de Satan, du péché et de la mort.

Il est intéressant de noter que les chefs religieux étaient déterminés à tuer Jésus, mais « ***pas** pendant la fête, afin qu'il n'y ait pas de tumulte parmi le peuple* » (Matthieu 26.5). Cependant, c'est pendant cette même fête que devait mourir Jésus ! L'Agneau de Dieu devait être tué pendant la célébration de la Pâque[208]. Tout devait se produire exactement comme Dieu l'avait projeté.

Ironiquement, ceux-là mêmes qui rejetaient le plan de Dieu allaient jouer un rôle majeur dans son accomplissement ! Satan ne réalisait pas qu'en incitant les chefs religieux à tuer Jésus, il précipitait sa propre perte ! L'Écriture appelle ce coup de théâtre « *la sagesse de Dieu, mystérieuse et cachée [...] qu'aucun des chefs de ce siècle n'a connue, car, s'ils l'eussent connue, ils n'auraient pas crucifié le Seigneur de gloire* » (1 Corinthiens 2.7-8).

LE PAIN ET LA COUPE

Au soir fixé à l'avance, Jésus et ses disciples se réunirent dans une chambre haute privée, pour célébrer la Pâque. Après avoir partagé un repas composé d'agneau et d'herbes amères, le Seigneur prit du pain, le brisa, rendit grâce, le partagea avec ses disciples pour qu'ils en mangent, et leur dit : « *faites ceci en mémoire de moi* » (Luc 22.19).

Le pain rompu symbolisait son corps, qui allait être brisé et châtié pour eux.

Puis, il fit circuler une coupe de vin extrait de raisins écrasés. Cette coupe, dit-il à ses disciples, est « le *sang de l'alliance, qui est répandu pour plusieurs, pour la rémission des péchés* » (Matthieu 26.28).

La coupe représentait le sang que Jésus était sur le point de verser pour inaugurer la nouvelle alliance promise.

Ces deux symboles très simples désignent le message central des prophètes de Dieu, selon lequel notre créateur devait prendre une forme humaine afin de souffrir et de verser son sang en faveur de la race pécheresse d'Adam.

Après avoir réconforté ses disciples par de nombreuses promesses et des vérités incomparables[209], Jésus les conduisit vers un jardin appelé Gethsémané. Prostré sur le sol, transpirant par tous ses pores et l'âme saisie d'une profonde agonie, il pria : « *Mon Père, s'il est possible, que cette coupe s'éloigne de moi ! Toutefois, non pas ce que je veux, mais ce que tu veux* » (Matthieu 26.39).

Qu'était donc « cette coupe » que Jésus redoutait tant ? C'était la coupe de la souffrance pour le péché – la séparation sans précédent d'avec son Père, qu'il allait devoir endurer, et toute l'horreur concentrée de l'enfer qu'il allait subir pour vous et moi.

Après avoir prononcé cette même prière par trois fois, le Fils se soumit volontairement à la volonté de son Père. Comme le prophète David l'avait prédit, le Messie allait rendre ce qu'il n'avait pas pris : « *ce que je n'ai pas dérobé, il faut que je le restitue* » (Psaume 69.5).

Jésus allait devenir le sacrifice final et complet pour le péché.

L'ARRESTATION

Juste au moment où Jésus finissait de parler avec son Père, un détachement de soldats envoyés par les principaux sacrificateurs, les scribes et les anciens est entré dans le jardin. Avec leurs torches, leurs bâtons et leurs épées, ils vinrent arrêter celui qui avait calmé des tempêtes, chassé des démons et ramené les morts à la vie.

« *Jésus, sachant tout ce qui devait lui arriver, s'avança*, et leur dit : qui cherchez-vous ? Ils lui répondirent : Jésus de Nazareth. Jésus leur dit : **C'est moi**. Et Judas, qui le livrait, était avec eux. Lorsque Jésus leur eut dit : **C'est moi**, ils reculèrent et tombèrent par terre. Il leur demanda de nouveau : qui cherchez-vous ? Et ils dirent : Jésus de Nazareth. Jésus répondit : Je vous ai dit que **c'est moi**. Si donc c'est moi que vous cherchez, laissez aller ceux-ci » (Jean 18.4-8).

À ceux qui étaient venus l'arrêter, Jésus se servit du nom de Dieu pour se présenter ; « c'est moi », ou selon l'original grec, « JE SUIS[210] ». Manifestement, si Jésus devait partir avec eux, ce serait parce qu'il avait choisi de le faire. Comme les soldats se rapprochaient, Pierre, l'un des disciples de Jésus, tira son épée, mais ne réussit qu'à arracher l'oreille de l'un des serviteurs du souverain sacrificateur. Jésus, après avoir miséricordieusement guéri l'oreille de cet homme, dit à Pierre :

« *Remets ton épée à sa place ; car tous ceux qui prendront l'épée périront par l'épée. Penses-tu que je ne puisse pas invoquer mon Père, qui me donnerait à l'instant plus de douze légions d'anges ? **Comment donc s'accompliraient les Écritures, d'après lesquelles il doit en être ainsi ?** »* (Matthieu 26.52-54).

Comme l'attitude de Jésus tranche de manière réconfortante avec celle des individus qui usent de violence au nom de leur religion ! Bien que Jésus sût que ces hommes avaient l'intention de le railler, de le torturer et de le tuer, il a fait preuve à leur égard de patience et de bonté plutôt que de haine et d'un esprit de vengeance.

LA PRÉDICTION DES PROPHÈTES

Puis, à ceux qui étaient venus l'arrêter, Jésus dit : « *Vous êtes venus, comme après un brigand, avec des épées et des bâtons, pour vous emparer de moi. J'étais tous les jours assis parmi vous, enseignant dans le temple, et vous ne m'avez pas saisi.* » L'Écriture ajoute ce commentaire :

*« Mais tout cela est arrivé **afin que les écrits des prophètes fussent accomplis**.*

Alors tous les disciples l'abandonnèrent, et prirent la fuite.

*Ceux qui avaient saisi Jésus **l'emmenèrent** chez le souverain sacrificateur Caïphe, où les scribes et les anciens étaient assemblés »* (Matthieu 26.55-57).

Pourquoi celui qui commandait au vent et aux flots s'est-il laissé arrêter, lier et emmener ?

Il l'a fait par amour et par obéissance pour son Père.

Il l'a fait pour nous sauver vous et moi du jugement éternel.

Il l'a fait « *afin que les écrits des prophètes fussent accomplis* ».

Des centaines d'années plus tôt, le prophète Ésaïe avait écrit : « *Il a été [...] **semblable à un agneau** qu'on mène à la boucherie* » (Ésaïe 53.7).

Le prophète Abraham avait déclaré : « *Dieu se pourvoira lui-même de **l'agneau** pour l'holocauste* » (Genèse 22.8).

Et le prophète Moïse avait écrit : « *le sacrificateur prendra **l'un des agneaux**, et il l'offrira en sacrifice [...] **Il égorgera l'agneau** dans le lieu où l'on égorge les victimes expiatoires* » (Lévitique 14.12-13).

Ne manquez pas de saisir l'ironie de ces paroles.

Les sacrificateurs, qui avaient pour responsabilité de tuer et de brûler les agneaux sur l'autel ardent du temple, étaient ceux-là mêmes qui avaient arrêté Jésus afin qu'il soit mis à mort. Pourtant, ils ignoraient encore complètement qu'ils étaient sur le point de sacrifier **l'Agneau** au sujet duquel avaient écrit les prophètes.

CONDAMNÉ PAR LES CHEFS RELIGIEUX

« Ils emmenèrent Jésus chez le souverain sacrificateur, où s'assemblèrent tous les principaux sacrificateurs, les anciens et les scribes » (Marc 14.53).

Les chefs religieux des Juifs organisèrent un procès nocturne illégal.

« Les principaux sacrificateurs et tout le sanhédrin cherchaient un témoignage contre Jésus, pour le faire mourir, et ils n'en trouvaient point ; car plusieurs rendaient de faux témoignages contre lui, mais les témoignages ne s'accordaient pas...

Alors le souverain sacrificateur, se levant au milieu de l'assemblée, interrogea Jésus, et dit : Ne réponds-tu rien ? Qu'est-ce que ces gens déposent contre toi ?

Jésus garda le silence, et ne répondit rien. Le souverain sacrificateur l'interrogea de nouveau, et lui dit : **Es-tu le Christ, le Fils du Dieu béni ?**

Jésus répondit : **Je le suis.** *Et* **vous verrez le Fils de l'homme assis à la droite de la puissance de Dieu, et venant sur les nuées du ciel.**

Alors le souverain sacrificateur déchira ses vêtements, et dit : Qu'avons-nous encore besoin de témoins ? Vous avez entendu le blasphème » (Marc 14.55-56, 60-64).

Pourquoi le souverain sacrificateur a-t-il été pris de rage et a-t-il déchiré ses vêtements, puis accusé Jésus de blasphème ? Parce que Jésus s'était proclamé le Fils de Dieu et le Fils de l'Homme – le Messie au sujet duquel tous les prophètes avaient écrit. Jésus s'était aussi attribué le nom personnel de Dieu, « *JE SUIS* » ! Et, en parlant du « *Fils de l'homme assis à la droite de la puissance de Dieu, et venant sur les nuées du ciel* », Jésus citait les Écritures des prophètes et se déclarait être le juge de toute la terre[211]. C'est pourquoi « *le souverain sacrificateur déchira ses vêtements et dit :*

Qu'avons-nous encore besoin de témoins ? Vous avez entendu le blasphème ! Que vous en semble ? Tous le condamnèrent comme méritant la mort.

Et quelques-uns se mirent à cracher sur lui, à lui voiler le visage et à le frapper à coups de poing, en lui disant : Devine ! Et les serviteurs le reçurent en lui donnant des soufflets » (Marc 14.63-65).

Sept cents ans plus tôt, le prophète Ésaïe avait évoqué les souffrances volontaires du Messie : « *J'ai livré mon dos à ceux qui me frappaient, et mes joues à ceux qui m'arrachaient la barbe ; je* n'ai pas dérobé mon visage aux ignominies et aux crachats » (Ésaïe 50.6).

LA CONDAMNATION DES DIRIGEANTS POLITIQUES

À l'aube, les prêtres et les chefs religieux conduisirent Jésus devant Ponce Pilate, le gouverneur romain de la Judée. Ils exigèrent que Pilate prononce sur Jésus un arrêt de mort par crucifixion. À ce moment de l'histoire, les Juifs étaient sous la domination de l'Empire romain et n'avaient pas l'autorité de condamner à mort un criminel.

Par trois fois au cours du « procès », Pilate déclara : « *Je ne trouve rien de coupable en cet homme* ». Toutefois, la foule incitée par les prêtres – eux-mêmes incités par le diable – ne firent que crier plus fort encore **« *Crucifie, crucifie-le !*[212]»**.

Pilate céda à la pression des chefs religieux et condamna Jésus à la sentence maximale de la loi romaine : une flagellation brutale mettant les os à nu, suivie d'une crucifixion.

> « *Après avoir fait **battre de verges** Jésus, il le livra pour être crucifié.*
>
> *Les soldats du gouverneur conduisirent Jésus dans le prétoire, et ils assemblèrent **autour de lui toute la cohorte**. Ils **lui ôtèrent ses vêtements, et le couvrirent d'un manteau écarlate. Ils tressèrent une couronne d'épines, qu'ils posèrent sur sa tête**, et ils lui mirent un roseau dans la main droite ; puis, s'agenouillant devant lui, ils **le raillaient**, en disant : Salut, roi des Juifs !*
>
> *Et ils **crachaient contre lui**, prenaient le roseau, et **frappaient sur sa tête**. Après s'être ainsi **moqués de lui**, ils lui ôtèrent le manteau, lui remirent ses vêtements, et **l'emmenèrent pour le crucifier** » (Matthieu 27.26-31).*

LA MONTAGNE DU SEIGNEUR

Ainsi, le Seigneur de gloire – son saint corps à présent réduit à l'état de masse de chair déchirée et ensanglantée, sa tête portant une couronne d'épines tordues et son dos chargé d'une lourde croix de bois – fut conduit hors de la ville, sur la montagne même où, près de deux mille ans auparavant, Abraham avait prophétisé :

« ***Dieu se pourvoira lui-même de l'agneau pour l'holocauste [...] À la montagne de l'Éternel il sera pourvu*** » (Genèse 22.8, 14).

Tous les éléments convergeaient vers ce but : l'attitude du peuple, le déroulement du procès, la personne, le lieu. Tout était arrivé exactement comme les prophètes l'avaient prédit.

Il était temps que s'opère la transaction historique.

24

UN PAIEMENT COMPLET

L a crucifixion est la méthode d'exécution officielle la plus cruelle jamais inventée. L'empire romain la réservait pour aux pires criminels. L'exécution par crucifixion est ce que nous, la race humaine, avons choisi pour notre créateur lorsqu'il est venu nous visiter[213].

> « *On conduisait en même temps deux malfaiteurs, qui devaient être mis à mort avec Jésus. Lorsqu'ils furent arrivés* **au lieu appelé Crâne**[214]**, ils le crucifièrent là,** *ainsi que les deux malfaiteurs, l'un à droite, l'autre à gauche* » (Luc 23.32-33).

CRUCIFIÉ

La crucifixion était conçue pour infliger la plus atroce agonie et l'indignité la plus grande possibles. Je n'ai jamais vu, ni ne voudrais jamais voir, de tableaux ou de films dépeignant avec exactitude la honte et la douleur que Jésus a endurées tandis qu'il était accroché à la croix. Par exemple, les peintres et les réalisateurs le recouvrent toujours d'un vêtement, mais la réalité historique est que les soldats romains dévêtaient entièrement les criminels avant de les plaquer sadiquement contre un arbre ou contre une croix et d'enfoncer des pieux dans leurs poignets et leurs talons. La mort par crucifixion était humiliante, lente et douloureuse.

Jésus endurait volontairement ce châtiment – la honte et la douleur – pour vous et pour moi comme pour la race d'Adam tout entière. Le tourment intense qui était infligé à Jésus avait pour but de nous aider à comprendre le châtiment sévère que notre péché méritait.

Des siècles avant même que les Romains n'inventent la crucifixion, le prophète David décrivait les souffrances du Messie sur la croix :

> « *Car des chiens m'environnent, une bande de scélérats rôdent autour de moi,* **ils ont percé mes mains et mes pieds**. *Je pourrais compter tous mes os. Eux, ils observent, ils me regardent ; ils se partagent mes vêtements, ils tirent au sort ma tunique. Tous ceux qui me voient se moquent de moi, ils ouvrent la bouche, secouent la tête : Recommande-toi à l'Éternel ! L'Éternel le sauvera, il le délivrera, puisqu'il l'aime !* » (Psaume 22.17-18,8-9). Et le prophète Ésaïe avait prédit : « *il s'est livré lui-même à la mort, il a été mis au nombre des malfaiteurs, parce qu'il a porté les péchés de beaucoup d'hommes, et qu'il a intercédé pour les coupables* » (Ésaïe 53.12).

Dans l'extrait suivant de l'Évangile selon Luc, comptez le nombre de prophéties s'accomplissant :

> « *Lorsqu'ils furent arrivés au lieu appelé Crâne* [la zone où, 2 000 ans auparavant, Dieu avait pourvu un bélier pour qu'il meure à la place du fils d'Abraham], *ils le crucifièrent là, ainsi que les deux malfaiteurs, l'un à droite, l'autre à gauche. Jésus dit : Père, pardonne-leur, car ils ne savent ce qu'ils font. Ils se partagèrent ses vêtements, en tirant au sort. Le peuple se tenait là, et regardait. Les magistrats se moquaient de Jésus, disant : Il a sauvé*

les autres ; qu'il se sauve lui-même, s'il est le Christ, l'élu de Dieu ! Les soldats aussi se moquaient de lui ; s'approchant et lui présentant du vinaigre [...]

L'un des malfaiteurs crucifiés l'injuriait, disant : N'es-tu pas le Christ ? Sauve-toi toi-même, et sauve-nous !

Mais l'autre le reprenait, et disait : Ne crains-tu pas Dieu, toi qui subis la même condamnation ? Pour nous, c'est justice, car nous recevons ce qu'ont mérité nos crimes ; mais celui-ci n'a rien fait de mal. Et il dit à Jésus : Souviens-toi de moi, quand tu viendras dans ton règne.

Jésus lui répondit : Je te le dis en vérité, aujourd'hui tu seras avec moi dans le paradis.

Il était déjà environ la sixième heure, et il y eut des ténèbres sur toute la terre, jusqu'à la neuvième heure. Le soleil s'obscurcit (Luc 23.33-36, 39-45).

LA TRANSACTION

Au fil des siècles, d'innombrables victimes ont enduré les agonies de la crucifixion. Avant la chute de Jérusalem en 70 apr. J.-C., les soldats romains crucifiaient 500 Juifs par jour[215]. Certaines victimes agonisaient sur la croix pendant des jours avant d'expirer. Jésus a souffert sur la croix pendant six heures, une période relativement courte, avant de mourir. Alors, qu'est-ce qui rend ses souffrances uniques ?

Une différence notable était que les prophètes avaient *prédit les* souffrances et la mort de Jésus sur la croix. Une autre distinction est que – alors qu'un grand nombre ont versé leur sang en mourant sur une croix – seul le Seigneur Jésus a versé un sang *parfait*. Et le récit que nous venons de lire révèle une dimension supplémentaire absolument unique de la mort de Jésus.

« *Il était déjà environ la sixième heure, et* **il y eut des ténèbres sur toute la terre**, *jusqu'à la neuvième heure* » (Luc 23.44)[216].

Jésus fut cloué sur la croix à neuf heures du matin. De midi à quinze heures, toute la Terre a été couverte de ténèbres. Pourquoi ?

Pendant ces trois heures, cachée aux yeux du monde, la transaction la plus importante de tous les temps avait lieu. Dieu se chargeait de notre péché de manière à ce que nous n'ayons pas à en subir les conséquences nous-mêmes pour toute l'éternité.

Pendant ces quelques heures de ténèbres surnaturelles, le Dieu des cieux déversait en concentré sur son Fils bien-aimé le châtiment éternel que nos péchés méritaient. C'est pour cela que le Fils de Dieu avait adopté un corps de chair et de sang.

> « *Il est lui-même une victime expiatoire pour nos péchés* [l'offrande pour le péché, qui a subi la colère de Dieu], *non seulement pour les nôtres, mais aussi pour ceux du monde entier* » (1 Jean 2.2).

Sept siècles plus tôt, le prophète Ésaïe avait déjà donné des détails de cette transaction historique :

> « *Il était blessé pour nos péchés, brisé pour nos iniquités ; le châtiment qui nous donne la paix est tombé sur lui, et c'est par ses meurtrissures que nous sommes guéris* [...] ***L'Éternel a fait retomber sur lui l'iniquité de nous tous.** Il a été [...] semblable à un agneau qu'on mène à la boucherie* [...] ***Il a plu à l'Éternel de le briser** par la souffrance* [...] *Après avoir **livré sa vie en sacrifice pour le péché**, il verra une postérité et prolongera ses jours* [...] *Par sa connaissance **mon serviteur juste justifiera beaucoup d'hommes, et il se chargera de leurs iniquités*** » (Ésaïe 53.5-7, 10-11).

Au cours de ces quelques heures d'agonie sur la croix, tandis que la planète était enveloppée d'obscurité, l'Éternel déposait sur son Fils sans péché, la victime volontaire, la condamnation et la contamination engendrées par nos péchés. Nous ne comprendrons peut-être jamais ce qui s'est produit entre le Père et le Fils, mais une chose est certaine : ce fut la plus grande transaction de tous les temps.

SEUL !

Tandis que l'épaisse obscurité couvrait la terre, « *Jésus s'écria d'une voix forte : Eli, Eli, lama sabachthani ? C'est-à-dire : **Mon***

Dieu, mon Dieu, pourquoi m'as-tu abandonné ? » (Matthieu 27.46).

Pourquoi Jésus poussa-t-il ce cri déchirant depuis la croix ? Il l'a poussé parce que Dieu l'avait laissé afin qu'il paie le châtiment du péché...

seul.

Au nom de tous, Jésus a souffert les trois niveaux de séparation d'avec Dieu causée par le péché.

- Il a éprouvé la *mort spirituelle*. Le Dieu du ciel a détourné sa sainte face de son Fils sur terre – sur qui il avait chargé tous les péchés de la race humaine.
- Il a éprouvé la *mort physique*. Au moment où Jésus est mort volontairement, son esprit et son âme ont quitté son corps.
- Il a aussi éprouvé la *seconde mort*. Il souffrit l'agonie de l'enfer – pour vous et pour moi.

L'enfer est un lieu d'obscurité et d'isolation délaissé par Dieu ; un lieu dénué de quoi que ce soit de bon ; un endroit de séparation de la présence et de l'amour du Père éternel. Pendant qu'il était sur la croix, pour la première et la dernière fois de l'éternité, le Fils éternel était séparé de son Père éternel. Jésus a connu cette séparation horrible afin que nous n'ayons jamais à la subir nous-mêmes.

Le saint Agneau de Dieu s'est fait porteur de nos péchés ; il s'est fait **notre substitut**. Il a porté tout le poids de la malédiction liée au péché, acceptant de prendre sur lui la honte, la douleur, les épines et les clous. Sur l'autel de la croix, Jésus est devenu l'« holocauste » parfait et définitif pour le péché[217].

L'ENFER EN QUELQUES HEURES ?

Jésus s'est chargé de notre enfer.

Comment un homme aurait-il pu payer le prix du péché de la race humaine entière ? Comment Jésus a-t-il pu souffrir un châtiment éternel en quelques heures ? Il a pu le faire *parce qu'il était qui il était*.

C'est parce qu'il *était qui il était* qu'il n'a pas eu à continuer à payer nos péchés toute l'éternité durant, comme nous aurions dû le faire. En tant que Fils éternel et Parole de Dieu, il n'avait pas de dette de péché à payer, pas plus qu'il était limité par le temps comme nous le sommes.

C'est parce qu'il *était qui il était* qu'il a été à même de « [*souffrir*] la *mort pour nous tous* » (Hébreux 2.9) au cours d'une période finie.

De même que l'Éternel Dieu n'avait pas besoin d'une période de temps particulière pour créer le monde complexe qui est le nôtre (bien qu'il ait choisi de le faire en *six jours*), il n'avait pas besoin d'une période de temps définie sur la croix pour racheter l'humanité (bien qu'il ait choisi de le faire en *six heures*).

Pour Dieu, le temps n'est rien.

> « *D'éternité en éternité tu es Dieu* [...] *Car mille ans sont, à tes yeux, comme le jour d'hier, quand il n'est plus, et comme une veille* [quelques heures de garde] *dans la nuit* »
> (Psaume 90.2,4).

« TOUT EST ACCOMPLI ! »

> « **Après cela**, Jésus, qui savait que tout était déjà consommé, dit, afin que l'Écriture fût accompli : J'ai soif. Il y avait là un vase plein de vinaigre. Les soldats en remplirent une éponge, et, l'ayant fixée à une branche d'hysope, ils l'approchèrent de sa bouche. Quand Jésus eut pris le vinaigre, il dit : **Tout est accompli**. Et, baissant la tête, **il rendit l'esprit** » (Jean 19.28-30).

Juste avant qu'il meure, Jésus avait fait cette annonce :

« ***Tout est accompli.*** »

Cette déclaration est la traduction d'un seul mot grec : « *Tetelestaï* ». C'était une expression courante dans le monde des affaires gréco-romain. Elle était utilisée pour indiquer qu'une dette avait été payée au complet. On a retrouvé d'anciens reçus sur lesquels le mot « *Tetelestaï* » était écrit en travers, ce qui signifiait :

« ***Compte réglé.*** »

Le terme *Tetelestaï* était aussi utilisé pour annoncer qu'une tâche avait été accomplie. En faisant son rapport à celui qui l'avait envoyé en mission, un serviteur pouvait dire « *Tetelestaï* », ce qui signifiait :

« *Mission accomplie.* »

Les auteurs des autres Évangiles rapportent tous que « *Jésus poussa **un grand cri** et expira* » (Marc 15.37, *Bible du Semeur*).

C'était un cri de triomphe !

Les prophéties et les symboles, qui annonçaient l'Agneau sacrificiel de Dieu, s'étaient accomplis.

Jésus s'était chargé de manière adéquate de la cause de la malédiction : le ***péché***. Il avait payé la rançon voulue par Dieu pour racheter les descendants souillés, rebelles et condamnés d'Adam. La nature juste de Dieu et sa colère contre le péché étaient pleinement satisfaites. Ses lois avaient été appliquées.

Tout est accompli ! Tout compte soldé en totalité! Mission accomplie !

> « *Ce n'est pas par des choses périssables, par de l'argent ou de l'or, que vous avez été rachetés de la vaine manière de vivre que vous avez héritée de vos pères, mais **par le sang précieux de Christ, comme d'un agneau sans défaut et sans tache,** prédestiné avant la fondation du monde, et manifesté à la fin des temps, **à cause de vous*** »
> (1 Pierre 1.18-20).

Dans tous les siècles, le sang de millions d'animaux sacrificiels sans défaut avait coulé, mais à présent le propre sang de Jésus avait coulé de son corps exempt de péché. Le sang infiniment précieux de Christ n'allait pas couvrir le péché que temporairement : il allait l'effacer pour toujours des registres. Voilà ce que la première alliance de Dieu avait prédit.

> « *Voici, les jours viennent, dit l'Éternel, où je ferai avec la maison d'Israël et la maison de Juda **une alliance nouvelle** [...] Je pardonnerai leur iniquité, et **je ne me souviendrai plus de leur péché*** » (Jérémie 31.31, 34)

Le Nouveau Testament explique ensuite : « *En disant : une alliance nouvelle, il a déclaré la première ancienne* » (Hébreux 8.13). Aucun sacrifice animal supplémentaire ne serait plus nécessaire. Les sacrifices d'animaux pratiqués sur un autel avaient été abolis par la mort du Messie sur la croix.

De même que l'Éternel Dieu avait accompli le *premier* sacrifice sanglant (le jour où Adam et Ève avaient péché), il avait ensuite fourni le sacrifice *ultime* acceptable à ses yeux.

Comme Abraham prophétisa, Dieu pourvut **« lui-même à** *l'agneau pour l'holocauste* » (Genèse 22.8, *Bible du Semeur*). Cependant, si Dieu épargna le fils d'Abraham, il « *n'a point épargné* **son propre Fils**, *mais [...] l'a livré* **pour nous tous** » (Romains 8.32).

Le sang versé par Jésus *satisfaisait aux exigences* de **la loi du péché et de la mort** et *accomplissait* **la loi du sacrifice**.

Rien d'étonnant à ce que Jésus se soit exclamé : **« Tout est accompli ! »**

LE VOILE DÉCHIRÉ

Alors, qu'est-il arrivé lorsque Jésus a poussé ce cri ?

« *Jésus, ayant poussé un grand cri, expira.* **Le voile du temple se déchira en deux, depuis le haut jusqu'en bas** » (Marc 15.37-38).

Un historien de l'Antiquité a décrit le voile comme étant aussi épais que la paume d'une main et tellement lourd qu'il nécessitait 300 hommes pour le manœuvrer[218]. Qu'est-ce qui avait bien pu déchirer en deux ce rideau si lourd ?

Au chapitre 21, nous avons appris que Dieu avait ordonné à son peuple de pendre ce rideau spécial dans le tabernacle, puis plus tard dans le temple. Le voile séparait l'homme du « saint des saints » – ce sanctuaire intérieur où Dieu avait autrefois placé la lumière aveuglante de sa présence. Ce voile, brodé de bleu, de pourpre et de cramoisi, symbolisait le propre Fils de Dieu qui allait venir du ciel jusque sur la terre. Il servait également à rappeler aux pécheurs leur séparation d'avec leur saint créateur. Seuls ceux qui satisfaisaient aux critères de justice parfaite se verraient accorder l'accès dans le palais éternel de Dieu.

Une fois par an – le jour de l'expiation – le souverain sacrificateur nommé pour cette tâche se voyait permettre d'aller au-delà du voile et d'entrer dans le lieu très saint. Le seul moyen pour le souverain sacrificateur d'entrer dans la présence de Dieu sans être anéanti était de prendre un bol rempli du sang d'un bouc sacrifié (symbolisant le sang versé par Christ). Le souverain sacrificateur devait également être vêtu d'une tunique de fin lin pur (symbolisant la justice de Christ). Une fois dans le saint des saints, le souverain sacrificateur devait effectuer sept fois (nombre symbolisant la complétude) l'aspersion du sang sur le propitiatoire de l'arche d'alliance. L'arche contenait la loi de Dieu qui condamne tous les pécheurs à mort. Mais Dieu montrait sa miséricorde aux pécheurs en permettant qu'un animal innocent meure à leur place.

Pendant quinze siècles, le voile témoigna de la sainteté absolue de Dieu et du fait qu'à part le sang versé par Christ, il ne pouvait y avoir d'expiation permanente pour le péché. Seul *l'Élu sans péché de Dieu*, que représentait le voile, pouvait payer le prix du péché. C'est pourquoi, lorsque le moment est venu, Dieu a envoyé son propre Fils pour qu'il vive une vie de parfaite obéissance aux lois de Dieu, puis qu'il paye volontairement, par son propre sang, le plein châtiment des péchés commis par les descendants coupables d'Adam.

Alors, qui a déchiré le voile en deux, depuis le haut jusqu'en bas ? Nul autre que Dieu. Cet acte était l'« *Amen !* » du Père au cri du Fils, « *Tout est accompli !* [219] ».

Dieu était satisfait.

PLUS DE SACRIFICES POUR LE PÉCHÉ

Par le sacrifice de Jésus sur la croix, Dieu a pourvu à une pleine expiation (le pardon du péché et la réconciliation avec Dieu). Le parfait substitut avait volontairement versé son sang pour le péché du monde.

Le peuple de Dieu n'allait plus avoir le fardeau de présenter des sacrifices annuels pour le péché. Le sacrifice définitif avait été accompli. La réalité derrière les ombres et les symboles avait parlé : « *Tout est accompli.* »

À tous ceux qui croient, Dieu lui-même dit :

> « *Et je ne me souviendrai plus de leurs péchés ni de leurs iniquités. Or, là où il y a pardon des péchés, il n'y a* **plus d'offrande pour le péché.** *Ainsi donc, frères, puisque* **nous avons, au moyen du sang de Jésus, une libre entrée dans le sanctuaire** *par la route nouvelle et vivante qu'il a inaugurée pour nous* **au travers du voile, c'est-à-dire, de sa chair,** *et puisque nous avons un souverain sacrificateur établi sur la maison de Dieu,* **approchons-nous avec un cœur sincère, dans la plénitude de la foi...** » (Hébreux 10.17-22).

MORT

Au moment où Jésus mourut, non seulement le voile du temple se déchira, mais la terre trembla et la foule terrifiée s'éparpilla.

> « *Le centenier et ceux qui étaient avec lui pour garder Jésus, ayant vu le tremblement de terre et ce qui venait d'arriver, furent saisis d'une grande frayeur, et dirent : Assurément, cet homme était Fils de Dieu* » (Matthieu 27.54).

Plus tard, pour s'assurer qu'il était bien mort, un soldat romain enfonça une lance dans le flanc de Jésus. Du sang et de l'eau en coulèrent, preuve médicale de sa mort. L'acte du soldat accomplit également des prophéties supplémentaires[220].

ENTERRÉ

> « *Le soir étant venu, arriva un homme riche d'Arimathée, nommé Joseph, lequel était aussi disciple de Jésus. Il se rendit vers Pilate, et demanda le corps de Jésus. Et Pilate ordonna de le remettre. Joseph prit le corps, l'enveloppa d'un linceul blanc, et le déposa dans un sépulcre neuf, qu'il s'était fait tailler dans le roc. Puis il roula une grande pierre à l'entrée du sépulcre, et il s'en alla* » (Matthieu 27.57-60).

Le prophète Ésaïe avait prédit que le tombeau du Messie serait « *avec le riche* » (Ésaïe 53.9). Le plan de Dieu s'accomplissait dans les plus menus détails. Même ainsi, les disciples de Jésus ne comprenaient toujours pas ce plan. Ils avaient véritablement cru que Jésus était le Messie qui allait établir son royaume sur terre, mais lorsqu'ils l'avaient vu mourir, leurs espoirs étaient morts avec lui. Leur maître faiseur de miracles et leur plus cher ami avait été exécuté et enterré.

Tout était fini – du moins, c'est ce qu'ils pensaient.

Il est étrange que, bien que les disciples de Jésus aient oublié sa promesse de revenir à la vie le troisième jour, les chefs religieux qui avaient ourdi l'exécution de Jésus s'en soient encore souvenu.

« *Le lendemain, le jour qui suivait la préparation du sabbat, les chefs des prêtres et des pharisiens se rendirent ensemble chez Pilate pour lui dire : –* **Excellence, nous nous souvenons que cet imposteur a dit, pendant qu'il était encore en vie : Après trois jours, je ressusciterai.** *Fais donc surveiller étroitement la tombe jusqu'à ce troisième jour : il faut à tout prix éviter que ses disciples ne viennent dérober le corps pour dire ensuite au peuple qu'il est ressuscité d'entre les morts. Cette dernière supercherie serait encore pire que la première.*

Pilate leur déclara : – D'accord ! Prenez un corps de garde et assurez la protection de ce tombeau à votre guise.

Ils se rendirent donc au tombeau et le firent surveiller après avoir apposé les scellés sur la pierre en présence de la garde » (Matthieu 27.62-66, *Bible du Semeur*).

La porte de pierre du froid tombeau qui renfermait le cadavre de Jésus fut donc scellée. Des soldats romains bien armés se tenaient en faction devant le lieu de sépulture. Il semblait que c'était ainsi que l'histoire de Jésus de Nazareth devait se terminer.

Puis vint le dimanche matin.

25

LA MORT VAINCUE

L es Écritures disent d'Adam : « *puis il **mourut*** » (Genèse 5.5) et c'est ainsi que se termine l'histoire de son existence terrestre. Il n'en fut pas autrement des descendants d'Adam.

Le cinquième chapitre de la Genèse rapporte leur épitaphe :

« *puis il mourut*
    [...] puis il mourut
        [...] puis il mourut
            [...] puis il mourut [...] »

Telle est l'histoire des hommes et des femmes contaminés par le péché. Ils vécurent, moururent et furent enterrés ; génération après génération, siècle après siècle.

Mais l'histoire du Messie ne se termine pas dans un tombeau.

LE TOMBEAU VIDE

> « *Après le sabbat, à l'aube du premier jour de la semaine, Marie de Magdala et l'autre Marie allèrent voir le sépulcre. Et voici, il y eut un grand tremblement de terre ; car un ange du Seigneur descendit du ciel, vint rouler la pierre, et s'assit dessus. Son aspect était comme l'éclair, et son vêtement blanc comme la neige. Les gardes tremblèrent de peur, et devinrent comme morts.*

Mais l'ange prit la parole, et dit aux femmes : Pour vous, ne craignez pas ; car je sais que vous cherchez Jésus qui a été crucifié. **Il n'est point ici ; il est ressuscité, comme il l'avait dit. Venez, voyez le lieu où il était couché,** *et allez promptement dire à ses disciples qu'il est ressuscité des*

morts. Et voici, il vous précède en Galilée : c'est là que vous le verrez. Voici, je vous l'ai dit.

Elles s'éloignèrent promptement du sépulcre, avec crainte et avec une grande joie, et elles coururent porter la nouvelle aux disciples. Et voici, Jésus vint à leur rencontre, et dit : **Je vous salue.**

Elles s'approchèrent pour saisir ses pieds, et elles se prosternèrent devant lui. Alors Jésus leur dit : **Ne craignez pas** *; allez dire à mes frères de se rendre en Galilée : c'est là qu'ils me verront »* (Matthieu 28.1-10).

La mort ne pouvait retenir le Messie captif. Du fait qu'il n'avait commis aucun péché, Dieu le ressuscita des morts. Non seulement Jésus paya-t-il la rançon pour le péché du monde, mais il triompha du châtiment. Il triompha de la mort elle-même !

Satan et ses démons ont dû trembler.

Les chefs religieux étaient hors d'eux.

« *Pendant qu'elles* [les femmes qui venaient de voir leur Seigneur ressuscité] *étaient en chemin, quelques hommes de la garde entrèrent dans la ville, et annoncèrent aux principaux sacrificateurs tout ce qui était arrivé.*

Ceux-ci, après s'être assemblés avec les anciens et avoir tenu conseil, donnèrent aux soldats une forte somme d'argent, en disant : Dites : ses disciples sont venus de nuit le dérober, pendant que nous dormions. Et si le gouverneur l'apprend, nous l'apaiserons, et nous vous tirerons de peine. Les soldats prirent l'argent, et suivirent les instructions qui leur furent données. Et ce bruit s'est répandu parmi les Juifs, jusqu'à ce jour » (Matthieu 28.11-15).

Les ennemis de Jésus savaient que le tombeau était vide. Ils voulaient désespérément cacher la vérité. Ils ne voulaient pas que le peuple sache que l'homme qu'ils avaient tué était revenu à la vie !

LA MORT VAINCUE

Dans le jardin d'Éden, Dieu avait averti Adam que s'il désobéissait à la seule règle que son créateur lui avait donnée, il « *mourrait certainement* ». Satan avait contredit Dieu : « *Vous ne mourrez point* » et avait ensuite guidé Adam, et toute la race humaine avec lui, sur une pente de destruction menant à la mort. Pendant des milliers d'années, la mort a tenu des hommes, des femmes et des enfants entre ses griffes implacables. Puis le Fils de Dieu a défié la mort, l'a vaincue et ouvert grand la porte de la vie éternelle.

« *Car **comme tous meurent en Adam**, de même **aussi tous revivront en Christ** »* (1 Corinthiens 15.22).

Pas plus tard qu'hier, une voisine âgée m'a dit : « *la seule chose dont j'ai peur dans la vie, c'est la mort* ». Comme je fus heureux de lui parler de celui qui a traversé la mort et en est ressorti, triomphant de cet ennemi redouté !

« *Ainsi donc, puisque les enfants participent au sang et à la chair, il [Jésus] y a également participé lui-même, afin que, par la mort, il anéantît celui qui a la puissance de la mort, c'est à dire le diable, et qu'il délivrât tous ceux qui, par crainte de la mort, étaient toute leur vie retenus dans la servitude* » (Hébreux 2.14-15).

Imaginez que Jésus soit mort pour nos péchés, mais ne soit pas ressuscité des morts. La mort serait toujours à craindre.

En conquérant la mort, le Seigneur Jésus a démontré qu'il était plus grand que l'arme la plus puissante de Satan, et que l'ennemi le plus craint des hommes. Parce que Jésus a vaincu la mort, ceux qui croient en lui n'ont rien à craindre dans cette vie ni dans la suivante.

Le message de Dieu est simple. Si vous mettez votre confiance en son Fils qui a souffert sur la croix, qui a connu la mort et qui est ressuscité en tant que votre remplaçant, il vous libèrera de l'emprise de la mort et vous donnera la vie éternelle.

C'est la Bonne Nouvelle de Dieu pour un monde retenu en otage par le péché.

> « *Christ est* **mort** *pour nos péchés,* ***selon les Écritures*** *[...] il a été* **enseveli***, et [...] il est* **ressuscité** *le troisième jour,* ***selon les Écritures*** » (1 Corinthiens 15.3-4).

À tous ceux qui croient, Jésus-Christ dit :

> « *Je vis, et vous vivrez aussi [...] Ne crains point ! Je suis le premier et le dernier, et le vivant. J'étais mort ; et voici, je suis vivant aux siècles des siècles. Je tiens les clefs de la mort et du séjour des morts* [l'endroit où séjourne l'esprit des disparus] » (Jean 14.19 ; Apocalypse 1.17-18).

SATAN VAINCU

Lorsque Jésus a pénétré dans le royaume de la mort et en est sorti trois jours après, en termes de combat, il s'est acquis une position de force – l'avantage qu'il n'abandonnera jamais.

Satan est un ennemi défait. Bien que ses démons et lui-même continuent à livrer une bataille désespérée, ils ne peuvent gagner.

Voyez-vous comment Dieu a accompli la promesse qu'il avait faite dans le jardin d'Éden le jour où Adam et Ève ont péché ? Comme il l'avait prédit, la *postérité de la femme* (Jésus) a été blessée par le *serpent* (Satan), et ce sont ces blessures mêmes qui ont précipité la perte de Satan.

« *Le Fils de Dieu a paru afin de détruire les œuvres du diable* » (1 Jean 3.8).

Par sa mort, son enterrement et sa résurrection, Jésus a triomphé de la malédiction du péché, dont la conséquence était :

« *Tu retourneras **dans la poussière*** » (Genèse 3.19).

Pendant des milliers d'années, Satan s'est gaussé de la putréfaction qui s'emparait des descendants d'Adam défunts et les réduisait en poussière, mais avec la résurrection paraissait celui dont le corps **ne retournerait pas** à la poussière !

Pourquoi son corps ne s'est-il pas décomposé dans le tombeau ? Parce la mort n'avait aucun pouvoir sur celui qui était sans péché. Un millier d'années plus tôt, le prophète David avait annoncé :

« *Tu **ne** permettras **pas** que ton bien-aimé voie **la corruption*** » (Psaume 16.10).

Jésus le Messie a vaincu Satan, le péché et la mort – en notre faveur.

LES PREUVES

Les preuves de la résurrection de Jésus des morts sont nombreuses et convaincantes[221].

Le tombeau était vide.

Le cadavre n'a pu être trouvé nulle part.

Les femmes ont été les premières à voir de leurs yeux que le tombeau était vide, à entendre l'annonce de l'ange, à voir Jésus en vie, à le toucher et à parler avec lui. Si les récits des Évangiles avaient été inventés, pensez-vous que les quatre hommes qui les ont écrits auraient donné à des femmes la préséance dans toutes ces choses ?!

Les apparitions attestées de Jésus ont été nombreuses, et pendant des décennies, des centaines de témoins crédibles témoignèrent du fait qu'ils s'étaient entretenus avec le Messie ressuscité.

Les disciples avaient vu Jésus souffrir et mourir. Ils avaient eu le cœur brisé. Leurs espoirs avaient été réduits à néant du fait qu'ils croyaient faussement que le Messie ne pourrait jamais mourir. Ils s'en étaient retournés chez eux découragés et effrayés.

Puis quelque chose s'est produit. Ils ont vu Jésus en vie ! Soudainement, ils se sont rappelé que Jésus leur avait dit qu'il serait crucifié et ressusciterait des morts le troisième jour[222]. Enfin, ils comprenaient les paroles des prophètes. Les peureux de la veille devenaient les témoins audacieux du Christ.

Peu de temps après la résurrection de Jésus, Pierre, qui vivait naguère dans la crainte et la confusion, arpentait les rues hostiles de Jérusalem, déclarant maintenant avec force à ceux qui avaient conspiré pour la crucifixion de Jésus :

> « *Vous avez renié le Saint et le Juste, et vous avez demandé qu'on vous accordât la grâce d'un meurtrier. **Vous avez fait mourir le Prince de la vie, que Dieu a ressuscité des morts** ; nous en sommes témoins [...] Et maintenant, frères, je sais que vous avez agi par ignorance, ainsi que vos chefs. **Mais Dieu a accompli de la sorte ce qu'il avait annoncé d'avance par la bouche de tous ses prophètes**, que son Christ devait souffrir. Repentez-vous donc et convertissez-vous, pour que vos péchés soient effacés* » (Actes 3.14-19).

Pour Pierre et les autres disciples, aucune épreuve ne serait trop grande pour servir celui qui leur avait donné la vie éternelle.

Les disciples de Christ – aussi appelés *chrétiens*[223]– étaient ridiculisés, emprisonnés, fouettés et beaucoup d'entre eux furent exécutés à cause de leur audacieux témoignage en faveur du Seigneur Jésus. Pierre lui-même a été persécuté et, selon l'histoire séculière, a été crucifié – la tête en bas. Cependant, Pierre, comme les autres disciples, a accepté avec joie une telle persécution puisqu'il *savait* que son Seigneur et Sauveur avait conquis la mort et l'enfer[224]. Les disciples *savaient* que Dieu leur avait accordé le pardon, la justice et la vie éternelle. La mort ne les terrifiait plus du fait qu'ils *savaient* que dès l'instant où mourrait leur corps physique, leur esprit et leur âme éternelle seraient « *auprès du Seigneur* » (2 Corinthiens 5.8).

Rien ne pouvait plus les effrayer. Ils avaient un message à annoncer au monde – un message plus important que la vie elle-même !

Voici comment l'un des disciples de Christ a terminé son message, livré devant une foule sceptique et moqueuse, dans la ville antique d'Athènes :

> « *Dieu, sans tenir compte des temps d'ignorance, annonce maintenant* **à tous les hommes, en tous lieux,** *qu'ils aient à se* **repentir**, *parce qu'il a fixé un jour où* **il jugera le monde selon la justice, par l'homme qu'il a désigné, ce dont il a donné à tous une preuve certaine en le ressuscitant des morts**... » (Actes 17.30-31).

Sa conclusion était claire et simple : *il fallait se repentir !* Arrêtez de penser que vous pouvez vous sauver vous-mêmes du jugement certain de Dieu ! Bien plutôt, remettez-vous-en complètement au Sauveur qui a versé son sang pour vos péchés et qui est ressuscité des morts.

UNE PREUVE POSITIVE

Comment vous et moi pouvons-nous être sûrs que Jésus est le Sauveur et juge de ce monde ? Nous venons de lire la réponse à cette question. *Dieu a* « *donné à tous une preuve certaine* **en le ressuscitant des morts** ».

De quelle preuve supplémentaire avons-nous besoin pour croire que Jésus est le Messie ? Pourquoi confier notre destinée éternelle à n'importe qui d'autre ?

Il est tragique que, de par le monde, l'on vénère des *morts* qui ont contredit l'histoire et le message de Dieu tandis qu'ils étaient encore en vie. Pourquoi une personne choisirait-elle de mettre sa confiance en quelqu'un qui n'a pas été à même de vaincre la mort et a contredit la Parole de Dieu – alors que *l'Élu de Dieu* a vaincu la mort et a accompli les paroles des prophètes ?

De même que l'accomplissement de la prophétie est le moyen que Dieu a choisi pour fournir un témoignage indiscutable à la Bible en tant que Parole de Dieu, la résurrection de Jésus le troisième jour est la preuve indiscutable que Dieu fournit pour montrer que lui seul peut nous sauver de la *mort* éternelle et nous donner la *vie* éternelle.

LE SAUVEUR POUR TOUS LES PEUPLES

L'Écriture est claire : le message concernant la mort et la résurrection de Jésus est pour « *tous, en tous lieux* ». Il convient de mettre l'accent sur ce point, car certains essaieront de vous dire que Jésus n'est venu que pour sauver les Juifs. Rien ne saurait être plus faux[225].

S'il est vrai que Jésus a concentré ses efforts sur les Juifs lors de son ministère terrestre, son objectif, lorsqu'il est venu vers ce peuple, était de pourvoir au salut du monde entier. Sept cents ans plus tôt, le prophète Ésaïe avait écrit, concernant la promesse de Dieu à son Fils : « *Je t'établis pour être la lumière des nations, pour porter mon salut jusqu'aux extrémités de la terre* » (Ésaïe 49.6).

Christ est venu dans le monde sachant que les chefs juifs refuseraient de le recevoir comme roi. Il savait aussi que ce serait au moyen de ce même rejet qu'il paierait le prix du péché et offrirait le salut au monde.

> « *Il* [le Verbe, c'est-à-dire la Parole] *était dans le monde, et le monde par lui a été fait, et le monde ne l'a pas connu. Il vint chez lui, et les siens ne l'ont pas reçu. Mais quant à **tous ceux** qui l'ont reçu, il leur a donné le pouvoir de devenir enfants de Dieu, **à ceux qui croient en son nom*** » (Jean 1.10-12, *Bible Crampon*).

Jésus-Christ est le Sauveur de tous les peuples, mais seuls « *ceux qui croient en **son nom*** », c'est-à-dire à **qui il est** et **à son œuvre** pour sauver les pécheurs, se verront accorder le « *pouvoir de devenir enfants de Dieu* ».

Mon ami(e), Dieu vous aime et vous considère comme valant la vie de son Fils. Néanmoins, il ne vous force pas à croire. Il vous laisse ce choix.

> « *Car Dieu a tant aimé le monde qu'il a donné son Fils unique, **afin que quiconque croit en lui** ne périsse point, mais qu'il ait la vie éternelle* » (Jean 3.16).

LA FIN DE LA CONFUSION

Le jour même où Jésus ressuscita des morts, il marcha et parla avec des disciples en proie au désarroi, qui n'avaient pas encore compris pourquoi il était nécessaire que le Messie verse son sang et revienne à la vie. Jésus leur dit :

> « *Ô hommes sans intelligence, et dont le cœur est lent à croire tout ce qu'ont dit les prophètes !* Ne fallait-il pas que le Christ souffrît ces choses, et qu'il entrât dans sa gloire ?
>
> Et, commençant par **Moïse** [la Torah/la Genèse] et par **tous les prophètes**, il leur expliqua dans toutes les Écritures ce qui **le** concernait » (Luc 24.25-27).

Enfin, leur confusion était dissipée. Comment avaient-ils pu être aussi aveugles ? Le Messie n'était pas venu pour terrasser des ennemis politiques ; il était venu pour obtenir la victoire sur les ennemis spirituels plus impitoyables encore, comme Satan, le péché, la mort et l'enfer !

Plus tard le même jour, Jésus apparut à ses disciples dans la chambre haute où ils séjournaient à Jérusalem. Il leur montra ses mains et ses pieds percés par les clous, soupa en leur compagnie, puis leur dit :

> « *C'est là ce que je vous disais lorsque j'étais encore avec vous, qu'il* **fallait que s'accomplît tout ce qui est écrit de moi dans la loi de Moïse, dans les prophètes, et dans les psaumes.** *Alors il leur ouvrit l'esprit, afin qu'ils comprissent les Écritures. Et il leur dit : Ainsi il est écrit que le Christ souffrirait, et qu'il ressusciterait des morts le troisième jour, et que la repentance et le pardon des péchés seraient prêchés en son nom à toutes les nations, à commencer par Jérusalem. Vous êtes témoins de ces choses* » (Luc 24.44-48).

Jésus a dit à ses disciples qu'ils étaient « *témoins de ces choses* » auprès des nations. Leur message était clair : le Seigneur des cieux avait payé la rançon du péché et triomphé de la mort pour tous. Partout où se rencontrent la repentance (un changement d'état d'esprit) et la foi (une confiance venant du cœur) en Christ et en son œuvre rédemptrice, Dieu accorde un plein pardon et une paix profonde.

UNE INVITATION AU REPOS

Repensez au septième jour de la création. Qu'a fait l'Éternel ce jour-là ? Il s'est reposé.

Pourquoi ? Parce que son œuvre était **achevée**. « *Il se reposa au septième jour **de toute son œuvre, qu'il avait faite*** » (Genèse 2.1-2).

Il n'y avait rien à ajouter à l'œuvre créatrice de Dieu. *Elle était achevée*. De même, il n'est besoin de rien ajouter à l'œuvre rédemptrice de Dieu. « *Tout est accompli !* »

De même que Dieu s'est reposé et s'est réjoui de son œuvre créatrice, de même il nous invite, vous et moi, à nous reposer dans son œuvre achevée de salut et à nous en réjouir. « *Car celui qui **entre dans le repos de Dieu se repose de ses œuvres, comme Dieu s'est reposé des siennes*** » (Hébreux 4.10).

Tandis que dix mille religions du monde entier crient à votre intention : « Rien n'est accompli ! Faites ceci ! Faites cela ! Encore un effort ! » Jésus dit : « *Venez à moi, vous tous qui êtes fatigués et chargés, et **je vous donnerai du repos*** » (Matthieu 11.28).

Vous reposez-vous et vous réjouissez-vous de ce que Dieu a fait pour vous ?

QUARANTE JOURS AVEC LE SEIGNEUR

Après être ressuscité des morts, le Seigneur Jésus a passé près d'une quarantaine de jours avec ses disciples. Il leur a enseigné beaucoup de choses au sujet du royaume de Dieu. Ils l'ont vu de leurs yeux et ont touché son corps ressuscité – un corps permanent et glorifié, que ne limitaient ni le temps ni l'espace – le même type de corps que recevraient un jour tous ceux qui croiraient.

Les disciples ont marché, parlé et mangé avec le Seigneur Jésus. Il leur a rappelé qu'il les quitterait bientôt, mais que le Père allait leur envoyer le Saint-Esprit pour qu'il vive en eux. Son Esprit allait les guider et les fortifier dans leur témoignage auprès des nations du monde. Puis un jour, il – Jésus – reviendrait sur terre pour juger le monde avec une parfaite droiture.

Le quarantième jour après la résurrection de Jésus, il rencontra ses disciples sur le mont des Oliviers, à l'est de Jérusalem. Il était temps qu'il retourne à « la *maison de [son] Père* » (Jean 14.2).

L'ASCENSION

« *Comme il se trouvait avec eux, il leur recommanda de ne pas s'éloigner de Jérusalem, mais d'attendre ce que le Père avait promis, ce que je vous ai annoncé, leur dit-il ; car Jean a baptisé d'eau, mais vous, dans peu de jours, vous serez baptisés du Saint-Esprit. Alors les apôtres réunis lui demandèrent : Seigneur, est-ce en ce temps que tu rétabliras le royaume d'Israël ? Il leur répondit : Ce n'est pas à vous de connaître les temps ou les moments que le Père a fixés de sa propre autorité. **Mais vous recevrez une puissance, le Saint-Esprit survenant sur vous, et vous serez mes témoins à Jérusalem, dans toute la Judée, dans la Samarie, et jusqu'aux extrémités de la terre.***

*Après avoir dit cela, **il fut élevé** pendant qu'ils le regardaient, et une nuée le déroba à leurs yeux.*

*Et comme ils avaient les regards fixés vers le ciel pendant qu'il s'en allait, voici, deux hommes vêtus de blanc leur apparurent, et dirent : Hommes Galiléens, pourquoi vous arrêtez-vous à regarder au ciel ? **Ce Jésus, qui a été enlevé au ciel du milieu de vous, viendra de la même manière que vous l'avez vu allant au ciel** » (Actes 1.4-11).

LES CIEUX CÉLÈBRENT LA VICTOIRE

Ainsi, exactement comme les prophètes l'avaient annoncé, le Fils de Dieu fut « *enlevé au ciel* [226] ». Celui qui, quelque trente-trois ans plus tôt, avait volontairement quitté l'adoration des anges pour connaître la moquerie des hommes rentrait chez lui ! Mais quelque chose était changé en lui. Celui qui avait créé l'homme à son image portait à présent l'image de l'homme.

L'Écriture ne révèle pas beaucoup de détails quant au retour du Fils de Dieu au ciel. Cependant, ce que nous savons, c'est que ce retour fut glorieux !

Nous pouvons nous représenter toutes les innombrables armées d'anges et de descendants rachetés d'Adam retenant leur souffle alors que le Seigneur était sur le point de passer les portes des cieux. Ils le connaissaient fort bien en tant que *Fils de Dieu* et *Seigneur de gloire,* mais à présent, il était le *Fils de l'Homme* et *l'Agneau de Dieu.*

Imaginons la scène. Tout le ciel est silencieux.

Tout d'un coup, le calme est rompu par un chœur majestueux de trompettes et la proclamation tonitruante d'un ange : « *Portes, élevez vos linteaux ; élevez-vous, portes éternelles ! Que le roi de gloire fasse son entrée !* » (Psaume 24.7).

Les portes s'ouvrent grand et, salué par un tonnerre d'applaudissements célestes, entre le champion, le propre Fils de Dieu, la Parole, l'Agneau, le Fils de l'Homme portant sur lui les marques du combat qu'il a remporté – ***Jésus !***

Traversant la foule qui l'adore, il marche et se dirige vers le trône de son Père.

Se retournant, il considère l'innombrable multitude de rachetés de la race d'Adam.

Puis il s'assied[227].

Mission accomplie.

L'armée des rachetés se prosterne devant lui et déclare, d'une seule voix :

> ***« L'agneau qui a été immolé est digne de recevoir la puissance, la richesse, la sagesse, la force, l'honneur, la gloire, et la louange »*** (Apocalypse 5.12).

Quelle réjouissance dans le ciel ! C'est une réjouissance qui ne cessera jamais.

26

RELIGIEUX ET LOIN DE DIEU

P eut-être avez-vous déjà entendu l'adage qui dit qu' « avec du recul, l'on y voit toujours plus clair. »

Prendre du recul, c'est se retourner pour voir ce qui s'est déjà passé. Le recul nous permet de voir quelle décision l'on aurait dû prendre, mais seulement lorsqu'il est trop tard. Avoir une vision parfaite du passé après avoir pris la mauvaise décision n'est pas très utile.

Néanmoins, lorsqu'il s'agit de comprendre l'histoire et le message révélés par Dieu sur plusieurs siècles, le recul est extrêmement utile. Il nous permet de vaincre des obstacles majeurs et de distinguer la vérité de l'erreur. C'est ce que Jésus a dit à ses disciples :

> *« Heureux sont vos yeux, parce qu'ils voient, et vos oreilles, parce qu'elles entendent ! Je vous le dis en vérité, beaucoup de prophètes et de justes ont désiré voir ce que vous voyez, et ne l'ont pas vu, entendre ce que vous entendez, et ne l'ont pas entendu »* (Matthieu 13.16-17).

En tant que ceux qui vivent après la première venue du Messie sur terre, nous pouvons prendre du recul par rapport à l'histoire, étudier l'Écriture dans son intégralité et voir clairement le plan parfait de Dieu.

Avec cette pensée en tête, et en considérant tout ce que nous avons vu au cours de notre voyage dans l'Écriture, retournons au *livre des commencements*.

CAÏN ET ABEL VUS AVEC DU RECUL

Le quatrième chapitre de la Genèse est clair : Caïn et Abel sont tous deux nés pécheurs. Devenus adultes, chacun s'efforça d'adorer Dieu, mais seule l'offrande de l'un deux fut acceptée par Dieu.

> « *L'Éternel porta un regard favorable sur Abel et sur son offrande ; mais il ne porta pas un regard favorable sur Caïn et sur son offrande* » (Genèse 4.4-5).

Avec le recul accordé par la Bible, et en connaissant à présent l'histoire de Jésus le Sauveur des pécheurs, il nous est facile de comprendre pourquoi, des milliers d'années plus tôt, l'Éternel « [***porta***] *un regard favorable sur Abel et sur son offrande ; mais* [***ne porta pas***] *un regard favorable sur Caïn et sur son offrande*.

L'agneau que tua Abel préfigurait Jésus, l'Agneau de Dieu, qui allait verser son sang pour les pécheurs. Les légumes de Caïn ne préfiguraient pas Jésus.

Tandis qu'Abel regardait vers l'avant, vers ce qui allait se produire, aujourd'hui nous voyons ce que Jésus a accompli pour nous par sa mort et sa résurrection.

> « *Le sang de Jésus son Fils nous* **purifie** *de tout péché* » (1 Jean 1.7).

LA FOI QUI SAUVE

Dieu pardonna à Abel de la même manière qu'il pardonne aux pécheurs aujourd'hui. Lorsqu'un pécheur ou une pécheresse reconnaît qu'il ou qu'elle est injuste et met sa confiance en l'Éternel pour son salut, cette personne est pardonnée et déclarée juste devant Dieu. Il en fut ainsi des prophètes et des croyants de toutes les époques.

Par exemple, comme nous l'avons déjà découvert, Abraham « *eut confiance en l'Éternel, qui le lui imputa à* [compta comme] *justice* » (Genèse 15.6). Dire qu'Abraham eut « confiance en l'Éternel » signifie qu'il eut *confiance* que ce que disait Dieu était vrai. Abraham eut *confiance* en la Parole de Dieu. Sa *foi* était en Dieu seul.

Comme le prophète Abraham, le roi David croyait lui aussi aux promesses de Dieu. Le cœur joyeux, David écrivit : « *Heureux celui à qui la transgression est remise, à qui le péché est pardonné ! Heureux l'homme à qui l'Éternel n'impute pas d'iniquité, et dans l'esprit duquel il n'y a point de fraude !* » (Psaume 32.1-2). David s'est aussi exclamé : « *Oui, le bonheur et la grâce m'accompagneront tous les jours de ma vie, et j'habiterai dans la maison de l'Éternel jusqu'à la fin de mes jours* » (Psaume 23.6).

La dette de ceux qui ont vécu *avant* la venue de Jésus, comme Abel, Abraham et David, a été *couverte* parce qu'ils ont placé leur foi dans le Seigneur et son plan. Puis, lorsque Christ est mort, leur dette de péché a été *effacée* des registres pour toujours.

Aujourd'hui, nous vivons *après* l'époque de Christ. La Bonne Nouvelle de Dieu est que, si vous croyez en ce que le Seigneur Jésus a fait pour vous par sa mort substitutive et sa résurrection victorieuse, Dieu effacera votre dette de péché de ses registres, créditera la justice de Christ sur votre compte et vous garantira une place « *dans la maison de l'Éternel [pour toujours]* ».

Tout cela et beaucoup, beaucoup plus si vous croyez.

De croire dans le Seigneur Jésus revient à avoir une pleine foi en lui et en ce qu'il a fait pour vous. Pour mieux comprendre la signification de la foi, imaginez que vous entriez dans une salle où il y a beaucoup de chaises. Certaines sont visiblement cassées. D'autres sont fragiles et sur le point de se briser. Certaines semblent être solides, mais en les examinant de plus près on découvre qu'elles ont aussi leurs points faibles et ne sont pas viables pour s'y asseoir. Juste au moment où vous pensez qu'il n'y a pas une seule chaise solide dans la pièce, vos yeux se posent sur l'une d'elles qui vous paraît robuste et bien construite. Vous marchez dans sa direction et vous vous assoyez. Vous mettez votre foi en elle, vous vous reposez sur elle. Vous savez qu'elle supportera votre poids et ne tombera pas en pièces.

Jésus-Christ ne décevra jamais ceux qui se reposent sur lui et l'œuvre qu'il a achevée.

UNE FOI MORTELLE

Notre foi ne vaut que son objet, *ce sur quoi* elle se fonde. Tout le monde a une forme de foi, mais elle ne porte pas sur le même objet. Abel avait mis sa foi en Dieu, en son mode de pardon et en sa justice. Caïn avait mis sa foi dans ses propres idées et dans ses efforts personnels.

Caïn et tous ceux qui refusent le diagnostic et le remède de Dieu pour leur condition pécheresse peuvent se comparer à un charmeur de serpents que j'ai vu à la télévision. Cet homme avait été mordu par un énorme cobra, mais avait refusé l'injection de sérum qui aurait pu lui sauver la vie. Il pensait être assez fort pour supporter le venin du serpent. Cet homme avait eu de la foi, une *grande* foi ; une foi forte ; mais sa foi était sans valeur. Il avait mis sa foi en lui-même plutôt que dans le remède du médecin. Et son choix lui coûta la vie.

L'Écriture est claire. De mettre notre foi dans nos propres efforts, au lieu de la mettre dans le plan de salut de Dieu, revient à marcher sur « *la voie de Caïn* » et à se préparer à devoir affronter « *l'obscurité des ténèbres [...] pour l'éternité* » (Jude 11 ; 13). L'idée de Caïn, selon laquelle il est possible de se frayer un chemin vers l'approbation de Dieu par ses propres efforts, a toujours été en opposition avec le plan rédempteur de Dieu. Pourtant, jusqu'à ce jour, la plupart d'entre nous choisissons « *la voie de Caïn* ».

LA BALANCE DE L'HOMME

Un jour, des Juifs religieux demandèrent à Jésus : « *Que **devons-nous faire**, pour **faire les œuvres** de Dieu ? Jésus leur répondit : L'œuvre de Dieu, c'est que vous **croyiez** en celui qu'il a envoyé* » (Jean 6.28-29). Ces gens qui le questionnaient voulaient *accomplir* quelque chose. Jésus leur a dit de « *croire* » en lui.

La confusion exprimée par ces Juifs est très répandue.

Ma sœur et son mari habitent les hautes terres de la Papouasie-Nouvelle-Guinée. Avec leurs coéquipiers, ils aident les populations tribales isolées de manière pratique et les enseignent au sujet du seul vrai Dieu et de son message quant à la vie éternelle. Voici le texte d'une note écrite par l'un de ses collègues, rapportant une conversation qu'il a eue avec l'un de ceux qui avaient écouté « le discours de Dieu » (nom par lequel les Papous appellent la Bible).

> « Après avoir entendu l'enseignement selon lequel Jésus est *« le Pain de vie »*, [cet homme] a dit : "C'est trop facile. J'ai œuvré toute ma vie pour gagner mon chemin vers le ciel et pour être pur aux yeux de Dieu, et maintenant vous me dites que tout ce que nous avons à faire, c'est de croire en Jésus ?" »
>
> Je lui ai dit de réécouter ce qu'avait dit Jésus : *« Je suis le pain de vie »* (Jean 6.35). Puis je lui ai fait relire Jean 6.29 : *« L'œuvre de Dieu, c'est que vous **croyiez en celui** qu'il a envoyé »*. Il a aussi lu Jean 3.16 : *« Dieu a tant aimé le monde qu'il a donné son Fils unique, afin que **quiconque croit en lui** ne périsse point, mais qu'il ait la vie éternelle. »* Je lui ai demandé si Dieu avait besoin de notre aide et si Dieu n'était pas assez puissant pour nous sauver.
>
> Il a ri et a dit : « Bien sûr que non ! Dieu n'a pas besoin de notre aide. »

« Alors, selon la Parole de Dieu, Dieu a-t-il besoin de nos œuvres pour nous conduire au paradis ? »

Cet homme a hoché la tête et s'en est allé, absorbé dans ses pensées. »

En dépit de la clarté du message de Dieu, il en est beaucoup dans le monde entier – qu'il s'agisse des membres de tribus isolées ou de membres cultivés de synagogues, d'églises et de mosquées – qui s'accrochent à l'idée qu'au « jour du jugement », Dieu va peser leurs bonnes et leurs mauvaises œuvres sur les plateaux d'une gigantesque balance. S'ils obtiennent un score d'au moins 51 % de bonnes œuvres, ils seront accueillis au paradis, alors que s'ils obtiennent un pourcentage de mauvaises œuvres supérieur ou égal à 51 %, ils seront envoyés en enfer.

Ce système consistant à compenser les mauvaises œuvres par les bonnes n'est jamais employé dans les cours de justice terrestres. Ce ne sera pas non plus le cas à la cour de justice céleste de Dieu.

Réfléchissez-y bien. Voulez-vous vraiment que le jugement que Dieu porte sur vous, affectant votre destinée éternelle, soit fondé sur votre propre justice et votre propre engagement ?

Fort heureusement, cette « théorie des balances » ne se retrouve **nulle part** dans le Livre de Dieu.

LE CRITÈRE DE DIEU

Dieu exige la perfection.

Seulement ceux qui reçoivent son don de justice peuvent séjourner avec lui. Si même une seule poussière de péché est inscrite dans vos archives personnelles au jour du jugement, vous n'entrerez point au paradis. Dieu exige une justice parfaite.

Le péché est aussi répugnant pour Dieu que la carcasse d'un porc en décomposition nous le serait chez nous. Le fait de vaporiser du parfum sur cette carcasse en putréfaction en ôterait-il la souillure et la puanteur ? Pas plus qu'un rituel religieux ne saurait effacer notre souillure et nous rendre acceptables devant Dieu.

Le moindre péché est aussi intolérable à Dieu qu'une goutte de poison nous le serait dans notre thé. Le fait d'ajouter plus d'eau à notre thé empoisonné le rendrait-il moins toxique ? De la même manière, aucune bonne œuvre ne peut nous purifier et nous faire échapper au jugement éternel.

Pour ce qui est de nous débarrasser de notre dette de péché et de nous rendre justes devant Dieu, nous sommes *sans force*. Mais grâce au Seigneur nous ne sommes pas *sans espoir*. Il nous a fourni tout ce dont nous avons besoin pour vivre pour toujours en sa présence pure et parfaite.

LA FOI ET LES ŒUVRES

À tous ceux qui croient que Jésus-Christ a pleinement payé le prix du péché, Dieu dit : « ***c'est par la grâce*** [la bonté imméritée de Dieu] ***que vous êtes sauvés, par le moyen de la foi*** [le fait de croire en ce que Christ a fait pour vous]. ***Et cela ne vient pas de vous, c'est le don de Dieu. Ce n'est point par les œuvres, afin que personne ne se glorifie*** » (Éphésiens 2.8-9).

Il n'y aura pas de vantardise au ciel.

Le salut est « *par grâce* ». Le salut est « *le don de Dieu* ». C'est un don non mérité à recevoir avec gratitude, non pas une médaille qu'il nous faut remporter, « *afin que personne ne se glorifie* ». Cependant, tragiquement, la plupart des individus religieux demeurent dans la confusion à ce sujet, comme ce correspondant du Proche-Orient :

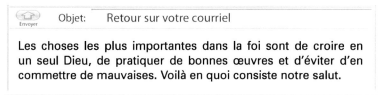

Objet : Retour sur votre courriel

Les choses les plus importantes dans la foi sont de croire en un seul Dieu, de pratiquer de bonnes œuvres et d'éviter d'en commettre de mauvaises. Voilà en quoi consiste notre salut.

Si le fait d'être sauvé du jugement éternel et le droit de séjourner avec Dieu dépendaient de nos efforts personnels, comment pourrions-nous jamais savoir que nous avons fait suffisamment de bonnes œuvres ou suffisamment évité d'en commettre de mauvaises pour mériter une place au paradis ? Jamais nous ne pourrions être assurés de notre salut.

Il y a près de trois millénaires, le prophète Jonas a déclaré : « ***le salut vient de l'Éternel*** » (Jonas 2.10).

Dieu soit loué pour cela !

« *Car c'est par la grâce que vous êtes sauvés, par le moyen de la foi. Et cela* **ne vient pas de vous,** *c'est* **le don de Dieu.** *Ce n'est point par les œuvres, afin que personne ne se glorifie* » (Éphésiens 2.8-9).

La Parole de Dieu est claire : mettre notre confiance dans nos bonnes œuvres pour échapper au châtiment que méritent nos fautes revient à rejeter le don du salut offert par Dieu.

Alors, pourquoi faire de bonnes œuvres et éviter le péché ? Le verset suivant nous dit :

« **Car nous sommes son ouvrage,** *ayant été créés en Jésus Christ* **pour de bonnes œuvres,** *que Dieu a préparées d'avance, afin que nous les pratiquions* » (Éphésiens 2.10).

La distinction est claire. Nous ne sommes pas sauvés **par** de bonnes œuvres. Nous sommes sauvés **pour** de bonnes œuvres.

« *Notre Sauveur Jésus Christ [...] s'est donné lui-même pour nous, afin de nous racheter* **de toute iniquité,** *et de se faire un peuple qui lui appartienne, purifié par lui et* **zélé pour les bonnes œuvres** » (Tite 2.13-14).

Dans le prologue de ce livre je mentionnais les paroles qu'un ancien du village avait adressées à mon ami : « Pour tes bonnes œuvres, tu mérites le paradis... » La Parole de Dieu dénonce comme fallacieuse ce mode de raisonnement.

Personne ne « mérite le paradis » par ses propres « bonnes œuvres ». Néanmoins, ceux qui ont reçu de Dieu le grand don de la vie éternelle ne peuvent que *vouloir* éviter de faire le mal, pour la gloire de Dieu et la bénédiction d'autrui.

LE FRUIT N'EST PAS LA RACINE

Les bonnes œuvres n'ont jamais été une **condition** préalable *au salut*, mais elles doivent toujours être le **résultat** du salut. Par exemple, Jésus a enseigné à ses disciples :

« *Je vous donne un commandement nouveau : Aimez-vous les uns les autres; comme je vous ai aimés, vous aussi, aimez-vous les uns les autres. À ceci tous connaîtront que vous êtes mes disciples, si vous avez de l'amour les uns pour les autres* » (Jean 13.34-35).

Le fait d'aimer autrui comme Jésus le faisait est-il une *condition requise* pour le salut ? Non. Si c'était le cas, aucun d'entre nous ne pourrait aller au paradis, du fait que Jésus est le seul à avoir aimé les autres parfaitement et constamment.

Le fait d'aimer autrui est-il une *caractéristique* de la vie des vrais croyants ? Absolument. « *À ceci **tous connaîtront** que vous êtes mes disciples, **si** vous avez de l'amour les uns pour les autres.* » Le peuple de Dieu *démontre sa* foi par sa manière de vivre[228].

Il est crucial de distinguer la *racine* du salut d'avec le *fruit* du salut. Les croyants en Christ devraient exprimer leur gratitude au Seigneur pour son don de salut – la *racine* – en vivant une vie sainte, empreinte d'amour, désintéressée et disciplinée – le *fruit*.

Le peuple de Dieu n'accomplit pas de bonnes œuvres pour s'attirer sa faveur ; il accomplit de bonnes œuvres parce que *Dieu* leur a accordé une faveur imméritée.

LA FAUSSE RELIGION

Caïn est le fondateur de la religion « à faire doi-même. » Au lieu de s'approcher de Dieu en vertu du sang d'un agneau sacrificiel, il est venu à lui avec ses opinions propres et ses efforts personnels. Aussi, les prières de Caïn furent-elles offensantes et répugnantes pour Dieu.

« *Si quelqu'un détourne l'oreille pour ne pas écouter la loi,* ***sa prière même est une abomination*** »
(Proverbes 28.9).

La loi de Dieu exigeait le sang d'un agneau ou un autre sacrifice pour couvrir le péché. Du fait que Caïn ne s'était pas approché de Dieu de la manière appropriée, « sa *prière même* [était] *une abomination* [un acte détestable, une souillure]. » Caïn n'était pas sans religion, mais c'était une religion fausse. Son offrande ne préfigurait pas le Sauveur promis et sa mort sur la croix. Par conséquent :

> « L'Éternel porta un regard favorable sur Abel et sur son offrande ; mais il ne porta pas un regard favorable sur Caïn et sur son offrande. Caïn fut très irrité, et son visage fut abattu.
>
> Et l'Éternel dit à Caïn : Pourquoi es-tu irrité, et pourquoi ton visage est-il abattu ? Certainement, si tu agis bien, tu relèveras ton visage, et si tu agis mal, le péché se couche à la porte, et ses désirs se portent vers toi : mais toi, domine sur lui » (Genèse 4.4-7).

L'Éternel parla à Caïn avec miséricorde, lui donnant le temps de se repentir – de se détourner de ses œuvres mauvaises et de se soumettre au plan juste de Dieu. Mais Caïn s'irrita. Il n'allait tout de même pas troquer sa magnifique religion d'efforts personnels contre l'horrible sang d'un agneau. Au nom de Dieu, il voulait faire les choses à sa manière ! Et où cela le conduisit-il ?

UNE RELIGION HOSTILE

> « Cependant, Caïn adressa la parole à son frère Abel ; mais, comme ils étaient dans les champs, **Caïn se jeta sur son frère Abel, et le tua** » (Genèse 4.8).

Caïn, trop fier pour tuer un agneau en sacrifice pour le péché, ne se montra pas trop fier pour tuer son frère.

Caïn était le précurseur des religions futures et des systèmes politiques qui devaient plus tard rabaisser, persécuter et même exécuter ceux qui refuseraient de se soumettre au diktat de leurs lois et de leurs traditions.

Comme Caïn, beaucoup d'individus religieux dans le monde utilisent l'agression et le meurtre pour défendre leur religion. Par leurs actes, ils démontrent au monde à quel point leurs foi les laisse dans l'insécurité et combien ils se fient peu à Dieu pour qu'il accomplisse son plan.

Un homme résidant aux États-Unis, avec qui j'ai beaucoup correspondu, m'a déjà écrit :

Envoyer   Objet: Retour sur votre courriel

La dernière personne à avoir blasphémé le saint prophète en ma présence a avalé ses deux dents de devant et, environ trois secondes plus tard, je me suis réjoui de ce que la prochaine fois qu'il blasphémerait, ce serait en zozotant.

Les païens doivent se convertir ou mourir. Un point c'est tout.

Les paroles et les actes de cet homme tranchent distinctement avec ceux du Seigneur Jésus qui a dit : « *Aimez vos ennemis, faites du bien à ceux qui vous haïssent, bénissez ceux qui vous maudissent, priez pour ceux qui vous maltraitent* » (Luc 6.27-28). Et, sur la croix, Jésus a prié pour ceux qui l'avaient crucifié : « *Père, pardonne-leur, car ils ne savent ce qu'ils font* » (Luc 23.34)[229].

CAÏN IMPÉNITENT

Revenons-en à l'histoire de Caïn, après son fratricide. Dieu lui donna une occasion de se repentir de ses mauvaises voies et de son mode de pensée erroné :

« *L'Éternel dit à Caïn : Où est ton frère Abel ?*

Il répondit : Je ne sais pas ; suis-je le gardien de mon frère ?

Et Dieu dit : Qu'as-tu fait ? La voix du sang de ton frère crie de la terre jusqu'à moi. Maintenant, tu seras maudit de la terre qui a ouvert sa bouche pour recevoir de ta main le sang de ton frère » (Genèse 4.9-11)[230].

Caïn a refusé d'admettre son péché et de s'approcher humblement de Dieu avec le sang d'un animal. Au lieu de cela, « *Caïn s'éloigna de la face de l'Éternel* » (Genèse 4.16).

Caïn ne s'est jamais repenti. Au lieu de se soumettre à la voie de Dieu, il a continué de suivre ses propres idées. Il a fondé une civilisation florissante, mais c'était une société dénuée de véritable soumission au Dieu créateur[231]. Comme Caïn, ses descendants se sont engouffrés dans un mode de vie autodestructeur centré sur leur propre personne.

Le quatrième chapitre de la Genèse rapporte aussi l'histoire de Lémec, un descendant de la sixième génération de Caïn. Comme son ancêtre, Lémec était un homme prétentieux, débauché, plein de rancune et de meurtre. Ses fils ont beaucoup développé la science et les arts. Ils avaient une connaissance étendue de bien des choses, mais ne connaissaient pas Dieu.

Non seulement les hommes s'étaient détournés du plan de Dieu pour le salut, ils s'étaient aussi détournés du mode de vie voulu par le créateur.

L'HUMANITÉ IMPÉNITENTE

Pas plus de neuf générations après Caïn, l'Éternel a fait ce constat sur la race humaine :

> « *L'Éternel vit que la méchanceté des hommes était grande sur la terre, et que toutes les pensées de leur cœur se portaient chaque jour* **uniquement vers le mal** »
> (Genèse 6.5).

Du temps de Noé le prophète, sa famille et lui ont été les derniers sur terre à mettre leur confiance dans leur fidèle créateur. Le refus obstiné de l'homme de faire la volonté de Dieu a provoqué le déluge universel. Dieu a fourni un moyen d'y échapper, mais seules huit personnes l'ont saisi. Noé, sa femme, leurs fils Sem, Cham et Japhet, ainsi que les femmes de ces derniers, ont été les seuls à croire au message de Dieu (Genèse 6–8).

> « *C'est* **par la foi** *que Noé, divinement averti des choses qu'on ne voyait pas encore, et saisi d'une crainte respectueuse, construisit une arche pour sauver sa famille ; c'est* **par elle** *qu'il condamna le monde, et devint héritier de la justice qui s'obtient* **par la foi** » (Hébreux 11.7).

Tandis que beaucoup de scientifiques se moquent aujourd'hui du récit biblique du déluge universel[232], aucun ne nie le fait qu'une grande partie de ce qui est aujourd'hui la terre ferme était autrefois recouverte par l'eau, alors que des millions de fossiles marins sont déterrés des grands déserts et des chaînes de montagnes. Personne ne peut nier non plus le fait que l'arc-en-ciel apparaisse à la suite d'un orage, bien qu'on puisse rire de sa signification, qui est un rappel de la promesse faite par Dieu de ne plus jamais détruire le monde par un déluge.

REBELLES ET DÉSORIENTÉS

Même bénis par un nouveau départ après le jugement du déluge, en quelques générations, les hommes se sont de nouveau rebellés contre leur créateur et ont suivi leurs propres idées. Par exemple, Dieu avait dit à l'humanité de « *remplir la terre* » (Genèse 1.28 ; 9.1). Que les hommes ont-ils alors décidé de faire ? Ils ont choisi de faire l'inverse.

> « *Ils dirent encore : Allons ! Bâtissons-**nous** une ville et **une tour dont le sommet touche au ciel**, et faisons-nous **un nom, afin que nous ne soyons pas dispersés** sur la face de toute la terre* » (Genèse 11.4).

Remarquez bien l'égocentrisme et la rébellion inhérente à leur projet. Au lieu de suivre la volonté juste et parfaite de Dieu les concernant, ils ont formulé le projet de suivre leur propre sagesse et de célébrer leur propre nom. Peut-être pensaient-ils qu'en construisant « *une tour dont le sommet touche au ciel* », ils seraient ainsi en sécurité dans l'éventualité d'un nouveau déluge. Ils étaient à l'image de beaucoup de gens religieux d'aujourd'hui, qui essaient d'échapper au jugement de Dieu par leurs propres effort Dieu mit un terme au projet des hommes de vivre ensemble dans un même lieu. L'Éternel savait qu'un tel projet aurait rapidement mené à la corruption et à la ruine de la race humaine. Tout en gardant à l'esprit que jusqu'à cette période de l'histoire, « *toute la terre avait une seule langue et les mêmes mots* » (Genèse 11.1), voyons ce que Dieu a fait.

> « *L'Éternel dit : Voici, ils forment un seul peuple et ont tous une même langue, et c'est là ce qu'ils ont entrepris ; maintenant rien ne les empêcherait de faire tout ce qu'ils auraient projeté. Allons ! Descendons, et là confondons leur langage, afin qu'ils n'entendent plus la langue, les uns des autres.* **Et l'Éternel les dispersa** *loin de là sur la face de toute*

*la terre ; et ils cessèrent de bâtir la ville. C'est pourquoi on l'appela du nom de **Babel**, car c'est là que l'Éternel confondit le langage de toute la terre, et c'est de là que l'Éternel les dispersa sur la face de toute la terre »* (Genèse 11.6-9).

Babel signifie « confusion ».
Le rejet du plan de Dieu mène toujours à la confusion.

QUAND LA PLUPART SE TROMPENT

Une leçon à tirer des hommes et des femmes du temps de Noé et de ceux qui ont essayé de construire une tour de Babel est celle qui suit : *la majorité des hommes se trompent.*

Bien que les pécheurs tiraient du réconfort que des millions d'autres partageaient leur vision des choses, le jugement de Dieu s'est néanmoins abattu sur eux. À ce jour, beaucoup croient que leur propre conception de Dieu et de son message ne saurait être faux, puisqu'ils sont si nombreux à croire à la même chose.

Un homme habitant au Royaume-Uni m'a envoyé la note suivante :

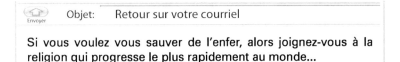

Envoyer   Objet: Retour sur votre courriel

Si vous voulez vous sauver de l'enfer, alors joignez-vous à la religion qui progresse le plus rapidement au monde...

Si une progression rapide et des chiffres élevés pouvaient prouver la vérité d'une opinion ou d'une religion, alors les descendants de Caïn, les gens du temps de Noé et les habitants de Babel auraient eu raison. Mais ils se trompaient – lourdement, voire « *à mort* ».

*« Entrez par la porte étroite. Car **large** est la porte, **spacieux** est le chemin qui mènent à la perdition, et il y en a **beaucoup** qui entrent par là. Mais **étroite** est la porte, **resserré** le chemin qui mènent à la vie, et il y en a **peu** qui les trouvent »* (Matthieu 7.13-14).

LE PLAN IMPARABLE DE DIEU

Revenons-en à la narration concernant la première famille. Nous apprenons ce qui est arrivé après que Caïn a tué Abel.

> « *Adam connut encore sa femme ; elle enfanta un fils, et l'appela du nom de **Seth**, car, dit-elle, **Dieu m'a donnée un autre fils à la place d'Abel**, que Caïn a tué. Seth eut aussi un fils, et il l'appela du nom d'Énosch. C'est alors que l'on commença à **invoquer le nom de l'Éternel*** »
> (Genèse 4.25-26).

Le désir de Dieu et son plan d'avoir un peuple qui mette en lui sa confiance ne pouvaient être contrecarrés.

Le nom de Seth signifie « *désigné à la place de* ». Ève avait compris que Dieu avait désigné « *une autre postérité* » pour elle à la place d'Abel, que Caïn avait tué. C'était par la lignée de Seth que la *postérité de la femme* qui avait été promise allait naître. Marie, la jeune vierge qui devint plus tard la mère de Jésus, était une descendante de Seth. Elle était aussi descendante d'Abraham et de David, exactement comme Dieu l'avait promis.

Peu importe les efforts de Satan pour faire échouer le plan de Dieu, celui-ci, fixé dès avant la fondation du monde, se poursuivait sans relâche.

Rien ni personne ne pouvait l'arrêter.

LE NOM DU SEIGNEUR

Comme Abel, Seth mettait sa confiance en Dieu et en son plan pour le pardon, et invoquait « *le nom du Seigneur* » (Genèse 4.26). Dans tous les âges et dans un monde peuplé de ceux qui, comme les gens de Babel, essaient de se *faire un nom*, il y en a toujours eu certains qui, comme Abel et Seth, ont cru en l'**Éternel** et ont invoqué son nom.

Certains de mes amis me disent que Dieu a cent noms, mais ils n'en savent que quatre-vingt-dix-neuf. Se pourrait-il que le nom manquant soit celui qui signifie : « *l'Éternel sauve* » ?

Quel est ce nom ?

Oui, c'est bien **Jésus**.

De ne pas croire en ce nom – en qui il est, et en ce qu'il a fait – revient à *ne pas* être soumis à Dieu.

Écoutons la prière de l'apôtre Paul pour les autres Juifs, religieux mais rebelles :

> *« Frères, le vœu de mon cœur et ma prière à Dieu pour eux, c'est qu'ils soient sauvés. Je leur rends le témoignage qu'ils ont* **du zèle pour Dieu**, *mais* **sans intelligence** [connaissance] **: ne connaissant pas la justice de Dieu, et cherchant à établir leur propre justice, ils ne se sont pas soumis à la justice de Dieu** ; *car Christ est la fin de la loi, pour la justification de tous ceux qui croient [...] Si tu confesses de ta bouche* **le Seigneur Jésus**, *et si tu crois dans ton coeur que Dieu l'a ressuscité des morts, tu seras sauvé [...] Selon ce que dit l'Écriture : Quiconque croit* **en lui** *ne sera point confus. Il n'y a aucune différence, en effet, entre le Juif et le Grec, puisqu'ils ont tous un même Seigneur, qui est riche pour tous ceux qui* **l'**invoquent. *Car* **quiconque invoquera le nom du Seigneur sera sauvé** » (Romains 10.1-4, 9, 10-13 [Joël 2.32]).

PRÉCIEUX OU SANS VALEUR ?

Supposons que je vous signe un chèque d'un million. Le chèque aurait l'air fantastique, mais il serait sans valeur. Pourquoi ?

Parce que je n'ai pas cette somme d'argent dans mon compte en banque !

Or, que diriez-vous si l'homme le plus riche de la planète devait vous signer un chèque de ce montant ? Il n'y aurait aucun problème, puisqu'il aurait bien en sa possession le montant inscrit.

La même banque qui rejetterait le chèque s'il était signé de moi honorerait celui signé de la main de cette personne fortunée.

Notre monde est rempli de gens qui essaient de s'approcher de Dieu par des noms divers, mais, aux yeux du saint Dieu qui a envoyé son Fils payer la dette de péché des hommes, il s'agit de noms sans valeur entachés de péché. Pas plus que la banque n'honorera un chèque d'un million signé de ma main, Dieu n'accordera le pardon et la vie à quiconque au moyen d'un autre nom que celui de *Jésus.*

> « *Il n'y a de salut en aucun autre ; car il n'y a sous le ciel* ***aucun autre nom*** *qui ait été donné parmi les hommes, par lequel nous devions être sauvés* » (Actes 4.12).

Voudriez-vous que votre dette soit effacée des livres de compte et que soit portée à votre crédit la richesse de sa justice ? Voulez-vous triompher de la malédiction du péché et jouir d'une relation intime avec votre créateur pour l'instant présent et pour l'éternité ? Alors, un seul nom peut faire l'affaire.

> « *Alors quiconque invoquera le* ***nom de l'Éternel*** *sera sauvé* » (Joël 2.32).

> « *Crois au* ***Seigneur Jésus****, et tu seras sauvé, toi et ta famille* » (Actes 16.31).

Croyez-vous dans votre cœur que le Seigneur Jésus-Christ a souffert, puis est mort et ressuscité pour effacer le châtiment encouru par votre péché ? Alors, « *tu seras sauvé* ».

SEULEMENT DEUX RELIGIONS

Nous avons commencé ce voyage par la remarque selon laquelle il existe plus de *dix mille systèmes religieux* dans le monde.

En réalité, il n'en existe que *deux.*

• D'une part, il y a le système fondé sur *l'effort humain*, qui vous dit de vous **sauver vous-même**.

• D'autre part, il y a le système de *l'accomplissement divin*, qui vous annonce que **vous avez *besoin d'un Sauveur***.

Tant que vous vous efforcerez de vous sauver vous-même, n'importe quelle religion pourra faire l'affaire ; mais dès lors que vous reconnaîtrez votre besoin d'un Sauveur, seul un nom peut vous être utile : celui de **Jésus**.

> « *Tous les prophètes rendent de* **lui le** *témoignage que quiconque croit* **en lui** *reçoit* **par son nom** *le pardon des péchés* » (Actes 10.43).

PARTIE III
LA FIN DU VOYAGE

La malédiction annulée

27

ÉTAPE 1 :
LE PROGRAMME
PASSÉ DE DIEU

« Aujourd'hui tu seras avec moi dans le paradis. »
— le Seigneur Jésus (Luc 23.43)

Il y a quelques minutes, la batterie de mon ordinateur portable était pratiquement « morte », c'est-à-dire déchargée, mais à présent elle se voit insuffler une vie nouvelle. Comment son « agonie » a-t-elle été inversée ? Je l'ai branchée sur une prise électrique.

Que ce soit dans un ordinateur ou un téléphone portable, les batteries meurent constamment – elles perdent leur charge – jusqu'à ce qu'elles soient rechargées par une source d'énergie supérieure.

Les descendants d'Adam sont un peu comme des batteries qui meurent. Nous avons commencé à mourir le jour où nous avons été conçus, sans que nous ayons le pouvoir d'annuler la malédiction provoquée par le péché.

Au moment d'entamer la dernière partie de notre voyage, j'aimerais vous raconter l'histoire d'un vagabond français dont l'avenir semblait aussi désespéré que celui d'une batterie « mourante ».

LE MISÉRABLE

J'ai rencontré Bruno lorsqu'il avait 26 ans, en mars 1987.

Bien des années auparavant, ce jeune homme avait commencé à s'interroger sur le sens de la vie. Il se sentait vide intérieurement – un vide que ni son éducation catholique, ni les plaisirs mondains n'avaient comblé.

Dans son enfance, Bruno avait observé que ceux qui lui enseignaient des choses au sujet de Dieu manquaient à mettre en pratique ce qu'ils prêchaient. Au cours de son adolescence rebelle, il a constaté que le monde était rempli d'injustice. Lorsqu'il a atteint l'âge de 18 ans, son unique but dans la vie était de traîner avec ses amis le weekend et de noyer sa tristesse dans l'alcool. Son désespoir s'est encore aggravé lorsque sa petite-amie s'est tuée dans un accident de la circulation. Il s'est alors irrité contre Dieu.

Bruno a décidé de voyager vers l'Inde. Peut-être allait-il découvrir le sens de la vie en explorant les nombreux courants religieux de ce pays. Après un voyage éreintant par voie terrestre, Bruno arriva dans l'une des villes surpeuplées de l'Inde où il se retrouva confronté à une intense ferveur religieuse et à une misère humaine indescriptible. Selon les propres termes de Bruno, « J'ai vu des gens qui, malgré leur religion et leur foi, étaient plus désespérés encore que moi. »

Après être resté près d'un an en Inde, Bruno parvint à la conclusion que s'il devait trouver la vérité ultime, Dieu seul pourrait la lui révéler. C'est alors qu'il adressa cette simple prière à son créateur : « Si tu existes, révèle-toi à moi. »

Un jour, alors qu'il marchait dans les rues de Calcutta, il remarqua une boutique portant l'enseigne : « *BIBLE HOUSE* » [*Maison de la Bible*]. Sur un coup de tête, il s'engouffra à l'intérieur et demanda au vendeur : « Avez-vous une Bible en français? » Ils n'en avaient qu'un exemplaire. Il l'acheta et, s'étant mis à la lire, il fut surpris de ce qu'il y découvrit. Par exemple, il fut frappé par le premier et le second des dix commandements, dans lesquels Dieu dit : « *Tu n'auras **pas d'autres dieux** devant ma face. Tu ne te feras point d'image taillée [...] Tu **ne te prosterneras point devant elles**, et tu ne les serviras point* » (Exode 20.3-5). Pourtant, ce que Bruno voyait autour de lui, c'étaient des temples dans lesquels les gens se prosternaient devant des idoles. Et comme il repensait à la religion dans laquelle il avait été élevé, il constatait que les religieux qu'il connaissait se rendaient également coupables d'une infraction aux commandements de Dieu lorsqu'ils fléchissaient le genou devant des statues de Marie ou des saints et leur adressaient des prières.

Un autre verset a tout autant impressionné Bruno : « *Que* **ce livre** *de la loi ne s'éloigne point de ta bouche ;* **médite***-le jour et nuit, pour* **agir** *fidèlement selon tout ce qui y est écrit ;* **car c'est alors que tu auras du succès dans tes entreprises, c'est alors que tu réussiras** » (Josué 1.8).

Convaincu que la vérité qu'il recherchait ne pouvait se trouver que dans la Bible, Bruno quitta l'Inde et retourna en France. Néanmoins, au lieu de continuer à lire sa Bible, il la posa sur une étagère et recommença à travailler et à faire la fête – un mode de vie qui lui laissa un goût amer tandis qu'un grand vide se creusait dans son cœur.

Quatre années s'écoulèrent.

Un jour, alors que Bruno pensait à l'existence dépourvue de sens qu'il menait, il se souvint d'un verset biblique dans lequel Dieu promettait : « *Vous me chercherez, et* **vous me trouverez, si vous me cherchez** **de tout votre cœur** » (Jérémie 29.13). Il pria donc Dieu, disant : « D'accord, Dieu, je te chercherai de tout mon cœur et je te trouverai si tu tiens bien tes promesses. »

Afin de se défaire des influences qu'il subissait chez lui, Bruno décida de faire un nouveau voyage, cette fois-ci vers l'Afrique. Tout en voyageant par voie terrestre, il lut sa Bible et pria : « *Dieu, guide-moi vers ta vérité et garde-moi de l'erreur.* » Après avoir traversé le Sahara, il pénétra dans le nord du Sénégal. Il passa sa première nuit dans la ville où ma famille et moi-même vivions. Le matin suivant, Bruno alla faire un tour en ville. Comme à Calcutta, une enseigne située au-dessus d'une porte attira son attention. Celle-ci disait :

« *ÉCOUTEZ ! CAR L'ÉTERNEL DIEU A PARLÉ !* »

Bruno entra.

C'était mon bureau. Levant les yeux de mon travail, je vis un homme à la barbe broussailleuse tenant un petit livre bleu usé – la Bible qu'il avait achetée en Inde. J'ai toujours en tête sa première question :

« Vous êtes quoi, protestant ou catholique ? »

« Simplement chrétien – un disciple de Christ », répondis-je. Cette réponse surprit agréablement Bruno car, en lisant la Bible, il avait observé qu'elle ne faisait jamais mention de *catholiques* ou de *protestants*, mais bien de chrétiens – des croyants en Christ. Il m'a dit plus tard, que si j'avais répondu « catholique » ou « protestant », il aurait tourné les talons et serait sorti. Il en avait assez de la religion. Il voulait quelque chose d'authentique.

Au cours des quelques jours suivants, Bruno me cribla de questions. Je le dirigeai vers les réponses de Dieu dans la Bible. À la veille de son départ – il espérait poursuivre son voyage jusqu'en Afrique du Sud – je lui lançai cet appel : « Relis ta Bible et note tout ce que Dieu a fait pour toi. »

Six semaines plus tard, ma femme et moi reçûmes une lettre de Bruno, dans laquelle il expliquait qu'il louait une pièce dans un village de pêcheurs voisin. Il venait de finir de relire la Bible entière en comparant l'Ancien et le Nouveau Testament.

Il avait vu Christ dans toute l'Écriture.

Selon les propres termes de Bruno, « Une nuit, alors que j'étais tout seul dehors, la promesse de Jésus est venue dans mon cœur avec puissance : *« Venez à moi, vous tous qui êtes fatigués et chargés, et **je vous donnerai du repos** »* (Matthieu 11.28). Tandis que je passais en revue ma vie avec tous mes échecs, toute mon amertume et tous mes regrets, un grand conflit faisait rage dans mon cœur. Je savais que si je suivais Christ, je ne serais plus libre de suivre mes désirs et ma convoitise. Finalement, j'ai cédé. Dieu a ouvert mes yeux. J'ai cru que Christ avait versé son sang sur la croix et était ressuscité

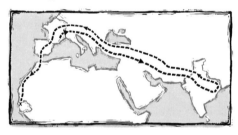 des morts pour *moi*. La paix inonda mon âme. Je me suis mis à pleurer sans pouvoir m'arrêter. Le lourd fardeau de mon péché m'avait été ôté ! » Bruno poursuivit en disant : « En somme, je suis né de nouveau ! »

Bruno avait trouvé ce qu'il cherchait : un cœur et une conscience purifiés, une relation avec son créateur et la vie éternelle. Il comprenait à présent pourquoi il était sur terre et où il allait.

Sa quête était terminée.

La Bible dit :

« *Si quelqu'un est* **en Christ***, il est une nouvelle créature.* **Les choses anciennes sont passées** *; voici,* **toutes choses sont devenues nouvelles** » (2 Corinthiens 5.17).

Immédiatement, la vie de Bruno s'est mise à changer de petites et de grandes manières. Par exemple, bien qu'il ait fumé des cigarettes depuis ses onze ans, le Seigneur l'a délivré de cette dépendance. Son mode de vie caractérisé par l'immoralité, les beuveries et l'égocentrisme ne fut désormais plus qu'un souvenir honteux. L'Écriture avait maintenant un sens et prier lui était devenu aussi naturel que respirer.

Au lieu de poursuivre son voyage, Bruno a passé les six mois suivants au Sénégal pour étudier l'Écriture, passer du temps avec des croyants en Christ et parler aux gens de ce que Dieu avait fait pour lui.

Bruno était devenu une nouvelle créature.

Bien que deux décennies se soient écoulées depuis que j'ai rencontré Bruno, nous sommes toujours en contact. Aujourd'hui, le « nouveau Bruno » habite en France, où sa femme et lui-même marchent avec Dieu et élèvent leurs quatre enfants dans la connaissance et la bénédiction du Seigneur.

Cela signifie-t-il que la vie de Bruno est exempte de toute trace de tristesse, de luttes et de douleur ? Non, car sa famille et lui-même doivent affronter diverses épreuves et tentations, mais ils ne sont pas seuls. Le Seigneur lui-même est avec eux.

LE PROGRAMME DE DIEU : TROIS ÉTAPES

Peut-être quelqu'un pensera-t-il : « Un instant. Si Jésus a vaincu Satan, le péché et la mort pour nous, pourquoi les gens, y compris des croyants en Christ, sont-ils aux prises avec autant de difficultés ? Pourquoi notre monde est-il rempli de mal et de luttes ? Où sont la délivrance et la perfection promises ?

La réponse se retrouve dans le fait que le plan ancien d'intervention de Dieu dans l'histoire humaine comprend trois étapes :

Étape I :   Dieu délivrerait son peuple du
            CHÂTIMENT *du péché.*
Étape II :   Dieu délivrerait son peuple de la
            PUISSANCE *du péché.*

Étape III :   Dieu délivrerait son peuple de la
PRÉSENCE *du péché*[233].

La citation suivante du Nouveau Testament résume le programme de Dieu en trois étapes : passé, présent et avenir.

« C'est [Dieu] qui **nous a délivrés** d'une telle mort [Étape I] et **qui nous en délivrera encore** [Étape II]. Oui, nous avons cette espérance en lui qu'**il nous délivrera encore** [Étape III] » (2 Corinthiens 1.10).

Le reste de notre périple à travers l'Écriture se concentrera sur ce programme en trois étapes par lequel Dieu va défaire pour toujours les œuvres de Satan ainsi que les conséquences du péché et de la mort. La dernière partie de notre voyage sera particulièrement spectaculaire, car elle nous donnera un aperçu du paradis lui-même.

L'ANNULATION DE LA MALÉDICTION : ÉTAPE 1

Lorsque Adam et Ève écoutèrent Satan, ils perdirent leur intimité avec leur créateur et attirèrent sur eux-mêmes, comme sur tous leurs descendants, la malédiction du péché. Le monde originel parfait fut tout d'un coup changé en un lieu où les gens cherchaient à se cacher de Dieu et à suivre leur propre voie. La vie se caractérisa dorénavant par la douleur et la souffrance, la maladie et la difformité, la pauvreté et la faim, la tristesse et les conflits, la vieillesse et la mort.

Le péché entraîna une malédiction. Mais au moment fixé, exactement comme Dieu l'avait promis, le Fils éternel de Dieu vint des cieux en tant que *postérité de la femme* afin de libérer les descendants d'Adam de Satan, du péché et de la mort.

« Après avoir autrefois, à plusieurs reprises et de plusieurs manières, parlé à nos pères par les prophètes, **Dieu, dans ces derniers temps, nous a parlé par le Fils**, qu'il a établi héritier de toutes choses, par lequel il a aussi créé le monde, et qui, étant le reflet de sa gloire et l'empreinte de sa personne, et soutenant toutes choses par sa parole puissante, **a fait la purification des péchés et s'est**

***assis à la droite de la majesté divine dans les lieux
très hauts* »** (Hébreux 1.1-3).

Le Seigneur Jésus était indemne de péché. Il démontrait une
parfaite autorité sur chaque élément de la création maudite par
le péché. D'une parole de sa bouche ou d'un toucher de la main, il
faisait fuir les esprits impurs, donnait ou rendait la vue aux aveugles,
purifiait les lépreux et ressuscitait les morts. Il marchait sur l'eau,
calmait les tempêtes, multipliait le pain et les poissons pour les foules
affamées. Il pardonnait les péchés et amenait la paix dans les cœurs
affligés.

Puis il fit ce qu'il était venu faire. Il souffrit, mourut et ressuscita
pour glorifier son Père, accomplir les Écritures et racheter tous ceux
qui croiraient en lui.

> **« *Christ nous a rachetés de la malédiction de la
> loi, étant devenu malédiction pour nous* –** car il
> est écrit : maudit est quiconque est pendu au bois, afin
> que la bénédiction d'Abraham eût pour les païens son
> accomplissement en Jésus Christ, et que nous reçussions
> par la foi l'Esprit qui avait été promis » (Galates 3.13-14 ;
> [Deutéronome 21.23])

.UNE GRÂCE STUPÉFIANTE

Jésus, qui a gardé parfaitement les lois de Dieu, est venu racheter
leurs transgresseurs « *de la malédiction de la loi* [qui exige une
parfaite obéissance] *étant devenu malédiction pour nous* » ! Jésus a
volontairement pris sur lui le châtiment que nous méritions afin de
nous délivrer du châtiment éternel.

Même lorsque le Seigneur souffrait sur la croix, il a démontré son
objectif d'annuler la malédiction du péché.

Jésus fut crucifié entre deux criminels condamnés à mort pour
trahison, vol et meurtre. Écoutons encore la conversation qui eut lieu
entre le Seigneur et ces deux pécheurs. Au début, ces deux hommes
se moquèrent de Jésus, mais comme les heures passaient, l'un d'eux
se repentit.

> « *L'un des malfaiteurs crucifiés l'injuriait, disant : N'es-tu pas le Christ ? Sauve-toi toi-même, et sauve-nous ! Mais l'autre le reprenait, et disait : Ne crains-tu pas Dieu, toi qui subis la même condamnation ? Pour nous, c'est justice, car nous recevons ce qu'ont mérité nos crimes ; mais celui-ci n'a rien fait de mal. Et il dit à Jésus : Souviens-toi de moi, quand tu viendras dans ton règne.*
> *Jésus lui répondit : Je te le dis en vérité, aujourd'hui tu seras avec moi dans le paradis* » (Luc 23.39-43).

Ces deux criminels étaient sur le point de mourir et d'aller en enfer. Puis, durant leurs dernières heures, l'un des deux reconnut son péché devant Dieu et mit sa confiance dans le Sauveur sans péché qui a été cloué sur la croix du milieu.

Jésus lui a fait une promesse :

« *Aujourd'hui tu seras avec moi dans le paradis.* »

Au lieu de passer l'éternité dans l'endroit préparé pour le diable et ses anges déchus, ce criminel pardonné allait la passer dans la présence de son créateur.

Quel revirement !

En vertu de la confiance de cet homme en l'Agneau de Dieu qui était, au moment même, en train de verser son sang pour payer le prix du péché, Dieu pouvait effacer ses péchés des livres de compte, porter à son crédit la justice de Jésus, et inscrire son nom dans *le livre de vie de l'Agneau* – le livre qui contient tous les noms de ceux qui ont, par la foi, reçu le don de pardon, de justice et de vie éternelle fait par Dieu.

Pour ce pécheur impuissant, la malédiction du péché était annulée pour toujours.

DIEU PEUT-IL PARDONNER AUX MEURTRIERS ?

J'ai reçu ce courriel d'une personne en quête d'information :

	Objet:	Retour sur votre courriel

J'aimerais savoir comment vous expliquez le terme « justice » à la lumière de l'affirmation selon laquelle « Jésus (la paix soit sur lui) est mort pour nos péchés. » Cela signifie-t-il que je n'aurai pas à répondre de tout le mal que je commets pendant ma vie ? Le meurtrier, qui échappe au jugement dans ce monde sera laissé libre dans l'au-delà rien que parce que Jésus a payé pour ses péchés... Puissions-nous tous être guidés sur le droit chemin !

La mort de Jésus sur la croix à la place des pécheurs est-elle compatible avec la justice ? Dieu peut-il pardonner au meurtrier ? Commençons par répondre à la seconde question en citant le témoignage de quelques « meurtriers » qui ont reçu le pardon et été transformés.

DES CANNIBALES

Dans son livre *Les Seigneurs de la Terre*, le traducteur biblique et anthropologue Don Richardson parle des *yalis* – les cannibales féroces des montagnes de l'Irian Jaya, en Indonésie. Pendant des siècles, ils avaient eu comme coutume de torturer, de tuer et – oui ! – de *manger* les habitants des villages voisins ennemis. La vengeance et la peur étaient pour eux un mode de vie « normal ».

Puis l'Évangile leur fut prêché.

Les yalis et les tribus avoisinantes entendirent parler de la Bonne Nouvelle de Dieu quant au pardon des péchés et à la vie nouvelle en Christ. Beaucoup crurent. Leur manière de penser et de vivre fut transformée. En tant qu'enfants de Dieu nés de nouveau, ils avaient à présent un nouveau critère de « normalité ». Ceux qui s'étaient précédemment haïs et craints devinrent frères. Pour faciliter l'éclosion de nouvelles amitiés avec leurs anciens ennemis, ils ont tracèrent « des sentiers de meilleure qualité reliant les villages yalis [234] ».

Aujourd'hui, ces ex-meurtriers démontrent de la compassion à ceux qui tentent de leur nuire, car Dieu a changé leurs cœurs et leur a enseigné à être « *bons les uns envers les autres, compatissants, [se] pardonnant réciproquement, comme Dieu [leur] a pardonné en Christ* » (Éphésiens 4.32).

UNE JEUNE FILLE DÉSESPÉRÉE

Emma avait été élevée dans une famille musulmane stricte de Singapour. À cause du divorce de ses parents et de sa vie de famille chaotique, elle prit, à l'âge de 16 ans, la décision d'assassiner quelqu'un – elle-même. Elle résolut de sauter du balcon de l'appartement où vivait sa famille, situé dans un immeuble de dix étages. Juste avant de mettre à exécution son projet, elle cria de douleur et de désespoir au Dieu qu'elle ne connaissait pas : « Si tu existes vraiment, dis-le-moi d'une manière ou d'une autre ! » Elle descendit ensuite les marches qui conduisaient au balcon du dixième étage...

Sur les marches se trouvait une Bible !

Elle la ramassa et se dépêcha de rentrer dans sa chambre. La Bible s'ouvrit sur ces paroles :

« *L'Éternel est mon berger : je ne manquerai de rien. Il me fait reposer dans de verts pâturages, il me dirige près des eaux paisibles. Il restaure mon âme, il me conduit dans les sentiers de la justice, à cause de son nom. Quand je marche dans la vallée de l'ombre de la mort, je ne crains aucun mal, car tu es avec moi : ta houlette et ton bâton me rassurent. Tu dresses devant moi une table, en face de mes adversaires ; tu oins d'huile ma tête, et ma coupe déborde. Oui, le bonheur et la grâce m'accompagneront tous les jours de ma vie, et j'habiterai dans la maison de l'Éternel jusqu'à la fin de mes jours* » (Psaume 23).

Alors qu'Emma lisait ce Psaume, elle fut bouleversée par la réalité ET L'AMOUR de Dieu. Peu après, elle mit sa confiance dans le Seigneur Jésus, qui disait : « *Je suis le bon berger. Le bon berger donne sa vie pour ses brebis* » (Jean 10.11).

Emma devint l'une de ses brebis. Elle ne voulait plus se tuer. Bien au contraire, elle est aujourd'hui une femme joyeuse et la mère de cinq enfants. Sa passion dans la vie est d'aider les autres à trouver ce qu'elle a découvert elle-même en Christ – L'AMOUR ABONDANT DE DIEU.

Lorsque j'ai envoyé le récit de ces faits à Emma afin qu'elle en vérifie l'exactitude, elle me l'a renvoyé par courriel, en ajoutant des majuscules concernant l'amour de Dieu. Au milieu de pressions potentiellement écrasantes et des défis que doivent affronter les femmes du monde entier, Emma trouve sa force et sa joie quotidiennes dans l'amour stupéfiant du Seigneur et sa sollicitude envers elle.

UN HOMME VIOLENT

Enfin, considérons *Saul de Tarse*, un chef religieux zélé qui tuait des gens au nom de Dieu. Saul ne croyait pas que Jésus était le Messie et le Fils de Dieu. Peu après que Jésus soit retourné au ciel, Saul reçut de la haute cour juive l'ordre d'arrêter, de juger et de mettre à mort tous les disciples de Jésus. Il croyait qu'il servait Dieu en faisant emprisonner, fouetter et exécuter les Juifs qui croyaient en Jésus[235]. Voici ce qui arriva un jour, alors que Saul et ses hommes accomplissaient une nouvelle mission visant à arrêter un groupe de chrétiens juifs :

> « Comme il était en chemin, et qu'il approchait de Damas, tout à coup une lumière venant du ciel resplendit autour de lui. Il tomba par terre, et il entendit une voix qui lui disait : Saul, Saul, pourquoi *me* persécutes-tu ?
> Il répondit : qui es-tu, **Seigneur** ?
> Et le Seigneur dit : Je suis **Jésus** que tu persécutes. Il te serait dur de regimber contre les aiguillons.
> Tremblant et saisi d'effroi, il dit : Seigneur, que veux-tu que je fasse ? » (Actes 9.3-6.)

La vision qu'avait Saul de Jésus changea du tout au tout. En tant qu'étudiant des Écritures de l'Ancien Testament (les seules Écritures disponibles à l'époque !), il comprit soudain que Jésus était le Messie dont tous les prophètes avaient annoncé la venue. Le grand antagoniste était devenu le grand protagoniste[236].

Saul, qui plus tard changea son nom pour celui de *Paul*, – ce qui signifie « petit » – rend le témoignage suivant :

> [Jésus] « *m'a jugé fidèle, en m'établissant dans le ministère, moi qui étais auparavant* **un blasphémateur, un persécuteur, un homme violent**. *Mais j'ai obtenu miséricorde, parce que j'agissais par ignorance, dans l'incrédulité ; et la grâce de notre Seigneur a surabondé, avec*

*la foi et la charité qui est en Jésus Christ. C'est une parole certaine et entièrement digne d'être reçue, que **Jésus Christ est venu dans le monde pour sauver les pécheurs, dont je suis le premier** »* (1 Timothée 1.13-15).

LA SPÉCIALITÉ DE CHRIST

Est-il possible que Dieu pardonne et transforme même à des « meurtriers » et les transforme ? C'est ce qui est arrivé aux cannibales d'Irian Jaya, à Emma de Singapour et à Saul de Tarse. C'est ce qui est arrivé au meurtrier repentant crucifié à côté de Jésus. C'est ce qui arrive quotidiennement à des pécheurs du monde entier – dans les prisons et au-dehors – lorsqu'ils croient au message de Dieu.

La spécialité du Christ est de racheter les pires et les « meilleurs » des pécheurs et de changer leur cœur. C'est la raison d'être de la miséricorde et la grâce.

Bien sûr, le péché a ses conséquences. Le criminel crucifié n'a pas cessé de souffrir pour ses crimes. Il n'a jamais éprouvé dans ce monde la paix et la joie qui découlent de la connaissance de Dieu ainsi que d'une vie menée pour lui.

Néanmoins, la *manière* par laquelle un pécheur est pardonné et déclaré juste devant Dieu est toujours la même : il doit reconnaître sa condition pécheresse et mettre sa confiance dans ce que Dieu a pourvu pour le salut.

De ne pas croire dans le Seigneur Jésus, c'est se destiner à périr avec le criminel impénitent crucifié de l'autre côté de Jésus.

LA MISÉRICORDE ET LA JUSTICE UNIES

Celui qui m'a écrit le courriel cité quelques pages plus tôt m'a posé cette question : « Comment expliquez-vous le terme de "justice" à la lumière de l'affirmation selon laquelle "Jésus est mort à notre place pour nos péchés ?" » Ahmed avait soulevé la même question dans le courriel déjà cité :

Envoyer   Objet: Retour sur votre courriel

Dieu n'est-il pas assez grand pour pouvoir dire aux gens ce qu'il attend d'eux et pour effacer leurs péchés sans être obligé de sacrifier son « cher fils » en le torturant ???!

Comme nous l'avons vu de manière répétée, c'est justement parce que Dieu est grand – en justice et en fidélité – qu'il ne peut pas « *effacer* » le péché des hommes et des femmes à moins que ces péchés aient reçu le jugement et le châtiment adéquats.

Souvenez-vous de l'illustration du chapitre 13 au sujet du juge ayant accordé sa grâce sans faire respecter la justice. Ses actes avaient soulevé l'indignation et le mépris de la cour entière.

Dieu n'est pas comme ce juge fantasque. Sa réputation et son caractère sont entièrement purs et irréprochables. Il n'accorde jamais sa miséricorde aux dépens de sa justice. C'est pourquoi, dans son grand amour, il a envoyé son Fils du ciel pour qu'il soit cloué à une croix afin d'y démontrer la miséricorde et la vérité de Dieu d'une manière parfaitement équilibrée.

> « La bonté et la fidélité se rencontrent, la justice et la paix s'embrassent ; la fidélité germe de la terre, et la justice regarde du haut des cieux » (Psaume 85.11-12).

Parce que Jésus a enduré la colère de Dieu pour nous, Dieu peut « *regarder du haut des cieux* » et nous offrir ses dons de pardon, de perfection et de vie éternelle. En prenant notre place, le Seigneur Jésus a démontré la *justice*, la *miséricorde* et la *grâce* de Dieu. Comme nous l'avons déjà observé :

La justice, c'est de recevoir le châtiment que nous méritons.
La miséricorde, c'est de ne pas recevoir le châtiment qui nous revient.
La grâce, c'est de recevoir ce que nous ne méritons pas.

Tous ceux qui mettent leur confiance en Christ reçoivent ce que *nul ne mérite* : la purification du péché, la justice propre à Christ, une place au sein de la famille de Dieu et la vie éternelle. Tous ceux qui rejettent ou ignorent Christ recevront *ce que tous méritent :* le châtiment éternel.

Sept siècles avant que Christ ne vienne, le prophète Michée écrivit : « *on **frappe** sur la joue le juge d'Israël* » (Michée 4.14). Pensez-y ! Le juge de toute la terre a pris une forme humaine afin d'être tué par les pécheurs ingrats qu'il était venu secourir ! Pouvez-vous imaginer plus grande justice, plus grande miséricorde et plus grande grâce ?

> **« *Lorsque nous étions encore sans force, Christ, au temps marqué, est mort pour des impies.*** À peine mourrait-on pour un juste ; quelqu'un peut-être mourrait-il pour un homme de bien. Mais Dieu prouve son amour envers nous, en ce que, lorsque nous étions encore des pécheurs, Christ est mort pour nous » (Romains 5.6-8).

ÊTRE JUSTE TOUT EN JUSTIFIANT

Dans la première étape de son plan, Dieu a ouvert une voie en vue du pardon des pécheurs sans transiger en rien avec ses propres critères parfaits. Il est « ***juste*** *tout en **justifiant** celui qui a la foi en Jésus* » (Romains 3.26).

Dieu est juste parce qu'il a suffisamment châtié le péché adéquatement.

Dieu est le justificateur de tous ceux qui mettent leur confiance dans le Sauveur qu'il a envoyé.

Dès le moment où j'aurai cessé de compter sur mes propres efforts et mis ma confiance en Christ, en sa mort et en sa résurrection pour moi, le juste juge tamponnera sur le livre de compte, où toutes mes offenses sont consignées, le mot :

JUSTIFIÉ !

Être *justifié* signifie être *déclaré juste* par un acte judiciaire de Dieu. Il annule mon casier judiciaire et me déclare juste.

Comment peut-il le faire ?

Il peut le faire parce que, sur la croix, il a payé ma dette de péché.

Lorsque Adam a péché, Dieu a déclaré toute la race humaine *injuste*. Mais depuis que Jésus est mort et ressuscité, Dieu déclare *justes* tous ceux qui croient en lui.

« Car, comme par la désobéissance d'un seul homme beaucoup ont été **rendus pécheurs**, de même par l'obéissance d'un seul beaucoup seront **rendus justes** » (Romains 5.19)

Alors que le péché d'Adam avait entraîné la souillure et la mort, la mort et la résurrection de Jésus entraînent la purification et la vie.

« Et comme **tous meurent en Adam**, de même aussi **tous revivront en Christ** » (1 Corinthiens 15.22).

En sa qualité de juste juge vous regardant des cieux, vous voit-il *en Adam* dans son injustice répugnante ou vous voit-il *en Christ*, drapé de sa justice impeccable ?

La cour de justice des cieux ne vous laisse pas d'autre option.

LE DOUBLE PROBLÈME DE L'HOMME

Comme le troisième chapitre de la Genèse le révèle, Lorsque Adam et Ève désobéirent à leur créateur, ils attirèrent sur eux-mêmes le double dilemme du *péché* et de la *honte*.

Leur **péché** les conduisit à se cacher.

Leur **honte** les fit tenter de couvrir leur nudité.

Dieu, *dans sa justice*, a rejeté les vêtements qu'ils s'étaient faits à l'aide de feuilles de figuier, mais *dans sa miséricorde* il les a revêtus de la peau d'animaux sacrifiés. Le sang de ces animaux symbolisait ce qui était nécessaire pour ôter leur *péché*, et leurs peaux symbolisaient ce qui était nécessaire pour couvrir leur *honte*.

Nous partageons le péché et la honte de nos ancêtres. Devant Dieu, nous sommes des pécheurs souillés et spirituellement nus. Nous sommes honteusement indignes de paraître en sa présence. Il nous faut **son pardon** et **sa perfection**.

Notre *double problème* peut se résumer en deux questions :

1. Comment pouvons-nous être **purifiés** du péché qui nous sépare de notre créateur ?

2. Comment pouvons-nous être **revêtus** de perfection afin de pouvoir vivre avec lui pour toujours ?

LE DOUBLE REMÈDE DE DIEU

 Seul Dieu détient le remède à la condition pécheresse de l'homme et à son injustice. Lorsque Jésus, le Fils sans péché de Dieu, a versé son sang sur la croix, *il a pris **notre châtiment**,* et en tant que celui qui a conquis la mort, *il nous offre **sa justice**.*

« *C'est encore à cause de nous, à qui cela sera imputé, à nous qui croyons en celui qui a ressuscité des morts Jésus notre Seigneur, lequel a été **livré pour nos offenses**, et est **ressuscité pour notre justification*** » (Romains 4.24-25).

« Si quelqu'un est en Christ, il est une nouvelle créature. Les choses anciennes sont passées ; voici, toutes choses sont devenues nouvelles [...] Dieu [...] nous a réconciliés avec lui par Christ [...] Celui qui n'a point connu le ***péché***, il l'a fait devenir péché pour nous, afin que nous devenions ***en lui justice de Dieu*** » (2 Corinthiens 5.17-18, 21).

Dès le moment où vous cesserez de mettre votre confiance en vous-même et en votre religion, et que vous placerez votre espoir en Christ et dans le sang parfait qu'il a versé pour vous,

1) Il *vous purifiera* de la souillure du péché, et

2) Il *vous couvrira* de sa justice parfaite.

Dieu n'offre pas d'autre remède.

LE PROGRAMME D'ÉCHANGE DE DIEU

Par sa mort et sa résurrection, le Seigneur Jésus-Christ a pris *notre péché* et nous couvre de sa *justice*. C'est le grand programme d'échange de Dieu : ***mon péché contre sa justice***.

Qui refuserait une offre aussi merveilleuse ?

La tragique réalité, c'est que la plupart choisissent de refuser la solution de Dieu pour le péché. Néanmoins, son offre tient toujours : tous ceux qui *reçoivent le* don de salut de Dieu sont déclarés justes. Tous ceux qui le *refusent* paieront pour leurs propres fautes, non pas temporairement, dans quelque purgatoire imaginaire, mais dans l'enfer éternel qui a été préparé pour le diable et ses démons.

Bien des gens religieux insistent sur le fait que « chacun doit payer pour ses propres fautes ». D'une certaine manière, c'est ce que feront tous ceux qui rejettent le don de pardon et de justice de Dieu. Néanmoins, leur dette de péché ne sera jamais remboursée, car il s'agit d'une dette perpétuelle. Par ailleurs, tandis que les pécheurs perdus continueront éternellement de payer pour leurs péchés dans le lac de feu et de soufre, ils ne seront jamais capables d'obtenir la justice voulue pour vivre dans les cieux. Seul Dieu peut donner aux pécheurs impuissants le pardon *et* la justice dont ils ont besoin pour vivre auprès de lui.

Sept cents ans avant que vienne le Sauveur, le prophète Ésaïe écrivit au sujet du grand programme d'échange de Dieu :

> « *Nous sommes tous **comme des impurs,***
> *Et **toute notre justice est comme un vêtement souillé** [...]*
> *Nous étions tous errants comme des brebis,*
> *Chacun suivait sa propre voie*
> ***l'Éternel a fait retomber sur lui l'iniquité de nous tous.***
> *Je me réjouirai en l'Éternel [...]*
> ***Car il m'a revêtu des vêtements du salut,***
> ***Il m'a couvert du manteau de la délivrance** »*
> (Ésaïe 64.5 ; 53.6 ; 61.10).

Êtes-vous toujours *impur(e)* devant Dieu ? Ou avez-vous été **purifié(e)** par le sang de Christ ?

Êtes-vous revêtu du *vêtement souillé* de votre justice autoproclamée ? Ou êtes-vous **revêtu(e)** de *la robe pure* de la justice de Christ ?

Cela peut se résumer en une question :

« Qui a **cru** à ce qui nous était annoncé ? » (Ésaïe 53.1).

Avez-vous cru au message de Dieu ? Avez-vous troqué toutes les autres options contre sa vérité ?

« AFIN QUE VOUS SACHIEZ »

La Parole de Dieu dit : « *Je vous ai écrit ces choses, **afin que vous sachiez** que vous avez la vie éternelle, **vous qui croyez** au nom du Fils de Dieu* » (1 Jean 5.13).

Il y a des années, j'ai discuté avec une dame très religieuse au sujet du don de la vie éternelle fait par Dieu. Bien qu'elle se disait chrétienne, elle n'avait jamais mis sa confiance dans l'offre que fait Dieu du salut en Christ. Lorsque je lui ai dit que je savais qu'à ma mort, j'irais au paradis, elle m'a répondu avec indignation : « Ah bon, comme ça vous vous croyez si bon que vous irez droit au ciel ! » « Non, ai-je répondu, ce n'est pas à cause de ma justice, c'est parce que Dieu est bon. Il est celui qui nous a dit que nous pouvions « **savoir** que [nous] avions la vie éternelle » si nous croyons en lui et en ce qu'il a fait pour nous. »

« Car le salaire du péché, c'est la ***mort*** ; mais le don gratuit de Dieu, c'est la ***vie*** éternelle en Jésus Christ notre Seigneur » (Romains 6.23).

COMMENT ALI A FINI PAR *SAVOIR*

Au premier chapitre de ce livre, j'ai évoqué Ali, que sa famille avait rejeté parce qu'il croyait au message de Dieu.

Comme Bruno, Ali avait vingt-six ans lorsque je l'ai connu. Néanmoins, à la différence de Bruno, qui recherchait le plaisir des sens, Ali pratiquait sa religion avec sincérité et récitait ses prières quotidiennes comme spécifié, observant le jeûne annuel d'un mois et s'efforçant de traiter autrui avec respect. Cependant, dans son cœur, il n'avait pas la paix, et ce manque le rongeait intérieurement. La nuit, il restait souvent éveillé dans son lit, à se demander pourquoi, alors qu'il avait accompli ses devoirs religieux, il avait si peur de l'éternité. « Ô Dieu, y a-t-il un moyen pour moi de *savoir* où j'irai après ma mort ? » disait-il dans sa prière.

Ali a posé cette question à son père et aux chefs religieux de l'endroit : « comment être sûr que Dieu me laissera entrer au paradis ? » Tous lui ont fait la même réponse. « On ne peut pas savoir. Personne ne peut connaître sa destinée. Seul Dieu sait. »

Cette réponse n'a pas satisfait Ali.

Chez lui et à l'école, Ali avait reçu l'enseignement coranique selon lequel Jésus, le fils de Marie, était un prophète droit né d'une vierge. Il avait aussi appris que Jésus était un puissant faiseur de miracles qui portait les titres de *Messie*, de *Parole de Dieu* et d'*Âme de Dieu*. « Peut-être le prophète Jésus pourra-t-il me fournir la réponse que je recherche », a-t-il pensé.

Ali a décidé de se procurer un livre sur Jésus. Quelques semaines après, nos chemins se sont croisés. Je lui ai donné une Bible, qu'il a commencé à étudier avec un immense intérêt. Voici, dans ses propres termes, ce qu'Ali a découvert après avoir sondé l'Écriture pendant près d'une année :

> « J'ai appris que tous les prophètes annonçaient Jésus. J'ai lu ce que Jésus lui-même a dit : « *Je suis le chemin, la vérité, et la vie.* Nul ne vient au Père que par moi [...] En vérité, en vérité, je vous le dis, celui qui écoute ma parole, et qui croit à celui qui m'a envoyé, a *la vie éternelle et ne vient point en jugement,* mais il est passé de la mort à la vie » (Jean 14.6 ; 5.24).
>
> Ces versets ainsi que d'autres m'ont aidé à comprendre et à accepter Jésus pour qui il est : le seul et unique Sauveur qui a versé son sang et est ressuscité des morts pour nous octroyer un salut assuré. J'ai mis ma foi en lui et dans le fait qu'il a souffert et est mort pour mes péchés, à ma place.
> Dès le moment où j'ai cru, j'ai ressenti une paix intérieure que je n'avais jamais connue avant. Quelle transformation ! Je ne m'inquiétais plus de ma destinée éternelle parce que je savais que le Seigneur avait payé tout le châtiment mérité par mes péchés, qui me condamnaient. À présent, je sais que j'irai au ciel – non pas parce que je suis bon, mais à cause de la grâce de Dieu. À présent, je veux plaire à Dieu en toutes choses – non pas pour gagner mon salut, mais parce que Dieu m'a sauvé et a changé mon cœur. »

Pour Ali, la malédiction du péché a été annulée. Aujourd'hui, sa femme, ses fils et lui-même ne savent pas seulement où ils iront lorsqu'ils mourront, ils savent aussi pourquoi ils sont sur terre :

pour connaître, aimer et servir leur créateur qui les a rachetés, et en conduire d'autres à le connaître aussi.

LA MORT : LE SERVITEUR DU CROYANT

Lors de sa première venue sur terre, le Messie a accompli la première partie du plan de Dieu pour annuler la malédiction du péché. Par sa vie, sa mort, son enterrement et sa résurrection, Jésus a brisé le mur apparemment indestructible du péché et de la mort. Le voleur sur la croix, les cannibales, Emma, Saul, Ali, Bruno et tous ceux qui croient sincèrement au message de Dieu en sont les bénéficiaires.

Pour les croyants en Christ, la mort, ce tyran cruel, s'est vu réattribuer un simple rôle de serviteur, dont l'objet est d'ouvrir la porte des cieux sur ordre de Dieu. Comme le dit l'Écriture : « ***Précieuse***, *aux yeux de l'Éternel, est la* ***mort*** *de ses saints*[237] ». (Psaume 116.15, *Bible Darby*).

Qui aurait pu imaginer que l'adjectif « *précieux* » puisse s'appliquer à la mort ? Par la grâce de Dieu il s'y applique – pour tous ceux qui croient.

> « *Ô mort, où est ta victoire ?* ***Ô mort, où est ton aiguillon ?*** *[...] Mais grâces soient rendues à Dieu, qui nous donne la victoire par notre Seigneur Jésus-Christ !* » (1 Corinthiens 15.55,57).

La malédiction passée du péché a été annulée.

28

ÉTAPE 2 :
LE PROGRAMME ACTUEL
DE DIEU

*« Je mettrai ma loi **au dedans d'eux**,*
*je l'écrirai **dans leur cœur**. »*
— l'Éternel (Jérémie 31.33)

Peu de gens réfléchissent suffisamment à la *malédiction mortelle* du péché, et la plupart vivent enchaînés dans ce que nous pourrions appeler les *malédictions quotidiennes* de la vie.

La majorité de la population du monde vit dans la peur du malheur, de la maladie et de la mort. Beaucoup s'inquiètent de ne pas avoir assez d'argent pour se procurer de la nourriture ou pour rembourser leurs dettes. D'autres ont peur de la malchance, de la magie noire, du mauvais œil ou prennent soin de ne pas parler tout haut de leur bonheur de peur qu'un esprit malveillant les entende et fasse s'abattre l'infortune sur l'objet de leur félicité. Pour conjurer les esprits mauvais et la calamité, certaines attachent sur eux et sur leurs enfants des amulettes ou des charmes, et en accrochent dans leur maison. Beaucoup boivent des potions ou récitent des formules pour leur protection[238].

Fort heureusement, ceux qui connaissent leur créateur et mettent en lui leur confiance n'ont pas besoin de prendre de telles précautions, car il est infiniment plus grand que toutes les forces du mal, qu'elles soient imaginaires ou bien réelles. Il n'y a rien à craindre pour un croyant, puisque le Seigneur Jésus a autorité sur toutes les puissances, y compris celle de la mort.

Jésus est venu non seulement pour inverser les effets de la malédiction du péché sur *notre destinée éternelle*, mais également pour renverser les effets de cette malédiction sur *notre vie quotidienne*.

LA MALÉDICTION INVERSÉE : ÉTAPE DEUX

L'Écriture dit : « *Vous, petits enfants, vous êtes de Dieu, et vous [...] avez vaincu [les puissances du mal], parce que **celui qui est en vous est plus grand** que celui qui est dans le monde* » (1 Jean 4.4).

Qui est **celui** qui est **dans** le croyant? La nuit précédant sa crucifixion, Jésus a dit à ses disciples :

> « *Et moi, je prierai le Père, et il vous donnera **un autre consolateur**, afin qu'il demeure **éternellement** avec vous, **l'Esprit de vérité**, que le monde ne peut recevoir, parce qu'il ne le voit point et ne le connaît point ; mais vous, vous le connaissez, car **il demeure avec vous**, et **il sera en vous**.*
>
> *Je ne vous laisserai pas orphelins, je viendrai à vous.*
>
> Je vous ai dit ces choses pendant que je demeure avec vous. Mais le **consolateur**, l'**Esprit Saint**, que le Père enverra **en mon nom**, vous enseignera toutes choses, et vous rappellera tout ce que je vous ai dit
>
> Je vous laisse la paix, je vous donne ma paix. Je ne vous donne pas comme le monde donne. **Que votre cœur ne se trouble point, et ne s'alarme point** »
>
> (Jean 14.16-18, 25-27).

UN AUTRE CONSOLATEUR

Jésus avait promis à ses disciples qu'après son retour, le Père leur enverrait « ***un autre consolateur** [...] l'Esprit Saint* ».

Le mot grec traduit par *consolateur* est « *paraklétos* », ce qui signifie *aide/assistant*, *conseiller* ou *avocat*. Dans l'Écriture,

« *paraklétos* » est utilisé aussi bien pour le *Fils de Dieu* que pour le *Saint-Esprit de Dieu*[239].

De même que le Fils est venu pour sauver des pécheurs du châtiment encouru pour le péché, le Saint-Esprit est venu sauver les croyants de la *puissance du péché*.

Le Saint-Esprit a toujours été avec Dieu, de même que le *Fils* a toujours été avec Dieu. C'est pourquoi il est présenté, dans la déclaration inaugurale du Livre de Dieu, comme « *l'Esprit **de Dieu*** » (Genèse 1.2).

De suggérer, comme tant le font[240], que le Saint-Esprit était un prophète à venir – ou l'ange Gabriel ! – ne contredit pas seulement les Écritures des prophètes, mais est aussi en flagrante contradiction avec ce que le Seigneur Jésus a fait et dit.

Jésus a dit à ses disciples qu'après sa mort sur la croix et son retour à la vie, il monterait au ciel afin que le Saint-Esprit descende et élise domicile dans les cœurs de ceux qui croient au message de Dieu. Le Fils allait monter et le Saint-Esprit descendre. Jésus a dit à ses disciples : « *Je vous dis la vérité : il vous est avantageux que je m'en aille, car si je ne m'en vais pas, **le consolateur** ne viendra pas vers vous ; mais, **si je m'en vais, je vous l'enverrai** » (Jean 16.7).

Jusqu'à ce moment dans l'histoire, le Saint-Esprit avait parfois été *avec* des croyants pour leur transmettre sa puissance, pour les guider et les bénir. Cependant, c'est seulement après que Jésus s'est chargé du péché du monde que le Saint-Esprit a pu venir vivre *dans les* croyants, de manière permanente.

Le Seigneur Jésus annonçait un événement unique : « *l'Esprit de vérité [...] demeure avec vous, et il **sera en vous**... » (Jean 14.17).

LA VENUE DU SAINT-ESPRIT

L'Écriture relate cet événement, après la résurrection de Jésus :

« *Comme il se trouvait avec [ses disciples], il leur recommanda de ne pas s'éloigner de Jérusalem, mais d'**attendre ce que le Père avait promis**, ce que je vous ai annoncé, leur dit-il ; car Jean a baptisé d'eau, mais vous, dans peu de jours, vous serez baptisés **du Saint-Esprit** [...] vous recevrez une puissance, le Saint-Esprit* *survenant sur vous, et vous serez mes témoins à Jérusalem, dans toute la Judée, dans la Samarie, et jusqu'aux extrémités de la terre »* (Actes 1.4-5, 8).

Voilà exactement ce qui est arrivé le jour de la Pentecôte[241], cinquante jours après l'ascension de Jésus au ciel.

« Le jour de la Pentecôte, ils [environ 120 croyants, hommes et femmes (Actes 1.14)] étaient tous ensemble dans le même lieu. Tout à coup il vint du ciel un bruit comme celui d'un vent impétueux, et il remplit toute la maison où ils étaient assis. Des langues, semblables à des langues de feu, leur apparurent, séparées les unes des autres, et se posèrent sur chacun d'eux. *Et ils furent tous remplis du Saint-Esprit*...» (Actes 2.1-4).

Le Nouveau Testament rapporte cet événement spectaculaire dans le deuxième chapitre du livre des Actes. Par la puissance du Saint-Esprit, les disciples de Jésus se sont mis à proclamer la Bonne Nouvelle de Dieu dans les diverses langues des nombreux étrangers venus d'Asie, d'Arabie et d'autres pays qui s'étaient assemblés à Jérusalem.

Le jour même, le Saint-Esprit descendit et trois mille personnes crurent au message de Dieu et reçu son don de vie éternelle. Le nombre de croyants s'accrurent rapidement.

Le livre des Actes rapporte l'histoire des premiers croyants en Christ et relate comment la Bonne Nouvelle du Messie ressuscité s'est répandue dans tout l'Empire romain – non pas par la force de l'épée, mais par celle de l'amour de Dieu et du Saint-Esprit.

CEUX QUI SONT APPELÉS À SORTIR

Le programme actuel principal de Dieu pour la terre est d'appeler du milieu des nations « *un peuple qui [porte] son nom* » (Actes 15.14)

La venue du Saint-Esprit le jour de la Pentecôte a donné naissance à une famille unique de croyants appelée « *l'Église* ». Le mot traduit par *église* est « *ekklesia* », ce qui signifie simplement : « *assemblée* » ou « *rassemblement de ceux appelés à sortir* ». Aujourd'hui, la signification du mot « Église » est faussée par de nombreux concepts erronés et l'existence d'innombrables confessions. Beaucoup de gens se disant chrétiens déshonorent ouvertement le nom de Christ par leur manière de vivre. Beaucoup ont une *religion*, mais ils n'ont pas de *relation* authentique avec Dieu. Ils n'ont jamais été purifiés de leurs péchés par la foi dans le sang de Jésus.

La Bonne Nouvelle, c'est que Dieu invite tous les gens en tous lieux à mettre leur confiance en son Fils, à devenir de nouvelles créatures précieuses à ses yeux et à être adoptés dans la famille de croyants qui passeront l'éternité avec lui.

Tous ceux qui croyaient aux promesses de Dieu *avant que Jésus ne vienne* (du temps de l'Ancien Testament) font partie de la famille de Dieu, mais seuls ceux qui ont cru *depuis que Jésus est venu* font partie d'un organisme vivant connu sous le nom d'« *Église* ». L'Église est aussi appelée « *le Corps de Christ* » et « *l'épouse* »[242]. À tous ceux qui mettent leur confiance dans le Seigneur Jésus-Christ, l'Écriture dit :

> « Vous êtes [...] une nation sainte, **un peuple acquis**, afin que vous annonciez les vertus de celui qui vous a appelés des ténèbres à son admirable lumière, vous qui autrefois n'étiez pas un peuple, et qui maintenant êtes **le peuple de Dieu** » (1 Pierre 2.9-10).

Les deux premiers chapitres de la Bible révèlent comment, au commencement, Dieu fit des humains sa *propre création unique*. Le troisième chapitre relate le péché d'Adam et sa séparation d'avec Dieu, dans laquelle il a entraîné toute la race humaine. Néanmoins, les Écritures qui suivent expliquent pleinement ce que Dieu a fait afin que le pécheur impur puisse de nouveau appartenir au « *peuple acquis* » de Dieu.

Faites-vous partie du « *peuple acquis* » de Dieu ? Si c'est le cas, vous êtes alors déjà entré(e) dans la deuxième étape du programme de Dieu pour inverser la malédiction.

SAUVÉS ET SCELLÉS

La première chose que le Saint-Esprit fait dans la vie d'un pécheur qui reçoit le don de salut de Dieu est de lui donner une *vie nouvelle*.

Tous ceux qui cessent de mettre leur confiance en eux-mêmes et en leurs propres efforts et la mettent en Jésus-Christ et en ce qu'il a accompli pour eux sur la croix naissent de nouveau spirituellement par le Saint-Esprit.

Jésus a dit :

> « Ce qui est né de la chair est chair, et ce qui est né de l'Esprit est Esprit. Ne t'étonne pas que je t'aie dit : ***Il faut que vous naissiez de nouveau*** [...] Car Dieu a tant aimé le monde qu'il a donné son Fils unique, afin que quiconque ***croit en lui ne périsse point, mais qu'il ait la vie éternelle*** » (Jean 3.6-7, 16).

Ô ! comme il est merveilleux d'être « *né de nouveau* » ! La nouvelle naissance spirituelle des pécheurs est l'œuvre du Dieu vivant dans toute son unité complexe. La nouvelle naissance est possible parce que le *Père* a envoyé son Fils, que le *Fils* a versé son sang pour le péché, et que le *Saint-Esprit* communique une vie nouvelle au croyant.

Le Saint-Esprit ne se contente pas de donner la vie éternelle : il nous scelle pour toujours, nous marque comme étant la possession de Dieu et élit pour toujours domicile en nous. Il garantit aussi notre arrivée sans encombre dans la maison du Père lorsque viendra notre tour de quitter la terre.

> « *En lui vous aussi, après avoir entendu la parole de la vérité, l'Évangile de votre salut, en lui **vous avez cru et vous avez été scellés du Saint-Esprit qui avait été promis, lequel est un gage de notre héritage*** » (Éphésiens 1.13-14).

Rien ne peut arriver pour qu'un vrai croyant perde son salut. « *Le Saint-Esprit* [...] *est un gage* [une **garantie**]. »

LIBRES DE RETOMBER DANS LE PÉCHÉ ?

De temps à autre, j'entends des gens dire cyniquement : « Si je comprends bien, tout ce que j'ai à faire pour me voir garantir une place au paradis, c'est de croire que Jésus est mort pour mes péchés, et puis je peux continuer à pécher comme je l'entends, c'est ça ? »

En utilisant cette même logique, si quelqu'un vous secourait après que vous vous soyez perdu dans un désert, sans espoir d'en sortir vivant, diriez-vous à votre sauveteur : « Merci ! Maintenant je suis libre de me perdre de nouveau ! »

Ou bien, si la personne à qui vous devez une grosse dette vous la remettait, voudriez-vous intentionnellement faire des choses qui l'offensent ?

Ou bien, si vous mettiez de nouveaux habits lavés et repassés, penseriez-vous : « Bien ! Maintenant je peux aller me rouler dans la boue ! » ?

Une telle tournure d'esprit n'est même pas envisageable. Pourquoi les enfants d'Adam raisonnent-ils donc ainsi lorsqu'il s'agit du péché et de ses conséquences ?

La réponse est tristement évidente. Le péché exerce une étreinte puissante sur nos esprits et nos cœurs, au point même de nous convaincre qu'il est bon et désirable. Bien sûr, une telle vision des choses n'a rien de nouveau : Adam et Ève ont également considéré le péché – la perspective de prendre du fruit défendu – « ***précieux pour ouvrir l'intelligence*** » (Genèse 3.6).

Ce qu'il convient de comprendre, c'est que dès lors qu'un pécheur croit au message de Dieu, il n'est plus perdu dans le désert du péché. La lourde dette a été payée intégralement. Le croyant est à présent revêtu de la justice immaculée de Christ.

Le *Saint-Esprit* inculque dans l'enfant nouveau-né de Dieu une *sainte* conviction que le péché est mauvais, et qu'il n'est ni non bon ni souhaitable. Il donne aux enfants de Dieu le pouvoir de mener des vies qui reflètent son caractère *saint* et sa conduite. En tant que membres de la famille céleste, les enfants nouveau-nés de Dieu ont naturellement le désir de mener des vies qui n'entachent pas l'honneur de la famille.

Si les croyants peuvent choisir d'ignorer le Saint-Esprit et de déshonorer le Seigneur par leur manière de vivre, les vrais croyants en Christ ont cet hôte divin vivant à l'intérieur d'eux. C'est pourquoi l'Écriture exhorte tous ceux qui ont mis leur confiance en Christ à

ne pas attrister « *le Saint-Esprit de Dieu, par lequel* **[ils ont]** *été scellés pour le jour de la rédemption* » (Éphésiens 4.30).

Ceux qui croient au Seigneur Jésus ne peuvent jamais perdre le salut qu'ils ont reçu par la foi, mais ils peuvent *attrister le Saint-Esprit* en vivant à la manière des incroyants. Tandis que le peuple de Dieu est toujours **dans** *le monde* », il n'est plus « **du** *monde, comme [Jésus n'est] pas du monde* » (Jean 17.16).

Le Seigneur Jésus déteste les pratiques impies de ce monde et ses disciples doivent en faire autant.

> « *Que dirons-nous donc ? Demeurerions-nous dans le péché, afin que la grâce abonde ?* **Loin de là !** *Nous qui sommes morts au péché, comment vivrions-nous encore dans le péché ?* » (Romains 6.1-2.)

> « *Faites donc mourir les membres qui sont sur la terre*, l'impudicité, l'impureté, les passions, les mauvais désirs, et la cupidité, qui est une idolâtrie. C'est à cause de ces choses que la colère de Dieu vient sur les fils de la rébellion, parmi lesquels vous marchiez autrefois, lorsque vous viviez dans ces péchés. Mais maintenant, renoncez à toutes ces choses, à la colère, à l'animosité, à la méchanceté, à la calomnie, aux paroles déshonnêtes qui pourraient sortir de votre bouche. Ne mentez pas les uns aux autres, vous étant **dépouillés du vieil homme** et de ses œuvres, et ayant **revêtu l'homme nouveau**, qui se renouvelle, dans la connaissance, **selon l'image de celui qui l'a créé** » (Colossiens 3.5-10).

LA VIE DE DIEU À L'INTÉRIEUR DU CROYANT

De même que le *Fils de Dieu* est venu délivrer les pécheurs croyants du *châtiment* du péché, le *Saint-Esprit* est venu libérer les croyants du *pouvoir quotidien* du péché.

Voici comment cela fonctionne :

Dès qu'un individu met sa confiance en Christ, l'Esprit de Dieu établit son royaume dans cette personne en venant vivre avec son esprit, son « poste de commande » interne. Il communique au croyant une nouvelle nature *désireuse* de plaire au Seigneur. Cela ne veut pas dire que l'ancienne nature pécheresse et égoïste soit ôtée. Cette vieille nature ne sera éradiquée que lorsque le croyant sera avec le Seigneur, dans le ciel. Dans ce monde, les croyants ne parviennent pas à un état de perfection exempt de péché. Néanmoins, ils devraient être profondément peinés lorsqu'ils déplaisent au Seigneur[243].

Dans la vie de chaque véritable croyant se livre une bataille continuelle entre l'ancienne nature (héritée d'Adam) et la nouvelle nature (implantée par le Saint-Esprit). L'Esprit de Christ qui habite le croyant lui donne un désir sincère de plaire à Dieu. Il enseigne à son peuple que bien que le péché puisse procurer « ***pour un temps la jouissance*** » (Hébreux 11.25), « *la fin de ces choses, c'est la **mort**. Mais maintenant, étant **affranchis du péché** et devenus esclaves de Dieu, vous avez **pour fruit la sainteté*** » (Romains 6.21-22). Le Saint-Esprit produit des transformations majeures dans le croyant :

> « *Mais le fruit de l'Esprit*
> *c'est l'amour, la joie, la paix,*
> *la patience, la bonté, la bénignité,*
> *la fidélité, la douceur, la tempérance ;*
> *la loi n'est pas contre ces choses* »
> (Galates 5.22-23).

Les religions fondées sur l'effort personnel de l'homme ne produisent pas de fruits spirituels. Si les lois religieuses sont à même de modifier le comportement *apparent* d'un individu dans une certaine mesure, seul le Saint-Esprit peut modifier sa nature *intérieure*.

Dieu veut régner dans votre vie. Au lieu de vous donner une liste de règles à suivre, il vous communique sa vie ; il vous la transmet aussi pour la bénédiction d'autrui et la gloire de son nom.

DES LISTES OU DE L'AMOUR ?

On raconte l'histoire d'un homme dont la femme mourut. Le veuf embaucha une dame pour faire le ménage chez lui et faire sa lessive trois fois par semaine. Il afficha sur le réfrigérateur une liste de tâches qu'il voulait que la femme de ménage accomplisse chaque fois qu'elle venait. Bien sûr, il la payait pour ce travail.

Avec le temps, il est tombé amoureux de cette dame et lui a demandé d'être sa femme. Elle a accepté. Après leur mariage, l'homme a retiré la liste de tâches à accomplir affichée sur le réfrigérateur. Il a aussi arrêté de lui payer un salaire officiel. Pourquoi ? La « femme de ménage » était devenue sa chère épouse ! Dès lors, elle s'est mise à faire le ménage avec joie, à s'occuper de la lessive et à accomplir une foule d'autres tâches qui n'étaient même pas sur la *liste*. Pourquoi ? Parce qu'elle *aimait son* mari et *voulait lui* plaire et le servir. Les règles affichées sur le réfrigérateur étaient à présent écrites dans son cœur.

C'est ce que fait Dieu pour ceux qui croient en lui.

> « *Je mettrai ma loi* **au dedans d'eux**, *je l'écrirai dans* **leur cœur** ; *et je serai leur Dieu, et ils seront mon peuple* »
> (Jérémie 31.33).

Comme la liste sur le réfrigérateur, les **religions** créées par l'homme vous présentent une liste de devoirs à accomplir, vous promettant que vous obtiendrez le « salaire » de vos œuvres au jour du jugement « si Dieu le veut ».

D'une manière qui tranche glorieusement avec ces religions, le Seigneur vous offre une **relation** avec lui-même. Non seulement a-t-il pris votre châtiment et vous a-t-il offert la vie éternelle, mais il veut également vivre au-dedans de vous au moyen de son Saint-Esprit, si vous acceptez cette proposition.

Au lieu de vous imposer une longue liste de devoirs que vous ne pourrez jamais remplir, Dieu promet de vous donner le *désir* de lui plaire et de le servir *avec un cœur débordant d'amour*. Une relation d'amour fournit une meilleure motivation pour les bonnes œuvres qu'une religion dressant une liste de lois et de préceptes. Cela découle du fait que :

> « ***l'amour*** *est [...] l'accomplissement de la loi* »
> (Romains 13.10).

La religion peut vous *promettre* une nouvelle vie et une place au paradis, mais seul le Saint-Esprit peut vous *l'offrir*. Il est le seul qui puisse vous remplir de l'amour, de la joie, de la paix et de la sécurité éternelle de Dieu.

> « *Or, l'espérance ne trompe point, parce que **l'amour de Dieu est répandu dans nos cœurs par le Saint-Esprit** qui nous a été donné* » (Romains 5.5).

UNE OBÉISSANCE JOYEUSE

Bien sûr, le fait que les croyants servent le Seigneur et autrui d'un cœur débordant de l'amour de Dieu ne veut pas dire qu'ils n'ont pas de commandements auxquels obéir. Par exemple, juste avant que Jésus ne retourne au ciel, il a dit à ses disciples :

> « *Tout pouvoir m'a été donné dans le ciel et sur la terre. Allez, **faites de toutes les nations des disciples, les baptisant** au nom du Père, du Fils et du Saint-Esprit, et **enseignez-leur à observer tout** ce que je vous ai prescrit. Et voici, je suis avec vous tous les jours, jusqu'à la fin du monde* » (Matthieu 28.18-20).

Jésus a commandé à ses disciples de proclamer la Bonne Nouvelle du salut à « *toutes les nations* ». Après qu'une personne reçoit le don du salut, il faut lui enseigner à « *observer toutes les choses* » que Jésus a commandées. Par exemple, Jésus a enseigné à ses disciples d'aimer leurs ennemis et de se mettre joyeusement au service de tous. Les disciples de Christ doivent avoir pour passion que le seul vrai Dieu soit connu, loué et reconnu digne de confiance partout dans le monde.

Jésus a également dit à ses disciples de baptiser les nouveaux croyants « *au **nom** du Père, du Fils et du Saint-Esprit* ». Notez bien que c'est au *nom* (singulier) *du Père, du Fils et du Saint-Esprit* et non pas en *leurs noms* (pluriel). Seuls ceux qui se reconnaissent pécheurs impuissants et qui croient en la Bonne Nouvelle de la vie, de la mort et de la résurrection de Jésus entreront dans une relation éternelle avec le seul vrai Dieu qui est Père, Fils et Saint-Esprit.

Ceux qui croient au message de Dieu doivent démontrer leur foi en se faisant baptiser dans une rivière ou un autre endroit où il y a de l'eau.

POURQUOI LE BAPTÊME ?

Est-ce qu'un croyant a besoin d'être immergé de manière cérémonielle pour se voir purifier de ses péchés ? Non, le croyant a déjà été purifié et déclaré juste par Dieu en raison de ce qu'a accompli Christ par sa mort et sa résurrection. Le baptême d'eau est un symbole extérieur d'une réalité intérieure. Une fois que nous avons cru au message de Dieu, nous devons être baptisés par obéissance à notre Sauveur et nouveau Maître, mais ce n'est pas ce baptême qui nous ouvre l'accès au ciel[244].

Alors quel est le rôle du baptême ? Il est une représentation visuelle de l'identification du croyant avec le Seigneur Jésus par sa mort, son enterrement et sa résurrection. L'eau représente la mort. Lorsqu'une personne est immergée, elle s'identifie avec Jésus, mort pour ses péchés et enterré. Quand cette personne se relève de l'eau, elle montre que Jésus a vaincu la mort pour elle. À cause de sa mort, de son enterrement et de sa résurrection, j'ai été purifié du péché et déclaré juste, et la vie éternelle m'a été donnée.

Ne vous y trompez pas. L'acceptation d'un pécheur devant Dieu n'est possible que par la parfaite justice de Christ et l'œuvre qu'il a accomplie. En tant que pécheur pardonné, je sais que je vivrai pour toujours avec le Seigneur, non parce que je suis bon, mais parce que je suis « *trouvé **en lui,** non avec ma justice, celle qui vient de la loi, mais avec celle qui s'obtient par la foi en Christ, la **justice qui vient de Dieu par la foi*** » (Philippiens 3.9).

Les religions humaines enseignent à se regarder soi-même et à considérer ses efforts personnels. L'Évangile de Dieu nous enseigne à regarder à Christ et à sa justice impeccable.

PAS DE JUGEMENT POUR LES CROYANTS ?

Le fait que Christ ait fait tout ce qui est nécessaire pour sauver les pécheurs de la condamnation éternelle soulève une question supplémentaire dans bien des esprits. Un correspondant m'a demandé par courriel :

📧 **Envoyer**   **Objet:**   Retour sur votre courriel

Si Jésus a versé son sang sur la croix pour sauver les gens de leurs péchés, cela vide-t-il le jugement dernier de son sens ?

Non, la mort de Jésus sur la croix n'annule pas le fait que les croyants devront rendre compte de leurs actes devant Dieu. L'Écriture dit : « *c'est le moment où* **le jugement va commencer par la maison de Dieu**. *Or, si c'est par nous qu'il commence, quelle sera la fin de ceux qui n'obéissent pas à l'Évangile de Dieu ?* » (1 Pierre 4.17).

LES DEUX JOURS DE JUGEMENT

L'Écriture décrit deux jours de jugement, distinctement différents. Premièrement, il y aura la *résurrection et le jugement des justes* et, deuxièmement, la *résurrection et le jugement des injustes*[245].

• **Le jugement des justes :** on ne peut que vouloir prendre part à ce jour de jugement. Lorsqu'il aura lieu, il ne sera pas question de savoir si ceux qui seront présents iront au paradis ou seront expédiés en enfer. Ils seront déjà au ciel car ils auront reçu le don de justice donné par Dieu lorsqu'ils vivaient sur la terre. Néanmoins, en fonction de l'évaluation que Dieu fera de leurs motifs et de leur œuvre en tant que croyants, ils seront récompensés ou souffriront des pertes. Un croyant qui aura vécu selon la volonté de Dieu, aura servi humblement les autres, aura mis sa confiance en Dieu dans les épreuves, aura propagé sa Parole et aura attendu avec espérance le retour du Seigneur se verra récompensé, tandis qu'un chrétien égocentrique « *perdra sa récompense ; pour lui, il sera sauvé, mais comme au travers du feu* » (voir 1 Corinthiens 3.11-15). La Bible mentionne cinq « couronnes » différentes que les croyants peuvent recevoir, qu'ils jetteront avec reconnaissance et adoration aux pieds du Seigneur[246]. « *Nous comparaîtrons tous devant le tribunal de Dieu [...] Ainsi* **chacun de nous** *rendra compte à Dieu pour lui-même* » (Romains 14.10, 12).

• **Le jugement des injustes :** on ne peut que vouloir échapper à ce terrible *jugement devant le grand trône blanc*, ainsi qu'on l'appelle. Cet événement terrible aura lieu pour tous ceux qui sont morts dans leurs péchés sans mettre leur confiance dans le salut que Dieu a pourvu pour eux tandis qu'ils étaient sur la terre. Il ne sera pas question de savoir si ceux qui sont présents iront au paradis ou seront expédiés en enfer. Tous seront condamnés au lac de feu et de soufre, bien que chacun recevra un degré différent de châtiment selon ce qu'il aura fait en rapport avec sa connaissance de la vérité. « *Chacun fut jugé selon ses œuvres. Et la mort et le séjour des morts furent jetés dans l'étang de feu. C'est la seconde mort, l'étang de feu. Quiconque ne fut pas trouvé écrit dans le livre de vie fut jeté dans l'étang de feu* » (voir Apocalypse 20.11-15).

La Bonne Nouvelle, c'est que personne n'a à mourir, car le Seigneur Jésus offre à tous d'échapper au châtiment du péché.

ENFANTS DE DIEU

Comme nous l'avons déjà noté, dès le moment où vous mettez votre confiance dans le Seigneur Jésus-Christ et ce qu'il a fait pour vous, vous devenez membre de la famille de Dieu.

Dieu ne vous paraîtra plus distant.

Il deviendra votre *Père*.

« *Certains pourtant l'ont accueilli ; ils ont cru en lui. À tous ceux-là, il a accordé le privilège de devenir **enfants de Dieu** [...] c'est **de Dieu** qu'ils sont **nés*** » (Jean 1.12-13, Bible du Semeur). « Parce que ***vous êtes fils, Dieu a envoyé dans nos cœurs l'Esprit de son Fils**, lequel crie : **Abba** [Papa] ! **Père** !* » (Galates 4.6).

Le monde fourmille de religions dépeignant un Dieu distant qui exige l'accomplissement de rituels et qui n'offre pas aux individus de relation personnelle avec lui. Tranchant singulièrement avec ces religions, le Dieu qui a envoyé son Fils sur terre s'est révélé en tant que Père qui aime les pécheurs. Il promet de purifier et de revêtir de la perfection de Christ tous ceux qui reçoivent son Fils Jésus-Christ et d'envoyer son Saint-Esprit vivre dans leur cœur.

Dans son livre : *Dieu... J'ai osé l'appeler Père!*, la Pakistanaise Bilquis Sheikh nous parle de sa quête pour découvrir le message du seul vrai Dieu. Elle y explique qu'après avoir passé des mois à comparer la Bible avec le livre selon lequel elle avait reçu son éducation religieuse, tandis qu'elle criait à Dieu pour qu'il lui montre la vérité, elle a eu une expérience spirituelle :

> « J'ai saisi les deux livres et les ai élevés, un dans chaque main. Lequel, Père ? demandai-je. Une chose étonnante eut lieu. Rien d'exactement pareil ne m'était arrivé de toute ma vie. J'entendis une voix en moi, une voix qui me parlait aussi clairement que si je répétais moi-même des mots au plus profond de mon esprit. C'étaient des paroles fraîches, empreintes de bonté et, en même temps, d'autorité
> **Dans quel livre me découvres-tu comme Père ?**
> Dans la Bible, répondis-je; ce fut tout. Il n'y avait plus aucun doute en moi quant au livre qui était le sien[247] ».

Comme pour cette Pakistanaise, Dieu est aussi mon Père. Le jour où j'ai cru au message de Dieu, j'ai connu une nouvelle naissance spirituelle. Rien ne peut me faire perdre mon rang de membre de la famille de Dieu. Jésus a dit : « *Mes brebis entendent ma voix ; je les connais, et elles me suivent. Je leur donne la **vie éternelle** ; et **elles ne périront jamais**, et personne ne les ravira de ma main* » (Jean 10.27-28).

RELATION ET INTIMITÉ

Que se passe-t-il donc lorsque je pèche ? Cela me sépare-t-il de nouveau de Dieu ? Si un fils désobéit à son père terrestre, cesse-t-il d'être un membre de la famille ? Non. La désobéissance d'un fils n'annule pas sa naissance. Ses liens physiques à ses parents ne peuvent être défaits. Il en va de même pour notre lien spirituel avec Dieu. Rien ne peut vous faire perdre votre rang d'enfant de Dieu né de nouveau. Tous ceux qui croient sont « ***nés à une vie nouvelle, non d'un homme mortel, mais d'une semence immortelle : la Parole vivante et éternelle** de Dieu* » (1 Pierre 1.23, *Bible du Semeur*). Dieu est votre Père céleste. La justice de Christ, de laquelle vous êtes revêtu, ne vous sera jamais ôtée. Le Saint-Esprit ne vous abandonnera jamais. Vous jouissez d'une sécurité éternelle.

> « J'ai l'assurance que ni la mort ni la vie [...] ne pourra nous séparer de l'amour de Dieu manifesté en Jésus Christ notre Seigneur » (Romains 8.38-39).

Aucune action de ma part ne peut annuler la **relation** éternelle que Dieu a établie avec moi. Néanmoins, le péché peut affecter mon *intimité* quotidienne avec Dieu.

STATUT ET ÉTAT

Supposez qu'un père dise à son fils d'aller travailler dans le jardin, mais que le fils, au lieu d'obéir, file jouer au football avec ses amis. Le *statut* de cet enfant resterait inchangé, mais *l'état* de sa relation avec son père en serait très certainement affecté ! Lorsque le fils rentrera à la maison, il sera questionné ; il aura droit à une réprimande bien méritée et à des mesures de discipline. Le fils devra confesser sa désobéissance à son père avant de pouvoir de nouveau *jouir d'une relation intime* avec lui.

Il en va de même pour ceux qui appartiennent à Dieu. Il discipline ses enfants lorsqu'ils pèchent.

> « Mon fils, ne méprise pas la correction de l'Éternel, et ne t'effraie point de ses châtiments ; car l'Éternel châtie celui qu'il aime, **comme un père** l'enfant qu'il chérit » (Proverbes 3.11-12).

Concernant notre intimité quotidienne avec Dieu, la Bible dit :

> « Si nous disons que nous sommes en **communion** avec lui, et que nous marchions dans les ténèbres, nous mentons, et nous ne pratiquons pas la vérité [...] Si nous disons que nous n'avons pas de péché, nous nous séduisons nous-mêmes, et la vérité n'est point en nous. **Si nous confessons nos péchés**, il est **fidèle et juste pour nous les pardonner**, et pour nous purifier de toute iniquité » (1 Jean 1.6, 8-9).

Le Saint-Esprit veut enseigner à tous les enfants de Dieu à détester toute forme de péché, si « petite » soit-elle. Il veut nous rendre sensible aux péchés que nous commettons, que d'autres n'appelleraient peut-être même pas de ce nom.

Par exemple, si je parle durement à ma femme, ou si j'ai une attitude dénuée d'amour envers quelqu'un qui m'a offensé, ou si je dis quelque chose qui n'est pas tout à fait la vérité, le Saint-Esprit me convainc de péché. Le remède est de confesser mes péchés au Seigneur et de demander pardon à ceux que j'ai blessés. Une fois que je l'ai fait, je peux de nouveau jouir d'une *communion*, d'une intimité, avec mon Seigneur.

Voyez-vous la différence ? En Christ, mon **statut** devant Dieu est parfait, mais dans ma vie quotidienne mon **état** ne l'est pas. L'œuvre salvatrice de Dieu **pour** moi est achevée à tout jamais, mais son œuvre **en** moi continuera jusqu'à ce que nous nous rencontrions au paradis.

RACHETÉS POUR UN BUT

Le Saint-Esprit de Christ veut transformer la manière dont les gens pensent, parlent et agissent. Il dit :

> « ***Vous serez saints, car je suis saint*** » (1 Pierre 1.16).

Il dit aussi à son peuple : « *C'est pourquoi ne soyez pas inconsidérés, mais comprenez quelle est la volonté du Seigneur. Ne vous enivrez pas de vin : c'est de la débauche.* **Soyez**, *au contraire*, **remplis de** [dirigés par, soumis à] *l'Esprit* » (Éphésiens 5.17-18).

Le Saint-Esprit ne supprime pas nos personnalités ; bien plutôt, il nous libère pour que nous vivions, d'une manière quotidienne, la vie juste et victorieuse que Dieu entend que nous vivions. Dieu nous a sauvés à des fins bien précises. Nous avons été appelés à l'exalter dans tout ce que nous pensons, disons et faisons.

> « *Ne savez-vous pas que votre corps est* **le temple du Saint-Esprit qui est en vous,** *que vous avez reçu de Dieu, et que* **vous ne vous appartenez point à vous-mêmes** ? *Car vous avez été* **rachetés à un grand prix.**

Glorifiez donc Dieu dans votre corps et dans votre esprit, *qui appartiennent à Dieu »* (1 Corinthiens 6.19-20).

Quelle vérité transcendante pour ceux d'entre nous qui ont cru à l'Évangile ! La présence personnelle de Dieu vit en nous ! C'est en nous soumettant à lui que nous vivrons une vie qui glorifie son nom et qui nous permettra d'être une bénédiction pour autrui.

On pourrait en dire beaucoup plus quant à l'œuvre du Saint-Esprit dans la vie de ceux qui lui appartiennent.

Il conforte, renforce, guide, illumine et instruit.

Il aide les croyants à comprendre l'Écriture[248].

Il leur permet de prier d'une manière qui les relie à Dieu[249].

Il donne à ceux qui lui appartiennent des dons particuliers et des aptitudes destinées à contribuer à l'édification d'autrui[250].

Il donne aux disciples du Christ la puissance d'œuvrer et de témoigner à son sujet quelle que soit l'opposition qu'ils rencontrent. Jésus a dit à ses disciples :

« Voici, je vous envoie comme des brebis au milieu des loups. Soyez donc prudents comme les serpents, et simples comme les colombes. Mettez-vous en garde contre les hommes ; car ils vous livreront aux tribunaux, et ils vous battront de verges dans leurs synagogues ; vous serez menés, à cause de moi, devant des gouverneurs et devant des rois, pour servir de témoignage à eux et aux païens. Mais, quand on vous livrera, ne vous inquiétez ni de la manière dont vous parlerez ni de ce que vous direz : ce que vous aurez à dire vous sera donné à l'heure même ; **car ce n'est pas vous qui parlerez, c'est l'Esprit de votre Père qui parlera en vous »** (Matthieu 10.16-20).

RENDUS SEMBLABLES À SON IMAGE

En bref, le Saint-Esprit rend possible à ceux qui appartiennent à Dieu de remplir l'objectif originel de Dieu pour l'humanité : refléter l'image du seul vrai Dieu et jouir d'une relation intime avec lui pour toujours.

*« De même aussi l'Esprit nous aide dans notre faiblesse [...] Nous savons, du reste, que toutes choses concourent au bien de ceux qui aiment Dieu, de ceux qui sont appelés selon son dessein. Car ceux qu'il a connus d'avance, il les a aussi prédestinés à être **semblables à l'image de son Fils**, afin que son Fils fût le premier-né entre plusieurs frères »* (Romains 8.26, 28-29).

Dieu désire utiliser chaque événement et chaque épreuve de la vie de ceux qui lui appartiennent pour les rendre conformes à « *l'image de son Fils* ».

Le premier chapitre du Livre de Dieu déclare que le premier homme et la première femme furent créés « *à l'image et selon la ressemblance de Dieu* ». Le choix que l'homme fit de désobéir à son créateur a radicalement détérioré cette image. Néanmoins, lorsque le moment fut venu, Dieu envoya son Fils glorieux et parfait dans le monde.

La vie juste de Jésus, sa mort et sa résurrection ont constitué la première étape du programme de Dieu afin de défaire les dégâts causés par le péché. Mais, comme nous l'avons vu au cours de ce chapitre, son plan ne se limite nullement à cela.

Dès le moment où des pécheurs comme vous et moi croient à la Bonne Nouvelle du salut de Dieu, il leur confère le Saint-Esprit, qui entame alors son processus de nous rendre *semblables* à lui dans nos pensées, nos motivations, nos paroles et nos actes. C'est là la deuxième étape du programme de Dieu pour annuler la malédiction du péché.

Dieu veut que ses enfants reflètent le *caractère* et la *conduite de Christ*. C'est ce qu'est censé signifier le terme « *chrétien* ». Néanmoins, l'œuvre que fait le Saint-Esprit pour nous rendre *semblables à l'image de [Christ]* est un processus continu qui ne s'achèvera que lorsque nous le verrons face à face[251].

**« *Voyez quel amour le Père nous a témoigné, pour que nous soyons appelés enfants de Dieu ! Et nous le sommes.* ** Si le monde ne nous connaît pas, c'est qu'il ne l'a pas connu.

> *Bien-aimés, nous sommes maintenant enfants de Dieu, et ce que nous serons n'a pas encore été manifesté ; mais nous savons que, lorsque cela sera manifesté, **nous serons semblables à lui**, parce que nous le verrons tel qu'il est »*
> (1 Jean 3.1-2).

Grâce à l'œuvre de rédemption du Fils de Dieu *pour* tous ceux qui croient en lui, et grâce à l'œuvre de transformation du Saint-Esprit *en* ceux qui lui cèdent, la puissance de Satan est rendue inefficace tandis que le juste royaume de Dieu, royaume d'amour, de joie et de paix, est restauré.

Remplis de motivation et d'une espérance enthousiaste quant aux événements à venir, nous attendons l'étape finale du programme de Dieu, celle où il engloutira Satan, le péché et la mort à jamais.

Jésus revient.

29

ÉTAPE 3 :

LE PROGRAMME FUTUR DE DIEU

« *Le Dieu de paix **écrasera bientôt Satan** sous vos pieds.* »

(Romains 16.20)

Cette promesse faite aux croyants découle de la mystérieuse prophétie initiale annoncée le jour où le péché a corrompu la race humaine. *La postérité de la femme* devait écraser *la tête du serpent.*

Le créateur de l'univers allait accomplir tout ce qu'il avait promis de faire. Mais il allait le faire selon son programme et en son temps.

ANNULATION DE LA MALÉDICTION : ÉTAPE TROIS

Lors de sa première venue, le Messie promis a vaincu Satan en payant tout le châtiment du péché. Pour le croyant, l'enfer n'est plus une possibilité et le ciel est assuré. L'arme favorite de Satan, la mort, a perdu son aiguillon. ***La pénalité du péché*** *a été annulée.*

Après le retour du Seigneur Jésus au ciel, celui-ci a envoyé son Saint-Esprit, « le *consolateur* », pour communiquer à son peuple la puissance de vaincre l'influence de Satan et du péché dans sa vie quotidienne, en nous refaçonnant à sa propre image. ***La puissance du péché*** *est annulée.*

Néanmoins, ce n'est que lorsque Jésus reviendra sur terre qu'il écrasera une fois pour toutes la tête de Satan et délivrera son peuple de ***la présence du péché.***

CE QUI EST À VENIR

De même que les prophètes de Dieu avaient prédit la première venue du Christ, ils ont aussi prophétisé au sujet de sa deuxième venue[252]. Sa première venue s'est produite exactement comme ce qui avait été prédit, et il en sera de même pour son retour.

Le jour approche où cette déclaration résonnera des cieux.

> **« Le septième ange sonna de la trompette. Et il y eut dans le ciel de fortes voix qui disaient : le royaume du monde est remis à notre Seigneur et à son Christ ; et il régnera aux siècles des siècles »** (Apocalypse 11.15).

Lorsque Jésus reviendra sur terre, les fils d'Adam ne le couronneront pas d'épines et ne le cloueront pas de nouveau sur une croix. Ils ne prononceront pas son nom en vain en disant qu'il n'est qu'un prophète. Un traitement aussi peu courtois ne sera plus de mise.

L'Écriture est claire. Lorsque Jésus reviendra, « *tout genou fléchira* » (Ésaïe 45.23 ; Philippiens 2.10-11). Mais avant que cela n'arrive, une série d'autres prophéties doit s'accomplir.

LA JOIE DANS LES CIEUX

L'un des événements qui doit se produire avant que les nations du monde plient le genou devant leur créateur est la descente de Jésus dans l'atmosphère terrestre pour emmener son peuple racheté aux cieux.

> « *Le Seigneur lui-même, à un signal donné, à la voix d'un archange, et au son de la trompette de Dieu, descendra du ciel, et les morts en Christ ressusciteront premièrement. Ensuite, nous les vivants, qui serons restés, nous serons tous ensemble enlevés avec eux sur des nuées, à la rencontre du Seigneur dans les airs, et ainsi nous serons toujours avec le Seigneur* » (1 Thessaloniciens 4.16-17).

Cet événement secret et abasourdissant peut se produire à tout moment. À cet instant, les corps morts des croyants dont l'âme est au ciel, ainsi que les croyants vivant toujours sur terre seront « *ensemble enlevés [...] à la rencontre du Seigneur*[253] ». Les croyants en Christ seront instantanément transformés à l'image du Christ. Ils recevront un nouveau corps conçu pour l'éternité, non limité par le temps ou l'espace.

Quelque temps après avoir été « *tous ensemble enlevés* », les croyants recevront tous une récompense pour ce qu'ils auront accompli sur terre d'une manière désintéressée pour la seule gloire de Dieu et la bénédiction d'autrui[254]. Ensuite, le peuple de Dieu, à jamais « *saint et sans défaut* » sera officiellement présenté à son « *époux*[255] », le champion qui a donné sa vie pour le sauver du jugement éternel.

> « *Réjouissons-nous et soyons dans l'allégresse, et donnons-lui gloire ; car les noces de l'agneau sont venues, et sa femme s'est préparée, et il lui a été donné de se revêtir d'un fin lin, éclatant, pur. Car le fin lin, ce sont les œuvres justes des saints. Et l'ange me dit : Écris : Heureux ceux qui sont appelés au festin des noces de l'agneau !* » (Apocalypse 19.7-9.)

Les relations dont nous jouirons durant l'éternité seront infiniment meilleures que celles que nous aurons connu sur terre.

LA TRIBULATION SUR TERRE

Pendant ce temps, l'Écriture décrit, sur la planète Terre, un temps de « *grande tribulation*[256] », lorsque Dieu déversera sa colère sur un monde obstiné et préparera la deuxième venue de son Fils. Cette période est aussi décrite comme étant « *un temps d'angoisse pour Jacob* » (Jérémie 30.7), du fait qu'il aura pour objet d'amener Israël à la repentance.

Pendant ce temps, un dirigeant mondial puissant désigné sous les noms d'« *antéchrist* » et de « *bête* » (1 Jean 2.18 ; Apocalypse 13) se hissera au pouvoir. Des multitudes le suivront aveuglément ainsi que son faux prophète faiseur de miracles. On exigera que tous reçoivent « *une marque sur leur main droite ou sur leur front et [...] personne ne [pourra] acheter ni vendre, sans avoir la marque, le nom de la bête ou le nombre de son nom* » (Apocalypse 13.16).

Ceux qui refuseront de se soumettre seront décapités. Ce faux messie promettra la paix et la prospérité, mais au lieu de cela, il conduira les populations sur le chemin de la séduction, de la destruction et de la mort.

HARMAGUÉDON

Dans la Bible, beaucoup de prophètes de Dieu ont écrit au sujet d'une guerre mondiale ultime qui aura lieu lorsque le Seigneur Jésus descendra des cieux. Ce conflit spectaculaire aura lieu sur les plaines d'Esdraëlon, une vaste région s'étendant du Jourdain à la Méditerranée. L'Écriture désigne aussi cet ancien et futur champ de bataille sous le nom d'*Harmaguédon*, ce qui signifie : « montagne du massacre ».

> *« Car ce sont des esprits de démons, qui font des prodiges, et qui vont vers les rois de toute la terre, afin de les rassembler pour **le combat du grand jour du Dieu tout puissant.** Voici, je viens comme un voleur. Heureux celui qui veille, et qui garde ses vêtements, afin qu'il ne marche pas nu et qu'on ne voie pas sa honte! – Ils les rassemblèrent dans le lieu appelé en hébreu **Harmaguédon** »* (Apocalypse 16.14-16).

Le prophète Zacharie a aussi fait une description spectaculaire des événements qui accompagneront le retour du Messie.

> *« **Voici, le jour de l'Éternel arrive** [...] Je rassemblerai toutes les nations pour qu'elles attaquent Jérusalem ; la ville sera prise, les maisons seront pillées, et les femmes violées ; la moitié de la ville ira en captivité, mais le reste du peuple ne sera pas exterminé de la ville »* (Zacharie 14.1-2).

« *Toutes les nations* » encercleront Jérusalem. Ce sera un holocauste d'une envergure démesurée.

LE RETOUR DU MESSIE

Lorsque tout espoir sera perdu et que les survivants de la ville ne pourront se tourner nulle part pour recevoir de l'aide, ils appelleront l'Éternel pour qu'il les délivre. Alors celui dont le nom signifie « *l'Éternel sauve* » descendra des cieux. Et à leur grande surprise et stupéfaction, leur délivreur ne sera nul autre que **Jésus,** qu'ils avaient crucifié ! Cependant, cette fois-là, dans un esprit de profonde repentance et l'âme saisie d'angoisse, ils recevront leur roi.

> « *Alors je répandrai sur la maison de David et sur les habitants de Jérusalem un esprit de grâce et de supplication, et* **ils tourneront les regards vers moi, celui qu'ils ont percé.** *Ils pleureront sur lui comme on pleure sur un fils unique, ils pleureront amèrement sur lui comme on pleure sur un premier-né* » (Zacharie 12.10).

Enfin, les yeux spirituellement aveugles de la nation juive seront ouverts et elle saura et croira que Jésus était et est encore le seul et unique Messie[257].

Ce qui suivra sera la démonstration la plus efficace de lutte armée de l'histoire lorsque Jésus, *la Parole*, détruira l'ennemi par la seule parole de sa bouche.

> « **L'Éternel paraîtra, et il combattra** ces nations, comme il combat au jour de la bataille. Ses pieds se poseront en ce jour sur la montagne des oliviers, qui est vis-à-vis de Jérusalem, du côté de l'orient ; la montagne des oliviers se fendra par le milieu, à l'orient et à l'occident, et il se formera une très grande vallée.
>
> Voici la plaie dont l'Éternel frappera tous les peuples qui auront combattu contre Jérusalem : leur chair **tombera en pourriture** tandis qu'ils seront sur leurs pieds, leurs yeux **tomberont en pourriture** dans leurs orbites, et leur langue **tombera en pourriture** dans leur bouche.
>
> En ce jour-là, il n'y aura point de lumière ; il y aura du froid et de la glace. Ce sera un jour unique, connu de l'Éternel, et qui ne sera ni jour ni nuit ; mais vers le soir la lumière paraîtra.
>
> **L'Éternel sera roi de toute la terre ;** en ce jour-là, **l'Éternel sera le seul Éternel, et son nom sera le seul nom** » (Zacharie 14.3-4, 12, 7, 9).

Enfin, le seul vrai Dieu sera dûment honoré et loué.

LA DOMINATION RÉCLAMÉE

Plusieurs décennies avant que Zacharie n'écrive la prophétie que nous venons de lire, Dieu a communiqué une vision parallèle au prophète Daniel :

> « *Je regardai pendant mes visions nocturnes, et voici,* **sur les nuées des cieux** *arriva quelqu'un de semblable à* **un fils de l'homme** *; il s'avança vers l'ancien des jours, et on le fit approcher de lui. On lui donna la* **domination**, *la gloire et le règne ; et tous les peuples, les nations, et les hommes de toutes langues le servirent. Sa* **domination** *est une* **domination** *éternelle qui ne passera point, et son règne ne sera jamais détruit* » (Daniel 7.13-14).

Le mot *domination* est utilisé à trois reprises. Lorsque Dieu a créé l'homme et la femme, il leur a donné la **domination** « *sur tout animal qui se meut sur la terre* » (Genèse 1.26, 28). Lorsque Adam s'est rebellé contre son créateur, il a cédé cette domination à Satan. Cependant, le règne, l'autorité et la domination de cette planète, qu'Adam, le « *premier homme* », a abandonnés, seront reconquis par Jésus le « *deuxième Adam*[258] ».

Dieu a donné au disciple de Jésus, Jean, une vision complémentaire en parfaite harmonie avec celles de Zacharie et de Daniel :

> « *Puis je vis le ciel ouvert, et voici, parut un cheval blanc. Celui qui le montait s'appelle Fidèle et Véritable, et il juge et combat avec justice. Ses yeux étaient comme une flamme de feu ; sur sa tête étaient plusieurs diadèmes ; il avait un nom écrit, que personne ne connaît, si ce n'est lui-même ; et il était revêtu d'un vêtement teint de sang.* **Son nom est la Parole de Dieu**. *Les armées qui sont dans le ciel le suivaient sur des chevaux blancs, revêtues d'un fin lin, blanc, pur. De sa bouche sortait une épée aiguë, pour frapper les nations ; il les paîtra avec une verge de fer ; et il foulera la cuve du vin de l'ardente colère du Dieu tout puissant. Il avait sur son vêtement et sur sa cuisse un nom écrit :* **Roi des rois et Seigneur des seigneurs** » (Apocalypse 19.11-16).

Lors du retour du *Roi des rois*, il sera accompagné des « *armées qui sont dans le ciel* » qui consistent en une multitude d'anges et en la postérité rachetée d'Adam[259]. La puissance et la gloire qu'il avait gracieusement manifestées lors de sa première venue paraîtront bien faibles lorsqu'on les comparera à la puissance absolue et à la gloire éclatante qu'il démontrera à son retour.

LE RÈGNE DU CIEL DANS LES CŒURS

Dites-moi, si vous marchiez dans une forêt, que préféreriez-vous rencontrer : un lion ou un agneau ?

Lorsque le Messie est venu sur terre la première fois, il est venu comme « *l'agneau* » pour sauver les pécheurs, mais lorsqu'il reviendra, ce sera en tant que « *lion* » pour juger les pécheurs[260].

Lors de la première visite de Jésus sur terre, il prêcha : « *Repentez-vous, car le royaume des cieux est proche* » (Matthieu 4.17). Mais au lieu de se repentir de leurs mauvaises pensées et de recevoir leur roi, les Juifs et les païens se sont alliés pour crucifier leur roi. Ainsi, ils ont – sans le savoir – accompli le plan de Dieu selon lequel le Messie devait verser son sang pour payer la dette de péché du monde.

La bonne nouvelle est que lorsque des pécheurs mettent leur confiance dans le Seigneur Jésus et dans ce qu'il a fait pour eux, Dieu établit son règne dans leur cœur et en fait ses sujets pour toujours.

Savez-vous que chaque vrai croyant en Christ a déjà le statut de citoyen des cieux ?

> « *Mais notre cité à nous **est** dans les cieux, d'où nous attendons aussi comme Sauveur le Seigneur Jésus Christ, qui transformera le corps de notre humiliation, en le rendant semblable au corps de sa gloire, par le pouvoir qu'il a de s'assujettir toutes choses* » (Philippiens 3.20-21).

LE RÈGNE DU CIEL SUR LA TERRE

Lorsque Jésus reviendra sur terre, il établira son règne à Jérusalem, d'où il règnera sur la terre pendant mille ans. Enfin, son royaume sera inauguré et sa volonté sera « *faite sur la terre comme au ciel* » (Matthieu 6.10). Le mal ne sera plus toléré dans aucune nation que ce soit, car « *il les paîtra avec une verge de fer* » (Apocalypse 19.15).

Il en est beaucoup qui ne croient pas que le Fils de Dieu reviendra physiquement sur terre. Néanmoins, l'Écriture est claire à ce propos. De même que le Fils de Dieu a pris un corps physique lors de sa première venue et qu'il est remonté au ciel dans son corps physique ressuscité et illimité, il reviendra physiquement. C'est ce que les anges ont dit aux disciples de Jésus le jour où il retourna au ciel :

> « *Ce Jésus*, qui a été enlevé au ciel du milieu de vous, *viendra de la même manière* que vous l'avez vu allant au ciel » (Actes 1.11).

SATAN LIÉ

Le Livre de Dieu a encore bien des choses à dire quant au règne millénaire de Christ. Nous ne pouvons ici que résumer les événements principaux.

Après le retour de Jésus sur terre, l'une des premières choses qu'il fera sera de s'occuper de Satan, ce « serpent ancien » qui a autrefois conduit l'humanité sur la pente de l'autodestruction.

> « *Puis je vis descendre du ciel un ange, qui avait la clef de l'abîme et une grande chaîne dans sa main. **Il saisit le dragon, le serpent ancien, qui est le diable et Satan, et il le lia pour mille an**s. Il le jeta dans l'abîme, ferma et scella l'entrée au-dessus de lui, **afin qu'il ne séduisît plus les nations, jusqu'à ce que les mille ans fussent accomplis.** Après cela, il faut qu'il soit délié pour un peu de temps* » (Apocalypse 20.1-3).

Satan sera lié et confiné dans l'abîme pendant le millénium entier. Le malin étant enfermé et le juste régnant, il y aura enfin « *paix sur la terre* » (Luc 2.15).

Le juste gouvernement de Dieu, que le monde attend avec grande impatience, deviendra une réalité.

*« Le Dieu des cieux suscitera un royaume qui ne sera jamais détruit [...] **[il] subsistera éternellement** »* (Daniel 2.44).

LA SOUMISSION RÉELLE

Il y a de cela pratiquement trois mille ans, le roi Salomon[261] évoqua le règne futur du Messie, au cours duquel chaque nation et chaque individu se prosterneront devant lui en parfaite soumission. Plusieurs affirment être soumis au seul vrai Dieu, mais en ce jour, tous le connaîtront vraiment et lui seront soumis.

« ***En ses jours*** le juste fleurira, et la paix sera grande jusqu'à ce qu'il n'y ait plus de lune.

Il dominera d'une mer à l'autre, et du fleuve aux extrémités de la terre. Devant lui, les habitants du désert fléchiront le genou, et ses ennemis lécheront la poussière. Les rois de Tarsis [nations européennes] et des îles [continents distants] paieront des tributs, les rois de Séba et de Saba [Afrique et Arabie] offriront des présents.

Tous les rois se prosterneront devant lui, toutes les nations le serviront. Car il délivrera le pauvre qui crie, et le malheureux qui n'a point d'aide. Il aura pitié du misérable et de l'indigent, et il sauvera la vie des pauvres ; il les affranchira de l'oppression et de la violence, et ***leur sang aura du prix à ses yeux. Ils vivront***, et lui donneront de l'or de Séba ; ils prieront pour lui sans cesse, ils le béniront chaque jour.

Les blés abonderont dans le pays, au sommet des montagnes, et leurs épis s'agiteront comme les arbres du Liban ; les hommes fleuriront dans les villes comme l'herbe de la terre. ***Son nom subsistera toujours***, aussi longtemps que le soleil son nom se perpétuera ; par lui on se bénira mutuellement, et toutes les nations le diront heureux. ***Béni soit l'Éternel Dieu***, le Dieu d'Israël, qui ***seul*** fait des prodiges ! ***Béni soit à jamais son nom glorieux !***

Que toute la terre soit remplie de sa gloire ! Amen ! Amen ! » (Psaume 72.7-19).

Ce psaume fournit un aperçu clair quant au règne prochain de Christ : « *Il **dominera** d'une mer à l'autre, et du fleuve aux extrémités de la terre.* »

LE GOUVERNEMENT PARFAIT

« *Il aura pitié du pauvre et de l'indigent.* » Le règne du Messie offrira un parfait contraste avec le monde corrompu et turbulent d'aujourd'hui. Pour la première fois depuis la chute, il y aura liberté et justice pour tous. La vie de chaque nourrisson, enfant, femme et homme sera respectée comme ayant une valeur inestimable. « *Il les affranchira de l'oppression et de la violence, et leur sang aura **du prix** à ses yeux.* »

Les médias rapportent périodiquement l'appel de chefs politiques et religieux en faveur de la paix et d'une négociation pour réduire les stocks d'armements. Néanmoins, du fait de leur autorité et de leur puissance limitée, ces leaders sont incapables d'engendrer la paix qu'ils disent rechercher. A l'inverse, lorsqu'il reviendra – *celui* à qui obéissent le vent et la mer – la terre jouira enfin de la véritable justice et d'une « ***paix*** abondante ».

À travers les siècles, tous les rois et les dirigeants de ce monde ont vécu et ***sont morts***, mais l'Écriture proclame que « *son nom **subsistera** toujours* ». La terre prospérera durant un millénium de paix et de prospérité sans précédent sous l'administration du Fils de Dieu qui a triomphé du péché et la mort.

« *Tous les rois se prosterneront devant **lui** [...] par **lui** on se bénira mutuellement, et toutes les nations **le** diront heureux* » (Psaume 72.11, 17).

Le Seigneur lui-même offrira à ce monde usé le seul gouvernement parfaitement juste qu'il ait jamais connu. Seuls les descendants rachetés d'Adam, qui posséderont des corps glorifiés et des natures sanctifiées, régneront avec lui. Son règne sera exempt de corruption.

« *Heureux et saints ceux qui ont part à la première résurrection ! La seconde mort n'a point de pouvoir sur eux ; mais ils seront sacrificateurs de Dieu et de Christ, et*

ils *régneront avec lui pendant mille ans* »
(Apocalypse 20.6).

Toutes les formes de gouvernement – monarchique, totalitaire, démocratique, religieux – ont échoué, mais le sien n'échouera pas. Il sera aussi parfait qu'il l'est lui-même.

LE PRINCE DE PAIX

Nous avons précédemment médité sur plusieurs prophéties relatives à la première venue du Christ. Par exemple, le prophète Michée avait prédit que le Messie naîtrait à Bethléhem. Cependant, avez-vous remarqué que la prophétie de Michée prédisait aussi le règne du Messie sur la terre entière ?

> *« Et toi, Bethléhem Ephrata, petite entre les milliers de Juda, de toi sortira pour moi **celui qui dominera sur Israël, et dont l'origine remonte aux temps anciens, aux jours de l'éternité [...] Il sera glorifié jusqu'aux extrémités de la terre. C'est lui qui ramènera la paix** »* (Michée 5.1, 3-4).

Ésaïe, un contemporain de Michée, avait lui aussi prophétisé quant à l'enfant mâle qui devrait naître et au Fils éternel qui devait être donné. La prophétie d'Ésaïe désignait également le gouvernement mondial du Fils :

> *« Car un enfant nous est né, un fils nous est donné, et **la domination reposera sur son épaule** ; on l'appellera **Admirable, Conseiller, Dieu puissant, Père éternel, Prince de la paix. Donner à l'empire** de l'accroissement, et **une paix sans fin** au trône de David et à son royaume, l'affermir et le soutenir par le droit et par la justice, dès maintenant et **à toujours** : voilà ce que fera le zèle de l'Éternel des armées »* (Ésaïe 9.5-6).

Enfin, le monde entier s'adressera au Fils de Dieu par les titres qui lui reviennent : **« On l'appelle**
        Admirable,

> *Conseiller,*
> *Dieu puissant,*
> *Père éternel,*
> *Prince de la Paix.* »

Les nations jouiront de la paix et de la justice **« *à toujours* »**. Le désir de Dieu d'être avec l'homme sera une réalité. Pour toujours.

> **« *Beaucoup de nations s'attacheront à l'Éternel* en ce jour-là, et deviendront mon peuple ; j'habiterai au milieu de toi,** *et tu sauras que l'Éternel des armées m'a envoyé vers toi* »** (Zacharie 2.11).

La bonne nouvelle pour le moment, c'est que tous ceux en qui habite l'Esprit de Christ peuvent jouir de la présence de Dieu et de sa paix *dès maintenant*.

LA FIN DE L'IGNORANCE

Lorsque le Seigneur a vécu sur terre parmi les humains, la plupart ne l'ont pas reconnu pour celui qu'il était. Jusqu'à ce jour, la plupart refusent de reconnaître Jésus comme leur roi. Néanmoins, un âge d'or s'approche où chaque âme sur terre le reconnaîtra pour ce qu'il affirmait être.

> *« À chaque nouvelle lune et à chaque sabbat, toute chair viendra se prosterner devant* **moi,** *dit* **l'Éternel** *»*
> (Ésaïe 66.23).

Il n'y aura plus des milliers de religions, de confessions et de sectes sur la terre. Personne n'osera plus nier la réalité historique de la mort de Jésus, le Fils de Dieu, sur la croix, et de sa résurrection des morts. Si tous ne mettront pas en lui leur confiance, tous connaîtront la vérité à son sujet ainsi que son message.

> *« Car la terre sera remplie de la connaissance de la gloire de l'Éternel, comme le fond de la mer par les eaux qui le couvrent »* (Habacuc 2.14).

LA FIN DE LA GUERRE

Lorsque le Seigneur règnera sur la terre, les luttes entre le nord, le sud, l'est et l'ouest seront une chose du passé. Les conflits entre Israël et les nations environnantes cesseront. Les souffrances atroces du continent africain s'achèveront définitivement. Cela sera aussi vrai des autres continents. La guerre civile et l'oppression prendront fin. La paix véritable et la prospérité s'étendront à toute la planète et la vie de chaque humain aura un but bien défini.

> *« **Des peuples s'y rendront en foule, et diront : venez, et montons à la montagne de l'Éternel**, à la maison du Dieu de Jacob, afin qu'il nous enseigne ses voies, et que nous marchions dans ses sentiers [...] Il sera le juge des nations, l'arbitre d'un grand nombre de peuples. De leurs glaives ils forgeront des hoyaux, et de leurs lances des serpes : une nation ne tirera plus l'épée contre une autre, **et l'on n'apprendra plus la guerre** »* (Ésaïe 2.3-4).

La paix et l'unité seront universelles du fait que chacun connaîtra et adorera le seul vrai Dieu. La confusion de Babel sera terminée. Une fois encore, le monde parlera une seule langue :

> *« Alors je donnerai aux peuples des lèvres pures, afin qu'ils invoquent tous le nom de l'Éternel, pour le servir d'un commun accord »* (Sophonie 3.9).

LA MALÉDICTION LEVÉE

Pour ajouter à la prospérité de cette période de mille ans, le Seigneur lèvera la malédiction qui s'est abattue sur la terre à cause du péché.

Lorsque Jésus vécut sur terre, il démontra qu'il détenait le pouvoir de renverser les malédictions. Il chassa des démons, guérit des difformités, soigna des malades, ressuscita des morts, nourrit des multitudes et démontra sa parfaite maîtrise des éléments naturels. Par de tels actes, il fournit des preuves irréfutables qu'il était le Messie et le roi promis. Ce que Jésus a donné en échantillon lors de sa première venue, il le fournira universellement à sa seconde.

Il liera Satan et ses démons. Il éradiquera la difformité, la maladie et la mort naturelle. Le sol ne produira plus d'épines ni de ronces. Les agriculteurs feront des récoltes plus abondantes que jamais. Les termes de « pauvreté » et de « faim » deviendront désuets. Chaque nation profitera de cet âge d'or de l'histoire du monde. Le royaume des cieux rejeté par les citoyens de la terre lors de la première venue de Jésus sera mondialement instauré lors de sa seconde.

> *« Alors s'ouvriront les yeux des aveugles, s'ouvriront les oreilles des sourds ; alors le boiteux sautera comme un cerf, et la langue du muet éclatera de joie. Car des eaux jailliront dans le désert, et des ruisseaux dans la solitude [...] Le loup et l'agneau paîtront ensemble, le lion, comme le bœuf, mangera de la paille, **et le serpent aura la poussière pour nourriture**. Il ne se fera ni tort ni dommage sur toute ma montagne sainte, dit l'Éternel »*
> (Ésaïe 35.5-6 ; 65.25).

Même le règne animal sera en paix avec lui-même et reviendra au végétarisme et à l'harmonie que l'on retrouvait en Éden avant l'entrée en scène du péché.

Néanmoins, la racine du péché se trouvera toujours dans le cœur de ceux qui naîtront pendant ce règne de mille ans. Comme à n'importe quelle époque, les descendants d'Adam auront besoin de recevoir le don du pardon de Dieu en mettant simplement leur confiance dans ce qu'il a pourvu pour le salut.

Avez-vous remarqué ce que le dernier verset que nous avons lu prédit quant au serpent ? Il « *aura la poussière pour nourriture* ». Pendant le millénium, les serpents continueront à ramper sur leur ventre. Leur glissement sur le sol servira à rappeler qu'il reste encore un événement d'une grande portée dans la troisième et dernière étape du plan de Dieu pour en finir à tout jamais avec la malédiction du péché.

LA DERNIÈRE ATTAQUE DU MAL

Nous avons appris précédemment que le « *serpent ancien, qui est le diable et Satan* » sera lié et détenu dans un puits sans fond au cours du règne millénaire de Christ, « *afin qu'il ne séduisît plus les nations, jusqu'à ce que les mille ans fussent accomplis. **Après cela, il faut qu'il soit délié pour un peu de temps*** » (Apocalypse 20.2-3).

Pourquoi Dieu relâcherait-il Satan ? Pourquoi ne le garderait-il pas enfermé ?

Le Seigneur, dans sa sagesse infinie, permettra que le péché et la dépravation du cœur de l'homme soient révélés une dernière fois avant que le mal soit éliminé pour toujours. Tandis que l'humanité basculera depuis le temps jusque dans l'éternité, cette vérité deviendra manifestement claire : les descendants d'Adam sont impuissants à s'élever au-dessus de leur nature déchue. Seul l'Éternel Dieu peut rendre les pécheurs justes et transformer leur cœur obstiné.

> « ***Le cœur est tortueux par-dessus tout, et il est méchant*** : *qui peut le connaître ? Moi, l'Éternel, j'éprouve le cœur, je sonde les reins, pour rendre à chacun selon ses voies, selon le fruit de ses œuvres* » (Jérémie 17.9-10).

À quel point le « *cœur de l'homme* » est-il « *méchant* » ? Même après une période de mille ans passés dans un environnement parfait, sous le règne parfait d'un roi parfait, dès le moment où Satan sera relâché, une grande horde d'individus se lèvera d'entre ceux qui seront nés pendant le millénium, qui croiront aux mensonges de Satan et se joindront à lui! Ils se rangeront du côté de l'adversaire de Dieu et se rebelleront contre leur créateur, de même que leurs ancêtres l'avaient fait en Éden. Ce sera la dernière attaque du mal.

LES DERNIÈRES MINUTES DE SATAN

> « *Quand les mille ans seront accomplis, Satan sera relâché de sa prison. et il sortira pour séduire les nations qui sont aux quatre coins de la terre, Gog et Magog, afin de les rassembler pour la guerre ; leur nombre est comme le sable de la mer. Et ils montèrent sur la surface de la terre, et ils investirent le camp des saints et la ville bien-aimée. **Mais un feu descendit du ciel, et les dévora*** »
> (Apocalypse 20.7-9).

Le Seigneur permettra à la légion d'humains rebelles conduite par Satan d'encercler Jérusalem, mais dès qu'ils y seront rassemblés, un feu descendra du ciel et les consumera. Satan et tous ceux qui se seront alliés à lui auront atteint la fin de leur route.

LE SERPENT ÉCRASÉ

Ce qui suivra ensuite sera le moment le plus solennel de l'histoire :

« ***Et le diable, qui les séduisait, fut jeté dans l'étang de feu et de soufre***, *où sont la bête et le faux prophète. Et ils seront tourmentés jour et nuit, aux siècles des siècles*
    Puis je vis un grand trône blanc, et celui qui était assis dessus. ***La terre et le ciel s'enfuirent devant sa face***, *et il ne fut plus trouvé de place pour eux.*
Et je vis les morts, les grands et les petits, qui se tenaient devant le trône. Des livres furent ouverts. Et un autre livre fut ouvert, celui qui est le livre de vie. Et les morts furent jugés selon leurs œuvres, d'après ce qui était écrit dans ces livres. La mer rendit les morts qui étaient en elle, la mort et le séjour des morts rendirent les morts qui étaient en eux ; et chacun fut jugé selon ses œuvres.
    Et la mort et le séjour des morts furent jetés dans l'étang de feu. ***C'est la seconde mort,*** *l'étang de feu.* ***Quiconque ne fut pas trouvé écrit dans le livre de vie fut jeté dans l'étang de feu*** » (Apocalypse 20.10-15).

Le conflit de tous les temps aura touché à sa fin.

Après le jugement du grand trône blanc, la malédiction du péché appartiendra au passé. Mais les leçons retirées quand Dieu aura jugé le mal ne seront jamais oubliées. Toute la création aura été témoin du caractère repoussant du péché et de la justice de Dieu.

Enfin, la tête du *serpent* sera écrasée.

Satan et tous ceux qui l'auront suivi seront pour toujours confinés dans « *le feu éternel qui a été préparé pour le diable et pour ses anges* » (Matthieu 25.41). De cette prison éternelle nul ne pourra s'échapper. Aucune personne ne pourra reprocher à Dieu de l'avoir jugée, car même après avoir vécu mille ans de bénédictions sur une terre parfaite, sous le règne d'un roi parfait, ceux qui seront jugés auront choisi de se rebeller contre leur créateur. L'homme n'aura pas d'excuse. La réputation du seul vrai Dieu sera exempte de souillure et son message sera tenu pour vrai.

Tous ceux dont le nom sera écrit dans le *livre de vie* seront éternellement avec le Seigneur, mais « *pour les lâches, les incrédules, les abominables, les meurtriers, les impudiques, les enchanteurs, les idolâtres, et tous les menteurs, leur part sera dans l'étang ardent de feu et de soufre, ce qui est la seconde mort* » (Apocalypse 21.8)[262].

Plus jamais le mal ne montrera son horrible tête. Toute la création sera pour toujours soumise au seul vrai Dieu.

AVEC LUI !

Ce qui arrivera ensuite est trop merveilleux pour qu'on puisse l'imaginer.

> « *Et j'entendis du trône une forte voix qui disait :* **Voici le tabernacle de Dieu avec les hommes ! Il habitera avec eux,** *et ils seront son peuple,* **et Dieu lui-même sera avec eux.** *Il essuiera* **toute larme de leurs yeux**, *et* **la mort ne sera plus,** *et il n'y aura plus* **ni deuil, ni cri, ni douleur**, *car les premières choses ont disparu. Et celui qui était assis sur le trône dit :* **Voici, je fais toutes choses nouvelles** » (Apocalypse 21.3-5).

De même que les deux premiers chapitres de l'Ancien Testament décrivaient la création originelle de Dieu, les deux derniers chapitres du Nouveau Testament décrivent sa nouvelle création. Satan, le péché et la mort étant exclus, tout sera de nouveau en parfaite harmonie avec la nature sainte du créateur. Les humains et les anges ne seront plus jamais la proie du péché. Les leçons nécessaires auront été tirées, et « *Dieu lui-même sera avec eux* » et sera leur Dieu.

Le programme de Dieu englobe beaucoup plus que la simple annulation des effets du péché d'Adam. Il inclut le fait que « *toutes choses* » soient faites « *nouvelles* ». Les élus recevront un corps céleste glorieux adéquat pour vivre en sa présence éblouissante. Toute l'éternité, les âmes rachetées de toutes les nations et de toutes les époques prendront part à son plan merveilleux et intemporel. En tant que croyants, ce sera notre joie d'être pour toujours avec lui et ce sera sa joie de nous avoir en sa présence.

Le thème « *Dieu avec nous* » sera une réalité constante.

COMME LUI !

La douce intimité entre le rédempteur et son peuple n'aura pas de fin. Ce qu'Adam a perdu dans le paradis terrestre sera restauré et lui sera rendu sous une bien meilleure forme au sein du paradis céleste. Lorsque Dieu était sur le point de créer le premier homme et la première femme, il a dit :

> « *Faisons l'homme à **notre image**, selon **notre ressemblance*** » (Genèse 1.26).

Tout arrivera exactement comme il l'avait projeté.

Le ciel sera peuplé d'hommes et de femmes à **son** image et à sa ressemblance dans leur caractère et leur conduite. Le péché ne sera même plus une possibilité. Le peuple de Dieu portera le sceau de la justice. C'est ce que le prophète David prédisait lorsqu'il écrivit : « *Pour moi, dans **mon innocence**, je verrai ta face ; dès le réveil, **je me rassasierai de ton image*** » (Psaume 17.15).

Les hommes, les femmes et les enfants rachetés seront à jamais en sécurité en tant que nouvelles créations de Dieu, « *semblables à l'image de son fils* » (Romains 8.29).

> « *Ce que nous serons n'a pas encore été manifesté ; mais nous savons que, lorsque cela sera manifesté, **nous serons semblables à lui**, parce que nous le verrons tel qu'il est* » (1 Jean 3.2).

POUR LUI !

Dès le commencement, l'objectif du créateur était d'établir son royaume parmi les hommes de telle sorte que nous puissions connaître sa gloire, sa pureté, sa justice, sa miséricorde et sa grâce, et y goûter.

Tout au long de la longue guerre contre Satan, le plan de Dieu fut toujours de « [*jeter*] *les regards sur les nations pour choisir du milieu d'elles un peuple qui portât son nom* » (Actes 15.14). Le Seigneur aura ce qu'il est venu remporter sur terre : un peuple racheté fait à son image qui, le cœur débordant de gratitude et d'adoration, l'aimera et le louera pour toujours en jouissant de sa présence.

La troisième et dernière étape du plan de Dieu d'annuler la malédiction du péché pourrait commencer à tout moment. Êtes-vous prêt(e) ? La pensée du retour de Jésus vous remplit-elle de joie ou de terreur ?

La Bible nous donne beaucoup d'autres indices quant à la fin des temps, que nous n'avons pas eu l'occasion de voir au cours de ce voyage à travers l'Écriture. Pour l'instant, il nous suffit de savoir que notre créateur digne de confiance accomplira une petite prophétie incrustée dans le dernier chapitre de son livre :

« *Il n'y aura **plus aucune malédiction*** » (Apocalypse 22.3).

30

UN APERÇU DU PARADIS

Une grande partie de l'humanité a une vision « yin et yang » du bien et du mal. Yin signifie « ombragé » tandis que yang signifie « ensoleillé ». Vous avez peut-être déjà vu le symbole yin et yang : un mélange unique de noir et de blanc. Si cette philosophie chinoise antique renferme une part de vérité, elle brouille la distinction entre le bien et le mal, le vrai et le faux, la vie et la mort. Elle envisage le bien et le mal comme naturels et un trait à jamais inhérent à l'existence de l'homme.

Comme nous l'avons vu, la Bible propose une analyse différente du bien et du mal. Elle ne soutient pas que la souffrance et la tristesse aient toujours fait partie et feront toujours partie intégrante de notre univers. L'Écriture est claire : il viendra un jour où le mal, la douleur et la mort tireront pour toujours leur révérence et disparaîtront de la scène de l'histoire.

Le schéma suivant décrit le programme inaltérable de Dieu :

⇐ ÉTERNITÉ	[T E M P S]	ÉTERNITÉ ⇒
PARFAITEMENT BONNE	[Bien / Mal]	PARFAITEMENT BONNE

Le mélange actuel de mal et de bien est entre crochets. Il n'existera pas à tout jamais[263].

Les deux premiers et les deux derniers chapitres du Livre de Dieu peignent un monde exempt de péché, un monde dans lequel Dieu reçoit l'amour et l'exaltation qui lui sont dus. C'est entre les premiers et les derniers chapitres que nous voyons Dieu mettre à l'œuvre son plan pour remédier au péché et à sa malédiction, et pour racheter pour lui-même un peuple qui le connaisse, l'aime et *veuille* passer l'éternité avec lui.

Comme dans n'importe quelle bonne histoire, l'histoire de la rédemption opérée par Dieu a un commencement, un milieu et une fin.

> **COMMENCEMENT :** Genèse 1 – 2 :
> *Un monde parfait* — avant l'entrée en scène du mal.
> **MILIEU :** Genèse 3 à Apocalypse 20 :
> *Un monde corrompu* — l'intervention de Dieu.
> **FIN :** Apocalypse 21 – 22 :
> *Un monde parfait* — après l'éradication du mal.

LE LIVRE DE LA FIN

De même que le premier livre de la Bible est le *livre des commencements*, le dernier en est le *livre de la fin*.

<u>**Genèse**</u>	<u>**Apocalypse**</u>
◊ Commencement de toutes choses	√ Achèvement de toutes choses
◊ Création du ciel et de la terre	√ Création de nouveaux cieux et d'une nouvelle terre
◊ Dieu crée le soleil pour la terre	√ Dieu est la lumière des cieux
◊ Première tentation de l'homme par Satan	√ Tentation finale de l'homme par Satan
◊ Premiers jugements de Dieu	√ Derniers jugements de Dieu
◊ Entrée en scène du péché et de la mort	√ Abolition du péché et de la mort
◊ Le « premier Adam » perd la domination	√ Le « dernier Adam » restaure la domination
◊ Dieu promet d'écraser Satan	√ Satan est jeté dans le lac de feu et de soufre
◊ Le premier agneau est sacrifié	√ L'Agneau de Dieu est glorifié
◊ L'homme est exclu du paradis terrestre	√ L'homme habite au paradis céleste
◊ L'homme est séparé de l'arbre de vie	√ L'homme mange le fruit de l'arbre de vie
◊ L'humanité est séparée de Dieu	√ Les rachetés sont avec Dieu pour l'éternité

LA RÉVÉLATION

Tandis que nous achevons notre voyage, je voudrais vous faire part de mes réflexions sur la « fin » de l'histoire de Dieu, qui est en réalité un tout nouveau départ.

Le dernier livre de la Bible débute par les paroles suivantes :

> « ***Révélation*** *de Jésus Christ, que Dieu lui a donnée pour montrer à ses serviteurs les choses qui doivent arriver bientôt, et qu'il a fait connaître, par l'envoi de son ange, à son serviteur Jean, lequel a attesté la parole de Dieu et le témoignage de Jésus Christ, tout ce qu'il a vu. Heureux celui qui lit et ceux qui entendent les paroles de la prophétie, et qui gardent les choses qui y sont écrites ! Car le temps est proche* [...] **À celui qui nous aime, qui nous a délivrés de nos péchés par son sang, à lui soient la gloire et la puissance, aux siècles des siècles ! Amen ! Voici, il vient avec les nuées. Et tout œil le verra, même ceux qui l'ont percé** *; et toutes les tribus de la terre se lamenteront à cause de lui. Oui. Amen ! Je suis l'alpha et l'oméga [première et dernière lettres de l'alphabet grec], dit le Seigneur Dieu, celui qui est, qui était, et qui vient, le Tout Puissant* » (Apocalypse 1.1-3, 5-8)[265].

Dieu a donné ces paroles « *à son serviteur Jean* ». Jean est l'un des douze disciples qui ont accompagné Jésus pendant son ministère terrestre[266]. Six décennies après le retour de Jésus au ciel, son Saint-Esprit a inspiré Jean à écrire ce dernier des livres de la librairie de Dieu.

Apocalypse signifie « révélation », autrement dit « dévoilement ». Ce livre fascinant dévoile des événements qu'aucun humain n'aurait pu prédire. Il souligne comment le Seigneur va glorifier son nom et restaurer la domination que l'homme a perdue à cause du péché. Ce livre donne également un aperçu de ce que sera le paradis.

LE TRÔNE

Quelques prophètes et apôtres ont reçu un aperçu du lieu de séjour de Dieu, mais aucun ne reçut une vision aussi claire que celle de l'apôtre Jean. Celui-ci écrivit :

« *Après cela, je regardai, et voici,* **une porte était ouverte dans le ciel**. *La première voix que j'avais entendue, comme le son d'une trompette, et qui me parlait, dit : Monte ici, et je te ferai voir ce qui doit arriver dans la suite. Aussitôt je fus ravi en esprit. Et voici, il y avait* **un trône dans le ciel, et sur ce trône quelqu'un était assis**. *Celui qui était assis avait l'aspect d'une pierre de jaspe et de sardoine [deux pierres précieuses[267]] ; et le trône était environné d'un arc-en-ciel semblable à de l'émeraude* » (Apocalypse 4.1-3).

Jean éprouvait des difficultés à décrire la salle du trône céleste. Elle était si glorieuse qu'elle en défiait l'expression. Voletant de leurs ailes au-dessus du trône de Dieu se tenaient des êtres angéliques qui déclaraient sans cesse : « **Saint, saint, saint** *est le Seigneur Dieu, le Tout Puissant, qui était, qui est, et qui vient !* » (Apocalypse 4.8.)

Jean n'a pu que signaler que ce qu'il voyait ressemblait plus ou moins à des choses qu'il avait vues sur terre, mais en infiniment plus beau et plus spectaculaire. Il avait devant les yeux un lieu éblouissant de lumière et de couleurs intenses et surnaturelles. Il entendait des grondements semblables au tonnerre et des myriades de voix pleines de louanges, mais ce qui captivait le plus Jean, c'était celui qui était assis sur le trône[267].

LA JOIE

Les religions du monde dépeignent le paradis de différentes manières. Certaines descriptions sont carrément ennuyeuses. Peut-être avez-vous vu des bandes dessinées où des gens assis en rond sur des nuages jouaient consciencieusement de la harpe. Ce n'est pas ainsi que la Bible décrit le séjour majestueux de Dieu.

D'autres religions décrivent le paradis comme un lieu de voluptés centré sur les plaisirs du sexe masculin, dans lequel les hommes jouissent de délices ininterrompues. Ce concept est tout aussi faux. Lorsque le Seigneur était sur terre, il a enseigné que dans la maison de son Père « *les hommes et les femmes ne se marieront plus ; ils vivront comme les anges qui sont dans le ciel* » (Matthieu 22.30, *Bible du Semeur*).

Le ciel est un royaume centré sur Dieu où la joie, l'émerveillement et l'exaltation d'être en la présence de la sagesse et de l'amour infinis ne s'estomperont jamais. Le ciel est un lieu où les relations se nouent sur un plan plus élevé que quoi que ce soit de connu sur terre. Dieu a conçu le mariage terrestre pour nous donner une vague idée de la relation glorieuse qui existera entre le Seigneur et son peuple racheté pour l'éternité entière. Même les mariages terrestres les plus réussis n'illustrent pas la joie intense de ceux qui auront été unis à Christ et la sainte intimité qu'ils connaîtront avec lui. L'Écriture appelle ceci « *un **grand** mystère* » (Éphésiens 5.32) et poursuit en disant : « *Heureux ceux qui sont appelés au festin des **noces de l'agneau*** » (Apocalypse 19.9).

Le paradis, c'est d'être avec LUI.

Les anges qui ont été créés il y a d'innombrables millénaires seront plus subjugués que jamais par la présence de Dieu. Il en sera de même pour les enfants rachetés d'Adam. Il nous faudra l'éternité pour nous rassasier de la splendeur, de la sagesse et de la perfection du Seigneur notre Dieu !

> « *Que tes pensées, ô Dieu, me semblent impénétrables ! Que le nombre en est grand ! Si je les compte, elles sont plus nombreuses que les grains de sable. Je m'éveille, et je suis encore **avec toi*** » (Psaume 139.17-18).

L'exaltation et la joie d'être avec le Seigneur ne cesseront jamais. La question n'est pas de savoir si nous ne nous ennuierons jamais, mais plutôt, de savoir si nous pourrons détourner les regards de lui !

> « ***Il y a d'abondantes joies devant ta face**, des délices éternelles à ta droite* » (Psaume 16.11).

LA FOULE

L'apôtre Jean n'a pas seulement eu un aperçu du Seigneur sur le trône – il a aussi vu la foule des rachetés.

> « *Après cela, je regardai, et voici, il y avait une grande foule, que personne ne pouvait compter, de toute nation, de toute tribu, **de tout peuple, et de toute langue**. Ils se*

tenaient devant le trône et devant l'agneau, revêtus de robes blanches, et des palmes dans leurs mains. *Et ils criaient d'une voix forte, en disant : le salut est à notre Dieu qui est assis sur le trône, et à l'agneau* » (Apocalypse 7.9-10).

Vous souvenez-vous que Dieu a promis d'offrir ses bénédictions à *toutes les nations* et à *tous les peuples* par l'entremise du Sauveur né de la postérité d'Abraham, d'Isaac et de Jacob[268] ? Dieu a permis à Jean de poser ses regards sur le futur et d'être témoin de l'accomplissement de sa promesse.

Chaque groupe ethnique du monde, chaque nation et chaque langue seront représentés autour du trône de Dieu. D'une voix joyeuse et pleine de gratitude, cette foule innombrable de pécheurs rachetés louera et adorera pour toujours l'*Agneau qui* a versé son sang pour les délivrer de la mort éternelle et leur donner la vie éternelle.

> « *Et ils chantaient un cantique nouveau, en disant :* **Tu es digne [...] car tu as été immolé, et tu as racheté** *pour Dieu par ton sang des hommes de toute tribu, de toute langue, de tout peuple, et de toute nation ; tu as fait d'eux un royaume et des sacrificateurs pour notre Dieu, et ils régneront sur la terre.* »
>
> « *Je regardai, et j'entendis la voix de beaucoup d'anges autour du trône et des êtres vivants et des vieillards, et leur nombre était des myriades de myriades et des milliers de milliers. Ils disaient d'une voix forte :* **L'agneau qui a été immolé est digne** *de recevoir la puissance, la richesse, la sagesse, la force, l'honneur, la gloire, et la louange* » (Apocalypse 5.9-12).

MON RÉDEMPTEUR !

Il y a quatre mille ans, le prophète Job exulta :

> « *Mais* **je sais que mon Rédempteur est vivant,** *et qu'il se lèvera le dernier sur la terre. Quand ma peau sera détruite, il se lèvera ; quand je n'aurai plus de chair,* **je verrai Dieu. Je le verrai,** *et il me sera favorable ;* **mes**

yeux le verront, et non ceux d'un autre ; mon âme **languit** d'attente au dedans de moi » (Job 19.25-27).

Votre cœur *languit-il*, comme celui de Job, « *de voir Dieu* » ? Le voyez-vous en tant que **votre** rédempteur ?

Tous les vrais croyants partagent l'espoir assuré de Job. Mon ami, je ne puis parler vous concernant, mais je sais que *je* verrai **mon** rédempteur face à face ! Je vais pouvoir parler au « *Fils de Dieu, qui* **m'a** *aimé et qui s'est livré lui-même* **pour moi** » (Galates 2.20).

Oui, je me réjouis à l'avance des merveilleux moments d'intimité que je passerai avec les croyants de toutes les époques ainsi qu'avec ceux de ma famille et de mes amis qui sont déjà avec le Seigneur et, de tout mon cœur, j'espère que *vous aussi* serez parmi eux ! Mais, par-dessus tout, celui que je veux voir, c'est *Jésus* ! Il s'est chargé de mon enfer.

Indiscutablement, l'une des vérités les plus merveilleuses que mon esprit peut tenter de contempler est celle-ci :

IL veut que *je* passe l'éternité avec **LUI** !

La nuit où Jésus fut arrêté pour être condamné à la crucifixion, il pria :

> « **Père, je veux que là où je suis ceux que tu m'as donnés soient aussi avec moi**, *afin qu'ils voient ma gloire, la gloire que tu m'as donnée, parce que tu m'as aimé avant la fondation du monde* » (Jean 17.24).

Tel est le cœur du message de Dieu. Il a conçu les humains pour qu'ils soient *avec lui*, mais il ne vous forcera pas à accepter son offre.

C'est à vous qu'il en laisse le choix.

> « *À celui qui vaincra je donnerai à manger de l'arbre de vie, qui est dans le paradis de Dieu [...] Qui est celui qui a triomphé du monde, sinon celui qui croit que Jésus est le Fils de Dieu ?* » (Apocalypse 2.7 ; 1 Jean 5.5).

LE DOMICILE PARFAIT

Les deux derniers chapitres de la Bible rapportent l'aperçu qu'eut Jean du domicile éternel où les croyants de tous les temps vivront ensemble avec leur créateur et prendront part à tout ce qu'il a préparé pour son peuple.

> « *Puis je vis **un nouveau ciel** et **une nouvelle terre** ; car le premier ciel et la première terre avaient disparu, et la mer n'était plus. Et je vis descendre du ciel, d'auprès de Dieu, la ville sainte, la nouvelle Jérusalem, préparée comme une épouse qui s'est parée pour son époux* » (Apocalypse 21.1-2).

Cette ville glorieuse va « descendre du ciel, d'auprès de Dieu » pour s'unir à notre planète recréée. La nouvelle planète sera dépourvue de mer. Il n'y aura pas de continents séparés par les eaux.

> « *Il **essuiera toute larme** de leurs yeux, et **la mort ne sera plus**, et il n'y aura plus **ni deuil, ni cri, ni douleur**, car les premières choses ont disparu* » (Apocalypse 21.4).

Tout sera parfait. La ville céleste sera glorieuse à en défier l'imagination. Jean n'a pu la décrire qu'avec peine.

> « ***La ville avait la forme d'un carré***, *et sa longueur était égale à sa largeur. Il mesura la ville avec le roseau, et trouva douze mille stades* [2200 kilomètres] *; la longueur, la largeur et la hauteur en étaient égales* […] *la muraille était construite en jaspe, et la ville était d'or pur, semblable à du verre pur. Les fondements de la muraille de la ville étaient ornés de pierres précieuses de toute espèce* […] *les douze portes étaient douze perles ; chaque porte était d'une seule perle. **La place de la ville était d'or pur, comme du verre transparent**. Je ne vis point de temple dans la ville ; car le Seigneur Dieu tout puissant est son temple, ainsi que l'agneau. La ville n'a besoin ni du soleil ni de la lune pour l'éclairer ; **car la gloire de Dieu l'éclaire, et l'agneau est son flambeau**. Les nations marcheront à sa lumière* […] *Il n'entrera chez elle rien de souillé, ni personne qui se livre à l'abomination et au mensonge ; **il n'entrera que ceux qui sont écrits dans le livre de vie de l'agneau*** » (Apocalypse 21.16-24, 27).

Cette cité colossale sera glorieuse dans chaque menu détail ; même ses rues seront d'« *or pur, comme du verre transparent* ». Chacune de ses parties aura pour objet de refléter la gloire du Seigneur.

La ville n'aura ni temple ni soleil, car le Seigneur lui-même sera le centre d'adoration de la ville et sa source de lumière. « *L'agneau est son flambeau.* »

Le ciel sera illuminé par celui-là même qui avait dit, au premier jour de la création, « *Que la lumière soit.* » La lumière de cette ville sera la splendeur éblouissante même qui résidait dans le saint des saints du tabernacle et du temple ainsi qu'en Jésus lui-même, qui disait : « **Je suis la lumière** *du monde* » (Jean 8.12).

Cette ville céleste aura la forme d'un cube parfait – comme le saint des saints du tabernacle, qui symbolisait le paradis. La longueur et la largeur de cette ville seront de 2 200 kilomètres dans chaque direction. Il en ira de même de sa hauteur. Apparemment, la ville s'élèvera à travers la stratosphère de la nouvelle terre jusque dans l'espace.

Ce glorieux domicile sera largement assez grand pour loger tous les humains jamais venus au monde. Toutefois, tous n'y habiteront point, mais seulement « *ceux qui sont écrits dans le livre de vie de l'agneau* ». Seuls ceux qui, lorsqu'ils étaient sur terre, auront mis leur confiance dans le seul vrai Dieu et dans son salut s'y trouveront.

Le chapitre final décrit le jardin présent dans l'enceinte de la ville.

> « *Il me montra un fleuve d'eau de la vie, limpide comme du cristal, qui sortait du trône de Dieu et de l'agneau. Au milieu de la place de la ville et sur les deux bords du fleuve, il y avait* **un arbre de vie** *[...] Il n'y aura plus d'anathème. Le trône de Dieu et de* **l'agneau** *sera dans la ville ; ses serviteurs le serviront et verront* **sa face**, *et son nom sera sur leurs fronts [...] Et ils* **régneront** *aux siècles des siècles* »
> (Apocalypse 22.1-5).

L'HISTOIRE PARFAITE

L'histoire de Dieu a bouclé la boucle.

*« Au milieu de la place de la ville et sur les deux bords du fleuve, il y avait **un arbre de vie.** »*

Ce qui a commencé en jardin merveilleux s'achève en ville magnifique au milieu de laquelle se trouve un jardin exquis. À l'inverse d'Éden, il n'y aura pas *d'arbre de la connaissance du bien et du mal* dans le paradis céleste, mais plutôt *l'arbre de vie* duquel Adam et Ève avaient été privés dès lors qu'ils ont péché. La sainteté parfaite et la vie éternelle seront l'unique option dans la sainte ville.

Le temps des épreuves et de la vie par la foi seront de l'histoire ancienne.

*« Le trône de **Dieu** et de **l'agneau** sera dans la ville ; ses serviteurs le serviront et **verront sa face**, et son nom sera sur leurs fronts [...] Et ils **régneront aux siècles des siècles.** »*

Jamais durant l'éternité le peuple racheté de Dieu n'oubliera le grand prix payé par *« Dieu et [...] l'agneau »* pour sauver les âmes impuissantes à se soustraire du jugement et les rendre capables de vivre éternellement avec lui.

Une douce intimité indestructible entre le Seigneur et son peuple sera un trait constant durant l'éternité. Que Dieu soit avec nous et que nous soyons avec lui sera plus merveilleux encore que quoi que ce soit qu'Adam et Ève auraient jamais pu connaître s'ils n'avaient pas péché.

Pourquoi cela sera-t-il *encore plus merveilleux* ? La réponse se trouve dans le mot *« rédemption »*.

Dieu *« nous a **délivrés de** la puissance des ténèbres et nous a **transportés dans** le royaume du Fils de son amour, en qui nous avons la **rédemption**, la rémission des péchés »* (Colossiens 1.13-14).

Que pourrait-il y avoir de plus merveilleux que d'être ***secourus*** du sort le plus terrible possible en tant que pécheurs condamnés à séjourner à tout jamais dans le sombre donjon du péché et de la mort, et d'être ***transportés*** vers le meilleur état possible en tant que citoyens favorisés du royaume d'amour et de lumière de Dieu ?

C'est ce que notre créateur et rédempteur a fait pour nous tous qui mettons en lui seul notre confiance pour notre salut. Par son grand amour, et grâce à son sang d'une valeur infinie, il a délivré des pécheurs impuissants de l'enfer et les a rendus capables d'habiter les cieux.

C'est l'histoire parfaite – l'histoire de la rédemption, que nous pourrons admirer et goûter pendant toute l'éternité.

> *« Après cela, je regardai, et voici, il y avait **une grande foul, que personne ne pouvait compter, de toute nation, de toute tribu, de tout peuple, et de toute langue**. Ils se tenaient devant le trône et devant l'agneau, revêtus de robes blanches, et des palmes dans leurs mains. Et ils criaient d'une voix forte, en disant: Le salut est à notre Dieu qui est assis sur le trône, et à l'agneau. »* (Apocalypse 7.9-10).

> *« Et ils chantaient un cantique nouveau, en disant: **Tu es digne de prendre le livre, et d'en ouvrir les sceaux; car tu as été immolé, et tu as racheté pour Dieu par ton sang** des hommes de toute tribu, de toute langue, de tout peuple, et de toute nation... Et toutes les créatures qui sont dans le ciel, sur la terre, sous la terre, sur la mer, et tout ce qui s'y trouve, je les entendis qui disaient: A celui qui est assis sur le trône, et à l'agneau, soient la louange, l'honneur, la gloire, et la force, **aux siècles des siècles !** »* (Apocalypse 5.9,13).

HEUREUX POUR TOUJOURS

Partout dans le monde, les gens de tous les âges aiment les histoires romantiques où l'héroïne finit par être délivrée de ceux qui la maintenaient captive – des histoires qui finissent bien[269]. Qu'il s'agisse d'une légende ancienne racontée par le conteur d'un village à un groupe blotti autour d'un feu vacillant sous un ciel étoilé, ou d'un conte de fées lu par le père ou la mère d'un enfant à l'heure du coucher, les histoires présentent souvent une trame semblable. Elle s'énonce à peu près comme suit :

Une jeune fille en détresse, prisonnière de quelque personnage maléfique, est délivrée de sa situation désespérée par l'intervention d'une force surnaturelle combinée à celle de quelque preux guerrier ou de quelque beau prince. Ayant secouru sa belle, le héros l'assoit sur son fidèle cheval et les protagonistes repartent ensemble ; elle devient sa femme et va vivre avec lui dans son magnifique château.

Et sur quelles paroles le conte se conclut-il ?

Et ils vécurent heureux pour le reste de leurs jours.

Pourquoi raconte-t-on de telles histoires ?

On les raconte parce que Dieu a inscrit dans la nature humaine le désir d'être délivré du mal, d'être aimé et de vivre heureux pour le reste de ses jours. C'est pourquoi les adultes comme les enfants raffolent de telles histoires.

Mais l'histoire de Dieu n'est pas un conte imaginaire. Un fruit de l'imagination ne s'enracine pas dans l'histoire, ni n'est confirmé par l'archéologie. Une histoire inventée n'est pas écrite par des dizaines de gens sur une période de quinze siècles, ni annoncée par des centaines de prophéties détaillées. Un héros fictif ne pourrait parler avec la sagesse céleste de Jésus, ni dire à ceux qu'il est venu secourir : « *Voici, nous montons à Jérusalem, et tout ce qui a été écrit par les prophètes au sujet du Fils de l'homme s'accomplira. Car il sera livré aux païens ; on se moquera de lui, on l'outragera, on crachera sur lui, et, après l'avoir battu de verges, on le fera mourir ; et le troisième jour il ressuscitera* » (Luc 18.31-33). La fiction ne peut procurer aux pécheurs destinés à l'enfer une conscience pure et l'assurance de la vie éternelle. Les récits imaginaires ne peuvent offrir une relation personnelle avec notre créateur et transformer nos vies pécheresses et nos cœurs égoïstes en des vies et en des cœurs débordants du désir de glorifier Dieu et de servir autrui.

Seule l'histoire de Dieu peut faire cela.

Elle est la vérité.

Résumons-la : l'histoire et le message du seul vrai Dieu concernent son Fils éternel, qui est devenu un homme, a vécu une vie parfaite, a versé son sang parfait puis est ressuscité des morts pour arracher les pécheurs impuissants aux griffes de Satan, du péché, de la mort et de l'enfer, afin que Jésus puisse partager, avec tous ceux qui croient, les délices sans fin de sa sagesse et de son amour dans la gloire de la maison de son Père.

Voilà quelle est la Bonne Nouvelle de Dieu pour un monde en détresse.

C'est à cause de ce qu'il a fait pour nous que nous pouvons vivre *heureux pour le restant de l'éternité.*

« *J'ai reconnu que tout ce que Dieu fait durera* **toujours** » (Ecclésiaste 3.14).

UNE INVITATION ET UNE MISE EN GARDE

Le Livre de Dieu se conclut par ces mots :

« **Moi, Jésus**, *j'ai envoyé mon ange pour vous attester ces choses [...] Je suis l'alpha et l'oméga, le premier et le dernier, le commencement et la fin* » (Apocalypse 22.16, 13).

« **Et l'Esprit et l'épouse** [des pécheurs sauvés] **disent : Viens**. *Et que celui qui entend dise : Viens. Et que celui qui a soif vienne ;* **que celui qui veut, prenne de l'eau de la vie, gratuitement**. *Je le déclare à quiconque entend les paroles de la prophétie de ce livre :* **Si quelqu'un y ajoute quelque chose**, *Dieu le frappera des fléaux décrits dans ce livre ; et* **si quelqu'un retranche quelque chose** *des paroles du livre de cette prophétie, Dieu retranchera sa part de l'arbre de la vie et de la ville sainte, décrits dans ce livre. Celui qui atteste ces choses dit :* **Oui, je viens bientôt. Amen ! Viens, Seigneur Jésus !** *Que la grâce du Seigneur Jésus soit avec tous* » (Apocalypse 22.17-21).

C'est ainsi que par un dernier « *Amen* » (ce qui signifie « c'est vrai et digne de foi »), l'auteur qui existe en dehors du temps conclut son histoire et son message.

DIEU ET L'HOMME ENSEMBLE

Vous souvenez-vous de la réaction d'Adam lorsque l'Éternel est entré dans le jardin et l'a appelé en lui disant : « *Où es-tu ?* »

Adam a répondu, honteux :

« *J'ai entendu ta voix dans le jardin, et j'ai eu peur* »
(Genèse 3.10).

L'homme et la femme ont cherché à se cacher de leur créateur parce qu'ils avaient péché. Mais à présent, à la fin de l'histoire, comment les hommes, les femmes et les enfants réagissent-ils à la promesse de leur créateur de revenir pour les emmener vivre pour toujours avec lui ?

Ils répondent par un joyeux :

« *Amen. Viens, Seigneur Jésus* » (Apocalypse 22.20).

Qu'est-ce qui a entraîné une telle transformation ? Pourquoi certains descendants d'Adam ne veulent-ils plus se cacher aux yeux de leur Seigneur ? Pourquoi sont-ils si passionnément enthousiastes à l'idée de le voir face à face ?

La réponse se trouve dans le seul vrai message de Dieu :

« *Dieu [...] nous a sauvés, et nous a adressé une sainte vocation*
non à cause de nos œuvres,
mais selon son propre dessein
et selon la grâce qui nous a été donnée
en Jésus Christ avant les temps éternels
et qui a été manifestée maintenant
par l'apparition de notre Sauveur Jésus Christ
qui a détruit la mort
et a mis en évidence la vie et l'immortalité
par l'Évangile » (2 Timothée 1.9-10).

UNE SEULE RÈGLE

De même que Dieu avait bien fixé son unique règle à Adam dans le jardin du paradis terrestre, il a bien défini son unique règle à l'intention des descendants d'Adam concernant la ville céleste du paradis :

> « *Il **n'entrera** chez elle **rien** de souillé, ni personne qui se livre à l'abomination et au mensonge ; il n'entrera **que ceux** qui sont écrits dans le livre de vie de l'agneau* » (Apocalypse 21.27).

Est-ce que *votre* nom se retrouve dans le *livre de vie de l'agneau* ? S'il s'y trouve, voici un message que l'Agneau vous adresse personnellement :

> « *Que **votre** cœur ne se trouble point.*
> *Croyez en Dieu, et croyez en moi.*
> *Il y a plusieurs demeures dans la maison de mon Père.*
> *Si cela n'était pas, je **vous** l'aurais dit.*
> *Je vais **vous** préparer une place.*
> *Et, lorsque je m'en serai allé,*
> *et que je **vous** aurai préparé une place*
> *je reviendrai, et je **vous** prendrai avec moi,*
> *afin que là où je suis **vous** y soyez aussi [...]*
> ***Je suis le chemin, la vérité, et la vie.***
> *Nul ne vient au Père que par moi* »
>
> — Jésus (Jean 14.1-3,6).

ÉPILOGUE

Écrire ce livre a représenté un voyage exaltant pour moi. J'ai été béni d'une manière qui défie l'expression en méditant le sujet de mon glorieux créateur qui m'a racheté, de son histoire merveilleuse et de son message sans pareil. Sa présence et son aide m'ont été évidentes tout au long de ce projet. À lui soit toute la gloire.

REMERCIEMENTS

Bien que je me sois abstenu d'y inclure une longue liste de noms, qu'il n'y ait aucun doute : ce livre n'aurait pas été ce qu'il est sans le soutien patient de ma merveilleuse épouse Carol et de la contribution inestimable d'amis et de parents doués. La couverture et les dessins sont l'œuvre de mon frère Dave.

Je vous remercie de tout mon cœur.

« Car Dieu n'est pas injuste, pour oublier votre travail et l'amour que vous avez montré pour son nom »
(Hébreux 6.10).

Je suis également reconnaissant envers les innombrables musulmans à la recherche de vérité dont les courriers électroniques m'ont motivé à écrire ce livre.

Par-dessus tout, je voudrais *vous* remercier de vous être joint à moi pour ce court voyage. Je dis « court » parce qu'il aurait pu nous prendre beaucoup plus de temps. Les Écritures que nous avons lues en chemin constituent moins de 4 % de tous les versets de la Bible. Aussi, bien que nous en arrivions à la conclusion de ce périple, en réalité nous ne faisons que commencer.

LA SUITE DU VOYAGE

Si le seul vrai Dieu a fait connaître son message de manière claire à tous ceux qui désirent le comprendre, il est lui-même complexe, profond et infini. L'apôtre Jean a exprimé cette réalité dans le dernier chapitre de son récit évangélique :

> « *Jésus a fait encore beaucoup d'autres choses ; si on les écrivait en détail, je ne pense pas que le monde même pût contenir les livres qu'on écrirait* » (Jean 21.25).

Je vois ce qu'il veut dire. Le plus difficile dans la rédaction d'*Un seul Dieu – Un seul message* a sans doute été de sélectionner quels passages de l'Écriture y inclure et lesquels laisser de côté. Véritablement, la Parole de Dieu est inépuisable. Elle est un délice pour l'âme et lui apporte le contentement. Comme notre ami libanais l'a découvert (au chapitre 7), « il n'est pas suffisant de dire : "J'ai lu la Bible". C'est un livre qu'il faut lire continuellement. »

Maintenant que vous avez terminé ce voyage, vous pourriez revoir cet ouvrage et vérifier dans une Bible les nombreux versets cités, en lisant le passage où chaque citation se trouve. Mieux encore, vous pouvez lire toute la bibliothèque de votre créateur en lui faisant cette prière :

> « ***Ouvre mes yeux, pour que je contemple les merveilles de ta loi !*** » (Psaume 119.18.)

Si vous ressentez le besoin d'obtenir de la documentation ou des clarifications supplémentaires, lisez les notes de fin. Prenez le temps de méditer les questions pour la révision de chaque chapitre à la fin de l'ouvrage. N'hésitez pas à m'écrire pour me faire des commentaires ou me poser des questions. Je serai heureux de vous lire, même si vos courriels m'obligent à écrire un autre livre !

En guise d'au revoir, je vous adresse cette parole de bénédiction, vieille de 3 500 ans :

> *« Que l'Éternel te bénisse, et qu'il te garde !*
> *Que l'Éternel fasse luire sa face sur toi,*
> *et qu'il t'accorde sa grâce !*
>
> *Que l'Éternel tourne sa face vers toi,*
> *et qu'il te donne la paix ! »*

(Nombres 6.24-26.)

Paul D. Bramsen
pb@rockintl.org
www.One-God-One-Message.com

NOTES

« Montre-moi ce que je ne vois pas. »
(Job 34.32)

PROLOGUE

[1] Le Sahel : la zone de transition semi-aride qui sépare le désert africain du Sahara des forêts pluviales tropicales. Cette bande de terre et de broussailles s'étend du Sénégal jusqu'au Soudan.

[2] Les *monothéistes* croient en un seul Dieu, les *polythéistes* croient en une diversité de dieux et de déesses, les *panthéistes* considèrent que tout fait partie de Dieu, les *humanistes séculiers* exaltent l'homme plutôt que Dieu et les *athées* affirment qu'il n'y a pas de Dieu.

CHAPITRE 1 – ACQUIERS LA VÉRITÉ

[3] Dans UN SEUL DIEU – UN SEUL MESSAGE, cette expression, comme plus de 1 000 autres citations de l'Écriture, provient de la Bible (c'est la version Louis Segond révisée de 1910 qui est la plus souvent utilisée.) Parfois, seule une partie d'un verset est citée, comme c'est le cas ici. Proverbes chapitre 23, verset 23 dit, dans son intégralité : « *Acquiers la vérité, et ne la vends pas, la sagesse, l'instruction et l'intelligence.* »

[4] Barrett, David B., George T. Kurian & Todd M. Jeanson. *World Christian Encyclopedia : A Comparative Survey of Churches and Religions in the Modern World.* London : Oxford University Press, 2001.

[5] « Les Écritures sont aujourd'hui disponibles dans pas moins de 2 403 langues, la Bible entière ayant été traduite en 451 langues et le Nouveau Testament en environ 1 185. En plus de cela, des fragments de la Bible ont été rendus accessibles en 862 langues supplémentaires » (United Bible Society, 2007, www.biblesociety.org). Voir aussi : www.wycliffe.org/About/Statistics.aspx

⁶   Foxe, Jean (édité par G.A. Williamson). *Foxe's Book of Martyrs*. Toronto : Little, Brown & Company, 1965.

⁷   Il est inexact de dire qu'un pays est une « nation chrétienne » car Christ a dit : « *Mon royaume n'est pas de ce monde [...] Si mon royaume était de ce monde, mes serviteurs auraient combattu pour moi afin que je ne fusse pas livré aux Juifs ; mais maintenant mon royaume n'est point d'ici-bas* » (Jean 18.36).

⁸   Wurmbrand, Richard. *Tortured for Christ – 30ᵗʰ Anniversary Edition*. Bartlesville, OK : Living Sacrifice Book Co., 1998.

⁹   La série radiodiffusée *Le Chemin de la Justice* a été traduite ou est en cours de traduction dans plus de 90 langues en vue d'une diffusion mondiale. www.twor.com ou www.one-god-one-message.com

¹⁰   Le verset coranique dans son entier dit : « *Après les autres prophètes, nous avons envoyé Jésus fils de Marie pour confirmer le Pentateuque. Nous lui avons donné l'Évangile qui contient la lumière et la direction, et qui confirme le Pentateuque, et qui sert d'admonition à ceux qui craignent Dieu* » (Sourate 5.46[50]). À une seule exception près, la traduction française du Coran utilisée dans Un seul Dieu – Un seul message est celle de Kasimirski. **Note :** le Coran est divisé en chapitres appelés sourates. Les numéros de versets varient parfois légèrement d'une version à l'autre. Il est parfois nécessaire, en cherchant un verset, de vérifier les versets avoisinants. Lorsque la numérotation d'un verset diffère entre la version Kasimirski et des versions du Coran plus modernes, le numéro cité entre crochets est celui de la version Kasimirski.

¹¹   Les extraits de courriels cités dans Un seul Dieu – Un seul message sont présentés de manière anonyme afin de protéger l'identité de leurs auteurs.

¹²   « Psl » signifie « la paix soit sur lui », expression souvent ajoutée par les musulmans après avoir mentionné le nom d'un prophète, à l'oral comme à l'écrit. La formule arabe que les musulmans utilisent après avoir mentionné le nom de Mahomet est : « *Salla Allahu Alaihi Wa Sallam* (s.a.w.) », ce qui signifie : « Les prières d'Allah soient sur lui, ainsi que la paix. » Ils fondent cette pratique sur le verset coranique : « Croyants ! Adressez pour lui vos prières au Seigneur, et prononcez son nom avec salutation » (Sourate 33.56[54]). L'utilisation de cette formule est en contradiction avec la Bible, qui dit : « *il est réservé aux hommes de mourir une seule fois, après quoi vient le jugement* » (Hébreux 9.27). Sitôt qu'une personne meurt, son destin

éternel est scellé. Des prières aussi nombreuses soient-elles ne peuvent changer le lieu où elle passera l'éternité (voir Apocalypse 22.11).

¹³ [Sic] est une expression latine signifiant « ainsi ». Elle est utilisée entre crochets suivant une citation imprimée pour montrer que l'original a été cité avec exactitude quoiqu'il contienne une erreur apparente. **Note :** Sauf dans le cas d'abréviations et de corrections orthographiques et grammaticales (pour une meilleure compréhension), les courriels cités dans Un seul Dieu – Un seul message sont présentés tels qu'ils ont été reçus. Par exemple, ce courriel envoyé par « Ahmed » était pratiquement dépourvu de majuscules. Cette omission a été corrigée.

¹⁴ Par exemple, le Coran dit, dans la Sourate (chapitre) 40, versets 70-72[72-73] : « *Ceux qui traitent d'impostures le Livre **et les autres révélations que nous avions confiées à nos envoyés** connaîtront la vérité un jour, lorsque des colliers et des chaînes chargeront leurs cous, et qu'ils seront entraînés dans l'enfer, lorsqu'ils seront consumés par le feu* » et, ailleurs, dans la Sourate 5.49[50] « *Après les autres prophètes, nous avons envoyé Jésus fils de Marie **pour confirmer le Pentateuque**. Nous lui avons donné **l'Évangile** qui contient la lumière et la direction, et **qui confirme** le Pentateuque, **et qui sert d'admonition** à ceux qui craignent Dieu.* » « *Croyants ! Croyez en Dieu, en son Apôtre, au livre qu'il lui a envoyé, **aux Écritures descendues avant lui**. Celui qui ne croit pas en Dieu, en ses anges, en ses livres, en ses apôtres et au jour dernier est dans un égarement lointain [...] Nous t'avons donné la révélation, comme nous l'avons donnée à Noé et aux prophètes qui ont vécu après lui. Nous l'avons donnée à Abraham, a Ismaël, à Isaac et à Jacob, aux douze tribus : Jésus, Job, Jonas, Aaron, Salomon ; et nous donnâmes **les Psaumes** à David* » (Sourate 4.136[135], 163). Pour d'autres déclarations coraniques similaires, voir la première page du chapitre 3 et les notes qui l'accompagnent.

¹⁵ Proverbes 23.23. Au lieu d'« *acquérir* » ou d'« *acheter* » la vérité, nombreux sont ceux qui la « *vendent* » de peur de ce que leur famille ou leurs amis pourraient penser d'eux s'ils étaient surpris à étudier la Bible (bien qu'elle soit l'ouvrage le plus vendu au monde et contienne les Écritures anciennes que le Coran ordonne aux musulmans de croire.)

CHAPITRE 2 – SURMONTER LES OBSTACLES

[16]   Doyle, Sir Arthur Conan. *Treasury of World Masterpieces : The Celebrated Cases of Sherlock Holmes*. R.R. Donnelley and Sons Company, 1981, p. 17. (Première publication en Grande-Bretagne en 1891.)

[17]   Romains 14.1-15.7 ; Matthieu 7.1-5.

[18]   Doyle, p. 16

[19]   Nombres 12.

[20]   2 Rois 5.

21   Jonas 4.

[22]   Voir les livres bibliques suivants : Daniel, Esdras et Esther.

[23]   Jean 4.

[24]   « The Greatest Journey » *National Geographic Magazine*, mars 2006, p. 62.

[25]   Psaume 90.1-12 ; Marc 8.36 ; 2 Corinthiens 4.16-18 ; Romains 8.18 ; Jacques 4.13-15.

[26]   Dans l'histoire humaine, Dieu a envoyé une variété d'événements catastrophiques sur la terre ou a permis qu'ils s'y déroulent. Dans la génération de Noé, Dieu, après avoir fait preuve de patience pendant une centaine d'années et avoir averti les hommes, a envoyé un déluge planétaire qui a exterminé tous les humains sauf huit (Genèse 6-8). (Beaucoup voient ce déluge universel comme un mythe, en dépit des documents fossiles et géologiques qui le confirment.) Du temps d'Abraham, seules trois personnes ont échappé au feu qui s'est abattu sur Sodome et Gomorrhe. Du temps de Moïse et après lui, Dieu a ordonné aux Israélites d'anéantir les nations cananéennes (Josué 1–10). Ces batailles ont été livrées selon des ordres spécifiques donnés par Dieu et, souvent, avec des interventions surnaturelles, comme la chute des murailles de Jéricho – confirmée par l'archéologie – après que les Israélites ont marché autour de la ville sept jours consécutifs. Dieu avait attendu des centaines d'années avant de juger ces nations, leur donnant du temps pour se repentir et se détourner de leur idolâtrie, de leur immoralité et de leur pratique du sacrifice humain (Genèse 15.16 ; Exode 12.40), cependant elles ont passé outre le témoignage d'hommes pieux comme Abraham, Joseph et Moïse. Seuls quelques Cananéens se sont repentis et ont cru au seul vrai Dieu qui avait envoyé dix plaies surnaturelles sur l'Égypte et ouvert un chemin dans la mer Rouge. Lorsque Dieu a utilisé son peuple ancien pour exécuter ses jugements, il est resté juste et impartial. Par exemple, la Torah rapporte que Dieu a premièrement puni les Israélites – à cause de leur idolâtrie et de leur conduite adultère – d'une peste qui a fait

24 000 victimes parmi eux (Nombres 25-31). Ce n'est qu'après que Dieu ait jugé Israël qu'il a envoyé son peuple exécuter son jugement sur les nations environnantes iniques et corrompues. Il est faux de croire que ces nations étaient innocentes. Les Écritures nous disent qu'elles étaient si horriblement corrompues que « le pays a vomi ses habitants » (Lévitique 18.25 *Bible de Zadoc Kahn*). La bonté de Dieu et sa patience sont grandes, mais sa colère l'est aussi et son jugement est certain.

[27] Une raison pour laquelle Dieu ne juge pas instantanément le mal c'est qu'il donne aux pécheurs le temps de se repentir et de recevoir son salut : « *Mais il est une chose, bien-aimés, que vous ne devez pas ignorer, c'est que, devant le Seigneur, un jour est comme mille ans, et mille ans sont comme un jour. Le Seigneur ne tarde pas dans l'accomplissement de la promesse, comme quelques-uns le croient ; mais **il use de patience envers vous, ne voulant pas qu'aucun périsse, mais voulant que tous arrivent à la repentance*** » (2 Pierre 3.8-9).

[28] Les chapitres 8, 12, 28 et 29 d'UN SEUL DIEU – UN SEUL MESSAGE fournissent les réponses à ces supposées contradictions.

[29] Matthieu 7.1-20 ; comparer avec Romains 14 et 1 Corinthiens 6.

[30] Plusieurs sites Internet continuent à présenter une longue liste de « *101 Contradictions claires de la Bible* » alors que, depuis des années déjà, un autre article a été publié, intitulé : « *101 **Cleared-up** □Contradictions□ in the Bible* » (« 101 contradictions de la Bible éclaircies » www.debate.org.uk/topics/apolog/contrads.htm)

[31] Il existe deux règles pour interpréter correctement un verset dans la Bible :

1) Lire le verset dans son contexte.

2) Comparer les Écritures avec les Écritures.

Pour en donner une illustration, dans le Deutéronome (le cinquième livre de la Bible), Moïse a donné cette prophétie aux enfants d'Israël : « *L'Éternel, ton Dieu, te suscitera du milieu de toi, d'entre tes frères, un prophète comme moi : vous l'écouterez !* » (Deutéronome 18.15). Que voulait dire Moïse lorsqu'il a dit aux Israélites que Dieu allait « *susciter du milieu de toi, d'entre tes frères* » un prophète ? Certains disent que Moïse évoquait les Ismaélites ; d'autres disent qu'il parlait des Israélites. Le contexte immédiat du verset fournit la réponse juste à cette question (Deutéronome 17.15, 20 ; 18.2, 5, etc.). Qui était ce « prophète » particulier que Dieu promettait de « susciter » ? Tandis que nombreux sont ceux qui essaient de faire correspondre cette prophétie avec le fondateur de leur religion, la bonne interprétation en est clairement mentionnée plus tard dans les Écritures (lire Jean 5.43-47, Jean 6.14 et Actes 3.22-26).

[32] Nombreux sont ceux qui utilisent l'expression « notre ère » au lieu de situer les dates « avant » ou « après Jésus-Christ », toutefois les deux systèmes se réfèrent aux mêmes dates : Jésus-Christ est le point de repère dans les deux cas.

[33] Si vous avez déjà emprunté de l'argent à une banque, alors vous avez signé une espèce de testament – un document légal. Le rôle de la banque, dans cette alliance, était de vous procurer la somme promise, tandis que le vôtre était de rembourser le crédit sur une période donnée. Le fait de ne pas respecter votre engagement aurait des conséquences néfastes. De même, la Bible énumère les alliances que notre créateur offre à l'humanité – des promesses qui font que des gens comme vous et moi pouvons jouir de ses bénédictions éternelles. L'« alliance » que Dieu fait avec les humains est unique aux Écritures de la Bible.

[34] Nous examinerons ce trait distinctif des Écritures au chapitre 5. Un exemple marquant d'annonce par Dieu d'un événement historique avant qu'il se produise se trouve dans le livre de Daniel aux chapitres 7 à 12. Daniel y décrit l'histoire des empires du monde depuis l'an 400 av. J.-C. jusqu'au temps de Jésus, puis décrit des événements devant encore se produire dans les derniers temps. Daniel a rédigé tout cela entre 600 et 530 av. J.-C.

CHAPITRE 3 – FALSIFIÉE OU PRÉSERVÉE ?

[35] Exemples de références coraniques qui indiquent aux musulmans que les Écritures bibliques sont inspirées de Dieu : Sourate 2.87-91[81-83], 101[99], 136[130], 285 ; 3.3-4[2-3] ; 4.47, 54, 136[135], 163 [161] ; 5.43-48[47-53], 68[72] ; 6.92 ; 10.94 ; 20.133 ; 21.105 ; 28.43 ; 29.46 ; 32.23 ; 40.53-54[56],70-72[72-74] ; 45.16[15] ; 46.12[11] ; 57.27, etc.

[36] À travers les siècles, les Écritures de l'Ancien Testament ont été jalousement gardées par la communauté religieuse juive. Réfléchissez : auraient-ils permis à quiconque de changer quoi que ce soit à leurs Saintes Écritures, des livres pour lesquels nombre d'entre eux auraient volontiers donné leur vie ? Il n'y a pas d'autre cas dans l'Histoire où les croyants d'une communauté religieuse (les chrétiens) ont fondé leur foi sur un livre (l'Ancien Testament) révéré et protégé par une autre communauté religieuse (les Juifs

orthodoxes). Ce seul phénomène n'aurait-il pas fait qu'il soit impossible à quiconque d'altérer les Écritures de l'Ancien Testament ?

[37]   Metzger, Bruce M. et Michael D. Coogan. *The Oxford Companion to the Bible*. NY : Oxford University Press, 1993, p. 754.

[38]   Voir note n°37.

[39]   Nous ne disposons d'aucun document coranique ou islamique vérifiable datant d'avant 750 apr. J.-C. (plus de 100 ans après la mort de Mahomet) http ://debate.org.uk/topics/history/bib-qur/qurmanu.htm

[40]   Metzger & Coogan, p. 683.

[41]   Voici un exemple de variantes apparentes rencontrées dans des manuscrits anciens. Dans le livre de l'Ancien Testament appelé 2 Rois, nous lisons : « *Jojakin avait* **dix-huit** *ans lorsqu'il devint roi* » (2 Rois 24.8). Cependant, le livre intitulé 2 Chroniques affirme : « *Jojakin avait* **huit** *ans lorsqu'il devint roi* » (2 Chroniques 36.9). Comment une telle différence peut-elle s'expliquer ? Certains érudits suggèrent que c'est à l'âge de 8 ans que le père du jeune Jojakin l'a pris comme *partenaire* pour régner avec lui, et que le fils a commencé à régner seulement dix ans plus tard, à la suite de la mort de son père, ce qui est possible. Toutefois, une explication plus probable est que cette variante numérique est simplement le résultat de l'erreur d'un scribe antique qui a écrit « 8 » au lieu de « 18 ». Si c'est bien le cas, ce nombre erroné a été recopié dans tous les manuscrits découlant de la copie de ce scribe. Quoi qu'il en soit, de telles variations n'affectent ni n'altèrent le message de Dieu en quoi que ce soit. Dans la plupart des cas, le nombre gigantesque d'anciens manuscrits bibliques permet aux biblistes de déterminer la bonne interprétation en comparant les divers textes.

[42]   Le Hadith rapporte ce qui suit : « *Othman ordonna ensuite à Zaïd ben Thabit, à 'Abdullah bin Az-Zubaïr, à Sa'id bin Al-'As et à 'Abdur Rahman bin Hari-bin Hisham* **de réécrire les manuscrits dans des copies parfaites** *[...] C'est ce qu'ils ont fait, et après qu'ils ont écrit de nombreuses copies, Othman a rendu les manuscrits originaux à Hafsa. Othman a envoyé à chaque province musulmane un exemplaire de ce qu'ils avaient copié, et* **ordonné que tous les autres documents coraniques, que ce soit sous forme de fragments ou de copies entières, soient brûlés** » (Hadith, Sahih Bukhari, VI, No. 510). (Le *Hadith* est un recueil d'écrits anciens composés par les femmes et les compagnons de Mahomet. Les musulmans fondent beaucoup de croyances et de pratiques sur le Hadith.)

43   Même avant la découverte des manuscrits de la mer Morte, qui prouvaient que les Écritures n'avaient pas été altérées, l'on pouvait simplement comparer l'Ancien Testament actuel avec la traduction dite des Septante (une traduction en grecque de l'Ancien Testament dont la rédaction s'est achevée vers l'an 270 av. J.-C.) La Septante vient à l'appui de l'affirmation selon laquelle les Écritures de l'Ancien Testament ont été préservées sans être corrompues.

44   Abegg, Martin Jr., Peter Flint & Eugene Ulrich. *The Dead Sea Scrolls Bible*. San Francisco : Harper, 1999, page xvi.

45   McDowell, Josh. *A Ready Defense*. Nashville : Thomas Nelson Publishers, 1993, p. 42-48. www.debate.org.uk/topics/history/bib-qur/bibmanu.htm

46   Les Écritures du Nouveau Testament sont traduites à partir de quelques textes grecs primaires (Texte majoritaire, Texte reçu, Texte alexandrin). La version Ostervald traduit le Nouveau Testament à partir du Texte majoritaire, tandis que la version Segond 1910 (utilisée majoritairement dans le présent ouvrage) se fonde sur les Codex Sinaïticus, Vaticanus et sur le Texte minoritaire. Lorsque des variations importantes existent entre les textes néotestamentaires grecs, la plupart des traductions bibliques comprennent une note marginale pour indiquer ces variations. Les passages en question les plus longs sont Marc 16.9-20 et Jean 7.53–8.11, qui comptent chacun 12 versets. Si ces passages sont absents dans quelques-uns des manuscrits les plus anciens toujours existants – le Texte alexandrin – on les trouve dans une centaine d'autres (Texte majoritaire). Gardez à l'esprit que *plus ancien* ne signifie pas nécessairement *plus exact*, du fait que les divers textes tirent leur origine de différentes copies anciennes. Le plus probable est qu'un copiste distrait a omis ces sélections par accident. Quoi qu'il en soit, toutes les vérités enseignées dans ces passages omis sont enseignées ailleurs dans l'Écriture. Le message de Dieu n'en est pas affecté. Est-il bien sage de rejeter le message de Dieu pour la raison que quelques copies anciennes n'incluent pas certaines sections – des sections qui ne changent rien au message de Dieu ?

47   Ces derniers temps, des livres ont été publiés et des films tournés dont le dessein est de semer le doute quant à la Bible. Certaines critiques évoquent l'existence d'« évangiles alternatifs ». Ces soi-disant évangiles ont été écrits bien longtemps après la venue du Messie et ne sont pas confirmés par l'Histoire.

[48] Cette déclaration se trouve également en Matthieu 11.15 ; 13.43 ; Marc 4.9, 23 ; 7.16 ; Luc 8.8 ; 14.35 ; Apocalypse 2.7, 11, 29 ; 3.6, 13, 22 ; 13.9.

CHAPITRE 4 – LA SCIENCE ET LA BIBLE

[49] *Webster's New World College Dictionary.* New York : Simon & Schuster, 1997. Voir sous *science*.

[50] Bucaille, Maurice. *La Bible, le Coran et la science.* Paris : Seghers, 1976, p. 35. En réponse à l'ouvrage du Dr Bucaille, le Dr William Campbell a écrit *Le Coran et la Bible à la lumière de l'histoire et de la science.* Éditions Farel, 2004. Des extraits de la réfutation du Dr Campell, qui témoigne d'une recherche soigneuse, peuvent se lire en ligne : http ://pages.ifrance.com/livres/coranbib/index.htm

[51] L'évolution biologique suppose que les formes de vie telles que les *algues* et les *singes*, sur une période de millions de générations, peuvent se transformer en des formes de vie telles que les *plantes* et les *humains*. Selon l'évolution, les humains, les singes et les poissons partagent des ancêtres communs. La vérité c'est que ni une évolution aléatoire, ni une création orchestrée selon un dessein préalable ne peut être prouvée par la science. Il faut de la foi pour croire en l'une comme en l'autre.

[52] http://www.gma.org/space1/nav_map.html

[53] Voici des versets supplémentaires décrivant le cycle hydrologique : Psaume 135.7 ; Jérémie 10.13 ; Ecclésiaste 1.7 ; Ésaïe 55.10.

[54] http://www.artsci.wustl.edu/~landc/html/cann ; *Newsweek Magazine* : « une trace d'ADN [...] aiguille les scientifiques et les met sur la piste d'une femme unique dont nous descendons tous » Newsweek, 11 janvier 1988, p. 46-52.

[55] *Time Magazine* : « ... il y a eu un "Adam" ancestral, dont le matériel génétique est commun à tous les hommes sur Terre » *Time*, 4 décembre 1995, p. 29. **Note** : Les scientifiques affirment que notre ancêtre mâle commun n'est pas aussi ancien que notre ancêtre femelle commune. Cela s'accorde avec la Bible, qui montre que nous descendons tous de Noé. Cependant, notre ancêtre commune est Ève, du fait que Noé avait trois fils et *trois belles-filles* dont tous descendent.

[56] http://www.pbs.org/wnet/redgold/basics/bloodletting.html

[57] http://www.bible.ca/tracks/Matthieu-fontaine-maury-pathfinder-of-sea-ps8.htm **Note** : Maury a découvert que les sentiers sont si fixes que le navigateur peut littéralement trouver un courant qui va le transporter à

travers l'océan. (Rozwadowski, Helen M. *Fathoming the Ocean*. Cambridge, MA : The Belknap Press of Harvard University Press, 2005, p. 40). Lorsque David a parlé des « sentiers de la mer », les seules mers qu'il connaissait étaient la Méditerranée, la mer de Galilée, la mer Morte et la mer Rouge. Ces mers n'avaient pas de « sentiers » ou de courants marins observables.

[58]   World Book Encyclopedia 1986 ; Stars.

[59]   « La nuit, sous un ciel dégagé, on peut distinguer quelques milliers d'étoiles à l'œil nu. Avec des jumelles et des télescopes puissants, nous pouvons voir tant d'étoiles que nous ne pourrions jamais espérer les compter. Quoique chaque étoile distincte soit unique, toutes les étoiles ont beaucoup en commun » (Cornell University Astronomy website : http ://curious.astro. cornell.edu/stars.php). La Bible affirme aussi que le nombre d'étoiles ne peut être compté (Genèse 15.5 ; 22.17).

[60]   Ramsay, Walter M. *The Bearing of Recent Discovery on the Trustworthiness of the New Testament*. Grand Rapids, MI : Baker Book House, 1953, p. 222.

[61]   Josephus, Flavius. *Josephus : The Essential Works*. (Paul L. Maier, editor), Grand Rapids, MI : Kregel Publications, 1988. p. 268, 277. Cet ouvrage comprend des photos de la pierre portant une inscription concernant Pilate et le théâtre d'Hérode.

[62]   Bruce, F.F. *Archaeological Confirmation of the New Testament*. (*Apocalypse and the Bible*. Édité par Carol Henry), Grand Rapids, MI : Baker Book House, 1969.

[63]   Pour une photo et des détails sur l'ossuaire de Caïphe, voir http ://www. kchanson.com/ANCDOCS/westsem/caiaphas.html

[64]   Josephus, Flavius. Antiquités 18.2, 2 ; 4, 3.

[65]   Pour une photo et des détails sur l'ossuaire de Caïphe, voir http ://www. kchanson.com/ANCDOCS/westsem/caiaphas.html

[66]   Glueck, Nelson. *Rivers in the Desert*. NY : Farrar, Strauss & Cudahy, 1959, p. 136. Glueck s'est spécialisé dans les fouilles au Proche-Orient.

[67]   Le mormonisme est une religion qui compte des millions d'adeptes dans le monde. Contrairement à la Bible, le Livre de Mormon n'a pas été confirmé par l'archéologie. Le Smithsonian de Washington D.C. est arrivé à la conclusion suivante : « Les archéologues du Smithsonian ne voient aucun lien entre l'archéologie du Nouveau Monde et le contenu [du Livre de Mormon]. » (Martin, Walter. *The Kingdom of the Cults*. Minneapolis, MN : Bethany House Publishers, 1997, p. 200-202.) Voir aussi la note page 91 sur

le même sujet au chapitre 6. Pour une vue comparative de l'archéologie en rapport avec la Bible et le Coran, voir : http://debate.org.uk/topics/history/bib-qur/contents.htm

[68] Free, Joseph P. et Howard F. Vos. *Archaeology and Bible History.* Grand Rapids, MI : Zondervan, 1992, p. 294.

[69] Les musulmans, comme les mormons, affirment que l'une des plus grandes preuves que leur livre respectif est de Dieu réside dans le style littéraire dans lequel il est écrit. *Un site Internet musulman* déclare : « le grand défi [...] du Saint Coran : Depuis que le Coran a été révélé, il y a quatorze siècles, personne n'a été à même de produire un seul chapitre qui rivalise avec ceux du Coran par sa beauté, son éloquence et sa splendeur » (www.islam-guide.com/frm-ch1-2.htm). *Un site Internet mormon* fait une affirmation analogue : « Le défi du Livre de Mormon : ...Vous devez écrire votre récit en utilisant un grand nombre de styles d'écriture et de poésie hébraïques qui ne seront redécouverts et annoncés au monde anglophone que plusieurs années après que vous aurez publié votre ouvrage. » www.greatlakesrestorationbranches.org/newpage34.htm).

[70] Le Psaume 119, le plus long chapitre de la Bible, fournit un exemple des types complexes de construction littéraire rencontrés dans les Écritures. Le Psaume 119 est un poème acrostiche alphabétique, composé de 22 sections présentant 8 versets chacun. Dans la première section, chaque verset commence par *Aleph* (la première lettre de l'alphabet hébreu). Dans la section 2, chacun des huit versets commence par la lettre *Beth* (deuxième lettre de l'alphabet), et ainsi de suite jusqu'à la dernière lettre de l'alphabet hébreu. Essayez de reproduire cet exploit ! Ou plutôt ne le faites pas. Il vous sera plus profitable de lire le Psaume 119 et de vous imprégner de la puissance de son texte.

CHAPITRE 5 – LA SIGNATURE DE DIEU

[71] Wallenfels, Ronald et Jack M. Sasson. The Ancient Near East. Volume IV. NY : Charles Scribner's Sons, 2000 ; voir aussi : Carl Roebuck. The World of Ancient Times. NY : Charles Scribner's Sons, 1966, p. 355.

[72] « Alexandre le Grand a vaincu la ville après un siège de neuf mois (332 avant J.-C.), bien qu'il ne l'ait pas complètement détruite. Tyr ne s'est jamais complètement remise de ce coup porté contre elle » (Avery, Catherine B. & Jotham Jeanson. *The New Century Classical Handbook.* NY : Appleton-Century-Crofts, Inc., 1962, p. 1130.)

[73]   Matthews, Samuel W. « The Phoenicians, Sea Lords of Antiquity », Washington, DC : *National Geographic,* August 1974, p. 165.

[74]   Genèse 26.3 ; 28.15 **Note** : la terre que Dieu a promis de donner à la nation descendant d'Abraham, d'Isaac et de Jacob était située à un emplacement stratégique, « *au milieu des nations* » (Ezéchiel 5.5). Voir aussi Actes 1.8 ; 2.5.

[75]   Josephus, Flavius, *The Complete Works of Josephus.* (William Whiston) Grand Rapids, MI : Kregel Publications, 1967, p. 566-568, 580-583, 588-589.

[76]   Pour en donner une illustration, avant la Seconde Guerre mondiale, d'innombrables Juifs résidant dans l'Allemagne hitlérienne ne voulaient pas être reconnus comme tels. Ils parlaient allemand, payaient des impôts à l'État allemand et avaient combattu pour l'Allemagne lors de la Première Guerre mondiale. Cependant, les nazis les ont considérés comme Juifs et, en l'espace de quelques années, 6 millions de Juifs européens ont été exterminés au cours de la Shoah, « le crime le plus documenté de l'Histoire » (Phillips, Jean. *Exploring the World of the Jew.* Neptune, NJ : Loizeaux Brothers, 1993, p. 109). Voir aussi l'article en première page : « Les nazis reconnaissent avoir tué 6 millions de Juifs en Europe » (Bourne, Eric. *The Palestine Post*, le dimanche 16 décembre 1945).

[77]   Ésaïe 44.18 ; Jérémie 5.21 ; Jean 5.39-47 ; 2 Corinthiens 3.12-16 ; Romains 9-11. **Note** : Il y a environ 2 600 ans, Dieu a révélé à Ezéchiel que la renaissance d'Israël se produirait en trois étapes distinctes. Il a comparé Israël à une vallée remplie *d'ossements desséchés*, qui *se réuniraient* à nouveau pour former des corps, dans lesquels serait finalement *insufflée la vie* (Ezéchiel 37.1-14).

[78]   Comparer Genèse 37—50 avec la vie de Jésus telle qu'elle est relatée dans les Évangiles. Lecture recommandée : *Joseph Makes Me Think of Jesus*, par William MacDonald. Grand Rapids, MI : Gospel Folio Press.

CHAPITRE 6 – UN TÉMOIGNAGE COHÉRENT

[79]   « *Car ce qu'on peut connaître de Dieu est manifeste pour eux, Dieu le leur ayant fait connaître. En effet, les perfections invisibles de Dieu, sa puissance éternelle et sa divinité, se voient comme à l'œil, depuis la création du monde, **quand on les considère dans ses ouvrages ; ils sont donc inexcusables*** » (Romains 1.19-20). Même les gens qui n'ont pas l'Écriture « *montrent que l'œuvre de la loi est écrite dans leurs cœurs,*

leur **conscience** en rendant témoignage, et leurs pensées **s'accusant ou se défendant tour à tour** » (Romains 2.15). Cependant, au lieu de rechercher plus de vérité, la plupart des gens poursuivent l'erreur.

[80] En calculant l'âge des personnes dont la généalogie est rapportée dans la Bible, nous apprenons qu'Adam n'est pas mort avant que le père de Noé (neuvième génération après Adam) soit âgé de plus de cinquante ans (Genèse 5).

[81] « Et les magiciens dirent à Pharaon : C'est le doigt de Dieu » (Exode 8.15). Voir aussi Exode 12.30-33. Pour connaître l'histoire complète, lire Exode 5–14.

[82] Si Moïse a écrit la première partie des Écritures, il est probable que le livre de Job ait été écrit avant la Torah (aux alentours de l'époque d'Abraham), ce qui en fait l'une des œuvres littéraires complètes les plus anciennes qui existent. Si cette date est correcte, alors la Bible a été rédigée sur une période de 2 000 ans environ.

[83] DeHaan, Dennis. *Our Daily Bread*, 6 mai 2006. Grand Rapids, MI : RBC Ministries.

[84] Certains se demandent pourquoi Dieu permettrait à de faux prophètes de proclamer leur message trompeur. Moïse a donné la réponse à cette question dans la Torah. « **S'il s'élève au milieu de toi un prophète** ou un songeur qui t'annonce un signe ou un prodige, et qu'il y ait accomplissement du signe ou du prodige dont il t'a parlé en disant : Allons après d'autres dieux, des dieux que tu ne connais point, et servons-les ! **Tu n'écouteras pas les paroles de ce prophète** ou de ce songeur, car c'est l'Éternel, **votre Dieu, qui vous met à l'épreuve** pour savoir si vous aimez l'Éternel, votre Dieu, de tout votre cœur et de toute votre âme » (Deutéronome 13.1-3).

[85] 1 Rois 18 ; 1 Rois 19.18 ; Romains 11.14.

[86] Smith, James E. *What the Bible Teaches about the Promised Messiah*. Nashville, TN: Thomas Nelson Publishers, 1993, p. 470-474 ; voir aussi Phillips, John. Exploring the World of the Jew. Neptune, NJ: Loizeaux Brothers, 1993, p. 80-81.

[87] Taylor, John. « Jones captivait l'élite libérale de San Francisco » *San Francisco Chronicle*, 12 novembre 1998.

[88] Smith, Joseph. *La Perle de Grand Prix*. Joseph Smith—Histoire ; 1.15-16.

[89] Contrairement à la Bible, qui est confirmée par l'Histoire et l'archéologie, le Livre de Mormon n'est étayé par aucune preuve. Le professeur Thomas

Stuart Ferguson a fondé le département d'archéologie à l'université mormone Brigham Young à la seule fin de découvrir des preuves en faveur du « saint livre » des mormons. Après 25 ans de recherche assidue, le département n'a rien trouvé qui confirme la flore, la faune, la topographie, la géographie, l'ethnologie, la monnaie ou les peuplements décrits dans le Livre de Mormon. Ferguson en a conclu que la géographie du Livre de Mormon était « fictive » (Martin, Walter. *The Kingdom of the Cults*. Minneapolis, MN : Bethany House Publishers, 1997, p. 200-202).

CHAPITRE 7 – LA FONDATION

90   La Bible contient 66 livres distincts – 39 dans l'Ancien Testament et 27 dans le Nouveau. Plus tard dans l'Histoire, l'Église catholique (qui, comme beaucoup d'Églises protestantes, fait plus cas de ses propres traditions que de la Parole de Dieu) a décidé d'inclure 11 livres supplémentaires entre l'Ancien et le Nouveau Testament. Ces livres, connus sous le nom d'apocryphes ou de livres deutérocanoniques, ont été écrits essentiellement au cours de l'ère intertestamentaire, entre l'Ancien et le Nouveau Testament. S'ils contiennent des informations historiques et des légendes intéressantes, les croyants hébreux ne les ont jamais acceptés comme des écrits inspirés. Beaucoup des manuscrits de la mer Morte découverts en 1947 sont des commentaires, qui ne commentent que les 39 livres de l'Ancien Testament et pas un seul des apocryphes. Lorsque le Messie était sur terre, il a fréquemment cité l'Ancien Testament, mais jamais les apocryphes, qui ne sont jamais cités dans le Nouveau Testament. Les 39 livres contenus dans l'Ancien Testament ont été écrits par des prophètes à qui Dieu a parlé directement et à qui il a confirmé sa parole, « *appuyant leur témoignage par des signes, des prodiges, et divers miracles, et par les dons du Saint-Esprit distribués selon sa volonté* » (Hébreux 2.4). En ce qui concerne le Nouveau Testament, les croyants qui ont vécu lors de la période suivant la visite de Christ sur terre ont reconnu l'autorité des apôtres et des Écritures du Nouveau Testament comme égales à celle des prophètes et des Écritures de l'Ancien Testament. On ne peut en dire autant des apocryphes.

91   Luc 24.25-48 ; Jean 5.39-47. Pour des documents présentant le message de Dieu par ordre chronologique, voir : www.goodseed.com / www.one-god-one-message.com

CHAPITRE 8 – LA NATURE DE DIEU

[92] Les tentatives des cosmologues de calculer l'âge de l'univers se fondent sur « la combinaison d'un effort d'observation et de réflexion théorique » (Loeb, Abraham. « The Dark Ages of the Universe » *Scientific American*, novembre 2006). Si leur connaissance se fonde sur l'observation *et sur la théorie*, la connaissance de ceux qui croient à la Bible est fondée sur l'observation *et **la révélation*** – une révélation qui porte la signature de Dieu (comme nous l'avons vu aux chapitres 5 et 6 d'UN SEUL DIEU – UN SEUL MESSAGE). Dieu nous a révélé sa vérité de telle sorte que nous puissions *savoir* qu'elle est vraie.

[93] Le livre de Job (38.6-7) indique que les anges ont observé la création de la terre par Dieu et s'en sont réjouis. Job est un livre poétique, aussi les anges y sont-ils décrits comme des « étoiles du matin » et comme des « fils de Dieu ». Ces deux expressions ne désignent pas des êtres différents. Elles sont un exemple de parallélisme, une caractéristique de la poésie hébraïque (voir aussi Job 1.6 ; 2.1).

[94] Plus de la moitié des 66 livres de la Bible font référence aux anges. Par exemple : Genèse 3.24 ; 16 :7-11 ; 18.1—19.1 ; 1 Rois 19.5-7 ; Psaume 103.20-21 ; 104.4 ; Daniel 6.22 ; Hébreux 1.4-7, 14 ; 12.22 ; Matthieu 1.20 ; 2.13, 19-20 ; 22.30 ; 26.53 ; Luc 1 – 2 ; 2 Thessaloniciens 1.7 ; Apocalypse 5.11 ; 18.1 ; 22.6-16, etc. (Apocalypse utilise le mot « ange » ou « anges » plus de 70 fois).

[95] Deutéronome 10.14 ; 2 Corinthiens 12.2, 4 ; Jean 14.2 ; Psaume 33.13 ; 115.3 ; 1 Rois 8.39.

[96] Vine, W.E., M.A. *An Expository Dictionary of New Testament Words*. Westwood, NJ : Fleming H. Revel Company; 1966, p. 229.

[97] Les six jours de création par Dieu et le septième jour de repos ont instauré pour l'humanité un cycle temporel divinement institué qui est observé dans le monde entier à ce jour. À l'inverse des jours, des mois et des années, la *semaine* n'est pas liée à l'astronomie. Elle a été instituée par Dieu.

[98] Les partisans de la théorie du « Big Bang » estiment que la lumière a précédé l'apparition du soleil de quelque 9 milliards d'années ! (Loeb, Abraham. « The Dark Ages of the Universe », Scientific American; novembre 2006, p. 49.)

[99] La prochaine fois que vous buvez un verre d'eau, pensez à remercier votre créateur. En dehors du fait que l'eau (H_2O) étanche notre soif et nous maintient en vie, elle est bel et bien stupéfiante. L'eau est le seul liquide qui se dilate en gelant, devenant ainsi moins dense et à même de flotter. Si l'eau

se comportait comme n'importe quelle autre matière et se condensait en gelant, elle tomberait au fond des mers, des lacs, des fleuves et des rivières. Une grande partie ne fondrait pas et, en fin de compte, notre eau douce serait bloquée, demeurant gelée au fond. C'est une bonne chose que notre créateur y ait pensé !

[100]   La face cachée de la lune a été vue par l'homme pour la première fois le 24 décembre 1968, lorsque le vaisseau spatial Apollo 8 est entré en orbite autour du satellite de notre planète. Il est intéressant de noter que, ce même jour, les trois astronautes ont lu Genèse chapitre 1, ce qui a été retransmis à la télévision depuis l'espace (Reynolds, David West. *Apollo : The Epic Journey to the Moon*. NY : Harcourt, Inc., 2002, p. 110-111).

CHAPITRE 9 – PAREIL À NUL AUTRE

[101]   Voici quelques passages supplémentaires où Dieu parle de lui-même en employant le pronom « nous » : Genèse 3.22 ; 11.7 ; Ésaïe 6.8. (Note : dans le Coran, « Allah » parle constamment au pluriel. Les versets coraniques cités au chapitre 3 d'*Un seul Dieu – Un seul message* le démontrent.)

[102]   Genèse 1.1-3. Si l'introduction de la Genèse ne révèle pas l'identité trinitaire de Dieu, sa formulation est en parfaite harmonie avec des explications révélées plus tard dans la Bible. Les Écritures montrent clairement que les trois personnes de la déité ont joué un rôle dans la création.

[103]   Les Écritures relatent que lorsque David est devenu roi d'Israël, « *les fils de Benjamin se rallièrent à la suite d'Abner et formèrent* **un corps** [e'had]*, et ils s'arrêtèrent au sommet d'une colline* » (2 Samuel 2.25). Le terme même que nous avons utilisé pour déclarer : « *l'Éternel est* **un** » est ici employé pour décrire une unité dans laquelle réside une pluralité.

[104]   Beaucoup de versets de l'Ancien Testament affirment l'unité de Dieu : Genèse 17.1-3 ; 18.1-33. Dieu est apparu à Abraham sous une forme corporelle. Il s'agissait de rencontres en face à face et non de rêves ou de visions (Genèse 35.9-15 ; Exode 3.1-6 ; 6.2-3 ; 24.9-11 ; 33.10-11). Comparer Exode 33.11 à 33.20. Moïse a parlé face à face avec l'une des personnes de la déité (le Fils) mais il ne lui a pas été permis de voir le visage de l'autre personne de la déité (le Père). Cela vous semble complexe ? En effet, ça l'est. Dieu est Dieu – voir Jean 1.1-18. Voici d'autres passages de l'Ancien Testament qui ne peuvent bien se comprendre qu'à l'aide du concept de l'unité plurielle de Dieu : Psaume 2 ; Psaume 110.1 (comparer avec Matthieu 22.41-46) ; Proverbes 30.4 ; Ésaïe 6.1-3 (comparer avec Jean 12.41) ; Ésaïe 26.3-4 ; Ésaïe 40.3-11 ;

Ésaïe 43.10-11 (Ésaïe 7.14 ; 9.5-6) ; Ésaïe 48.16 ; Ésaïe 63.1-14 ; Ésaïe 49.1-7 ; Jérémie 23.5-6 ; Daniel 7.13-14 ; Osée 12.4-6 ; Michée 5.1 ; Malachie 3.1-2, etc.

[105]   Luc 15.11-32 ; lire aussi la première Épître de Jean.

[106]   Lire Psaume 2, dans lequel le prophète David fait référence au Messie comme au *Fils de Dieu*. Considérez aussi quelques-uns des autres noms et titres du Fils. Il est appelé : « *la porte* » (Jean 10), mais cela ne signifie sûrement pas qu'il est une porte de bois ou de métal. Il est aussi appelé : « *le pain de vie* » (Jean 6), mais cela ne veut pas dire qu'il est une baguette de pain. L'expression « Fils de Dieu » ne signifie pas non plus que Dieu a pris femme puis engendré un enfant. Lire Jean, chapitres 1, 3 et 5.

[107]   *Le Soleil*, 14 mars 1984 : « Bienfaiteur sincère, il considérait ses 2 000 employés **comme ses enfants** et partageait leurs problèmes, leur soucis et leurs joies. Le « vieux » comme l'appelait familièrement et tendrement son personnel, était **un grand fils du Sénégal.** »

[108]   Pas plus que Dieu lui-même, on ne peut faire entrer le Saint-Esprit dans un moule d'idées préconçues. L'un des prophètes de Dieu, qui a reçu un aperçu des cieux, a contemplé le Saint-Esprit sous la forme de « *sept lampes ardentes* » brûlant « *devant le trône* » de Dieu (Apocalypse 4.5). Un autre prophète l'a décrit comme celui qui confère sept qualités venant de Dieu seul : « *L'Esprit de l'Éternel [...] : Esprit de **sagesse** et d'**intelligence**, Esprit de **conseil** et de **force**, Esprit de **connaissance** et de **crainte de l'Éternel*** » (Ésaïe 11.2).

[109]   Lorsqu'il était sur terre, le Fils de Dieu a promis à ses disciples « *le consolateur, **l'Esprit Saint**, que **le Père** enverra en **mon nom**, [**qui**] vous enseignera toutes choses, et vous rappellera tout ce que **je** vous ai dit* » (Jean 14.26). Ces paroles témoignent de la parfaite unité qui a toujours existé entre le Père, le Fils et le Saint-Esprit. De même que le Père et le Fils, le Saint-Esprit est un Être personnel. Pour en savoir plus sur le Saint-Esprit, lire les chapitres 16, 22 et 28. Mieux encore, lisez *les Épîtres* et le livre des *Actes* dans la Bible, en prêtant attention au rôle du Saint-Esprit.

[110]   L'Évangile rapporte que le Fils a parlé au Père « *de la gloire [qu'il avait] auprès de [lui] **avant** que le monde fût* ». Nous entendons aussi le Fils dire : « *Père [...] tu m'as aimé **avant** la fondation du monde* » (Jean 17.5, 24). Voir aussi Michée 5.1 ; Ésaïe 9.5. En ce qui concerne le Saint-Esprit, l'un de ses titres est « *l'Esprit **éternel*** » (Hébreux 9.14).

[111] Exode 20.22 ; Hébreux 12.25 ; Luc 3.22; 5.24 ; Jean 1.1-18 ; 3.16-19 ; 17.22 ; Actes 5.3 ; 7.51 : Galates 4.6 ; etc.

[112] En arabe, le terme *Allah*, dans son sens originel, est l'équivalent du terme français *Dieu*. Que ce soit dans la traduction d'un verset de l'Ancien Testament comme Genèse 1.1 « *Au commencement, **Dieu** créa les cieux et la terre* », ou celle d'un verset du Nouveau Testament comme Jean 1.1 : « *Au commencement était la Parole, et la Parole était avec **Dieu**, et la Parole était **Dieu*** », le terme générique employé en arabe pour *Dieu* est *Allah*, ce qui signifie *l'Être suprême*. Il est important de comprendre que l'Être suprême a des noms personnels par lesquels il veut être connu. « Allah » n'est pas le nom propre personnel de Dieu, bien que beaucoup le croient. Ce n'est pas non plus le cas de « Dieu », quoique beaucoup le pensent.

CHAPITRE 10 – UNE CRÉATION UNIQUE

[113] Guinness, Alma E. *ABC's of The Human Body*. Ouvrage collectif : The Reader's Digest Association, 1987, p. 22.

[114] Gates, Bill. *The Road Ahead*. NY : Penguin Group, 1995, p. 188.

[115] Pour illustrer une vérité spirituelle plus grande encore, la Bible décrit le système harmonieux du corps humain : « *...le corps, bien coordonné et formant un solide assemblage, tire son accroissement selon la force qui convient à chacune de ses parties, et s'édifie lui-même* » (Éphésiens 4.16).

[116] Ces méditations sont adaptées du superbe commentaire de John Phillips sur la Genèse (Phillips, John. *Exploring Genesis*. Chicago : Moody Press, 1980). **Note** : L'Écriture fait la distinction entre l'esprit, l'âme et le corps (voir 1 Thessaloniciens 5.23 ; Hébreux 4.12-13 ; Jean 4.24.)

[117] L'idée selon laquelle Éden se situait dans la région de l'Irak est fondée sur les informations géographiques renfermées dans Genèse 2.13-14. **Note :** Certains désignent le jardin d'Éden du nom de *jardin du paradis*, bien que ce ne soit pas le cas dans l'Écriture. On ne doit pas confondre l'Éden terrestre et le paradis céleste.

[118] Henry, Matthew. *Matthew Henry's Commentary*. Grand Rapids, MI : Zondervan, 1960, p. 7.

[119] Adam (*Adamah*) est le mot hébreu désignant l'homme et signifie littéralement « *terre rouge* » car Adam a été tiré du sol. Ève ('*Havvah*) signifie «vie » – « *car elle a été la mère de tous les vivants* » (Genèse 3.20).

CHAPITRE 11 – LE MAL FAIT SON ENTRÉE

[120]   « *Te voilà tombé du ciel, Astre brillant* [**Lucifer**], *fils de l'aurore ! Tu es abattu à terre, toi, le vainqueur des nations !* » (Ésaïe 14.12). Dans ce verset, le nom d'*Astre brillant* est la traduction du mot hébreu *helel*, ce qui signifie « luisant ». Ésaïe 14 et Ézéchiel 28 fournissent un exemple de la loi de double interprétation. À la surface, ces passages font référence à des rois terrestres. Ésaïe fait référence au « *roi de Babylone* » et Ézéchiel, au « *roi de Tyr* ». Cependant les deux passages contiennent des déclarations qui ne peuvent s'appliquer à des hommes. Lorsqu'on les étudie à la lumière d'autres passages de l'Écriture (Luc 10.18 ; Job 1.6-12 ; Apocalypse 12.10 ; 1 Pierre 5.8 ; etc.), il devient clair que ces passages sont des commentaires sur la chute de Satan – l'instigateur de ces choses mauvaises et l'influence cachée à l'œuvre derrière elles.

[121]   Apocalypse 12.4.

[122]   Matthieu 10.28 ; 23.33 ; Marc 9.43-48.

[123]   Apocalypse 20.10-15.

CHAPITRE 12 – LA LOI DU PÉCHÉ ET DE LA MORT

[124]   On pose souvent la question suivante : « Qu'arrive-t-il aux bébés et aux petits enfants qui meurent ? Seront-ils jugés à cause de la nature pécheresse qu'ils ont héritée ? » (Psaume 51.7; 58.4) Le juste juge exercera la justice (Genèse 18.25). Il ne condamnera pas quelqu'un pour quelque chose qu'il n'est pas en mesure de comprendre. Il tient les individus pour responsables de ce qu'ils savent et auraient pu savoir s'ils avaient fait un effort (Romains 2.11-15 ; Psaume 34.10 ; Ésaïe 55.6). Un humain devient responsable devant Dieu dès lors qu'il est assez mûr pour faire des choix d'ordre moral (Deutéronome 1.39 ; Ésaïe 7.16 ; 2 Samuel 12.23 ; Matthieu 18.10 ; 2 Timothée 3.14-17). Seul Dieu sait à quel âge un individu devient responsable de ses choix et de ses péchés. Quoi qu'il en soit, le message que nous adresse Dieu est : « *Voici* **maintenant** *le temps favorable, voici maintenant le jour du salut* » (2 Corinthiens 6.2).

[125]   Apocalypse 20.14-15 ; 2.11 ; 21.8 ; Matthieu 25.46.

CHAPITRE 13 – LA MISÉRICORDE ET LA JUSTICE

Pas de notes pour ce chapitre.

CHAPITRE 14 – LA MALÉDICTION

[126] « Les pythons et les boas constrictors [...] ont des pattes en forme de moignons sous leur peau et de minuscules griffes d'un peu plus d'un centimètre de longueur, qui dépassent au-dessus des moignons mais sont nichées près de leur ventre, à proximité de l'anus. En réalité, les protubérances elles-mêmes ne sont pas des pattes mais un résidu de l'os de la partie supérieure de la patte (cuisse ou fémur). Les mâles utilisent toujours les "éperons" – mais seulement durant la parade ou lorsqu'ils se battent, non pour marcher. Aucun autre serpent n'a de jambes » (www.wonderquest.com/snake-legs.htm / photos incluses). Certains interprètent ce fait biologique comme une preuve de l'hypothèse évolutionniste. Ce qu'il convient de comprendre, c'est que l'anatomie des serpents est en harmonie avec ce que l'Écriture a rapporté il y a des milliers d'années.

[127] Voir aussi : Apocalypse 20.2 ; Luc 10.18 et 2 Corinthiens 11.3, 14 : « *de même que **le serpent séduisit Ève** par sa ruse* », de même « ***Satan lui-même** se déguise en ange de lumière.* »

[128] Exode 29.7 ; 1 Samuel 10.1 ; 2 Rois 9.6 ; Psaume 45.8.

[129] Le chapitre 18 présente trois raisons pour lesquelles Dieu a codé son plan de sauvetage. L'un des plaisirs d'une étude chronologique des Écritures est de découvrir le déroulement du plan de Dieu pour délivrer les humains de Satan, du péché et de la mort. Dieu, dans sa sagesse, nous a révélé son plan progressivement ; « *c'est précepte sur précepte, précepte sur précepte, règle sur règle, règle sur règle, un peu ici, un peu là* » (Ésaïe 28.10).

[130] Dans une bande dessinée intitulée « You call that intelligent? » (Vous appelez ça intelligent ?), *Time Magazine* ridiculise le concept d'un concepteur intelligent (Dieu) : « Le vieillissement n'aurait-il pas pu être traité avec plus de flair et de dignité ? Par exemple, pourquoi, au lieu de devenir tous ridés et décrépits, les gens ne s'estompent-ils pas d'une manière poétique ? » (Handy, Bruce and Glynis Sweeny. *Time*, le 4 juillet 2005, p. 90). Par ailleurs, le livre *L'improbabilité de Dieu* (*The Improbability of God*), dans un chapitre intitulé *Ni Intelligent Ni Conçu*, affirme : « N'est-ce rien d'autre que le fruit d'un ego démesuré que de proposer le concept intelligent comme origine d'une créature aussi mal conçue ? » (Bruce & Frances Martin, *The Improbability of God* par Michael Martin & Ricki Monnier. Amherst, NY : Prometheus Books, 2006, p. 220).

CHAPITRE 15 – UN DOUBLE PROBLÈME

[131] Associated Press, 20 mai 2006 www.abclocal.go.com/ktrk/ story?section=nation_world&id=4189656

[132] Les purifications cérémonielles faisaient partie de la Loi de l'Ancien Testament (voir le Lévitique). Leur objet était d'enseigner aux pécheurs qu'ils étaient spirituellement impurs devant Dieu. Puisqu'il a pourvu à une pleine purification et à une parfaite justice par le Messie, Dieu ne requiert plus de tels rituels. Lire à ce sujet Actes 10 et Colossiens 2. À ce jour, beaucoup de religions mettent l'accent sur les rituels de purification extérieurs. J'ai reçu le courriel suivant d'un musulman londonien : « Tous les non-musulmans, y compris les chrétiens, sont impurs [...] Les musulmans sont purs et proches d'Allah parce qu'ils se lavent. »

[133] Après que Dieu a énoncé les commandements oralement (Exode 20), il a convié Moïse à escalader la montagne et lui a donné deux tablettes de pierre sur lesquelles il avait lui-même écrit les « dix commandements » (Exode 24.12 ; 31.18). « *Les tables étaient l'ouvrage de Dieu, et l'écriture était l'écriture de Dieu, gravée sur les tables* » (Exode 32.16).

[134] Voir Luc 18.9-14 ; Éphésiens 2.8-9.

[135] Le Messie est le seul et unique à avoir gardé toutes les lois de Dieu et à pouvoir dire : « *Je veux faire ta volonté, mon Dieu ! Et **ta loi** est au fond de mon cœur* » (Psaume 40.9). La Loi le désigne : « *Ainsi la loi a été comme **un pédagogue** pour nous conduire à Christ, afin que nous fussions justifiés **par la foi*** » (Galates 3.24). La solution de Dieu pour l'homme est puissamment exposée en Romains 3.20-27.

CHAPITRE 16 – LA POSTÉRITÉ DE LA FEMME

[136] « *Et comme tous meurent en Adam, de même aussi tous revivront en Christ* » (1 Corinthiens 15.22) ; lire aussi Romains chapitre 5 ; Galates 4.4-5.

[137] Centre de soins pour femmes enceintes Neobirth : www.neobirth.org. za/development.html

[138] « *Bethléhem Éphratha* » est un nom ancien de Bethléhem, ville située au sud de Jérusalem (Genèse 35.16-19 ; 48.7). Le roi David y est né (1 Samuel 16.1, 18-19 ; 17.12), de même que son descendant par excellence (Matthieu 2.1-6 ; Luc 2.1-12). Les Juifs qui vivaient du temps de Jésus étaient dans la confusion parce qu'il avait grandi à Nazareth, en Galilée (Jean 7.41-42).

[139] Pour des références bibliques, voir la liste de prophéties au chapitre 5.

[140] Pour des informations supplémentaires quant à la signification du mot « Messie », voir le chapitre 14 sous le sous-titre : « LES DEUX POSTÉRITÉS ».

[141] Genèse 1.2 ; le Saint-Esprit de Dieu ne doit pas être confondu avec Gabriel. L'ange Gabriel est un être créé. Le Saint-Esprit est l'Esprit de Dieu lui-même, incréé et à jamais actif. Voir les chapitres 9 et 28.

[142] Après la naissance de Jésus, Marie et son mari Joseph ont vécu ensemble comme n'importe quel autre couple, et ils ont eu des fils et des filles ensemble (Matthieu 13.55-56 ; Luc 8.19 ; Jean 7.3-10).

[143] Les prophètes avaient prédit que le Messie serait conçu d'une vierge : Ésaïe 7.14 ; il devait descendre de la lignée d'Abraham, d'Isaac, de Jacob et de Juda : Genèse 17.18-21 ; 26.3-4 ; 28.13-14 ; 49.8-10 ; il devait être de la lignée royale du roi David : 2 Samuel 7.16 ; il devait naître à Bethléhem : Michée. 5.1.

[144] Matthieu 2. Le roi Hérode était jaloux à l'idée qu'un autre « roi » était né et a essayé de tuer Jésus en ordonnant l'exécution de tous les enfants mâles de deux ans et moins vivant à Bethléhem et aux alentours. Satan était derrière tout cela. Son objectif était de détruire « la postérité de la femme » qui avait fait irruption sur « son territoire » ! Néanmoins, Dieu avait anticipé la tentative de Satan de tuer Jésus et il a prévenu Joseph en songe, lui ordonnant d'emmener Marie et le jeune enfant en Égypte pour s'y réfugier. Ces événements avaient également été prédits par les prophètes (Matthieu chapitre 2 ; Michée 5.1 ; Osée 11.1 ; Jérémie 31.15). Après la mort du roi Hérode, Joseph, Marie et Jésus sont retournés à Nazareth où le jeune Jésus a atteint l'âge adulte.

CHAPITRE 17 – QUI CELA PEUT-IL ÊTRE ?

[145] Adapté de Jayyusi, Salma Khadra. *Tales of Juha*. Interlink Books. Northampton, MA, 2007, p. 19.

[146] Voici quelques-uns des écrivains anciens non bibliques qui font référence à Jésus de Nazareth : Tacite, historien romain (55-120 apr. J.-C.) [Tacite 15.44] ; Josèphe, historien juif (37-101 apr. J.-C.) [Antiquités 18.3] ; le Talmud, commentaire rabbinique sur la Torah [le Talmud babylonien. Sanhédrin, 43a] ; un Grec nommé Lucien [La mort de Pereguire, p. 11-13 dans les *Œuvres de Samasota*, traduites en anglais par H.W. Fowler & F.G. Fowler, 4 volumes. Oxford : Clarendon Press, 1949 ; Suétone (69-122 apr. J.-C.), le premier secrétaire de l'empereur Hadrien [Claudias, 25]. **Note** : J. Oswald Sanders a écrit : « De considérer que le Christ de la Bible est le fruit

de la simple imagination humaine et n'a aucune réalité historique ferait des Évangiles un aussi grand miracle dans le domaine de la littérature que le Christ vivant dans le domaine de l'Histoire. » Ernest Renan a remarqué qu'il faudrait un Jésus pour inventer Jésus. Jean-Jacques Rousseau a écrit qu'il fallait plus de foi pour croire à l'invention de l'histoire de quelqu'un comme Jésus par concertation entre plusieurs personnes, que pour croire que Jésus a réellement existé comme acteur et objet de cette histoire ! (Sanders, J. Oswald. *The Incomparable Christ*. Moody Press. Chicago, 1971, p. 57).

[147]   Matthieu 13.55-56. Jésus a grandi à Nazareth (Matthieu 2.22-23 ; Luc 2.51-52), travaillant comme charpentier auprès de son père sur la terre, Joseph (Marc 6.3). L'humilité de Jésus offensait ceux qui voulaient un héros conquérant et non un humble serviteur.

[148]   « *Jésus avait environ trente ans lorsqu'il commença son ministère, étant, comme on le croyait, fils de Joseph* » (Luc 3.23).

[149]   Jésus a fréquemment parlé de lui-même comme étant le « Fils de l'homme », un titre messianique signifiant « Fils de l'humanité » (mot grec : *anthropos*). Quel titre ! Que nous le voulions ou non, nous sommes tous « fils et filles de l'humanité ». Mais en ce qui concerne le Fils exalté de Dieu, il a choisi de devenir le Fils de l'homme et de s'identifier avec la race humaine. Ainsi, ce titre souligne la divinité de Jésus autant qu'elle souligne son humanité, puisqu'elle désigne l'intervention personnelle de Dieu au sein du genre humain. Lire à ce sujet Daniel 7.13-14 ; Matthieu 8.20 ; Luc 5.24 ; 22.69-70 ; Jean 5.27 ; 13.31 ; Apocalypse 1.13-18 ; 14.14.

[150]   Par exemple, le verset de l'Ancien Testament que Jésus a cité (en Luc 4.4) est tiré de la Torah de Moïse : Deutéronome 8.3.

[151]   À cause du péché de l'homme, Satan était bel et bien devenu « *le prince de ce monde* » et le « *prince de la puissance de l'air [...] l'esprit qui [agissait] maintenant dans les fils de la rébellion* » (Jean 12.31 ; Éphésiens 2.2). Le Fils de Dieu était venu restaurer la domination de l'homme qu'il avait perdue à la suite du péché ; toutefois il ne l'a pas fait à la manière de Satan, mais à celle de Dieu.

[152]   Psaume 110 et Psaume 2 ; Matthieu 21.41-46.

[153]   Sourate 19.19 ; comparer avec 48.2 ; 47.19.

[154]   Sourate 19.19 ; 3.45-51[52] ; 5.110-112[109-111].

[155]   Sourate 4.171[170].

[156]   Le péché le plus grave que dénonce l'islam est le « *shirk* » (terme arabe signifiant *association*). Le « *shirk* » est le péché consistant à considérer quoi que ce soit ou quiconque comme étant égal à Dieu.

[157]   Remarquez les titres attribués au Messie promis :

Merveilleux = Un titre utilisé pour Dieu et lui seul. Il signifie : « *extraordinaire* ».

Conseiller = Le Messie allait être la *personnification de la sagesse*.

Dieu puissant = c'est *Dieu lui-même* qui prendrait un corps d'homme.

Père éternel = Il serait le *détenteur de l'éternité*.

Prince de paix = Il allait offrir à tous ceux qui mettraient en lui leur confiance : la paix *avec Dieu* (Romains 5.1), la paix *avec autrui* (Éphésiens 2.14-18), la paix *intérieure* (Philippiens 4.7) et, en définitive, la paix *universelle* (voir le chapitre 29).

[158]   Le prophète David avait prédit la venue en personne du Seigneur sur terre : « *Voici, **je viens** avec le rouleau du livre écrit pour **moi*** » (Psaume 40.8). Malachie avait prophétisé que Dieu allait envoyer un précurseur pour préparer son peuple à l'arrivée de l'Éternel (Malachie 3.1).

[159]   Est-il en deçà de la majesté de Dieu de s'abaisser à notre niveau ? Imaginez que votre ami et vous-même parliez de deux chefs spirituels respectés – que nous appellerons Omar et Aaron. Votre ami dit : « Aaron joue avec des modèles réduits de voitures, mais pas Omar. » Ayant un grand respect pour Aaron, vous répondez : « Jamais ! À Dieu ne plaise qu'Aaron joue avec des autos miniatures ! » En premier lieu, une telle réaction peut paraître raisonnable et juste. Néanmoins, l'histoire révèle ensuite qu'Omar et Aaron ont des jeunes garçons qui raffolent que leurs pères se mettent par terre pour jouer aux autos avec eux. Que diriez-vous si vous appreniez qu'Aaron est heureux de passer du temps de la sorte avec son fils, tandis qu'Omar se refuse à le faire parce qu'il estime cette activité indigne de lui ? Qui serait le meilleur père, Omar ou Aaron ? De même, lorsque les gens disent : « C'est en deçà de la majesté du Tout-Puissant que d'apparaître sur terre sous la forme d'un homme », leurs intentions sont peut-être bonnes, mais au lieu de magnifier la majesté de Dieu, ils la rabaissent.

[160]   Jean 13 rapporte que Jésus a lavé les pieds de ses disciples – c'était la tâche d'un serviteur ! Le fait de lire les Évangiles revient à faire la rencontre du serviteur ultime : l'Éternel lui-même.

[161]   Matthieu 14 ; Marc 6 ; Jean 6.

[162] Si Jésus avait seulement voulu dire qu'il existait avant Abraham, il aurait dit : « **Avant** qu'Abraham fût, j'étais », et non « *Avant qu'Abraham fût, je suis.* » Voir le chapitre 9 au sujet de YHWH (Exode 3.14).

[163] Le terme pour « adorer » employé pour ceux qui se sont prosternés devant Jésus est le même que celui utilisé pour l'adoration de Dieu (comparer Matthieu 8.2 avec Apocalypse 7.11). Dans les deux cas, le verbe rendu par « adorer » est le mot grec « *proskuneo* » signifiant « se prosterner en adoration », « adorer »).

[164] Si vous insistez toujours sur le fait non démontré que l'Écriture a été falsifiée, relisez le chapitre 3, intitulé : « Falsifiées ou préservées ? »

[165] Lewis. C.S. *Mere Christianity.* NY : Macmillan-Collier, 1960, p. 55-56.

[166] Pour étudier de nouveau l'unité complexe de Dieu, relisez le chapitre 9.

[167] Il y en a beaucoup qui achoppent sur un aspect supplémentaire de cet épisode concernant Jésus et le jeune homme riche. Cet homme est venu à Jésus en courant et lui a demandé : « *Bon maître [...] que dois-je faire **de bon** pour hériter **la vie éternelle** ?* » (Matthieu 19.16 ; Marc 10.17; Luc 10.25). Aux yeux de la multitude, la question de ce jeune homme pouvait paraître judicieuse, mais non à ceux du Seigneur. Jésus savait que ce jeune homme religieux n'avait pas encore saisi les vérités fondamentales quant à la sainteté infinie de Dieu et au caractère infiniment entaché de péché de l'homme. Cet homme juste à ses propres yeux s'imaginait qu'il pouvait mériter son accès au ciel par ses propres efforts ; qu'il pouvait d'une manière ou d'une autre être suffisamment bon. Il était comme un enfant tendant une poignée de pièces de cuivre crasseuses à l'homme le plus riche du monde en lui demandant : « Combien m'en faut-il pour acheter vos biens ? » Comment Jésus a-t-il répondu à cet homme ? Il l'a renvoyé à la Torah et aux dix commandements pour lui montrer qu'il ne pourrait jamais, par ses propres forces, satisfaire les critères de la justice parfaite exigée par Dieu. La « vie éternelle » n'est pas pour ceux qui pensent qu'ils peuvent la mériter en faisant quelque chose « de bon ».

[168] Jésus a aussi dit : « *Que votre cœur ne se trouble point. Croyez en Dieu, et croyez en **moi. Je suis le chemin, la vérité, et la vie. Nul ne vient au Père que par** moi [...] Celui qui m'a vu a vu le Père ; comment dis-tu : Montre-nous le Père ? Ne crois-tu pas que je suis dans le Père, et que le Père est en moi ? Les paroles que je vous dis, je ne les dis pas de moi-même ; et le Père qui demeure en moi, c'est lui qui fait les œuvres. Croyez-moi, **je suis***

dans le Père, et le Père est en moi ; *croyez du moins à cause de ces œuvres* » (Jean 14.1, 6, 9-11).

[169] Ésaïe 53.1 ; Jean 12.28 ; Luc 1.51 ; voir aussi Ésaïe 40.10-11 ; 51.5 ; 52.10 ; 59.16 ; 63.5 ; Jérémie 32.17.

[170] Si Dieu a transmis à deux prophètes (Élie et Élisée) la puissance de ressusciter un mort, aucun prophète n'a jamais affirmé être la *source de la vie*. Seul Jésus pouvait dire : « *Je suis la résurrection et la vie.* »

[171] Avant que le Messie ne vienne sur terre, il était aux cieux. Il était là lorsque Lucifer en a été exclu. Ainsi, il a pu dire à ses disciples : « *Je voyais Satan tomber du ciel comme un éclair* » (Luc 10.18).

CHAPITRE 18 – LE PLAN ÉTERNEL DE DIEU

[172] Hébreux 11.6 ; Jérémie 29.13 ; Ésaïe 29.11 ; Matthieu 11.25 ; 13.13-14 ; Luc 8.4-15 ; Jean 6. Beaucoup des vérités de Dieu sont révélées avec un certain flou, afin que seuls ceux qui recherchent sa vérité la trouvent. Dieu ne veut pas forcer les humains à écouter, à comprendre et à croire. Ceux qui le désirent vraiment découvriront sa vérité, mais pas ceux qui demeureront volontairement aveugles.

[173] Avez-vous remarqué que beaucoup de prophéties ont été écrites au passé alors qu'elles précédaient les événements qu'elles annonçaient de plusieurs siècles ? Les projets de Dieu ne peuvent être contrecarrés. Lorsque le créateur dit que quelque chose va se produire, c'est comme si c'était fait. C'est également la raison pour laquelle le Messie est appelé « *l'Agneau, immolé dès la fondation du monde* » (Apocalypse 13.8, *Bible Martin*).

[174] Lire le Psaume 2, écrit 1 000 ans avant la première venue du Messie sur terre. Ailleurs dans l'Écriture, le Messie, lors de sa deuxième venue sur terre (décrite au chapitre 29 d'*Un seul Dieu – Un seul message*) est comparé à la chute d'une pierre massive sur terre depuis les cieux. Cette « pierre » va « pulvériser » tous ceux qui auront refusé de se soumettre à lui (Daniel 2.34-35 ; Matthieu 21.33-44).

[175] Pour d'autres paroles de Pierre, lire Actes chapitres 2–5 ; Actes 10 ; 1 Pierre 1.10-12 ; 2.21-25 ; 3.18 ; etc. Méditez également ces paroles écrites par l'apôtre Paul : « **Car la prédication de la croix est une folie** pour ceux qui périssent; mais pour nous qui sommes sauvés, **elle est une puissance de Dieu** [...] l**a folie de Dieu** est plus sage que les hommes, et la faiblesse de Dieu est plus forte que les hommes [...] Dieu a choisi les choses **folles** du

monde pour confondre les sages; Dieu a choisi les choses faibles du monde pour confondre les fortes » (1 Corinthiens 1.18, 25, 27).

CHAPITRE 19 – LA LOI DU SACRIFICE

[176]   Comment Abel avait-il appris à faire tout cela ? Dieu l'avait instruit. Hébreux 11.4 nous dit qu'il avait apporté ce sacrifice « *par la foi* » – une foi en tout ce que Dieu avait ordonné et promis. Plus tard, les Écritures allaient fournir par écrit les règles détaillées concernant le sacrifice substitutif, qu'Abel avait, avec obéissance, présenté longtemps auparavant. Genèse 4.4 affirme qu'Abel avait apporté les « *premiers-nés de son troupeau* » (comparer avec Exode 13.12-13 et voir Lévitique 5.6), et offert de leur « *graisse* » (voir Lévitique 3.16). Il n'est pas dit si Abel a sacrifié son agneau sur un autel comme les croyants venus après lui l'ont fait, mais c'est probable. Genèse 8.20 ; 12.7 ; 13.4, 18 ; 22.8-9 ; Exode 20.24-26 ; Lévitique 17.11 etc.

[177]   Daniel 6 ; Esther 3.8-15 ; 8.7-17.

[178]   Strong, James. *The Exhaustive Concordance of the Bible*. NY : Abingdon-Cokesbury Press, 1948, p. 57.

[179]   Lévitique 5.7.

[180]   A plus de cinquante reprises, les Écritures déclarent que le sacrifice devait être « *sans défaut* ». Par exemple, « *si c'est du petit bétail qu'on* [*offrait*] *en holocauste, on* [*devait apporter*] *un mouton ou un chevreau mâle et **sans défaut*** » (Lévitique 1.10).

CHAPITRE 20 – UNE OFFRANDE DE GRAND PRIX

[181]   *L'Aïd-al-Adha* (ou *Aid-el-Kebir* « *la grande fête* ») est la plus importante des fêtes islamiques. Elle renvoie à l'épisode au cours duquel Dieu a procuré un bélier à Abraham pour qu'il le sacrifie en lieu et place de son fils. Selon une croyance musulmane très répandue, c'est Ismaël et non Isaac qui devait être sacrifié – bien que le Coran lui-même n'affirme jamais que ce fût Ismaël et que la Bible dise clairement qu'il s'agissait d'Isaac. Le sacrifice de l'Aïd est effectué par les musulmans dans le monde entier. Il est aussi accompli comme rite de clôture du pèlerinage (*Hadjdj*) à la Mecque. Les pèlerins terminent le Hadjdj en répandant le sang d'un animal – d'ordinaire une brebis ou une vache – après la prière Aïd du matin. La plupart des musulmans croient que ces rituels leur confèrent une espèce de « nouvelle naissance » et que s'ils les accomplissent correctement, leurs péchés sont lavés. Néanmoins, les musulmans reconnaissent également que ces rituels ne peuvent procurer

l'assurance du salut, du fait qu'ils commencent immédiatement à accumuler des péchés supplémentaires après le Hadjdj et le sacrifice de l'Aïd. (Pour la perspective biblique à ce propos, voir Hébreux chapitre 10 et Jean chapitre 3).

[182] À l'origine, Abraham se nommait Abram. Pour des raisons de concision, cette partie de l'histoire n'est pas expliquée dans *Un seul Dieu – Un seul message*. Voir Genèse 17. Pour l'histoire complète d'Abraham, lisez Genèse 11 à 25 ; lisez aussi Romains 4, Galates 4, et Hébreux 11.

[183] Deutéronome 7.6-7 ; 14.2.

[184] Voici quelques exemples du fait que Dieu s'est servi de la nation israélite pour bénir des non-juifs : Joseph a sauvé la vie de millions d'Égyptiens (Genèse 37–50). Naomi, une fille d'Abraham, a été une bénédiction pour deux femmes moabites, Orpa et Ruth (livre de Ruth dans l'Ancien Testament). Le prophète Élie a été une bénédiction pour une veuve de Sidon (1 Rois 17 ; Luc 4.26). Jonas, bien qu'avec réticence, a proclamé un message de salut aux habitants de Ninive (livre de Jonas). Le roi Salomon a été une bénédiction pour la reine de Séba en Arabie (1 Rois 10 ; Luc 11.31). Daniel a béni les Babyloniens (Daniel 1–6). Esther et Mardochée ont apporté des bénédictions à l'Empire perse (livre d'Esther)...

[185] Genèse 12.2-3 ; 22.16-18 ; Hébreux 6.13-20 ; Jean 4.22 ; Actes 1–10, etc.

[186] *« C'est par la foi qu'Abraham offrit Isaac, lorsqu'il fut mis à l'épreuve, et qu'il offrit son fils unique, lui qui avait reçu les promesses, et à qui il avait été dit :* **En Isaac sera nommée pour toi une postérité. Il pensait que Dieu est puissant, même pour ressusciter les morts** *; aussi le recouvra-t-il par une sorte de résurrection »* (Hébreux 11.17-19).

CHAPITRE 21 – ENCORE DU SANG VERSÉ

[187] J'avais commencé à compter les « récits de sacrifices » dans l'Ancien Testament, mais lorsque j'ai atteint la 200e histoire, j'ai arrêté ! Les quatre mots « sang », « sacrifice(s) », « offrande(s) » et « autel(s) » apparaissent plus de 1 400 fois dans la Bible.

[188] Genèse 15.13-14 : « Et l'Éternel dit à Abram : Sache que tes descendants seront étrangers dans un pays qui ne sera point à eux ; ils y seront asservis, et on les opprimera pendant **quatre cents ans**. Mais je jugerai la nation à laquelle ils seront asservis, et **ils sortiront ensuite avec de grandes richesses**. » L'accomplissement de la promesse de Dieu est rapporté en Exode 1.1-12 ; 12.35-41. Dieu est souverain. Ses projets se concrétisent toujours.

[189] Exode 5-11.

[190] Quelque temps après, depuis le buisson ardent sur le mont Sinaï, Dieu a promis à Moïse : « *Je serai avec toi ; et ceci sera pour toi le signe que c'est moi qui t'envoie : quand tu auras fait sortir d'Égypte le peuple, vous servirez Dieu sur cette montagne* » (Exode 3.12).

[191] Exode 13-17; « *Il ouvrit le rocher, et des eaux coulèrent ; elles se répandirent comme un fleuve dans les lieux arides* » (Psaume 105.41).

[192] Exode 28.9-19 ; plus tard, lorsque le Messie était sur terre, il a dit : « *Je suis* **la porte***. Si quelqu'un entre par moi, il sera* **sauvé** *; il entrera et il sortira, et il trouvera des pâturages* » (Jean 10.9). Chaque élément du tabernacle préfigurait sa personne et son œuvre.

[193] « *Il* **posera sa main** *sur la tête de la victime, qu'il* **égorgera** *à l'entrée de la tente d'assignation ; et les sacrificateurs, fils d'Aaron,* **répandront le sang sur l'autel tout autour** *[...] Les fils d'Aaron brûleront cela sur l'autel, par-dessus l'holocauste qui sera sur le bois mis au feu. C'est un sacrifice* **consumé par le feu***, d'une agréable odeur à l'Éternel* » (Lévitique 3.2,5).

[194] Le tabernacle est une image du Sauveur qui devait descendre des cieux jusque sur la terre. Pour ceux qui connaissent vraiment ce Sauveur, « *toute sa personne est pleine de charme* » (Cantique des cantiques 5:16) – comme l'intérieur du tabernacle qui était admirable. Pour ceux qui ne le connaissent pas, « *son aspect n'avait rien pour nous plaire* » (Ésaïe 53:2-3) – comme l'extérieur du tabernacle.

[195] *Adam* (*Adamah*) est le terme hébreu signifiant « homme » et sa signification littérale est « terre rouge » parce que Dieu a formé le corps d'Adam à partir du sol de la terre.

[196] Nombres 3.23-39

[197] Lévitique 16 ; aujourd'hui, les Juifs appellent le jour de l'expiation « Yom Kippour », mais ce jour est dépourvu de sa signification originelle du fait qu'il n'y a plus de temple, ni de prêtrise, ni d'agneau sacrificiel. Il est ironique que l'un des symboles du judaïsme contemporain soit un mur (le mur occidental ; un mur de soutènement construit pas Hérode le Grand pour agrandir la zone du Mont du Temple). Les Juifs se tiennent debout devant ce mur chaque jour et prient pour la venue du Messie... qui a déjà eu lieu ! Comme il avait été prédit par les prophètes, la nation juive est spirituellement aveuglée (Ésaïe 6.10 ; 53.1 ; Jérémie 5.21 ; Ézéchiel 12.2 ; 2 Corinthiens 3.12—4.6). Un jour ses yeux seront ouverts afin qu'elle puisse comprendre que Jésus (Yéchoua) est

celui qui a accompli le symbolisme du temple, de la prêtrise et des sacrifices (Hébreux 8–10 ; Éphésiens 2). Le mur d'aveuglement spirituel sera abattu (Éphésiens 2.14 ; Romains 9 – 11). Voir le chapitre 5 dans ce livre, sous le sous-titre : PROPHÉTIES CONCERNANT UN PEUPLE. Lire également les notes de fin.

[198]   2 Chroniques 3.1 – Comparer avec Genèse 22.2. C'est à ce même endroit que les musulmans ont construit le Dôme du Rocher au septième siècle.

[199]   2 Chroniques 7.5.

CHAPITRE 22 – L'AGNEAU

[200]   L'un des titres de l'Éternel dans l'Écriture est Emmanuel, ce qui signifie littéralement « *Dieu avec nous* » (Ésaïe 7.14 ; Matthieu 1.23).

[201]   2 Corinthiens 5.1-4 ; 1 Corinthiens 6.19 ; 2 Pierre 1.13-14 ; Éphésiens 2.21.

[202]   Ésaïe 40.3-9 ; Malachie 3.1 ; Luc 1 ; Jean 1.

[203]   Tout au long de la Bible, chaque fois qu'un homme a été choisi par Dieu pour être prêtre ou roi, une personne investie d'autorité – par exemple un prophète – l'a oint d'huile afin de montrer qu'il avait été choisi par Dieu pour une tâche particulière. Dieu a oint son Fils du Saint-Esprit. Dans l'Écriture, l'huile est souvent utilisée pour symboliser le Saint-Esprit. **Note** : de même que les trois personnes de la Trinité ont joué un rôle dans l'œuvre de la *création*, le Père, le Fils et le Saint-Esprit ont tous trois pris part à l'œuvre de la *rédemption*.

[204]   « *Le juste vivra **par sa foi*** » (Habacuc 2.4). Si le sacrifice que Jésus est venu offrir devait être suffisant pour « *[ôter] les péchés du monde* », il ne devait bénéficier qu'à ceux qui croiraient que le sacrifice de Jésus était pour eux. Cette vérité peut être méditée au moyen de notre émission radio « Le chemin de la justice » au Sénégal (www.twor.com ; www.lesprophetes.com). Lors de nombreuses émissions, on offre un exemplaire gratuit de l'Écriture aux auditeurs. Tous ceux qui le demandent l'obtiennent sans avoir rien à débourser. Cette offre est-elle valable pour tous les millions d'individus qui écoutent cette émission ? Oui! Tous les auditeurs nous écrivent-ils pour demander leur exemplaire gratuit de l'Écriture ? Non. La plupart ne tirent pas profit de cette offre. De même, par le sacrifice pleinement suffisant de son Fils, Dieu a pourvu au pardon et à la vie éternelle pour tous. Néanmoins, seul un faible pourcentage de la descendance d'Adam s'approprie l'offre de Dieu. Voir Luc 14.15-24.

CHAPITRE 23 – L'ACCOMPLISSEMENT DES ÉCRITURES

[205]   Ésaïe 53 ; Psaume 22. Voir aussi Daniel 9.24-27 qui donne les grandes lignes du plan éternel de Dieu. Ce plan incluait qu'un « *homme ayant reçu l'onction [soit] mis à mort* » (Daniel 9.26).

[206]   Matthieu, chapitres 21 à 25.

[207]   Trahi : voir Psaume 41.10 ; Zacharie 11.12-13 et Matthieu 26.14-16 ; 27.3-10.

[208]   Alors que les Juifs célébraient leur Pâque annuelle, Jésus allait devenir l'Agneau pascal ultime et parfait, délivrant les croyants de la colère de Dieu contre le péché. « ***Christ, notre Pâque**, a été immolé* » (1 Corinthiens 5.7).

[209]   L'Évangile de Jean, chapitres 13 à 17.

[210]   Tout ce que Jésus a dit à ceux qui venaient l'arrêter, c'est « *je suis* ». C'est par l'expression « c'est moi » que les traducteurs bibliques francophones ont rendu ces mots, mais dans le texte grec c'est bien « *je suis* » que l'on trouve. Jésus déclarait qui il était : le « *Je suis* » éternel existant par lui-même. Il n'est pas surprenant, par conséquent, que lorsque Jésus a répondu « *JE SUIS* », les chefs religieux et les soldats soient tombés à la renverse.

[211]   « *Je regardai pendant mes visions nocturnes, et voici, **sur les nuées des cieux arriva quelqu'un de semblable à un fils de l'homme** »* (Daniel 7.13). **Note** : le fait de déchirer ses vêtements était une manière coutumière d'exprimer une douleur ou une colère extrême. Il est intéressant de noter que la loi que Dieu a donnée à Moïse affirmait : « *Le sacrificateur qui a la supériorité sur ses frères [...] ne déchirera point ses vêtements* » (Lévitique 21.10). Par cet acte, (Matthieu 27.65 ; Marc 14.63), Caïphe se disqualifiait en tant que souverain sacrificateur. Le nouveau souverain sacrificateur éternel était Jésus lui-même, qui était venu sur terre pour offrir son propre corps en sacrifice. Il est le seul qui puisse véritablement réconcilier l'homme pécheur avec un Dieu saint (Hébreux 2.17 ; 3.1 ; 4.14-16 ; 7.26 ; 8.1 ; 9.11, 25 ; 10.19-22).

[212]   Jean 18.38 ; 19.4,6 ; Jean 19.15 ; Luc 23.21.

CHAPITRE 24 – UN PAIEMENT COMPLET

[213]   Si vous n'avez pas encore saisi le sens des chapitres 8, 9, 16 et 17 d'*Un seul Dieu – Un seul message*, vous trouverez peut-être cette affirmation blasphématoire. J'en ai même entendu certains dire avec sarcasme : « Alors, pendant que "Dieu" était dans le sein de la vierge, et plus tard sur la croix, qui s'occupait de l'univers ? » Cette question révèle une fausse compréhension de

l'Écriture et du Dieu qui l'a transmise. « *Jésus leur répondit : Vous êtes dans l'erreur, parce que vous ne comprenez ni les Écritures, ni la puissance de Dieu* » (Matthieu 22.29). Du fait que Dieu a toujours existé en tant que Trinité complexe, d'être sur terre et dans les cieux en même temps ne lui posait aucun problème. Si le soleil peut se situer dans l'espace tandis que sa lumière et sa chaleur nous parviennent sur notre planète, pourquoi le créateur du soleil ne pourrait-il pas être sur terre et au ciel en même temps ?

214   *Calvaire* (kranion) est le mot grec correspondant à l'hébreu *Golgotha*, ce qui signifie *lieu du crâne* (Matthieu 27.33 ; Marc 15.22 ; Jean 19.17). Cette colline, où Jésus fut crucifié, située à l'extérieur de la vieille ville de Jérusalem et arrondie comme un crâne nu, fait partie de la même chaîne montagneuse que celle où Abraham avait offert le bélier en lieu et place de son fils.

215   L'historien Josèphe a rapporté qu'avant la chute de Jérusalem en 70 apr. J.-C., les soldats romains ont pris chaque jour « cinq cents prisonniers [juifs] [...] Les soldats, qu'excitaient la fureur et la haine, crucifiaient les captifs, en manière de raillerie, de façons différentes, et la multitude des victimes était si grande que l'espace manquait aux croix, et les croix aux corps. » Josèphe a aussi écrit que les victimes étaient « fouettées et soumises, avant le supplice, aux traitements les plus cruels » (Josèphe, *Antiquités judaïques*, V.11.1, traduction de René Harmand sous la direction de Théodore Reinach ; révisée et annotée par S. Reinach et J. Weill E. Leroux, 1900-1932. Publications de la Société des études juives).

216   Les Juifs calculaient le temps à partir de 6 heures du matin. « *C'était la troisième heure* [6 h + 3 heures = 9 h], *quand ils le crucifièrent [...] La sixième heure étant venue* [midi], *il y eut des ténèbres sur toute la terre, jusqu'à la neuvième heure* [15 h] » (Marc 15.25, 33).

217   Genèse 8.20 ; 22.2-8 ; Exode 29.18. Le terme « holocauste » se retrouve 169 fois dans l'Ancien Testament. Jésus est devenu l'holocauste ultime pour le péché. Marc 12.33 ; Hébreux 10.6-14. **Note** : pour mieux comprendre pourquoi Dieu s'est détourné du Seigneur Jésus tandis que ce dernier était sur la croix, lire Ésaïe 53 et le Psaume 22. Dans ce Psaume, où David avait prédit que le Messie dirait « *Mon Dieu ! Mon Dieu ! Pourquoi m'as-tu abandonné ?* » (Psaume 22.2), David nous dit pourquoi Dieu s'est détourné de son Fils. « *Tu es le Saint !* » (Psaume 22.4). Dieu s'est détourné de Jésus parce que Dieu est parfaitement saint et qu'il « *ne* [peut] *pas regarder l'iniquité* » (Habacuc 1.13). Pendant ces heures d'obscurité, le Fils de Dieu sans péché a souffert à la place des injustes tandis que Dieu déversait sur lui

sa colère, comme si c'était lui le pécheur. Jésus, le saint Agneau de Dieu, s'est chargé des péchés de tous (sans toutefois devenir pécheur). Le compositeur de cantiques anglais, Charles Wesley, l'a fort bien exprimé lorsqu'il a écrit : « L'immortel meurt, ô grand mystère ! Qui peut sonder ses plans étranges ? » (Amazing Love [Grâce infinie], Charles Wesley, 1707–1788).

[218] Edersheim, Alfred. *The Life and Times of Jesus the Messiah*. 1883, p. 614.

[219] Lire Hébreux 9 et 10. **Note** : comme il a été dit au chapitre 22 d'*Un seul Dieu – Un seul message*, la gloire de Dieu qui avait autrefois résidé dans le saint des saints du tabernacle et du temple n'était plus derrière le voile. Elle était *en Jésus*.

[220] Jean 19.31-37

CHAPITRE 25 – LA MORT VAINCUE

[221] Matthieu 28 ; Marc 16 ; Luc 24 ; Jean 20-21 ; 1 Corinthiens 15. **Note** : Beaucoup d'auteurs qui ont tenté de réfuter la résurrection de Jésus ont fini par écrire des livres proclamant les preuves indéniables du fait que Jésus était bien ressuscité des morts. Exemples : Morrison, Frank. *Who moved the Stone ?* Grand Rapids, MI : Zondervan, 1987 ; McDowell, Josh. *Evidence that Demands a Verdict*. Nashville, TN : Thomas Nelson, Inc., 1993 ; Strobel, Lee. *The Case for Christ*. Grand Rapids, MI : Zondervan, 1998.

[222] Non seulement Jésus avait-il dit qu'il ressusciterait « *le troisième jour* » (Matthieu 16.21), mais il avait également dit : « *de même que Jonas fut trois jours et trois nuits dans le ventre d'un grand poisson, de même le Fils de l'homme sera **trois jours et trois nuits** dans le sein de la terre* » (Matthieu 12.40). Il est compréhensible que beaucoup remettent cette affirmation en doute en arguant du fait que si Jésus a été mis dans la tombe le vendredi soir et y est resté jusqu'au dimanche matin, cela ne fait pas trois jours complets. Néanmoins, la période durant laquelle Jésus devait rester dans la tombe est exprimée en chiffres ronds, en accord avec la manière juive de s'exprimer, qui consiste à compter n'importe quelle partie d'un jour, aussi courte soit-elle, comme une journée entière (voir Matthieu 27.63-64 ; Genèse 42.17-18 ; 1 Samuel 30.12-13 ; Esther 4.16-5.1). Autre fait important : l'Écriture n'affirme pas que Jésus a été crucifié le vendredi. S'ils sont nombreux à crier « Contradiction ! », il existe bon nombre d'explications plausibles permettant de résoudre ces apparentes « contradictions » bibliques.

[223] Actes 11.26 ; 26.28 ; 1 Pierre 4.16.

²²⁴ Actes 5.41 « ... *joyeux d'avoir été jugés dignes de subir des outrages pour le nom de Jésus* ». Pierre emprisonné et battu : Actes 5 ; voir aussi Actes 12. Jésus avait prédit que Pierre mourrait en martyr : Jean 21.18-19.

²²⁵ Certains citent les paroles que Jésus a adressées à une femme païenne : « *Je n'ai été envoyé qu'aux brebis perdues de la maison d'Israël* », mais ils omettent de préciser que Jésus a ensuite guéri sa fille ! (Pour d'autres exemples du ministère de Jésus et de sa compassion pour les non-Juifs, voir Matthieu 12.41-42 ; 21.33-43 ; Luc 9.51-55 ; 10.30-36 ; 17.11-19 ; Jean 4 ; 1 Jean 2.1-2 ; Luc 24.45-48.)

²²⁶ Psaume 68.19 ; 110.1 ; Psaume 24.

²²⁷ Jésus « *s'est assis à la droite de la majesté divine dans les lieux très hauts* » parce qu'il avait « *fait la purification des péchés* » (Hébreux 1.3). « *Et tandis que tout sacrificateur fait chaque jour le service et offre souvent les mêmes sacrifices, qui ne peuvent jamais ôter les péchés* » (Hébreux 10.11-12). Voir aussi Hébreux 8.1 ; 12.2 ; Apocalypse 3.21.

CHAPITRE 26 – RELIGIEUX ET LOIN DE DIEU

²²⁸ Jacques 2.18 ; Matthieu 5.13-16 ; Hébreux 11.

²²⁹ À l'inverse, le Coran dit : « *Faites la guerre à ceux qui ne croient point en Dieu ni au jour dernier, qui ne regardent point comme défendu ce que Dieu et son apôtre ont défendu, et à ceux d'entre les hommes des Écritures qui ne professent pas la vraie religion. Faites-leur la guerre jusqu'à ce qu'ils payent le tribut* [une taxe spéciale pour les non-musulmans, appelée djizya] *de leurs propres mains et qu'ils soient soumis* » (Coran, sourate 9.29).

²³⁰ « *Car ce qui vous a été annoncé et ce que vous avez entendu dès le commencement, c'est que nous devons nous aimer les uns les autres, et ne pas ressembler à Caïn, qui était du malin, et qui tua son frère. Et pourquoi le tua-t-il ? Parce que ses œuvres étaient mauvaises, et que celles de son frère étaient justes* » (1 Jean 3.11-12). Deux forces qui ont poussé Caïn à tuer Abel étaient l'influence du diable et l'envie. (Comparer avec Matthieu 27.18).

²³¹ Comment répondre au défi classique lancé par les sceptiques : « Où Caïn a-t-il trouvé sa femme ? » La réponse se trouve au chapitre 5 de la Genèse. Adam et Ève ont eu d'autres « *fils et filles* » (Genèse 5.4). D'une manière évidente, Caïn a épousé l'une de ses sœurs – ce qui n'aurait pas encore entraîné le moindre effet génétique néfaste. Plus tard, Dieu allait interdire de tels mariages entre consanguins. Et qu'est-il arrivé à Abel après son

assassinat ? Le corps d'Abel est retourné à la poussière, mais son âme et son esprit sont allés au paradis, car Dieu lui avait pardonné ses péchés et l'avait déclaré juste en vertu de sa foi. Voir à ce sujet Hébreux 11.4.

232 Moïse et d'autres prophètes décrivent le déluge universel et les bouleversements géologiques qui ont eu lieu du temps de Noé : Genèse 7–8 ; Psaume 104.6-8 ; Job 22.16 ; Matthieu 24.37-39 ; 2 Pierre 2.5-6.

CHAPITRE 27 – LE PROGRAMME PASSÉ DE DIEU

233   D'une manière ou d'une autre, chaque portion de l'Écriture se rapporte à l'un des trois thèmes suivants :

  I. Ce que Dieu a fait

  II. Ce que Dieu est en train de faire

  III. Ce que Dieu va faire.

En termes théologiques, ces trois thèmes de l'Écriture se classifient comme suit :

1) La *justification* = Si vous croyez à l'Évangile, Dieu vous déclare parfaitement juste quant à votre **statut** (Romains 3–5).

2) La *sanctification* = Dieu est à l'œuvre dans votre vie, en tant que croyant(e), pour vous aider à vivre d'une manière juste dans la **pratique** (Romains 6–8 et 12–15).

3) La *glorification* = Au ciel, vous serez **parfaitement juste** quant à votre statut comme dans la pratique (Apocalypse 21–22).

234   Richardson, Don. *Lords of the Earth*. Oxnard, CA : Regal Books; 1977, p. 354. (Pour une autre histoire célèbre de conversion de cannibales par Don Richardson, lire : *Peace Child*. Oxnard, CA : Regal Books, 1975).

235   Actes 26.9-11 ; 7.58-60 ; 8.1-3 ; 9.1-2.

236   Actes 9.1-31 ; voir aussi Actes, chapitres 11 ; 13-14 ; 16-28. En Actes, chapitres 22 et 26, Paul relate l'histoire de sa conversion. Voir aussi Galates 1.13, 23 ; Philippiens 3.6 ; 1 Corinthiens 15.9 ; etc.

237   Un « saint » en termes bibliques est quelqu'un qui a été « mis à part » pour Dieu ; quelqu'un qui a été déclaré saint par Dieu par la foi dans son chemin de salut. La tradition humaine de « canoniser » certains disparus et d'en faire des « saints » est en parfaite contradiction avec ce que la Bible enseigne (voir Deutéronome 33.2-3 ; Proverbes 2.8 ; Daniel 7.21-27 ; Matthieu 27.52 ; Actes 26.10 ; Éphésiens 1.1, 2.19, etc.)

CHAPITRE 28 – LE PROGRAMME ACTUEL DE DIEU

[238] Ce que la plupart ont de la peine à réaliser, c'est qu'ils se mettent du côté de l'ennemi lorsqu'ils utilisent de telles méthodes de protection. Lire Deutéronome 18.10-14 ; Ésaïe 47.13 ; Actes 19.19 ; Galates 5.19-21.

[239] 1 Jean 2.1 ; Jean 14–16.

[240] Au chapitre 1, nous avons cité un courriel envoyé par Ahmed dans lequel il avait écrit : « Il y a des prédictions dans votre Bible, la Bible originale, au sujet de la venue de Mahomet (psl). » L'un des passages-clés auxquels Ahmed faisait référence était Jean 14 à 16.

[241] Pentecôte signifie « *cinquantième* ». Il s'agissait d'une fête de l'Ancien Testament au cours de laquelle les Israélites remerciaient Dieu pour ses bénédictions (Lévitique 23.16). Dès les origines, Dieu avait projeté d'envoyer la bénédiction ultime en cette journée : son Saint-Esprit.

[242] 1 Corinthiens 12.27 ; Éphésiens 4.21 ; 5.25-32 ; Apocalypse 19.7-9 ; 22.17 ; Jean 3.2.

[243] 1 Jean 1.8-10 ; 2.1-2 ; Romains 6–8.

[244] Dès qu'un individu se repent de son mode de pensée erroné et croit au Seigneur Jésus-Christ qui est mort pour ses péchés puis ressuscité, il est « *[baptisé] en Christ* » (Romains 6.3), non pas d'eau (cela se produit plus tard), mais par le Saint-Esprit (Romains 6.1-5 ; Actes 1.5 ; 1 Corinthiens 12.13). « *Baptisé en Christ* » signifie « uni avec », « identifié à » lui. Lorsqu'on croit, l'on devient un membre de la propre famille de Dieu – composée de tous ceux qui ont été « unis avec » son Fils sans péché (Romains 6.5). La nouvelle situation éternelle du croyant est « *en Christ* ».

[245] Actes 24.15 ; Luc 14.14 ; Jean 5.28-29 ; Daniel 12.2 ; Apocalypse 20.6, 11-15 ; Apocalypse 22.12.

[246] 2 Corinthiens 5.10. L'Écriture parle de pas moins de cinq couronnes uniques (trophées ou récompenses) que les croyants peuvent recevoir : 1 Corinthiens 9.25 ; 1 Pierre 5.4 ; Jacques 1.12 ; 1 Thessaloniciens 2.19-20 ; 2 Timothée 4.8. Ces couronnes ne seront pas pour notre propre gloire, mais pour la sienne (Apocalypse 4.10). Le Seigneur n'oubliera aucune bonne œuvre accomplie par son peuple racheté en son nom et pour sa gloire (Matthieu 10.41-42 ; Hébreux 6.10).

[247] Sheikh, Bilquis. *Dieu… J'ai Osé L'Appeler Père!* Genève: L'Eau Vive, 1981.

[248] 1 Jean 2.27 ; Jean 4.14 ; 14.26 ; 16.13 ; Jérémie 31.33-34 ; Éphésiens 4.2.

[249] Il existe une différence capitale entre réciter mécaniquement une prière et entrer dans une relation authentique avec Dieu et recevoir, en retour, ses réponses à nos prières. Romains 8.26-27 ; Éphésiens 6.18 ; 1 Jean 5.14-15 ; Jean 14.13-14 ; 15.7 ; Philippiens 4.6-9.

[250] Romains 12 ; 1 Corinthiens 12 ; Éphésiens 4.

[251] 2 Corinthiens 3.18 ; Philippiens 1.6 ; 3.20-21.

CHAPITRE 29 – LE PROGRAMME FUTUR DE DIEU

[252] Un peu plus loin dans ce livre nous lirons plusieurs versets de l'Ancien Testament dans lesquels les prophètes prédisent la deuxième venue du Messie sur la terre et décrivent les événements qui accompagneront son retour. Quelques-uns des passages que nous examinerons sont Zacharie, chapitre 14, Daniel 7.13-14, le Psaume 72, et Ésaïe 9.6-7.

[253] 1 Thessaloniciens 4.13-18 ; 1 Corinthiens 15.51-58.

[254] Voir le chapitre 28, au sous-titre : DEUX JOURS DE JUGEMENT.

[255] Lire Éphésiens 5.27-32. Ce thème abasourdissant est évoqué au chapitre 10 d'*Un seul Dieu – Un seul message*. Ces passages désignent systématiquement le Seigneur sous le nom de l'« Époux », et son peuple sous celui de l'« Épouse ». Le mariage, sous sa forme idéale, a été conçu pour donner une petite idée de la relation spirituelle intime dont le Seigneur Dieu projette de jouir avec son peuple pour l'éternité entière (Ésaïe 54.5 ; 62.5 ; Psaume 45 ; Cantique des Cantiques ; Osée 2.18, 21, 22 ; Matthieu 9.15 ; 25.1-13 ; Jean 3.29 ; 2 Corinthiens 11.2-3 ; Éphésiens 5.22-33 ; Apocalypse 21.2, 9 ; 22.17).

[256] Matthieu 24.21 ; Apocalypse 7.14 ; la description la plus complète de la tribulation se trouve en Apocalypse, chapitres 6 à 19.

[257] Romains 11.26-27. **Note** : Cet événement est préfiguré par l'histoire de Joseph en Genèse 37-45. Quels parallèles stupéfiants !

[258] 1 Corinthiens 15.45-47 ; Romains 5.12-21. Les termes tels que « *premier Adam* » et « *dernier Adam* » sont aussi mentionnés au chapitre 30 d'*Un seul Dieu – Un seul message*. De même que le péché d'Adam a entraîné la mort de tous les humains, la justice de Jésus et le sang qu'il a versé redonnent la vie à tous ceux qui croient.

[259] 2 Thessaloniciens 1.7-10 ; Apocalypse 19.6-14 ; Jude 14 ; Zacharie 14.5.

[260] Ésaïe 53.7 ; Jean 1.29 ; Apocalypse 5.5 ; 2 Thessaloniciens 1.5-10 ; Jean 3.17-18 ; 12.47 ; Daniel 9.24-27 ; comparer Ésaïe 53 avec Zacharie 14. Étudier aussi les contrastes entre la « souffrance » et la « gloire » dans ces passages :

Luc 24.25-26 ; 1 Pierre 1.10-12 ; Hébreux 2.9 ; Philippiens 2.5-11 ; Psaume 22 ; etc.

[261]   Le Psaume 72 est intitulé : « *Psaume de Salomon* ». Il semblerait que Salomon ait écrit ce psaume, bien qu'il se conclue par l'affirmation suivante : « *Fin des prières de David, fils d'Isaï* » (Psaume 72.20). Ce verset signale la fin de la deuxième des cinq subdivisions du livre des psaumes. C'est David qui est l'auteur principal de la deuxième section des Psaumes.

[262]   Qui sera éternellement condamné ? « *Les **lâches** [et] les **incrédules** »*, c'est-à-dire ceux qui n'ont jamais cru au message de Dieu parce qu'ils avaient peur de ce que leur famille et leurs amis pourraient dire ou faire. Lorsque Jésus était sur terre, il a clairement mis en garde ceux qui l'écoutaient : « *Ne craignez pas ceux qui tuent le corps et qui ne peuvent tuer l'âme ; craignez plutôt celui qui peut faire périr l'âme et le corps dans la géhenne [...] Ne croyez pas que je sois venu apporter la paix sur la terre; je ne suis pas venu apporter la paix, mais l'épée. Car je suis venu mettre la division entre l'homme et son père, entre la fille et sa mère, entre la belle-fille et sa belle-mère ; et l'homme aura pour ennemis les gens de sa maison. Celui qui aime son père ou sa mère plus que moi n'est pas digne de moi, et celui qui aime son fils ou sa fille plus que moi n'est pas digne de moi* » (Matthieu 10.28, 34-37).

CHAPITRE 30 – UN APERÇU DU PARADIS

[263]   Matthieu 13.24-30. Cette parabole de Jésus déclare que le mélange de bien et de mal n'existera que pour un temps limité.

[264]   Le reste du premier chapitre d'Apocalypse présente une description du Seigneur Jésus propre à inspirer une sainte frayeur – une peinture de sa personne incroyablement différente de celle qu'on trouve dans la plupart des livres, des films et des religions.

[265]   Marc 3.4-19 ; Jean 19.26-27 ; Jean a écrit les livres bibliques suivants : l'Évangile de Jean, les première, deuxième et troisième Épîtres de Jean (1 Jean, 2 Jean, 3 Jean) et l'Apocalypse.

[266]   Le jaspe existe en diverses couleurs. La sardoine est généralement d'un rouge translucide. Sa couleur s'assombrit et s'embellit lorsqu'elle est exposée à la lumière.

[267]   Regardez qui est sur le trône. Comparer Ésaïe 6 (la vision d'Ésaïe, aussi présentée au chapitre 15 d'*Un seul Dieu – Un seul message*) avec Jean 12.36 41.

[268] Genèse 12.2-3 ; Matthieu 1. (Pour obtenir plus de renseignements sur les promesses de Dieu à Abraham, revoir le chapitre 20 d'UN SEUL DIEU – UN SEUL MESSAGE).

[269] Par exemple, le célèbre conte de fées de Cendrillon, d'abord raconté en Chine, a fait le tour du monde et existe dans différentes versions en Europe, en Amérique, en Perse, en Irak, en Égypte, en Corée, en Inde, etc. Chaque pays possède sa version propre, mais les thèmes sont semblables. Un vif désir de rédemption et de vie éternelle est inscrit dans le cœur des humains du monde entier. Salomon a écrit : « [Dieu] *fait toute chose bonne en son temps ; même il a mis dans leur cœur la pensée de l'éternité, bien que l'homme ne puisse pas saisir l'œuvre que Dieu fait, du commencement jusqu'à la fin* » (Ecclésiaste 3.11).

Réflexions sur le voyage

GUIDE DE DISCUSSION
QUESTIONS POUR LA RÉVISION DES CHAPITRES

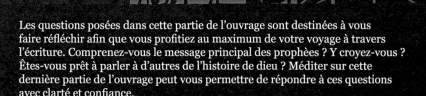

Les questions posées dans cette partie de l'ouvrage sont destinées à vous faire réfléchir afin que vous profitiez au maximum de votre voyage à travers l'écriture. Comprenez-vous le message principal des prophètes ? Y croyez-vous ? Êtes-vous prêt à parler à d'autres de l'histoire de dieu ? Méditer sur cette dernière partie de l'ouvrage peut vous permettre de répondre à ces questions avec clarté et confiance.

Vous pouvez photocopier librement ces questions de révision des chapitres. Elles peuvent être utilisées pour une réflexion personnelle, seul ou en compagnie d'amis et pour une étude en petits groupes dans des salles de classes, des centres de détention et des foyers, ou même en tant que cours par correspondance.

« Sonde-moi, ô Dieu, et connais mon cœur ! [...] Et conduis-moi sur la voie de l'éternité ! » – le prophète David (Psaume 139.23-24).

1

ACQUIERS LA VÉRITÉ

1. Avec plus de 10 000 religions dans le monde entier, est-il possible de distinguer la vérité de l'erreur ? Exprimez votre point de vue personnel (pages 15-16).

2. La Bible est le livre le plus vendu et le plus traduit de tous les temps. Selon vous, pourquoi la Bible est-elle si populaire ? (page 16).

3. Citez trois choses que le Coran dit au sujet de l'Écriture biblique (page 18-19).

4. Qu'avez-vous besoin de savoir au sujet de quelqu'un avant de pouvoir lui faire confiance sans prendre de risques ? Que vous faut-il savoir quant à Dieu avant de mettre en lui votre confiance ? (pages 19-20).

5. À *votre* avis, est-il possible de savoir avec certitude où l'on passera l'éternité ? Expliquez votre réponse (pages 24-25).

DANS VOS PROPRES TERMES

Expliquez Proverbes 23.23 : « *Acquiers la vérité, et ne la vends pas, la sagesse, l'instruction et l'intelligence* » (pages 15, 24-25).

2

SURMONTER LES OBSTACLES

1. « Vous voyez, mais vous n'observez pas », disait Sherlock Holmes au Dr Watson. Quelle différence y a-t-il entre « voir » et « observer » ? (pages 27-28).

2. Énumérez trois excuses que peuvent donner les gens instruits pour ne pas prendre le temps d'examiner le best-seller mondial. Pensez-vous qu'aucune de ces excuses ne soit valable ? (pages 26-40).

3. Est-il bien sage de rejeter le message de la Bible à cause du mode de vie scandaleux de certains d'entre ceux qui affirment y croire ? Expliquez votre position (pages 29-30).

4. Citez trois principes d'orientation propres à aider à la compréhension de la Bible (pages 36-37).

5. Donnez une ou deux raisons pour lesquelles la Bible contient un Ancien et un Nouveau Testament (pages 38-39).

DANS VOS PROPRES TERMES

Expliquez Osée 4.6 : « *Oui, mon peuple périt*
faute de connaissance » (*Bible du Semeur*) (page 26).

3

FALSIFIÉE OU PRÉSERVÉE ?

1. Selon le Coran, dans quelle intention Dieu a-t-il révélé l'Écriture biblique (Torah, Psaumes, Évangile) à l'humanité ? (page 42).

2. Quelles questions propres à susciter la réflexion pourriez-vous poser à toute personne qui affirme que la Bible a été falsifiée ? (pages 43-44).

3. Beaucoup d'érudits considèrent la Bible comme le texte le mieux attesté de toute l'histoire. Êtes-vous d'accord ? Expliquez votre position (pages 46-48).

4. Quelle est la différence entre un *manuscrit* biblique et une *traduction* biblique ? (pages 48-49).

5. Citez deux ou trois des vraies raisons pour lesquelles la Bible est ignorée (pages 51-53).

DANS VOS PROPRES TERMES

Expliquez Luc 16.31 : « *S'ils n'écoutent pas Moïse et les prophètes, ils ne se laisseront pas persuader quand même quelqu'un des morts ressusciterait* » (pages 73-74).

4

LA SCIENCE ET LA BIBLE

1. Citez trois faits scientifiques proclamés il y a des milliers d'années par la Bible que la science moderne a confirmés au cours des derniers siècles (pages 56-57).

2. La Bible exige-t-elle une foi aveugle ou une foi éclairée ? Expliquez votre réponse (pages 58).

3. Comment l'histoire et l'archéologie confirment-elles l'exactitude de la Bible ? (pages 58-59).

4. Que prouve le défi coranique publié en Sourate 2.23[21] ? Expliquez votre point de vue (pages 62-63).

5. À elles seules, l'archéologie, la science et la poésie peuvent-elles prouver qu'un « livre saint » soit la Parole inspirée de Dieu ? Défendez votre position (pages 61-63).

DANS VOS PROPRES TERMES

Expliquez Job 38.4 : « *Où étais-tu quand je fondais la terre ?
Dis-le, si tu as de l'intelligence* » (page 54).

5

LA SIGNATURE DE DIEU

1. Pouvons-nous être certains de ce que la Bible déclare au sujet du passé, du présent et de l'avenir ? Expliquez votre réponse (pages 64-65, 73-74).

2. Quelle est la différence entre les prédictions faites dans la Bible et celles faites par les sorciers, diseurs de bonne aventure et autres médiums ? (page 65).

3. Citez une prophétie biblique dont l'histoire séculière confirme l'accomplissement avec précision (pages 65-72).

4. Quel est l'objectif de la prophétie dans la Bible ? (pages 73-74).

5. En quoi pouvons-nous dire que la réalisation de la prophétie est la « signature de Dieu » ? (pages 64-65, 73-75).

DANS VOS PROPRES TERMES

Expliquez Jean 13.19 : « *Dès à présent je vous le dis, avant que la chose arrive, afin que, lorsqu'elle arrivera, vous croyiez à ce que je suis* » (pages 73-74).

6

UN TÉMOIGNAGE COHÉRENT

1. Selon vous, pourquoi un seul témoin humain ne suffit-il pas confirmer la vérité ? (page 77).

2. Quels « deux témoins » concernant Dieu ont été donnés aux humains en tous lieux ? (page 78).

3. Nommez dix personnes que Dieu a utilisées pour écrire son message à l'humanité (page 79).

4. Comment peut-on déterminer qu'un témoin est digne de foi ? (page 80).

5. Comment distinguer un faux prophète d'un vrai ? (pages 81-85).

DANS VOS PROPRES TERMES

Commentez Matthieu 7.15-17 : « *Gardez-vous des faux prophètes. Ils viennent à vous en vêtement de brebis, mais au dedans ce sont des loups ravisseurs. Vous les reconnaîtrez à leurs fruits. Cueille-t-on des raisins sur des épines, ou des figues sur des chardons ? Tout bon arbre porte de bons fruits, mais le mauvais arbre porte de mauvais fruits* » (pages 81-82).

7

LA FONDATION

1. Dans le « Sermon sur la montagne », quelle était la différence entre l'homme insensé et l'homme sage ? Pourquoi les fondations sont-elles importantes pour les bâtiments – et pour les croyances ? (pages 86-87).

2. Le livre de la Genèse (mot signifiant *origine*) fournit des réponses à beaucoup des grands mystères de la vie. Quelles sont certaines des plus grandes questions de la vie ? (page 87).

3. Lorsque nous racontons une histoire, par où commençons-nous ? Pourquoi ? (page 88).

4. De quelle manière la vérité révélée de Dieu peut-elle être comparée aux plantes et aux embryons ? (pages 88-89).

5. Qu'a découvert l'ami de l'auteur vivant au Liban une fois qu'il a étudié la Bible par lui-même ? (pages 90-91).

DANS VOS PROPRES TERMES

Résumez la déclaration d'Ésaïe 55.9 : « *Autant les cieux sont élevés au-dessus de la terre, autant mes voies sont élevées au-dessus de vos voies, et mes pensées au-dessus de vos pensées* » (page 91).

8

LA NATURE DE DIEU

1. Selon vous, pourquoi, dans le premier chapitre de son livre, Dieu ne tente-t-il pas de prouver son existence ? (pages 95-98).

2. Que sont les anges et pourquoi Dieu les a-t-il créés ? (page 99).

3. Comment Dieu peut-il être un et cependant être dans plus d'un endroit à la fois ? (pages 98, 100-102).

4. Pourquoi est-il important pour nous de connaître la personnalité de Dieu et son caractère ? (pages 102-103).

5. Énumérez six traits de caractère (attributs) de Dieu, qu'il a démontrés lors des six jours de la création (pages 103-109). De ces six attributs, y en a-t-il un pour lequel vous êtes particulièrement reconnaissant ? Lequel et pourquoi ?

DANS VOS PROPRES TERMES

Expliquez Psaume 33.9 : « *lorsqu'il a parlé cela s'est fait, lorsqu'il a commandé, cela est apparu* » (*Bible du Semeur*) (page 105).

9

PAREIL À NUL AUTRE

1. Dans le premier chapitre de la Genèse, Dieu, qui est un, se présente lui-même au moyen du pronom « nous ». Quelle en est selon vous la meilleure explication ? (pages 125-126)

2. Les trinités (unités de trois éléments) de la vie quotidienne peuvent-elles nous aider à mieux comprendre la nature complexe de notre créateur ? Expliquez votre réponse (pages 126-127).

3. Qu'est-ce que le terme « Fils de Dieu » n'implique pas ? (pages 117-119)

4. Citez trois choses que l'Écriture révèle au sujet du Saint-Esprit (pages 119-120)

5. En quoi la définition biblique de Dieu contredit-elle l'idée courante selon laquelle Dieu est une force inconnaissable ? (pages 122-124)

DANS VOS PROPRES TERMES

Expliquez Psaume 9.11 : « *Ceux qui connaissent ton nom se confient en toi. Car tu n'abandonnes pas ceux qui te cherchent, ô Éternel !* » (page 122).

10

UNE CRÉATION UNIQUE

1. Le premier homme et la première femme ont été créés « à l'image de Dieu ». Nommez trois caractéristiques humaines qui confirment ce point (pages 125-126).

2. À l'aide de quel « matériau » Dieu a-t-il créé les cieux et la terre ? Avec quoi a-t-il créé le premier humain ? (pages 126-127).

3. Nommez deux grands objectifs que Dieu avait en créant les humains (pages 128-129, 134-135).

4. Quelles sont les deux attitudes extrêmes qui dégradent les femmes et vont à l'encontre du plan de Dieu pour l'humanité ? (pages 131-132).

5. Quelle est l'importance du septième jour de la création ? (page 136).

DANS VOS PROPRES TERMES

Expliquez Jean 8.35 : « *Or, l'esclave ne demeure pas toujours dans la maison ; le fils y demeure toujours* » (page 134).

11

LE MAL FAIT SON ENTRÉE

1. Tout ce qui a été créé était parfaitement bon. Alors d'où viennent Satan et le péché ? (pages 137-138).

2. Les prophètes de Dieu fournissent de nombreuses définitions claires du péché. Citez l'une de ces définitions et illustrez-la par une histoire personnelle (pages 138-139).

3. Quelle image est utilisée dans la Bible pour décrire l'enfer ? (page 140).

4. Quel est l'un des objectifs de Satan ? (pages 140-141).

5. L'Éternel avait prévenu l'homme des conséquences qu'il récolterait s'il mangeait du fruit de la connaissance du bien et du mal ; quelles étaient-elles ? (page 141) Qu'en avait dit Satan ? (page 143).

DANS VOS PROPRES TERMES

Expliquez Jacques 2.19 : « *Tu crois qu'il y a un seul Dieu, tu fais bien ; les démons le croient aussi, et ils tremblent* » (page 145).

12

LA LOI DU PÉCHÉ ET DE LA MORT

1. Quel est le mot qui définit le mieux la mort ? Comment une branche brisée illustre-t-elle ce fait ? (page 148).

2. Dieu avait dit à Adam, « le *jour* où tu en mangeras, tu mourras certainement » (Genèse 2.17). De quelle manière Adam est-il mort le jour où il a mangé du fruit défendu ? (pages 148-149, 151).

3. Comment le péché d'Adam vous touche-t-il, vous et votre famille ? (page 149).

4. Nommez les trois types de mort qui se sont étendus à la race humaine à la suite du seul péché d'Adam. Lequel des trois est le plus terrible ? (pages 149-152).

5. De quelle manière le péché entraîne-t-il la honte ? (pages 152-153).

DANS VOS PROPRES TERMES

Expliquez la loi du péché et de la mort exprimée en Ézéchiel 18.20 : « *l'âme qui pèche, c'est celle qui mourra* » (page 155).

13

LA MISÉRICORDE ET LA JUSTICE

1. Que peut faire l'homme que Dieu ne puisse faire ? (page 156).

2. Dans la scène du tribunal imaginaire, comment la grâce du juge contredisait-elle la justice ? (pages 157-158).

3. Pourquoi Dieu n'a-t-il pas ignoré la justice pour démontrer sa grâce ? (pages 158-159).

4. Pourquoi Dieu a-t-il questionné Adam et Ève alors qu'il savait déjà ce qu'ils avaient fait ? (page 161).

5. Pourquoi Dieu a-t-il tenu Adam pour responsable d'avoir guidé la race humaine entière sur le sentier du péché et de la mort ? (pages 161-162).

14

LA MALÉDICTION

1. Quelle est la signification du mot « serpent », et pourquoi Dieu a-t-il maudit cet animal ? (pages 163-164).

2. Qui est la « postérité de la femme » promise ? Qu'y a-t-il d'unique dans ce terme ? (page 165).

3. Citez plusieurs manières dont le péché a touché notre monde (pages 167-168).

4. La tristesse, la souffrance et la mort font-elles partie intégrante du plan originel de Dieu pour sa création ? Expliquez votre réponse (pages 166-168).

5. Après qu'Adam et Ève ont péché, ils ont éprouvé de la honte et se sont fabriqué des vêtements de feuilles de figues. Dieu a-t-il accepté leurs efforts personnels ? Dieu a pourvu à autre chose pour couvrir leur honte ; qu'était-ce ? (page 169).

DANS VOS PROPRES TERMES

Expliquez la signification du mot « grâce » comme elle est démontrée dans Genèse 3.21 : « *L'Éternel Dieu fit à Adam et à sa femme des habits de peau, et il les en revêtit* » (page 169).

15

UN DOUBLE PROBLÈME

1. Pourquoi est-il crucial que nous ayons une opinion juste de nous-mêmes ? (page 174).

2. Pourquoi est-il crucial que nous ayons une vision juste de Dieu ? (pages 175-176).

3. À combien des « dix commandements » avez-vous obéi parfaitement ? (pages 177-179).

4. En utilisant l'image d'un miroir, expliquez le principal objectif des « dix commandements » (pages 180-181).

5. Pourquoi l'homme est-il un « double problème » aux yeux de Dieu ? (page 183).

DANS VOS PROPRES TERMES

Expliquez Jacques 2.10 : « *Car quiconque observe toute la loi, mais pèche contre un seul commandement, devient coupable de tous* » (page 179).

16

LA POSTÉRITÉ DE LA FEMME

1. Pourquoi était-il nécessaire que le Messie naisse d'une femme, et non d'un homme ? (pages 184-186).

2. Expliquez pourquoi l'Écriture fait référence au Messie comme au « dernier Adam » et au « deuxième Homme » (page 187).

3. Citez au moins cinq choses que les prophètes avaient prédites quant au Messie à venir (page 188 ; voir aussi pages 71-72).

4. Gabriel avait dit à Marie que son enfant nouveau-né serait appelé « le Fils de Dieu ». Relisez Luc 1.26-37 (page 190), révisez les pages 117 et 118 (chapitre 9), puis donnez une brève explication de la raison pour laquelle Jésus est appelé le Fils de Dieu.

5. Que le nom « Jésus » veut-il dire littéralement ? (page 190).

DANS VOS PROPRES TERMES

Expliquez Luc 2.10-11 : *« Mais l'ange [...] dit [aux bergers] :*
Ne craignez point ; car je vous annonce une bonne nouvelle,
qui sera pour tout le peuple le sujet d'une grande joie : c'est
qu'aujourd'hui, dans la ville de David, il vous est né un Sauveur,
qui est le Christ, le Seigneur » (pages 192-193).

17

QUI CELA PEUT-IL ÊTRE ?

1. En quoi le Messie était-il entièrement différent de tous les autres humains ? (pages 194-197).

2. Pourquoi les chefs religieux juifs ont-ils tenté de lapider Jésus ? (pages 202, 207, 209).

3. Êtes-vous d'accord avec ceux qui disent que Jésus n'était « pas plus qu'un prophète » ? Pourquoi ? (pages 199, 208).

4. De quelle manière les œuvres de Jésus validaient-elles ses paroles ? (page 210)

5. Êtes-vous d'accord pour dire que les démons témoignaient à Jésus plus de respect que les chefs religieux ? Défendez votre position (pages 211-212).

DANS VOS PROPRES TERMES

Répondez à la question de Jésus en Matthieu 22.42 :

« Que pensez-vous du Christ ? De qui est-il fils ? »

(pages 198-202).

18

LE PLAN ÉTERNEL DE DIEU

1. En quoi êtes-vous plus privilégié que les prophètes ? (page 213).

2. Comment expliqueriez-vous à un enfant ce que veut dire « racheter » quelqu'un ou quelque chose ? (pages 215-216).

3. Citez deux événements majeurs que le prophète David avait prédits au sujet du Messie (page 217).

4. Quelle leçon importante pouvons-nous retirer du proverbe wolof : « L'œuf ne danse pas avec la pierre » ? (page 218).

5. Quelle partie du plan de rédemption de Dieu Pierre n'avait-il pas compris ? (pages 219-220).

DANS VOS PROPRES TERMES

Expliquez Galates 4.4-5 : « *mais, lorsque les temps ont été accomplis, Dieu a envoyé son Fils, né d'une femme, né sous la loi, afin qu'il rachetât ceux qui étaient sous la loi, afin que nous reçussions l'adoption* » (page 215).

19

LA LOI DU SACRIFICE

1. Quelle vérité déplaisante Adam et Ève ont-ils découverte peu après la naissance de leur premier enfant ? (pages 222-223).

2. Donnez les deux raisons principales pour lesquelles Dieu a accepté Abel et son offrande. Donnez les deux raisons pour lesquelles Dieu a rejeté Caïn et son offrande (pages 225-226).

3. Connaissez-vous quoi que ce soit qui puisse effacer vos péchés ? Pourquoi vous est-il impossible de payer votre dette de péché par des prières et de bonnes œuvres ? (page 227)

4. Dieu doit punir chaque péché. Y avait-il un moyen pour Dieu de punir le péché sans punir le pécheur ? (page 228).

5. Expliquez comment la *loi du sacrifice* a supplanté la *loi du péché et de la mort* (pages 228-231).

DANS VOS PROPRES TERMES

Définissez l'« expiation » et expliquez les paroles de Dieu à Moïse en Lévitique 17.11 : « *Car l'âme de la chair est dans le sang. Je vous l'ai donné sur l'autel, afin qu'il servît d'expiation pour vos âmes, car c'est par l'âme que le sang fait l'expiation* » (page 228).

20

UNE OFFRANDE DE GRAND PRIX

1. Dieu avait promis à Abraham de faire de lui une grande nation et de donner à ses descendants la terre de Canaan. Quels facteurs dans la situation d'Abraham rendaient l'accomplissement de ces deux promesses apparemment impossible ? (pages 232-233).

2. Pourquoi Dieu a-t-il déclaré Abraham juste ? Que signifie « croire à Dieu » ? (page 234).

3. Citez trois manières par lesquelles Dieu a communiqué sa vérité et ses bénédictions à toutes les nations par l'entremise de la nation ancienne d'Israël (pages 237-238).

4. Dieu a dit à Abraham d'offrir son fils Isaac en holocauste. Abraham en a-t-il conclu que Dieu avait enfreint sa promesse (de susciter une grande nation des descendants d'Isaac) ? Expliquez votre réponse (page 239 ; Voir aussi note de fin n°188).

5. Pourquoi le fils d'Abraham n'est-il pas mort sur l'autel ? (pages 239-241).

DANS VOS PROPRES TERMES

Exprimez comment vous comprenez Genèse 22.14 : « *Abraham donna à ce lieu le nom de Jehova Jiré [l'Éternel pourvoira]. C'est pourquoi l'on dit aujourd'hui : À la montagne de l'Éternel il sera pourvu* » (page 241).

21

ENCORE DU SANG VERSÉ

1. Dans l'histoire de la Pâque, de quelle manière *chaque foyer* dans tout le territoire d'Égypte a-t-il été témoin d'une mort ? (page 243-244).

2. Citez deux leçons importantes que Dieu voulait que son peuple apprenne au moyen du tabernacle (page 245).

3. Que symbolisait l'arche de l'alliance? (page 246).

4. Qu'a envoyé Dieu du ciel une fois la construction du tabernacle achevée ? (page 248).

5. Quelle était la fonction du voile ? (page 247) Y avait-il un moyen pour l'homme d'aller au-delà du voile et d'entrer dans le lieu très saint ? Expliquez votre réponse (page 250).

DANS VOS PROPRES TERMES

Expliquez Hébreux 9.22 : « *sans effusion de sang il n'y a pas de pardon* » (page 242).

22

L'AGNEAU

1. Quel est le thème central du Livre de Dieu ? (page 253).

2. Citez au moins deux manières dont le Messie a accompli les symboles du tabernacle (pages 254-257).

3. En utilisant une illustration de la vie quotidienne, expliquez ce que « se repentir » signifie (pages 257-259).

4. Qu'a dit Dieu au sujet de Jésus qu'il n'aurait pu dire de personne d'autre ? (pages 259-260).

5. De quelle manière les agneaux sacrifiés fournissaient-ils des ombres et des symboles du plan de Dieu pour payer la dette de péché de l'humanité ? (pages 261-262).

DANS VOS PROPRES TERMES

Expliquez Jean 1.29 : « *Le lendemain, [le prophète Jean]
vit Jésus venant à lui, et il dit : Voici l'Agneau de Dieu,
qui ôte le péché du monde* » (pages 260-261)

23

L'ACCOMPLISSEMENT DES ÉCRITURES

1. « Une promesse est un nuage ; son accomplissement est de la pluie. » Expliquez comment ce proverbe arabe peut être employé pour illustrer le plan de Dieu d'envoyer un Sauveur sur la terre (page 265).

2. Jésus a dit à ses disciples qu'il serait tué pendant la fête de la Pâque. Pourquoi pensez-vous que Dieu avait projeté que son Fils meure à ce moment particulier ? (pages 267-268 ; voir aussi pages 243-244).

3. Lors du repas de la Pâque qu'il a pris avec ses disciples, Jésus a rompu du pain et fait circuler une coupe. Que représentait le pain ? Et la coupe ? (pages 268-269).

4. Pourquoi Jésus ne s'est-il pas défendu lorsque les soldats sont venus pour l'arrêter ? (pages 269-270).

5. Pourquoi le souverain sacrificateur a-t-il accusé Jésus de blasphème ? (page 272).

DANS VOS PROPRES TERMES

Expliquez les deux prophéties d'Abraham en Genèse 22, versets 8 et 14 : « *Dieu se pourvoira lui-même de l'agneau pour l'holocauste [...] À la montagne de l'Éternel il sera pourvu* » (pages 273-274).

24

UN PAIEMENT COMPLET

1. Quelle est la méthode d'exécution officielle la plus cruelle jamais inventée ? Quelle méthode d'exécution les chefs politiques et religieux ont-ils choisie pour Jésus ? (pages 275-276).

2. Quels sont les trois niveaux de la séparation causée par le péché ? Quel est votre sentiment quant au fait que, sur la croix, Jésus a éprouvé chacun de ces trois niveaux de séparation ? (page 279 [Pour réviser la triple séparation engendrée par la mort, voir les pages 148-152]).

3. Pourquoi était-il nécessaire que Jésus meure sur la croix ? (pages 277-282).

4. Comment le Seigneur pouvait-il souffrir une éternité de châtiment pour les pécheurs en quelques heures seulement ? (pages 279-280).

5. Quelle était la signification de la déchirure de haut en bas du voile du temple ? (pages 282-283).

DANS VOS PROPRES TERMES

Expliquez Jean 19.30 : « *Quand Jésus eut pris le vinaigre, il dit :
Tout est accompli. Et, baissant la tête, il rendit l'esprit* »
(pages 280-282).

25

LA MORT VAINCUE

1. Qui est à l'origine de la rumeur que les disciples avaient enlevé le corps de Jésus de la tombe ? Pourquoi inventer cette histoire ? (pages 287-289).

2. De quelles manières l'événement de la mort, de l'enterrement et de la résurrection de Jésus a-t-il été une défaite pour Satan ? (pages 290-291).

3. Quelle preuve pouvez-vous présenter de la résurrection de Jésus ? (pages 291-293).

4. Au début de notre voyage à travers l'Écriture, nous avons observé que Dieu s'était « reposé » après avoir fini son œuvre *créatrice*. Quelle leçon importante pouvons-nous retirer de l'œuvre *rédemptrice* de Dieu ? (page 296).

5. Qu'a fait Jésus 40 jours après son retour à la vie ? Que trouvez-vous le plus merveilleux à ce propos ? (pages 296-297).

DANS VOS PROPRES TERMES

Expliquez l'importance de 1 Corinthiens 15.3-4 : « *Christ est mort pour nos péchés, selon les Écritures ; [...] il a été enseveli, et [...] il est ressuscité le troisième jour, selon les Écritures* » (page 290).

26

RELIGIEUX ET LOIN DE DIEU

1. Comment Dieu pardonnait-il les péchés avant la mort et la résurrection de Jésus ? Comment Dieu pardonne-t-il les péchés aujourd'hui ? Ajoutez une brève explication de la différence entre les péchés couverts et ceux qui sont annulés (pages 300-301 ; voir aussi pages 260-264).

2. Pourquoi l'*objet* de notre foi est-il plus important que la *force* de notre foi ? (page 302).

3. Pensez-vous que Dieu accueillera des hommes et des femmes dans son séjour céleste si leurs bonnes œuvres sont plus nombreuses que leurs mauvaises ? Expliquez votre position sur le concept du salut fondé sur le principe de la balance (pages 302-304).

4. Selon la Bible, comment un pécheur peut-il échapper au jugement éternel et devenir capable de vivre dans la présence pure et parfaite de Dieu ? (pages 305-306).

5. Pourquoi les bonnes œuvres sont-elles un *résultat* du salut plutôt qu'une *condition préalable* à celui-ci ? (pages 306-307).

DANS VOS PROPRES TERMES

Expliquez Actes 16.31 : « *Crois au Seigneur Jésus, et tu seras sauvé* » (page 315).

27

ÉTAPE 1 :

LE PROGRAMME
PASSÉ DE DIEU

1. Le chapitre 27 renferme des histoires de vies transformées qui sont celles d'un voyageur à la recherche de la vérité (pages 319-323), d'un criminel crucifié (pages 325-326), d'une tribu cannibale (page 327), d'une adolescente suicidaire (pages 327-328), d'un zélote religieux (page 329) et d'un jeune musulman dévot (pages 336). Avec laquelle de ces histoires vous identifiez-vous le plus et pourquoi ?

2. Au criminel sur la croix, Jésus avait promis : « Je te le dis en vérité, aujourd'hui tu seras avec moi dans le paradis. » Deux questions : comment ce criminel repentant a-t-il été éternellement sauvé ? Et en se fondant sur la promesse de Jésus, où le criminel s'est-il retrouvé au moment de sa mort ? (pages 325-326).

3. Comment expliqueriez-vous à un enfant les concepts de la justice, de la miséricorde et de la grâce ? (page 330).

4. Quel est le « double problème » de l'homme ? Quel est le « double remède » de Dieu ? (pages 334-334).

5. Selon la Parole de Dieu, est-il possible de savoir où l'on passera l'éternité ? Savez-vous où vous irez après votre mort ? Expliquez votre réponse. (pages 335-336).

DANS VOS PROPRES TERMES

Expliquez 2 Corinthiens 5.2 : « *Celui qui n'a point connu le péché, il l'a fait devenir péché pour nous, afin que nous devenions en lui justice de Dieu* » (pages 334-335).

28

ÉTAPE 2 :

LE PROGRAMME ACTUEL DE DIEU

1. Pourquoi la plupart des gens vivent-ils sous l'emprise de la peur ? (page 339).

2. Selon l'Écriture, qui est le Saint-Esprit et que fait-il pour ceux qui ont mis leur confiance en Christ ? (pages 340-341).

3. La personne qui est née de nouveau par le Saint-Esprit continuera-t-elle volontairement à pécher et à déplaire à Dieu ? En utilisant l'illustration fondée sur « les listes et l'amour », expliquez la différence entre un individu qui ne fait que suivre une religion et un autre qui jouit réellement d'une relation authentique avec Dieu (pages 347-349).

4. Quelle est la véritable signification du baptême d'eau ? (pages 350).

5. Il existe une différence importante entre le statut et l'état d'un croyant. En utilisant l'exemple relatif au père et à l'enfant, décrivez cette différence (pages 354-355).

DANS VOS PROPRES TERMES

Expliquez 1 Pierre 1.16 : *« Vous serez saints, car je suis saint »* (page 355).

29

ÉTAPE 3 :

LE PROGRAMME FUTUR DE DIEU

1. Décrivez les trois étapes du plan de Dieu pour écraser Satan et en finir avec le péché (page 359 ; voir aussi page 323-324).

2. Dites en quoi la deuxième venue du Messie sur terre sera radicalement différente de sa première venue (pages 365-367).

3. Relisez Psaume 72.7-19, puis énumérez des manières par lesquelles les dirigeants et les peuples du monde montreront leur soumission à Jésus le Messie-Roi (page 368).

4. Au cours du règne millénaire de Jésus-Christ, la malédiction qui s'est abattue à la suite du péché d'Adam sera en majeure partie ôtée. Quels effets positifs cela aura-t-il sur la planète ? (pages 371-372)

5. Êtes-vous d'accord pour dire qu'Apocalypse 20.10-15 décrit l'événement le plus solennel de toute l'histoire ? Expliquez votre réponse (pages 374-375).

DANS VOS PROPRES TERMES

Expliquez ce que vous voyez en 1 Jean 3.2 : « *Ce que nous serons n'a pas encore été manifesté ; mais nous savons que, lorsque cela sera manifesté, nous serons semblables à lui, parce que nous le verrons tel qu'il est* » (page 376).

30

UN APERÇU DU PARADIS

1. De quelle manière une vision du monde fondée sur le principe du « yin » et du « yang » contredit-elle la vérité de Dieu ? (pages 378-379).

2. Nommez deux visions erronées qu'ont les gens du paradis. Quel est le véritable point de convergence de la demeure éternelle de Dieu ? (page 381).

3. La bouleversante histoire de la rédemption qui a commencé en Genèse se conclut en Apocalypse. Sans prendre plus d'une minute ou deux (ou, si vous le faites par écrit, en moins de trois cents mots), résumez la manière dont Dieu a sauvé des pécheurs impuissants de Satan, du péché et de la mort éternelle (pages 379, 387-390).

4. Pourquoi pensez-vous qu'on aime raconter des histoires où les personnages principaux vivent heureux pour le reste de leur vie ? Vivrez-vous heureux pour « le reste de l'éternité » ? Sur quoi vous fondez-vous pour répondre ainsi ? (pages 388-392)

5. En quoi ce voyage au travers de l'Écriture vous a-t-il été bénéfique ?

DANS VOS PROPRES TERMES

Dites où vous vous situez vous-même dans la description faite en Apocalypse 21.27 : « *Il n'entrera chez elle rien de souillé, ni personne qui se livre à l'abomination et au mensonge ; il n'entrera que ceux qui sont écrits dans le livre de vie de l'agneau* » (page 392).

JOURNAL

JOURNAL

JOURNAL

JOURNAL